U0145677

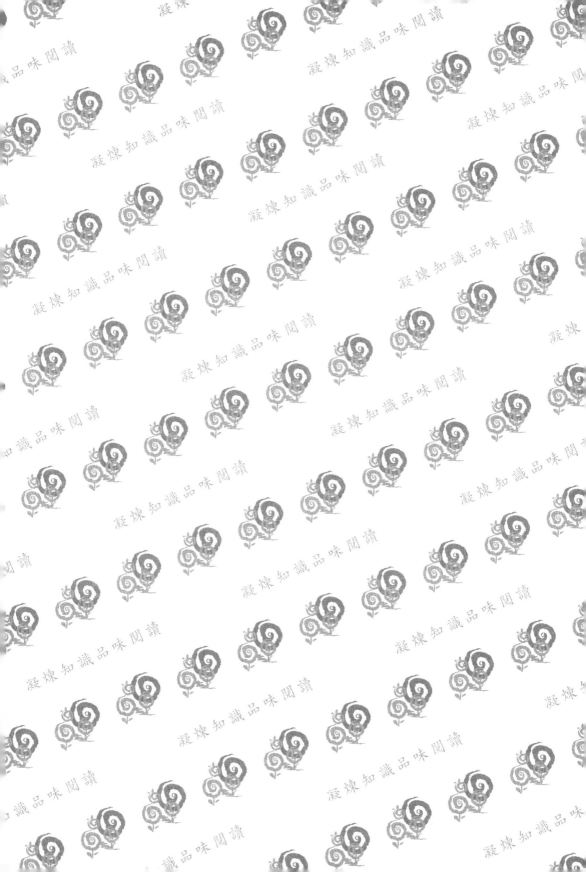

先秦

曾春海 ——

哲學史

著

五南圖書出版公司 印行

自序

本人於二○○二年底承蒙臺灣臺北市五南圖書出版股份有限公司印行《兩漢魏晉哲學史》一書，歷五刷之多，謹此致謝。學界朋友（包括大陸學者）不時向我詢及先秦哲學史何時可出？原本我並無意撰此書，因爲前賢們在這一領域已有不少著作且精彩紛陳。後來基於三種原因而萌生撰寫此書的動機。第一，新出土文獻出現及其相關研究成果蔚然。一九九三年在湖北荊門《郭店楚墓竹簡》的出土和一九九四年於香港發現，由上海博物館公布的〈戰國楚竹書〉初出有關十四種儒學佚簡以及郭店竹簡中的〈太一生水〉和上海博物館楚竹簡的〈恆先〉這兩篇確定爲道家文獻者重現於世。一九七三年在湖南長沙馬王堆挖掘出漢墓簡皇，獲得《黃帝四經》及孔門易傳，內容有對《周易》〈繫辭傳〉的解釋、〈二三子問〉、〈易之義〉、〈要〉、〈繆和〉、〈昭力〉等新文獻。郭店楚簡的儒佚簡使我們能藉以了解孔子至孟子長達一百三十三年之久的儒學流傳發展的線索和主要哲學論題。馬王堆帛書《黃帝四經》使我們認識到老子之後續發展有二路線：一爲莊子學派，另一爲與稷下《管子》、〈內業〉、〈白心〉、〈心術〉上、下等四篇相聯繫而構成以養生和治國爲論題的黃老學派。孔子易傳則補充了我們對《周易》與孔子儒學關係的新認識。這些新出土文獻的研究與依據傳世本所獲致先秦哲學既有研究成果之間的關聯，形成了近二、三十年來，兩岸哲學界研究的新熱點，及對古文獻的眞僞問題之再研究，證成了儒家五經在先秦儒學研究的必要性，也證成了《鶡冠子》不僞且爲戰國晚期黃老學派別樹一幟的一支派。新出土文獻與傳世先秦文獻之整合，激發本人有再撰寫先秦哲學史的必要感。第二，學術研究的突破，常奠基在新文獻的出現，推陳出新的哲學問題意識和詮釋的新方法、新論述架構，此三者又彼此相聯繫，其中以新文獻爲甚，清代顧炎武曾指出，自周貞王定王二年（公元前四六七年）至周顯王三十五年（公元前三三四年）共計一百三十三年間「史文闕軼，考古者爲之茫昧。」如今，《郭店楚墓竹簡》與《上海博物館藏戰國楚竹書》的哲學新史料可資以著墨這段一百三十三年失落的先秦哲學史。在出土文獻研究熱的同時，另有一股新的研究風潮也湧現，

那就是先秦的區域思想文化研究。例如：齊文化之研究拓深了我們對道家、陰陽家的認識；魯文化的研究開闊了我們對儒家形成要素，諸如政治、宗法思想和文化的了解；三晉文化推進了我們對晉法家的既有知識……等等。中國思想史注重思想與時代相互影響的研究，為臺灣各大學中文系所必修的課程。哲學史注重哲學理論的內在系統，且以形上學、知識論、價值哲學為核心，是哲學系必修習的課程。然而，中國哲學自有其對現實的關懷，終極價理想的追求。因此，就中國哲學的研究而言，對歷史的處境、思想流變的歷程和時代的精神需求，對中國哲學問題源起的外緣研究而言是必要的。換言之，中國哲學的特色和西方哲學純理的抽象思辨以及理論系統建構之路線存在著對比性的差異。本人認為了解中國哲學的問題意識及其意向和目的，不能只是抽象的、純理的思辨和建構，應該回歸到其所屬的歷史文化之情境，予以脈絡化的呈現，才能明其血肉，透視其骨幹。因此，本人認為中國哲學史的研究與對中國思想史和文化史的了解應該是不離不棄的，且相互間是可以交流互補的，如此才能較貼切且深廣的入乎其內而出乎其外。本人據此信念認為對先秦哲學史的再認識，可試由地域文化思想史切入，特別是作為中國哲學史骨幹的儒、道兩家淵源流長，有其客觀的必要性。因此，由思想、文化史的切入點更可貼切而開闊的了解先秦哲學史的外緣、前沿、背景，這是本人所據以構思撰寫先秦哲學史的原因之二。第三、本人自一九七七年博士班畢業而在哲學系從事中國哲學的研究和教學，不覺之間已歷三十三年。其間，本人由於受邀參加研討會而撰成的論文、自行投稿、教學備課摘要等各種機緣，在先秦各家哲學的出入無數次，先前已撰成的論文累積成可觀的規模，累土成山，對先秦哲學史的撰寫而言，似乎也有水到渠成之勢能，因此，只要擬出統整性的章節論述架構，繼《兩漢魏晉哲學史》的成書後，再溯源探本，釐清源頭和分流和再充實內容亦有其可行性，這是原因之三。

在先秦哲學學派類別之梳理上，就先秦哲學史之文獻分類而言約有三說：一為《莊子・天下》以人物為主分為六家；二為《荀子・非十二子》分為六說十二家，三為《韓非子・顯學》謂孔子死後「儒分為八」，然而，此三說內容之詳情，由於文獻散佚而不足徵。對先秦學術之整理、分類最有貢獻且影響後世深

遠者，當推漢代。漢代學者所採取的分類步驟是先綜合各種學說的面貌，再辨認學派間不同的理論特質，從而據以分別各家學派。其中，最令人矚目者爲司馬遷之父司馬談〈論六家要旨〉一文，釐清了學派間的特色和分際，分判出儒、墨、道、法、陰陽和名家等六大學派，本書乃據此學派分類法，分設六篇，各篇以先秦一大學派爲主。此外，東漢班固的《漢書・藝文志》對哲學思想相關的分類是〈六藝略〉和〈諸子略〉，前者於《詩》、《書》、《禮》、《樂》、《易》、《春秋》等六藝（這是漢人對六經的稱法）外，還加了《論語》、《孝經》和《小學》。本書以《論語》代替已佚的《樂》經，再加上《孟子》、《荀子》及相關的先秦新出土儒佚書爲論述先秦儒家的主要文獻。〈諸子略〉是先秦諸子學派著作之分類表和總目錄。劉歆的〈七略〉在司馬談六家的基礎上，又加上縱橫家、雜家、農家、小說家，共計十家亦即十個學派，略去較不重要的小說家，則可觀者九家。本書認爲就具有哲學性的題材而言，司馬談的「六家」可視爲先秦哲學取材的判準。

對中國哲學原典的研究法，應注意文獻和訓詁的方法，從句讀到句法，字辭含義的釐清，同時，更應注意哲學詮釋上的語脈、語境，其所隸屬之時代情境、問題意識，精神需求和目的性的價值取向。觀近年來有些從事西方哲學研究的學者也兼研究中國哲學，然而，檢驗其論述，多缺乏中國哲學的基本知識，卻又過當的以西方哲學爲本位、中心，導致對中國哲學的詮釋較欠缺，文本內在脈絡的相應性，論斷常疏離了經典的時代境遇和意向所在。因此，本書在論述方式中除注意哲學論述所應有的概念分析，命題證成及理論的融會貫通性外，也特別注意中文古典語文的性格和現代語感的呈現。同時，本書也自覺的注重中國哲學自身的問題意識、歷史情境、中國知識份子所特有的文化心靈和生命情調所在，以及對社群生活的價值取向。最後，本人誠摯的感謝臺北五南圖書出版股份有限公司的鼎助及臺灣中國文化大學哲學研究所博士班畢業生葉淑茵及博士生蘇何誠協助本書出版的作業協助，亦尚祈時賢不吝賜教爲盼。

曾春海 謹識於臺灣臺北市陽明山

中國文化大學哲學系　2010年10月

二版序

　　本書自二〇一〇年十月初版以來，已歷三刷，在即將第四刷之際，本人除了將全書校正錯別字之外，亦增加了新的內容。有鑒於先秦哲學的「六家」是中華民族遠古先聖先賢們的共同智慧，不同學派既有縱向的發展，亦有橫向的聯繫，非各自獨立而可切割的六學派。其中儒、道兩家的原創性智慧對中華民族精神文明的凝聚和發展，有源遠流長的影響，可謂中華文化精神文明的兩大本根。雖然儒家由於許多因素而形塑了其構成中華文化主流的地位，但是道家的形上智慧和人生智慧也是安身立命的不朽經典。質言之，儒家和道家是各有獨特性，也可互鑒交流而具備互補性。

　　由是之故，本書擬第四刷之際，增加與上述相關之三大論題而成增訂版，這三大論題分別是：「第一篇　儒家學派的源流與思想內涵」的第七章〈先秦儒家禮樂的人文精神〉、「第二篇　道家學派」的第四章〈《易傳》與《老子》的幸福觀比較〉及第九章〈莊子與孟子「內聖外王」思想之比較〉。這三大論題皆屬宏觀性視域，並以「比較哲學」的方法，標舉出儒家和道家具差異性的特色，及其共同關注之人類精神文明問題、可資互補處。相信這三大論題的攝入，或可將本書內容臻於完善，且更具可讀性。

曾春海 謹識於臺南老宅
2022年2月9日

目錄

第一篇
儒家學派的源流與思想內涵

第一章　儒家哲學的前沿
——魯國與宗周文化

　　儒家和道家是中國文化長期以來的主流思想，其中孔子是儒家的開創者。孔子集夏、商、周三代思想與文化的精華，不但繼承了他之前約三千年的中國歷史文化的精神傳統，也開出後續性的、迄今仍不息滅的儒家哲學與文化之慧命。孔子以禮、樂、射、御、書、術爲教育弟子的教材，以《詩》、《書》、《禮》、《樂》、《易》等代表先聖先賢的歷史、思想與文化的業績爲儒學典籍。戰國時代已有將代表儒學內容的這六部典籍稱爲「六經」。《莊子‧天運》載：「孔子謂老聃曰：『丘治《詩》、《書》、《禮》、《樂》、《易》、《春秋》六經，自以爲久矣，孰知其故矣。』」今觀《禮記》中有〈經解〉篇，《呂氏春秋》引用《孝經》，反映了儒家所言的「經」係指儒家經典。就史脈而言，「經」係由「書」到「典」的歷程再發展而成的。「書」的本義是「著」、「記」和「寫」。《後漢書‧許慎說文解字序》對「文」、「字」和「書」做了一區分，謂：「黃帝之史倉頡，初造書契。依類象形，故謂之文。其後形聲相益，即謂之字，著於竹帛謂之書，書，如也。」換言之，「書」指書寫出來的文字。因此，作爲「六經」之一的「書」，其始原義是「記載」而不是「書籍」。例如：《尚書》中所含的〈虞書〉、〈夏書〉、〈商書〉和〈周書〉等所用的「書」字，當指「記載」義。「經」字的原意爲絲織的縱絲，後來引申爲常理、常道、常則，與「典」的引申義接近。儒學予「六經」賦予了這些含義。例如：《荀子‧儒效》曰：「聖人也者，道之管也。天下之道管是矣，百王之道一是也。」《禮記‧經解》點出儒家六經之旨要，及其施教的重點，所謂：「孔子曰：『入其國，其教可知也。其爲人也，溫柔敦厚，《詩》教也；疏通知遠，《書》教也；廣博易良，《樂》教也；絜靜精微，《易》教也；恭儉莊敬，《禮》教也；屬辭比事，《春秋》教也。故《詩》之失，愚；《書》之失，誣；《樂》之失，奢；《易》之失，賊；《禮》之失，煩；《春秋》之失，亂。其爲人也，溫柔敦厚而不愚，則深於《詩》者也；疏通知遠而不誣，則深於《書》者也；廣博易良而不奢，則深於《樂》者也；絜靜精微而不賊，則深於《易》者也；恭儉莊敬而不煩，則深於《禮》者也；屬辭比事而不亂，則深於《春秋》者也。』」

荀子指出了六經中五經的人文教育價值，且視爲全人教育之總綱所在。《荀子・勸學》說：「《書》者，政事之紀也；《詩》者，中聲之所止也；《禮》者，法之大分，類之綱紀也。故學至乎《禮》而止矣。夫是之謂道德之極。《禮》之敬文也，《樂》之中和也，《詩》、《書》之博也，《春秋》之微也，在天地之間者畢矣。」可見儒家「六經」爲儒學的核心文本所在。由於《樂》經已早佚，因此，本篇以《樂》經之外的其他五經爲論述先秦儒學的骨幹，同時，也將分別代表孔子、孟子、荀子三人思想的《論語》、《孟子》、《荀子》列爲儒學三大家的論述依據。此外，近世出土文獻中，郭店儒簡證成了孔子與孟子間的子思、曾子學派，因此，本篇得列《中庸》、《大學》爲先秦儒家思孟學派的典籍，以及其他相關的重要儒學思想文獻，如：上博簡的〈性情說〉（與郭店竹簡中的〈性自命出〉簡文字內容幾乎相同）、郭店楚儒簡〈五行〉篇、二〇〇一年上海博物館公布的〈孔子詩論〉、〈緇衣〉，郭店儒簡中的〈窮達以時〉、〈唐虞之道〉，和馬王堆帛書《易傳》之孔門易學。

中國哲學離不開中國文化的醞釀，哲學也離不開脫胎於宗教的發展過程。因此，本篇特別先論及孕育儒家思想的宗周文化及周公受封於魯的方國地域文化，尤其是山東古老的東夷文化，這些對先秦儒家思想的形成注入了不可或缺的思想和元素。

第一節　魯國與宗周的文化因緣

　　魯國是形成西周宗教文化與東夷區域文化融合的儒學故鄉。因此，對先秦儒家思想的探索，當溯源於魯國的都邑文化之內涵和傳統。金文「都」字、《詩經》中「國」字常被稱爲邑或邦。《廣雅・釋詁》：「都，國也。」《釋名・釋州國》：「國城曰都。都者，國君所居，人所都會也。」「都」之本義或國、邑沒有分別，周公將其長子伯禽派去受封地魯，其作用在於安置周室東方的前哨。由於周公的關係，魯國受賜豐厚，得享天子之禮樂，地位特殊。宗國保留殷禮，魯國則保存典型的周禮。《左傳・襄公十年》謂：「周禮盡在魯也。」魯國爲東方的宗周模式，因此，周公治國的敬天保民思想、明德愼罰、勤政任賢等政治哲學要旨爲魯國政治理念所本。周公對「殷民六族」採懷柔政策，仍任其保留三年之喪的舊禮制和其他的氏族文化。魯國採周公所樹立的「尊，而親之」之治國策略，進一步的健全宗法制。魯國係一典型的宗法農業社會兼具周人重農及重禮兩大文化風格，尊祖和敬宗是維繫宗法制度的兩條紐帶，再配合重土輕遷的農業社會文化，於是依宗法制度的嫡庶、親疏、長幼等關係所確立貴族之間的貴賤、尊卑、長幼、上下之人倫身分和森嚴有序的道德規範。周人在宗族情感的凝聚上，則不斷的祖述先王之訓和周公之禮。中國古代政治體制有貴族君主制和專制君子制兩種基本類型。後者是戰國以後宗法制度解體後才眞正出現。前者的君權分授封土予有血緣關係或姻親關係的貴族群體，王國維《殷周制度論》認定周人實行的是「立子立嫡制度」。

　　《左傳・襄公十四年》載晉國師曠之言：

天生民而立之君，使司牧之，勿使失性。有君而爲之貳，使師保之，勿使過度，是故天子有公，諸侯有卿，卿置側室，大夫有貳，宗士有朋友，庶人、工、商、皂、隸、牧、圉皆有親暱，以相輔佐也。善則賞之，過則匡

之。患則救之，失則革之。自王以下，各有父兄子弟，以補察其政。……天
之愛民甚矣，豈其使一人肆於民上，以從其淫，而棄天地之性。

這段話可剖析出孕育了孔子與儒家的魯國文化特性，是客觀切實地研究孔子與儒
家思想的必要途徑。

第二節　祭天祀祖的精神傳統

　　魯國的祭祀制度以尊德重民的周禮爲中心，祖先崇拜爲其特點，兼及天神、地祇，其所祭祀的神靈大多由周人的祖先充任，是祭祀祖先的一種變形。天神指對上帝（天）及日、月、星辰等天體的崇拜與祭祀。周人對上帝的祭祀，主要是在「禘」與「郊」祭中舉行。禘祭是宗廟之祭的一種，屬祭祖時兼及「上帝」。「郊」祭主要是祭稷神，是祭穀物之神兼及「上帝」。據《左傳》記載，魯國對日、月、星辰有時也祭祀。因此，日、月、星辰的異常象徵著天災人禍的即將降臨。按周禮，若有日食發生，則意味著君主有災禍降臨，國中要舉行一系列的禳禱活動。地祇以社、稷、山、川之神爲主，社祭是指對土地之神的祭祀，《論語・八佾》載魯哀公問社，宰我對曰：「社，夏後氏以松，殷人以柏，周人以栗。」社祭本是祭土地神，是爲乞求農業豐收而設立的。一般多在春耕前舉行。春秋時期社稷已成爲國家的象徵，地位同於宗廟，重要性超過君王、郊祭。漢儒多認爲這是祭天之禮，由較原始的文獻觀之，「郊」是以祭穀物之神（農神）爲主的一種大型祭祀活動，自新春開始，乞求全年豐收的大型祭祀，所祭神靈甚多，《荀子・禮論》曰：「郊者，並兼王於上天而祭祀之也。」此外，「灶」，即火神爺，《論語・八佾》云：「與其媚於奧，寧媚於竈，何謂也？子曰：『不然，獲罪於天，無所禱也。』」「行」，即祭路神，「蜡」爲年終大祭百神之禮。魯國平時飲食享宴之前也要先祭神靈，宗廟是國家的象徵，國君即位、授爵、冊封、授兵、朝聘、會盟等重大活動皆在宗廟中舉行。所祭神主以始封祖及近世祖先爲主。禘祭是祭祖禮中最爲隆重的一種，常與郊祭並舉。

　　禮樂在周初具有調整人際關係及規範人之行爲的功能。魯國是姬姓「宗邦」，諸侯望國，《左傳紀事本末》卷一《王朝交魯》高士奇說：「周之最親莫如魯，而魯所宜翼戴者莫如周。」西周之前，禮樂尚帶有明顯的巫術性質。分而言之，禮與樂有別，若統而言之，則樂和狹義的禮是廣義的禮的組成內容。禮之起源，《說文》釋禮爲：「履也，所以事神致福也。」《禮記・祭統》：「凡治

人之道，莫急於禮。禮有五經，莫重於祭。」原始的信仰在經歷了自然崇拜，圖騰崇拜後，過渡到祖先崇拜階段。在當時的信仰中，「人統」與「神統」統合在一整體中，定期地對祖先施行祭祀，或通過一定的音樂舞蹈或致其虔敬於鬼神。「夏道尊命，事鬼敬神」、「殷人尊神，率民以事神」。將禮樂性質的人文化轉變是周人的功勞，他們將歷來習俗制度化，形成周人的禮樂文化。

對魯國及日後儒家影響深遠的《周禮》之內容可概括為三層面：

（一）禮義：《禮記・禮器》：「忠信，禮之本也；義理，禮之文也。」〈大學〉十義：「父慈、子孝、兄良、弟恭、夫義、婦聽、長惠、幼順、君仁、臣忠」、「為人君止於仁；為人臣止於敬，為人子止於孝，為人父止於慈，與國人交止於信。」

（二）禮儀或禮節：禮樂制度大體可分為吉、凶、軍、賓、嘉五大方面。細分之，有所謂：「經禮三百，曲禮三千」可謂「繁文縟節」。

（三）禮俗：社會風俗與民眾的道德習慣。

魯國由於其封國的特殊性質及所處的地理環境而成了宗周禮樂文明的嫡傳，全盤繼承了周人的文化傳統，周王室為昭周公之明德，賜魯國予受封他國所沒有之天子器物、服飾；魯人既有此尊業與特權，自不能忘記祖述先人之訓，追憶周公之禮，乃以傳播宗周文化為歷史使命，周初實行分封的目標旨在「以藩屏周」。[1]魯為姬姓，齊為姜姓，後來齊一變至於魯，魯一變至於道；周禮在魯遂為禮文化中心，在推行周代禮樂制度時，有望國地位。

《論語・八佾》載述：杞、宋兩國分別為夏、殷後代的封國，在周人「興滅國，繼絕祀」的傳統下，得以享國並祭祀其失祖，但所保存之夏、殷之禮，仍令孔子有「文獻不足」之憾。但是春秋末期，魯國的古典樂舞，仍令吳公子季札觀賞後嘆為「觀止」。晉范宣子讚嘆魯國典冊之富，說「周禮盡在魯」時，已到了春秋末年魯昭公時期，當年魯國濃郁的禮樂文化氣氛，或許很難產生像孔子這樣

---

[1]　見《左傳・僖公二十四年》、〈昭公二十六年〉、〈定公四年〉。

一位禮樂大師。在魯國之初，周公所制定的禮是人們行爲的準則，上自魯公，下至卿士，皆循禮而動，一切按照「以次世；長幼，而等胄之親疏」的昭穆制度。一般而言，各諸侯國對周禮各取所需，因地制宜，唯有魯國始終不忘「法則周公」，祖述先王之訓。周禮本身是「損益」前代夏、商之禮而來。

魯國建國之初，魯人的「親親」觀念便逐漸深入人心，相信「非吾族類，其心必異」，[2]於是，異姓家族均被排斥在外。當權派的卿族一直限定在「伯禽之後」，與魯國不同的是，姜姓齊國「舉賢而上功」[3]爲治國方針之一，異姓的管仲甚至輔佐桓公，九合諸侯，一匡天下。魯國不同於齊國處在於注重血親關係，旨在保存卿族宗祀的觀念，魯人在行爲上重義輕利，經濟上重農輕商意識，社會意識有重男女之別，爲儒家所繼承。

《淮南子‧要略》曰：「周公受封於魯，以此移風易俗。」《說苑‧政理》云：「孔子以爲『聖人之舉業也，可以移風易俗，而教逐可施於百姓。』」意指周公之德義對魯國風俗之影響以及伯禽對魯地原有「禮」、「俗」的變革，卓有成效。因自然條件不同而形成的習尚叫「風」，由於環境不同而造就的習尚謂「俗」。魯與他國習俗的差別，主要表現在「男女有別」和「夫婦有別」的倫序上，《禮記‧王制》曰：「道路，男子由右，婦人由左，車從中央。」這一倫理習俗尖銳的反映出魯文化的禮樂傳統在「化民成俗」上之效應。

周人有鑒於殷商迷信昏亂、丟國喪家之事實，周初「重人輕天」思想於是萌芽，春秋以來「重人輕天」及輕視鬼神的思想逐漸衍生，鄭國子產曰：「天道遠，人道邇，非所及也，何以知之。」[4]《左傳‧桓公六年》曰：「夫民，神之主也成。是以聖王先成民而後致力於神。」《左傳‧莊公三十二年》曰：「國將興，聽於民；將亡，聽於神。神聰明正直而壹者也，依人而行。」已充分認識到只靠神靈很難得福佑，從而認識到「民」的重要性。因此。春秋時期對於天神、

---

[2] 見《左傳‧成公四年》。

[3] 見《漢書‧地理志》。

[4] 《左傳‧昭公十八年》。

地祇、人鬼的祭祀，已不如西周時期那樣盛行與隆重。

　　春秋中期以前，學術本爲官有，除國學外，魯太廟是魯國講習禮樂的重要場所。〈八佾〉：「子入太廟，每事問。」學琴於師襄，訪樂於萇弘。孔子所學以禮、樂爲主，他的一家之學便是在此基礎上，統攝西周以來之文籍及典章制度、倫理道德而形成的。西周所建制的「禮」是以血緣爲基礎，以等級爲特徵的宗法氏族統治體系，西漢「中興之主」宣帝曾說：「漢家自有制度，本以霸王道雜之。」（《漢書・宣帝紀》）漢代的禮法可說是統一了魯國的禮教和秦國的法律。

第三節　禮樂文化中「親親上恩」的核心價值

　　先秦的「禮」，廣義而言指包括節文儀式、倫理道德規範和封建社會的等級制度等所構成的一整套規範體系，狹義而言則指儀式層面的禮儀。五禮中的吉禮（主要為祭祀）、凶禮（主要指喪葬）形成在相應的原始宗教觀念上。古代的古、凶、賓、軍、嘉「五禮」，早在東夷文化中已略具輪廓。儀式、禮典是帶有象徵性或表演性的模式化行為，其所內具的無形價值觀念體系，具有啟引靈魂、主導的作用。蓋禮儀、禮義和禮制（社會政治等級）相互關聯形成三代上層社會結構和其社會文化之意識形態。宗法貴族的統治手段主要是「禮治」，就歷史而言，東夷文化中的禮制萌芽和禮觀念的雛形，是三代禮制的重要淵源之一，魯國儒家禮學和齊國管晏學派的禮學則構成齊魯文化的一項特色。

　　此外，新石器時代晚期的東夷文化在原始宗教、禮儀、曆法和文字等方面所獲致的成就，對西周以後的齊魯文化產生許多具體影響。另方面，夏朝的建立，標誌著一種對眾多文化區域產生及影響力的全國性文化中心。《詩》、《書》、《左傳》等先秦文獻將夏、商、周三代視為前後連貫、具天下共主之政治身分的政權。西周齊、魯兩國是分別建立在兩個商朝故地上，即蒲姑國的臨淄以及奄國的曲阜。齊魯文化係以周文化為主導，又融攝了夏商文化因素和東夷文化的集大成性質文化。其中齊國文化環境較為開放、寬鬆，較注重功利，工商業和軍事比較發達，戰國時代成為百家爭鳴的中心。魯國基於宗族文化傳統，較重視維持宗周文化的特質，強調道德名節、宗法倫理及固有傳統文獻之研究。齊、魯文化在崇尚禮制、重視學術方面有一致性，形成有別於南方楚文化、吳越文化，北方燕文化，西方秦文化，中原晉鄭文化之區域文化特色。

　　春秋時期的魯國是周王室以外，保存禮樂制度最多的文化中心，儒家在這一文化土壤上誕生，以弘揚禮樂制度及德治思想為核心價值。在戰國以前，宗法貴族掌政的時代，各國皆以「親親上恩」為通行的政治原則。「親親」原則旨在強化宗族成員間血緣認同，增進其間的凝聚力和向心力；「上恩」強調血緣情感，

用感恩的力量來凝聚宗族成員的向心力，處處以宗族利害的大局爲考量。《呂氏春秋》將「親親上恩」與「尊賢上功」視爲區別魯文化與齊文化的判準。周公長子伯禽率領原在陝、甘一帶的姬姓宗族，繼周公東征之後，二度大規模入山東地區，其治魯的人脈主要靠宗族組織和姬姓族人的團結合作。先秦時期的貴族文化係依附在宗族組織下，伯禽治魯旨在移植周文化和改造異族文化，因此，「親親上恩」原則可鞏固姬姓貴族在魯國的政治和文化特權，這一原則將魯國引領至重倫理親情、禮儀形式、道德規範和德化人格的文化路向上。「親親上恩」這項原則特別體現在家庭倫理方面，逐漸形成一成熟的學說，爲儒家預先提供了重要的思想與文化資源。相較於「尊賢尙功」的齊文化，不可諱言的，魯文化呈現出相對的較爲保守、偏狹、輕忽功利以及陳義過高而不切實際的局限性。

第四節　儒家之源流與特色

　　「儒」字首見於《論語・雍也》載孔子對子夏說：「汝爲君子儒，無爲小人儒。」反映出儒者之間個別差異很大，品第不一。然而皆被稱爲「儒」，則有其基本的一致性。今觀《說文》的解釋爲：「儒，柔也，術士之稱。」清朝段氏之《解字》敷衍其說曰：「以疊韻爲訓，鄭錄目云……儒之言優也，柔也，能安人，能服人。儒者，濡也，以先王之道能濡其身。」當代文字學家戴君仁先生從另一側重面解釋說：「案說文『儒，柔也。』一語，只是一個聲訓，……聲訓的辦法，只取訓字與被訓字某一點相合，而不必全部相同。所以儒有柔的一部分性質，而不是全體徹內徹外，表裡俱是一致的。……所以『柔也』二字，不是儒字的正式訓詁，正式訓詁，是『術士之稱』四個字。」**5**

　　然而，何謂「術士」呢？就中國哲學史而言，將「術」字作怪迂、方士的方術、法術解，係流行於漢代之後，在漢代「術士」一詞幾乎成了「方士」的專稱。在春秋戰國之地，「術」係一切學問技能的通稱，例如：管子、墨子和韓非子皆稱賢良者乃有道術之士。**6**莊子在〈天下〉將「方術」、「道術」互文。**7**因此，在先秦「術」字古義當係方法與學問之泛稱，所看重的是治國的道術或方術。「術士」可被了解成一切有學術技能的人，亦即「道術之士」。此外，「術」與「藝」在古義是相通的，例如：《列子》中〈周穆王〉謂：「魯之君子多術藝」，《史記》中〈儒林傳〉載：「秦之季世，焚詩書，坑術士，六藝從此缺焉。」《禮記》中〈鄉飲酒義〉：「古之學術道者」注云「術猶藝也。」民國初年的國學家劉師培解釋說：「古代術士之學蓋明習六藝以俟進用。」**8**

5　戴君仁，《梅園論學集》，頁387。
6　《管子・君臣下》：「道術德行，出於賢人。」《墨子・非命下》：「今賢良之人，尊賢而好功（攻）道術。」《韓非子・難言》：「文王說。紂囚之。……此數十人者，皆世之仁賢忠良，有道術之士也。」
7　《莊子・天下》：「天下之治方術者多矣，皆以其有爲不可加矣。古之所謂道術者，果惡乎在？曰：『無乎不在』。」
8　清・劉師培，〈釋儒〉，《劉申叔遺書》，《左盦集》卷三。

　　至於儒者修習的「六藝」之內容爲何？當代國學大師錢穆先生的解釋：

周禮地官司徒保氏養國子以道，教之六藝六儀。六藝者，一曰五禮，二曰六
藝，三曰五射，四曰五馭，五曰六書，六曰九數。禮樂射御書數六者，乃貴
族之學，亦儒生進身的貴族之學也。習禮樂所以爲相，習射御所以爲將，習
書數所以爲宰。故曰：「三年學不志於穀，不易得。」又曰：「學也祿在其
中矣。」蓋其先儒士之習六藝，皆所以進身於貴族而得穀祿也。其後又逐以
稱經籍。……昔之儒者身習禮、樂、射、御、書、數之六藝，至漢既不得
傳，乃以儒者所傳古經籍足其數，以附會於六藝焉。**9**

依錢先生的看法，六藝係禮、樂、射、御、書、數等六種技藝，而非六部經書。
「藝」字原意爲種植，引申爲才能、文德義或「常也，準也」。**10**綜括上述，我
們可把「儒」理解爲有道術或道藝之士，猶如今所稱的學者或知識分子，他們如
做例行的園藝工作般地天天修習諸般才能、文德，以之爲日常生活的準則。他們
進德修業，誠於衷形於外，涵養成舉止文雅，優柔不迫之儀態，期能成爲文質彬
彬的君子。彼時，他們的服飾或有異於常人，言貌冠服形成一特殊風格。由孔子
君子儒和小人儒之分，或可理解爲君子儒係具備才藝的知識分子，以傳授知識，
柔化性情的教育工作爲職志。小人儒則以相人治喪爲其謀生之職業。蓋中國古代
文化以禮樂爲其具體表現，尤以喪葬儀文特別講究，以致鋪設得繁複精微。一般
人若非專習其事者，實不易全懂，流勢所趨，日久則自然發展成一種專業化的
術士。

　　「儒」之得名、內容及所賦予的特定意義，最初典籍之記載可追溯至《周
禮》中〈天宮太宰〉有「以九兩繫邦國民」之一條，有所謂「師以賢得民」、

9　錢穆，《先秦諸子繫年》卷二，墨翟非姓墨，墨爲刑徒之稱考。
10　《大學字典》，臺北：中華學術院印行，1972年，頁1559。

「儒以道得民」。鄭康成注曰：「師有德行以教民者，儒通道藝以教民者。」**11**

在上古，師儒乃代司徒敷五教的一種職務，尚不得謂爲一家之學。俟周衰，王官之學失其所守，遂分裂爲私家之學。孔子開私人講學授徒之風。孔子逝世後，其弟子繼承其業，各以其心得傳授他人，《韓非子・顯學》謂：

> 自孔子之死也，有子張之儒，有子思之儒，有顏氏之儒，有孟氏之儒，有漆雕氏之儒，有仲良氏之儒，有孫氏之儒，有樂正氏之儒。

晉・陶潛於其《群輔錄》云：

> 夫子沒後，教於天下，設於中國，成百氏之源，爲綱紀之儒。居環堵之室，蓽門圭竇，甕牖繩樞，併口而食，以道自居者，有道之儒。子思之所行也。衣冠中，動作順，大讓如慢，小讓如僞者，子張氏之所行也。顏氏傳《詩》諷諫之儒。孟子傳《書》爲道，爲疏道致遠之儒，漆雕氏傳《禮》爲道，爲恭儉莊敬之儒。仲梁氏傳《樂》爲道。以和陰陽爲移風易俗之儒。樂正氏傳《春秋》爲道，爲屬辭比事之儒。公孫氏傳易爲道，爲潔淨精微之儒。

孔門四教爲文、行、忠、信。其教科則爲《易》、《書》、《詩》、《禮》、《樂》、《春秋》等六經。孔子之教科與《周官》之儒的職掌一致。等到墨家興起且與孔門之學風相對，楊氏爲我學說繼起突出與儒門對峙。逐漸地，《漢書・藝文志》所謂九流者叢生而錯出。於是，後人遂以儒之名稱冠於孔門學徒，以爲甄別之標幟。吾人由學術史考察《詩》、《書》、《禮》、《樂》

---

11 見《周禮正義》。另據《周禮・地官》所載，師係以至德、敏德、孝德等三德及孝行、友行、順行等三行教國子，此即鄭康成所謂師有德行以教民者。至於儒則以五禮、六樂、三射、五御、六書、九數等六藝及祭祀之容、賓客之容、朝廷之容、喪紀之容、軍旅之容、車馬之容等六儀以養國子，此即鄭康成所謂通道藝以教民者。

等書，原本未加「經」之稱號。在儒家典籍中，最早冠以「經」字者雖爲《孝經》，然而《孝經》係原來既與的書名，非後加「經」字以爲尊號。在儒家的人物中，首先將典籍稱做「經」者，係始於荀子。六經的名稱首見於道家的典籍中。[12]值得吾人注意者，荀子所列舉的經書中獨不見《易經》，可推知後人所謂「六經」當非孔子時所能有。

再者，觀《論語》中〈述而〉：「子所雅言，詩書執禮，皆雅言也。」復審視先秦有關孔子的文獻，孔子除了詩書禮樂之外，似無其他教材。且這四種教材裡，樂是沒有書籍的，禮雖有書，似乎亦不過只是輯錄一些人與人相與的行爲之節目儀注類的典籍，並無專書的形態。[13]「詩」是周王朝的雅言，係由王室裡的樂官蒐輯而成。「詩」在彼時的主要功用有三：（一）在修身處事時用爲格言；（二）用於外交應對的修辭及達意之資具；（三）應用於各種宴會場合中的演奏，或助於儀禮，或助於餘興。[14]「書」乃藏諸王府的政府檔案之類，大部分爲誥命等公文，現存二十九篇。[15]《詩》、《書》是後人藉以了解周代歷史的重要文獻。當時的貴族教育中，皆須誦習《詩》、《書》以便隨時引證和應對。吾人由《左傳》、《國語》中可獲知孔子前盟宴賦詩的風氣很流行。《詩》、《書》是傳統的經典，在春秋至戰國初期被視爲傳統文化，非特別歸屬於某一家一派。[16]

因此，孔子採用詩、書、禮、樂來教導弟子，可謂是繼承了文化傳統，將傳統上屬於貴族知識階級的典冊作爲其「有教無類」的教材。由於歷史的變遷，原來貴族知識分子的學問逐漸荒疏。相對的，新的「士」階層逐漸興發，其聚徒講

---

[12] 《莊子‧天運》：「丘治詩、書、禮、樂、易、春秋六經。」

[13] 《左傳‧哀公三年》：「司鐸火，火踰公宮，桓僖災。救火者皆曰：『顧府』。……子服景伯至，命宰人出禮書，以待命。」可見《禮》或許是有書的。然而就荀子謂禮乃「法之大分，類之綱紀」而言，「禮」是包括一切典章制度和禮儀的統稱。

[14] 參考顧氏〈詩經在春秋戰國間的地位〉及〈論詩經所錄全爲樂歌〉二文，收入《古史辨》第三冊。

[15] 閻若璩《古文尚書疏證》、惠棟《古文尚書考》皆力證古文尚書爲僞。

[16] 孔子前，已有人用《詩》、《書》來教導學生。例如：《國語‧楚語》載：「莊王使士亹傅太子箴，……申叔時曰：『教之春秋而爲之聳善而抑惡焉，以戒其心……教之詩而爲道廣顯德，以耀明其志；教之禮，使知上下之則。』」

學的發展結果，不但繼承了原來貴族知識分子之學問，亦承襲了他們的稱號，如是而成為社會上一種新的平民知識階級。換言之，貴族因忙於作戰與治賦，無暇於講究「儒」之修養，而孔子及其門弟子以高度修養的「士君子」人格為基本目標，以仁人、聖賢之堯舜為理想境域。因此，這些由平民中興起之有理想抱負，有實踐毅力之「君子儒」取代了原來的「貴族儒」，而成為「儒」的正宗。「儒」至此，乃由泛稱一般知識分子的廣義含義，轉變成專指孔門弟子的狹義含義。

　　後來，由於禮崩樂壞，儒家原來「崇四術，立四教，順先王詩書禮樂以造士」的治術，[17]無助於現實政治。[18]於是儒者的主要進身之階，不是從政，而是教學和相禮。趨勢所向，後期儒家只留心政教制度，基於職業需要，特別提倡學制和禮制。換言之，彼時儒家者流在逐漸忽略其他技藝後，「儒」由專指孔門弟子的術士義再轉變成專事有裝飾和教育之價值的「禮」、「文」者，亦即專詩、禮的「文學」者。原來的射、御、書、數等，至此已非孔門之專長。文學之儒亦轉稱六藝為六種經書，以取代那些不再為他們所精熟的射、御、書、數等技藝。

　　《韓非子》中〈五蠹〉篇謂「儒」之含義為：

然則為匹夫計者，莫如脩行仁義而習文學。行義脩則見信，見信則受事；文學習則為明師。為明師則莫榮；此匹夫之美也。

《史記》中〈太公自序〉述司馬談之言云：

夫儒者以六藝為法，六藝經傳以千萬數，累世不能通其學，當年不能究其禮。

---

[17] 《禮記‧王制》。
[18] 《史記‧仲尼弟子列傳》載：「天下無行，多為家臣，仕於都。」

由「六藝經傳以千萬數」一語，可知其所謂「六藝」乃指六經。此後，儒家的六經與六藝便成了同義字。《漢書》中〈儒林傳〉載：「古之儒者，博學乎六藝之文。」顏師古注曰：「六藝者，王教之典籍，先王所以明天道，正人倫，致治之成法也。」詩、書、易、禮、樂、春秋的六藝與周禮保氏六藝，已普遍地為後人所接受。因此，我們由戰國晚年至秦漢這段時期觀之，「儒」這一詞語已漸由「嫻習六藝」的儒士轉化成專治「王教之典籍、先王之成法」的文學儒了。這是「儒」字含義的第三次嬗變。再由荀子不稱《易經》這點來看，六經非孔子時代既已完成。及漢代，儒者轉折到「師儒」這地步外，似無他路可走。師儒所承傳的以六經為內容之文學，成為漢儒之代名詞。因此，以六經來解釋六藝，是漢儒的流風。而「儒家」一詞亦創用於漢代。[19]再者，不論六藝或六經，皆可看出儒家是肯定和承傳歷史文化的業績為自身的工作。同時，儒家是以人文教養來完滿化文質彬彬的人格生命，作為對己修身，對世教化的目標。吾人或可說儒家是以德性人格的「仁」為體，以構成歷史文化內涵之六經或六藝為用。其目的一方面在成聖成賢，一方面在以人文化成天下，體現歷史文化的價值理想。

---

[19] 「儒家」一詞始見於《淮南子要略》與司馬談〈論六家要旨〉。其次，揚雄《法言》云：「通天地人曰儒」，王充《論衡》云：「能說一經者為儒。」

第二章　《周易》原經、《尚書》及 《詩經》所呈現的西周哲學 與文化

第一節　西周《周易》原經的天人思想

　　《周易》一詞，最早記載於《左傳》。[20]該書原本是西周時期所形成的占筮典籍，即藉算卦以預測人事吉凶的筮用書，其筮占測事的實例可見於春秋時期的《左傳》、《國語》。東周戰國時代累積了許多學者對《易》原經，亦即六十四卦卦爻象及卦爻辭的解釋，集結成《易傳》或稱《十翼》。漢代以後，《周易》一書透過不同時代學者資取不同的學術資源和因應時代需求，建構出不同性質取向的詮釋方向，而形成多樣而豐富的《周易》解經學，形成「易學」這一概念。《四庫全書總目・經部易類小序》概括自漢代至宋代之易學爲兩派六宗。[21]漢人尊經尊孔，漢武帝設五經博士，《周易》獲致官方所認證的經典地位，因此，西漢時將《周易》名之爲《易經》，此一賦予經典權威的《易經》，其內涵兼攝成於西周的《周易》原經及作於戰國時代的《十翼》或《易傳》。就歷史的脈絡而言，成於西周的《周易》或《易》之原經，其作用在筮測吉凶。據《周禮・太卜》載曰：「太卜……掌三易之法，一曰《連山》，二曰《歸藏》，三曰《周易》。其經卦皆八，其別皆六十四。」可見《周易》原爲卜筮之用，「經卦」指八卦系統，「別卦」指六十四卦系統。太卜所掌的三易之法旨在執行卜筮，預測吉凶，因此，「易」可說是上古爲政者卜筮用書的總稱。就此一意義而言，《周易》乃係周代所使用的卜筮之書，南宋朱熹對此義有肯切的論斷，他說：

　　　今人讀易，當分為三等：伏義自是伏義之易，文王自是文王之易，孔子自

---

[20] 《左傳・莊公二十二年》：「周史有以《周易》見陳侯者。」《左傳・襄公九年》：「姜曰：『亡』是于《周易》曰：『隨，元亨利貞……』」、《左傳・昭公七年》：「孔成子以《周易》筮之。」

[21] 其序曰：「《左傳》所記諸占，蓋猶太卜之遺法。漢儒言象數，去古未遠也；一變而爲京、焦，入於禨祥；再變而爲陳、邵，務窮造化，《易》遂不切於民用。王弼盡黜象數，說以老、莊，一變爲胡瑗、程子，始闡明儒理；再變而李光、楊萬里，又參證史事，《易》遂曰啟其論端。此兩派六宗，已互相攻駁。」當代學者南懷瑾在兩派六宗的說法上又提出「兩派十宗」說。其所謂兩派指道家易學與儒家易學；所謂十宗者，可分爲一占卜，二災祥，三讖緯，四老莊，五儒理，六史事，七醫藥，八丹道，九堪輿，十星相。對《易》道廣大，無所不包的古經所言，做了具體詳實的例解。

是孔子之易。讀伏羲之易如未有許多象象文言說話，方見得易之本意，只是要作卜筮用。如伏羲畫八卦，那裡有許多文字語言，只是說八個卦有其象，……，只是使人知卜得此卦如此者吉，彼卦如此者凶。……及文王周公分為六十四卦，添入乾元亨利貞。坤元亨利牝馬之貞，早不是伏羲之意，已是文王周公自說他一般道理了。然猶是就人占處說，如卜得乾卦則大亨而利於正耳。及孔子繫易作象象文言，則以元亨利貞為乾之四德，又非文王之易矣。到得孔子盡是說道理，然猶就卜筮上發出許多道理，欲人曉得所以凶所以吉。**22**

　　《易》之所以難理解，對朱熹而言，就是要從卜筮中思辨出所以然之理。他認為我們應從《易》中卦位義理的層次、次第，逐步依序理解，有所文本之依據，而不淪為牽強附會或藉古經抒發詮釋者己意。然而朱熹也未必斷言伏羲、文王、孔子的易說各自獨立，互不關聯。他認為《易》的成書為一歷程而有三階段之分別。伏羲因自然而畫卦成符號易，文王、周公所繫卦爻辭係為吉凶之占而設教，其設辭係為卜筮之用，稱之為卜筮易。孔子針對卦爻辭而予以義理取向的詮釋，而為孔子階段的義理易，亦即由「經」至「傳」的易傳哲理。因此，朱熹期望研易者當回溯到歷史的脈絡，按其成書的源流，按部就班的一層一層地探索其蘊義，才是紮實的治《易》功夫。總而言之，朱熹雖然認為《易》之原經雖然是卜筮之書，其中仍蘊含天下萬物之理。茲分就卜筮之用及其蘊含的義理探索其中的天人關係。

　　卦爻辭既為卜筮之用，則我們當先測定其產生的時代。顧頡剛作〈周易卦爻辭中的故事〉，考察《易》經文中王亥喪牛於易，高宗伐鬼方（泛指北方之國），帝乙歸妹，箕子之明夷，康侯用錫馬蕃庶等事蹟，推定卦爻辭「著作年代當在西周初葉」**23**，這一說法得到很多學者的信服。高宗伐鬼方事屬殷商時代，

---

22 《朱子語類卷六十六・易二・綱領上之下》。

23 顧頡剛，〈周易卦爻辭中的故事〉，見《燕京學報》第六期，收入《古史辨》第三冊。

入周以後，未見鬼方的史事。帝乙聲名不顯，是富傳說色彩的遠祖，帝乙歸妹的故事意義不大，入於經文，反映經文產生的年代較早。箕子在商朝被滅後，曾向周武王陳述天道，載述於《尚書‧洪範》，其中論及卜筮。至於所提及的康侯，在相關文獻中常見康叔、衛叔、衛侯等稱法，可見《周易》中的「康侯」稱法，早已不被後人所用。李學勤推斷：「《周易》經文所見人物及其事蹟，確實都是很古老的。經文的形成很可能在周初，不會晚於西周中葉。」[24]《尚書‧洪範》中所論及的卜筮很值得我們重視，因為自周初到春秋時代卜筮流行，可惜這一時期的史料未見具體述及卜筮的操作法。就史實而言，從《書序》、《尚書‧大傳》、《史記》至王國維，皆認為〈洪範〉篇所載史事是周武王時實有之事。

〈洪範〉九疇，第七疇為「稽疑」，所謂：「七，稽疑：擇建立卜筮人，乃命卜筮。曰雨、曰霽、曰蒙、曰驛、曰克、曰貞、曰悔，凡七：卜五，占用二，衍忒。」文中「卜」指龜卜，「占」指筮占，「卜五」指雨、霽、蒙、驛、克五者，鄭玄和孔穎達都認定為卜法的兆體。[25]「占用二」指用內、外卦行占，反映了〈洪範〉時代已有重卦，筮法須注意內卦和外卦的關係。西周的卜法見於〈洪範〉，使用三種筮法。〈洪範〉這段涉及天人之占的文本云：

> 汝則有大疑，謀及乃心，謀及卿士，謀及庶人，謀及卜筮。汝則從，龜從，筮從，卿士從，庶民從，是之謂大同，身其康強，子孫其逢吉；汝則從，龜從，筮從，卿士從，庶民逆，吉。卿士從，龜從，筮從，汝則逆，庶民從，吉。庶民從，龜從，汝則逆，卿士逆，吉。汝則從，龜從，筮逆，卿士逆，作內吉，作外凶。龜、筮共違於人，用靜吉，用作凶。

卿士的身分為何？唐‧孔穎達《周易正義》引鄭玄的觀點說：「卿士，六

---

[24] 見李學勤，《周易經傳溯源──從考古學、文獻學看《周易》》，長春：長春出版社，1992年，頁14。

[25] 鄭玄《周禮‧太卜》注曰：「雨者，兆之體氣如雨然也；濟（霽）者，如雨止之雲氣在上者也。圛（驛）者，色澤而光明也；霿（蒙）者，氣不釋，郁冥冥也；克者，如浸氣之色相犯也。」

卿掌事者。」「卿士」指朝中諸臣，他們概括性的反映了大夫及士之意見。《史記·宋世家》謂武王曾向箕子詢問天道之事，〈洪範〉就是言天人之占的天道，所謂卜筮之要義就是天人之間的關係。古代王者遇重要大疑難之事時，不能獨斷獨行，除了自己要有想法外，仍得徵詢諸臣和民眾的意見，也須藉天人之占的卜筮來探測天命神意。因此，卜筮所占及其與王者、臣民們的從逆而得之吉凶，反映了〈洪範〉的天人關係思想，襯托出卜筮在天人關係的地位。我們由這段引文中可歸納出五種情形。[26]第一種情形是天人之間意向一致，稱為「大同」。第二種情形是王意與卜筮一致，臣民之意向卻相反，行事仍能吉利。第三及第四種情形為卜筮所顯示的結果與諸臣或庶民較趨於一致，與王者不一致，卻仍有得行事之順利的可能。這四種情形的共同處在顯示卜筮所顯示神靈與王、臣、民三者的人之意向有全部或局部一致性，得遵照行事。第五種情形是王意與臣、民之意不一致，且是卜從而筮逆。此際，若王者所卜是祭祀、冠、婚一類宗族內部事務，則仍屬可行，如果王者所卜是征戰一類對外的國家大事，則不可獨斷而為。因為征戰這類國家大事，若缺乏臣、民的同心協力及天上神靈的支持，則難以吉利行事。

　　〈洪範〉這段論述是箕子所傳述的殷人天人觀。殷人的尊神、事神傳統見於《禮記·表記》：「夏道遵命，事鬼敬神而遠之；……殷人尊神，率民以事神，……周人尊禮尚施，事鬼敬神而遠之。」殷墟中被後人發現大量占卜用的甲骨，可見占卜文化在殷商傳統文化的顯要地位。周人立國之初順承殷人對至上神「帝」的敬祈，後來則轉向祭祀「天」。值得注意者，周人在君權天命的觀念中，提出「德」的概念，使至上神脫離了祖先神的身分而步向統攝天地人及萬物的終極存在者。《易》經文中的「貞」字，據《說文解字》所解說的本義是占卜、卜問、探問。周朝時兼用龜卜及占筮來向天神、祖靈、山川鬼神等卜問吉凶。依《周禮·春官》所言，卜所依據的是龜的兆紋，筮據以斷吉凶者是卦之形

---

[26]　郭沫若在《中國古代社會研究》一書中，將〈洪範〉篇這段論述列成一對照表，可參考《郭沫若全集》，歷史編第一卷，北京：人民出版社，1982年，頁140。

象。高亨在《周易古今通說》中，將卦爻辭的「貞」字逐一找出，予以詳細分類，解說「貞」字的意義。他發現「貞」字在卦爻辭中基本上分爲吉、凶兩種。根據他的分析，經文中呈現「利貞」者共計二十三條，其意義指有利於占卜。換言之，卜問者若占得此卦或此爻，則是對所問之事是有利的。卦爻辭中「貞吉」出現二十七條，意指占吉；「凶貞」出現八條，指所占爲凶；「貞厲」出現七條，「厲」指危險，若筮得此爻則有危險之意；「貞吝」出現四條，「吝」指行事困難，若卜問得此爻，則其所問之事難行。**27**《易》經文中的筮辭，計有卦辭六十四條，爻辭三百八十四條，乾用九，坤用六，各一條，共四百五十條，皆不出於記事、取象、說事、斷占四類。高亨按斷占之辭的斷占法，歸納出五類：一、爲概括性的斷占，例如：乾卦初九云「勿用」；二、就事斷占，例如乾卦九二云「利見大人」；三、就人斷占，例如：師卦卦辭：「貞大人占」；四、就方位斷占，例如：坤卦卦辭：「西南得朋，東北喪朋」；五、就時間是否得宜斷占，例如：小畜卦上九云：「月幾望，君子征凶」。**28**高亨認爲筮人記錄筮事時，選擇屢中或奇中者，逐漸積累而移寫在六十四卦的卦爻辭之下，構成《周易》卦爻辭的部分內容，以爲來日借鑑。他爲乾坤兩卦卦名之釋頗具參考價值。此兩卦的卦辭皆有「元亨」一辭，他認爲元亨即大享之祭。蓋古人祭祀時依祭拜對象、季節而有採取地點、名稱的不同。「元」爲大，示祭祀之隆重，典禮最盛大者莫過於祭告天地。主祭者在祭告天地時筮得此兩卦，而分別名爲乾卦或坤卦。他在〈《周易》卦爻辭的文學價值〉**29**一文中指出筮辭具三種書寫特色：一、常用比喻法來指示人世之吉凶；二、富有濃厚的詩歌韻味；三、語彙豐富，語句簡短而洗鍊。總之，筮辭對事物的描寫，具形象性，生動活潑。

　　至於卦爻辭所斷的吉凶與天人之間的關係，得見兩種關鍵因素：一爲筮占者對具位格靈性的「天」是否具備誠信的態度；二爲筮占者是否具備品德。就前者

27　高亨，《周易古經通說》，臺北：洪氏出版社，1977年，頁96-97。
28　同上。頁48。
29　收入其所著，《周易雜論》，濟南：齊魯書社，1979年。

而言，筮占者心懷誠意則靈，對「天」篤信不疑則吉多凶少，茲取一例證。中孚卦卦辭曰：「豚魚吉。利涉大川，利貞。」唐‧孔穎達解釋說：「信發於中謂之中孚。」「中孚」一辭指誠信，或忠信的待人處事態度。「遯魚」表示祭禮物品之微薄。清‧王引之於《經義述聞》第一詮解說：

> 豚魚者，士庶人之禮也。〈士昏禮〉：「特豚合升去蹄，魚十有四。」……〈王制〉：「庶人夏薦麥，秋薦黍，麥以魚，黍以遯。」豚魚乃禮之薄者，豚魚吉，言雖豚魚之薦亦吉也。

由於占筮者心懷誠意的問占，雖然所備祭禮微薄，卻仍能得到「利貞」這種吉利的福佑。就天之福佑取決於行筮占者是否具備品德而言，亦取一例證：既濟卦九五爻辭曰：「東鄰殺牛，不如西鄰之禴祭實受其福。」所說的「東鄰」在方位上喻指位在東方的商紂，相對的，「西鄰」喻示位在西方的文王。「禴祭」係一種不使用犧牲的薄祭，通常是在夏天所舉行的祭祀。商紂缺德，雖然，他在祭祀時使用殺牛的大牲來厚祀，卻不如有品德的文王採用薄祭的實受其福。由此可證，卦爻辭的作者認為天道至公至平，神靈在天，明察人間的善惡，對祭者的償報取決於其人品德的高下，而非祭品的厚薄。全知全能全善的上天，不受人間祭典之大、祭品之豐的賄賂，主持絕對公正的正義，以維持人間的道德秩序。

在天人關係上，卦爻辭表達出對天或帝的宗教性崇拜，如：大有卦上九爻辭云：「自天佑之，吉，無不利。」意指人若能獲得來自上天的保佑，則行事無往而無不吉利。益卦六二爻辭曰：「王用享於帝」，意指周王祭祀上帝。睽卦上九爻辭謂：「載鬼一車」透露了彼時人們對鬼神的相信。這些文句皆反映了卦爻辭卜筮之用的宗教性，對天、帝有信仰，對鬼神相信其存在。然而，從另一方面觀之，卦爻辭也萌發了推天道以明人事的天人觀取向。例如：卦爻辭中常出現以自然現象來比擬人事，透過賦、比、興的解說方法藉自然法則，類比詮釋人道，乾卦爻辭從初九的「潛龍勿用」、九二「見龍在田」、九五「飛龍在天」、上九「亢龍有悔」之歷程性變化來隱喻人在政治實踐過程上的起伏窮達，把自然界與

人文社會予以聯繫而有一整體的視域，對中國哲學以後天人合德、天人合一的思想有深遠之影響。同時，卦爻辭就自然現象對立元之相互轉化來啟點人世的境況非一成不變，而是可以逆順境互轉的。例如：泰卦九三爻辭云：「無平不陂，無往不復，艱貞無咎。」文句中的不陂、往復雖對立，卻在動態的發展變化過程中可以處境互換，人道亦如此，人若處在艱險的逆境中，仍努力求生存發展，則可逢凶化吉，把逆境扭轉成順境。此外，卦爻辭也喻示了不論人處在順境或逆境，謙沖自牧，不斷自強不息是求吉化凶的普遍性爲人之道。謙卦初六爻辭云：「謙謙君子，用涉大川，吉。」以上所述，可謂爲卦爻辭中的宗教倫理。

第二節　《尚書》以德配天的天命觀和以德治國論

・《尚書》之性質與辨真偽

（一）何謂《尚書》

　　唐・孔穎達在《尚書正義》釋書名曰：「尚者，上也，言此上代以來之書，故曰《尚書》。」意指上古之事。《尚書》的稱法，在漢代之前稱《書》，西漢始出現《尚書》之名，宋代始有《書經》之名。該書採散文之體，以記言爲主，就《尚書》內容的性質而論，主要可分爲典、謨、訓、誥、誓、命等六種體式。「典」用於記載聖明君王的言論和事蹟，如〈堯典〉等；「謨」記載君臣之間的對話和謀議，如〈皋陶謨〉等；「誥」載述君上對臣下的勸誡誥諭，如〈大誥〉、〈康誥〉等，篇幅比例最多；「訓」記載臣下對君上的勸教，如〈高宗肜日〉等；「誓」載述君王、諸侯對軍民戰爭的動員令和誓師之辭，如〈牧誓〉、〈費誓〉等；「命」載述君上任命或賞賜諸侯、臣下的冊命之辭，如〈文侯之令〉等。

　　《尚書》是一部古聖先王的政教史，它記載著古聖先哲們的思想言行，透顯中國先民人文精神的流動形態。宋・蔡沈〈書集傳〉序：「二帝三王治天下之大經大法，皆載此書。……然二帝三王之治本於道。二帝三王之道本於心，得其心，則道與治固可得而言矣。何者？精一執中，堯、舜、禹相授之心法也；建中建極，商湯、周武相傳之心法也。曰德、曰仁、曰敬、曰誠，言雖殊而理則一，無非所以明此心之妙也。」意指《尚書》係以化民成俗，實踐人文教養爲核心價值。民・馬一浮〈洪範約義序〉云：「六經總爲德教，而尚書道政事，皆原本於德。堯、舜、禹、湯、文、武所以同人心而出治道者，修德文性而已矣。離德教則政事無所施。故曰：『爲政以德』。[30]」這兩段話可視爲讀尚書精髓語。

「德、政、教」的一貫思想，不但是尚書的精神所在，「德」更是古聖先王政治與教化之基礎。

（二）尚書辨偽

歷代爲迎合世人「好古」而僞造古書的事件不少，而一種學說經過門人以及後代學者的整理與附益而後乃成書，幾乎是先秦典籍之通則。原創者與其同派後人之思想難以分辨，秦火後有今古文之爭，再加上書籍在古人傳抄時的脫落、竄改等情形之普遍，欲還古籍之眞面目或原作者之思想益形困難。但辨僞仍是研究中國哲學史之首要工作。梁啓超說：「不辨僞則：1.時代思想紊亂；2.學術源流混淆；3.個人主張矛盾；4.學者枉費精神。」

在古人獻中以《隋書・經籍志》載古文《尚書》之流傳最詳，謂：

> 漢武帝時魯恭王壞孔子舊宅，得其末孫惠所藏之書。……安國又為五十八篇作傳，會巫蠱事起，不得奏上，私傳其業於都尉朝，朝授膠東庸生，謂之《尚書古文》之學，而未得立。……至東晉，豫章內史梅賾，始得安國之傳，奏之（獻上朝廷）。

此書，自唐迄明，曾有學者對之懷疑，張心澂《僞書通考》在所錄各家之說中，以朱熹所疑爲代表，所謂：「《書》凡書易讀者皆古文，豈有數百年壁中之物，不訛損一字者？伏生所傳皆難讀，如何伏生偏記其所難，而易者全不能記也！孔書至東晉方出，前此諸儒皆未之見，可疑之甚。」此書至清從閻若璩著《古文尚書疏證》後，終確定其中除與《今文尚書》相同部分外，餘皆爲僞作。

《今文尚書》含〈虞夏書〉、〈商書〉、〈周書〉三部分。〈虞夏書〉有〈堯典〉、〈皋陶謨（謀）〉、〈禹貢〉、〈甘誓〉四篇。雖記載唐、虞、夏等遠古之事，但〈堯典〉啓首處便云：「曰若稽古」，蓋記述古事、古言者，皆可以此四字貫於篇首，這已說明是後人追述。〈禹貢〉據衛聚賢、內藤虎次郎（日

本學者）考證爲戰國末年作品。〈虞夏書〉各篇文字均平易簡潔，內容豐贍，異於〈商書〉、〈周書〉古樸之風。一般學者認爲當較〈商書〉、〈周書〉爲晚。王國維認爲是周初人作品。屈萬里以爲是戰國初作品。其成書年代難定，內容亦不足以代表虞夏時代。

第三節　《尚書》對殷商思想之述要

　　《尚書》是研究商代和西周的中國史料，〈商書〉、〈周書〉是載述商、周兩代較爲可靠的史料。〈商書〉只有〈湯誓〉、〈盤庚〉、〈高宗肜日〉、〈西伯戡黎〉、〈微子〉五篇，其提要如下述。

一、〈湯誓〉篇

　　是殷人追述其高祖商湯代夏桀的誓師之辭。

　　敍述商革夏命，非基於湯「不恤我眾，舍我穡事」的好戰行爲，蓋「有夏多罪，天命殛之」，已有「天命」與「王德」息息相關之思想，這一點透顯的人性自覺之反省，是使先民從甲骨文所標示的神權之中解放出來的原動力，或可視爲人文思想的端苗之萌芽。

二、〈盤庚〉篇

　　據屈萬里考證，是殷末人追述盤庚自奄（山東曲阜）遷於殷（河南安陽西北）的經過。

　　奄地多水患，不適民居。盤庚擬尊循古法遷都，卻有巨室爲私利而阻擾，以流言惑民。盤庚乃率眾出矢（誓言），明示遷都之利與不遷之害。先卜兆示遷，而「先王有眼（事），恪謹天命」，唯有遷都才能「紹復先王之大業，底綏四方」，於是盤庚告誡巨室「克黜乃心（私心），施襄德（恩德）於民」，在涉河遷民之際，又告誡不欲遷之民要「永敬（謹）大恤（憂患）」，「各設中於乃心」意指勿受人蒙蔽，且以「先後（祖先祖）丕降與汝罪疾」，盤庚遷都後，再

以「式敷民德（恩惠），永肩（能志）一心（同心）」，亦即施行美德於人，要能永遠地一心一德來勉勵部屬，凡此皆可見盤庚勤政愛民的苦心。而其「永敬大恤」與「恐人倚（偏恃）乃身，迂（邪僻）乃心。迂（施用）續乃命於天」得見他以遷都來延續大家的命運的思想，當為周人憂患意識之先河。

三、〈高宗（武丁）彤日（商之祭祀）〉篇

〈書序〉謂高宗祭成湯，祖己作此文以訓於王。

「惟天監下民，典（主）厥義（事之宜）（以善行為主）。降年有永（長久）有不永：非天夭民，民中絕命（人民自取絕命）。民有不若（順）德（行為），不聽罪（上天所降的罪罰）。天既孚（付與）命正厥德（上天所付人民性命，與他的德行相符合）。乃日（乃至於能說）：『其如臺（天還能把我怎麼樣），嗚呼！王司敬民（勉）（王啊！繼續帝位要以敬勉態度處事）』。」

祖己這種「天命」與「德」、「義」息息相關的歷史意識，是整部尚書的思想重心。〈周書〉的若干重要篇章、係此種思想的發展。

四、〈西伯（文王）戡黎（驪山下的驪戎）〉篇

西伯勝黎后，祖伊眼見殷即將滅亡，便急切地告誡紂王：「天既訖（終止），我殷命，……非先王不相（助）我後人，惟王淫用自絕。……」王曰：「嗚呼！我生有不命在天？」祖伊反（回覆）曰：「嗚呼！乃罪多參（列）在上，乃能責（求）（延）命於天！」

殷人這種面臨天命將絕，反求諸己的思想，進一步顯示「天命」與「王德」的相關性。人文自覺的曙光已逐漸顯露出來。

五、〈微（畿內國名）子（共爵也）〉篇

述殷將亡，微子未知何去何從，而謀之與父師箕子，及少師比干之事。

微子述紂王等這般人「用（行）沉酗（沉醉）於酒，用亂敗厥（指祖先），德於下（後世）」，意指殷商後人整日沉醉於酒，破壞了祖先好的操行於後世。

箕子回答說：「天毒（重）降災荒（亡）殷邦，（係因紂）方興沉酗於酒，乃罔畏畏，咈其耉長（違逆長者之言），舊有位人（不聽久在位的資深人士之言）。」「今殷民乃攘竊神祇之犧牲，用以容（寬容其罪）」的緣故。

君民同惡相濟，「罪合於一，多瘠（疾苦也，引申為痛苦、憂愁）罔詔。」意指人民受無限的痛苦卻無處可訴怨，故殷終遭滅亡。

由〈商書〉，可見殷人在宗教思想籠罩下，已有行為的善惡，是天命繼亡的依據之反省，雖然這種反省是很初步、樸拙的，尚未成熟為明確的中心思想。

周人的「敬德」與「天命」之「憂患意識」，卻由此發展而來。孔子「為政以德」之思想亦肇端於此，後人得見〈商書〉粗淺的歷史意識與政治思想。

卜辭中究竟有無「德」字，眾說不一，尚成問題。

周初金文「德」作「悳」形，用法與〈周書〉中的「德」字相同。吳大澂說：「德從彳從悳從心，悳古相字，相心為德，得於心而則形於外也。」[31]「德」字的字源義，應是「相心而行」「直心而行」之意，後來「德」字被引申為「德性」、「德行」與「賢德」等義，係由尚書中「德」字的多重意義所涵漸演變而來。主體的道德價值，由主體的道德實踐行為而來，必須先存善的動機，可名之為「善意」。〈商書〉中所謂「積德」、「用德」乃是「積善」、「行善」之意，「爽德」乃「失德」、「不善」之意。

殷人的宗教生活以祭祀和占卜為中心，祭祀的對象有上帝、先王、先妣、土

---

[31] 李孝定，《甲骨文字集釋》引各家說法，頁563-569。

神、河神、丘神、高祖神、先臣神等，其中以上帝爲具有位格的至上神，其神格超越諸神之上，對一切自然現象與人事福禍，具控制及支配力。董作賓認爲上帝具「命令下雨，降以饑饉，援以福祐、降以吉凶、降以災禍」等五項權能（中國古代文化的認識）。

時王卜問帝意之許諾以行政事，多駕臨宗廟來對帝行祭祀而問其吉凶如何？並以五世以前的直系先生及母癸、妣癸爲配祀，即卜辭所言「口祭」，周初的「帝祭」，後世的「禘祭」（爲當常有直系關係的王而舉行的祭祀）。

若時王欲祈雨、祚年（使穀熟），寧雨、風、蟲、疾等時，則於四方之郊，對上帝行「采祀」，並行袞祀於社神，配祀以河神、丘神、祖神，此即后土所行的「郊祀」。至於以諸神「賓於帝」（配祀於帝）的祭法，至周代就形成「配天」思想。

殷人認爲每種神格具有不同的神威，而生以自然神或祖先神（人鬼：可以向之祈年、祈雨、寧疾、寧災等）。

「帝」與「天」在《尚書》中是兩個意義相同，甚且可以互代使用的「至上神」概念。「帝」在卜辭中作朿、朿、朿、等形。吳大澂首先認爲「帝」爲「蒂」字之說，吳於▼己且丁父癸鼎之「▼」字注曰：「疑古帝字作▼，如花之有蒂果之所自出也。」王國維謂：「象花顎全形者也。」（卜辭「帝」字多用爲至上神之稱號）帝之興，必在漁獵牧畜記進展於農業種植以後，蓋其所崇祀之生殖，已由人身或動物性之物而轉化爲植物。……古人觀花落蒂存，蒂熟而爲果，人畜多賴以爲生，果復含子，子之一粒，復可化爲德萬年孕之子孫。……天下之神奇更無有過於此者矣。此處至上神者之所寄，故此之眞宰，即以帝爲尊之號也。人王乃天帝之替代，而帝號逐通攝天人矣。」[32]

多數文字學家主張「帝」即「蒂」之本字，擬爲一切生命之源，爲尚書宗教思想中「帝」概念的由來。

---

[32] 郭沫若，甲研釋祖妣（8-1）。

　　甲骨文中，「天」不曾有「帝」字義，而只做「大」解，形如「𠷎」、
「𡗕」。

　　在卜辭中常有上帝左右自然現象，或人事禍福的記載，肯定了上帝之意志
下達於世間，就是主宰世間的無上命令與力量。在《尚書》中，以「帝令」或
「天命」來表達，成爲《尚書》中宗教思想「命」與「天命」等觀念的淵源，上
帝的意志對人所形成的支配力（自然現象與人事禍福）在〈商書〉就以「天命」
表之。

　　《今文尚書》五篇〈商書〉中，「帝」出現兩次，「天」作至上神義出現
十七次。

第四節　《尚書・周書》的主要篇章要旨

一、主要篇章要旨

　　《今文尚書・周書》共有二十篇。即〈牧誓〉、〈洪範〉、〈金縢〉、〈大誥〉、〈康誥〉、〈酒誥〉、〈梓材〉、〈召誥〉、〈洛誥〉、〈多士〉、〈無逸〉、〈君奭〉、〈多方〉、〈立政〉、〈顧命〉、〈康王之誥〉、〈費誓〉、〈呂刑〉、〈文侯之命〉與〈秦誓〉。是了解周代思想較可靠的史料，其中尤以對西周初年的記載較為詳盡，特別又以西周初年周公的言行格外重要，其中有七篇富有哲思。

　　〈牧誓〉篇載述周武王與商紂王戰於牧野時，武王的誓師之辭。文中，武王首先敘述商紂「惟婦言是用，昏棄厥肆祀弗答……俾暴虐於百姓，以姦宄於商邑」等荒淫無道之惡行，來申明自己「恭天之罰」的立場。其後又告誡士卒不要輕進、貪殺與殺戮投降之人。這種「善者（善戰者）果（濟難）為己，不以取強」的態度，成為了後世行仁義之師以弔民伐罪的典範。

　　〈洪範〉篇記述武王於伐紂後兩年，以天子之尊，親訪於箕子以問政的事蹟。箕子乃一般之遺臣，將「洪範九疇」這套治理天下的大經大法陳述給武王，可見兩位聖賢在政治上的氣度。至於「洪範九疇」的內容，正是周初武、成、周、召所統實踐的「德、政、教」合一之政治理想。

　　〈金縢〉篇瀰漫著周初的宗教精神色彩。周公對武王有著感人的手足之情，立下了宗法制度下忠君、愛國與血親情深的最高典範。

　　〈康誥〉篇據屈萬里考證，乃武王封康叔於康時，勉康叔之辭。武王述文王之德云：「惟乃丕顯考文王，克明德慎罰，不敢侮鰥寡，庸庸，祗祗，威威，顯民。」尚書大義稱此為「述文王之家訓，以作國之彝訓」，可看出文王之德在周初人們的心目中，是「王德」的最高典範。

　　武王面對無常的天命，興發君臣皆當謹慎修德，不可任意刑殺的憂患意識。這一點在人性自覺下所生發的責任感與使命感，正是周文化整個精神所在。

〈召誥〉篇根據屈萬里的考據，主要是記載召公（召公奭）告誡成王之語。《史記‧周本紀》：「周公行政七年，成王長，周公反政成王，北面就群臣之位。成王在豐，使召公復營洛邑，如武王之意。……作召誥，洛誥。」此篇要旨，如蔡傳所云：「『拳』於歷年之久近，反復乎夏、商之廢典。究其歸，則以諟小民爲『析天命』之本，以『疾敬德』爲諟小民之本，一篇之中，屢致意焉。」可見「天命」與「敬德」在周初聖王賢哲的意識中相互依循的關係。而這種憂患意識，也正是周文化從宗教步向人文主義的高峰。

〈君奭〉篇蔡沈認爲是「召公告老而去，周公留之。史氏錄其告語爲篇，亦誥體也。用周公首呼君奭，因以『君奭』名篇」。文中周公以「天降喪於殷」來強調「天命不易（難以把握）」與「天不可信，我道惟寧王德延，天不庸釋於文王受命（在我之道，惟以延長文王之德，使天不容捨文王所受之命也）」，並例舉前代賢臣輔君共保社稷之事蹟，希望召公能竭盡心力，繼續輔佐成王。諄諄之意，不但可看出周公忠君、愛國之熱忱，亦可看出隱藏在周公情感深處的「憂患意識」。

〈多方〉篇乃成王滅奄歸而命周公誥諸國之辭。蔡傳云：「成王即政，奄與淮夷又叛，成王滅奄歸，作此篇。」屈萬里：「古稱國曰方，此義甲骨文中最習見之。多方，猶言諸國，謂諸侯也。」文中，周公以「天降時喪」於夏、殷，是因爲末世之君「逸（過度）厥逸（逸樂），圖（鄙棄）厥改，不蠲烝（潔祭）」的緣故；殷取代夏，周取代殷，皆基於「承天命」。因此，他敬誥諸侯各邦，要共同努力，輔翼周室，以共享天命。「多方」一辭卜辭屢見，多方猶言多國也。卜辭及西周文獻，常謂「國」曰「方」。

二、敬天保民的天命觀

由〈周書〉各篇所示共同的要旨，可看出文、武、周、召，乃是整個周代文化精神的創立者；而「敬德」以長保「天命」的憂患意識，正是周文化的基石。

至於「德、政、教」合一的政治理想，亦成為周代行政的典範。

〈商書〉的歷史意識，可以說是引發〈周書〉人文精神的端緒；周初人文精神的重心，在於「敬德」概念，以及此概念背後所隱含之人性自覺下所生發的責任感與使命感（自覺性的人文精神）。

〈周書〉出現「德」字八十八次，有三十二次是承〈商書〉「德」字用法，作「德之總名」（廣泛地包含為政者個人及一切政教方面的善、恩澤、合理應然的行為等細目，故以「總德」之名稱之）的「德」字共出現四十五次，此義之「德」字首出現在〈康誥〉。由於文王是周人最推崇的聖王，其行為也是後世君王儀刑的典範。因此，這段文字代表周人思想中，「王德」的形貌與內涵。曾運乾《尚書正讀》曰：「明德慎罰，尚德緩刑也。庸、用、祇、敬、威、畏。」蔡傳說：「鰥寡、人所易忽也。於人易忽易而不忽焉，以見聖人無所不敬畏也。……用其所當用，敬其所當敬，威其所當威，言文王用能、敬賢、過罪，聽於理而已，無與焉。」所謂「不敢侮鰥寡，庸庸、祇祇、威威、顯民」，正是「道之以德，齊之以禮」的作風。

「緩刑」予德不足以化之頑民一些警惕與處罰。這一類的「德」字在《周書》中，常與「明」、「敬」、「經」、「秉」、「用」等動詞連用。

〈周書〉的「德」字含義除了與《尚書》雷同的四種意義外，新的用法有「德之總名」、「行德之方」、「個人道德修養的成就」、「有德之人」、「美德」、「性情、行為」和「無上的道德命令」等七種。

周人綜合文王個人的道德修養與其政教方面的措施，形成「王德」概念，「王德」的「德」包含各種政教方面的「善」、「善行」、「應當的行為」，以及為政者施予人民的一切惠澤與獎賞。不論文王，且殷代的哲王、賢臣或周太王、王季，亦為後世君臣為政的典範。於「敬德」、「明德」、「秉德」、「敏德」、「用德」等，成為周初君臣互勉的主題。政教的德化於此時確立，個人的道德修養普遍受到重視。因此，周初「德」不單是政府行政的原則，與君王舉用人才的標準，同時也是君臣，甚至百姓個人道德修養的目標。

〈周誥〉一再強調「敬德」的重要，以及「德」與「命」的關係，可見周

初的宗教思想仍在，但人文精神與憂患意識的強化趨勢，卻不斷地有所進展。由〈君奭〉「天不可信，我道惟寧王德延」的思想可看出：外在的道德標準——天命已漸漸喪失其絕對的威權性，而人自身的道德抉擇與活動，卻日形重要。

人只要依自己的道德理性行事，便可「自作之命，配享在下」，這無疑是把「天」人文化、合理化；而人的地位也固而益形重要。《四書》與《易傳》把剛健不已的天道，視爲絕對的道德實體與價值根源。

三、憂患意識與德化政治

由殷代的出土文物，根據陶、銅器、飾物、甲骨文記載，得知殷人的宗教思想與歷史意識濃厚。吾人可發現殷代的文化已經相當燦爛，五百年間，出現多位德化廣被的聖王賢臣，如〈無逸〉篇中列舉中宗、高宗、祖甲等君主；〈君奭〉篇舉湯、大甲、大戊、祖己、武丁五位明君及其輔臣。可惜紂王窮兵黷武，消耗國力，年老又昏瞶暴戾，牧野一戰，相傳具五、六百年的大邑商，就被周滅亡。

錢穆於《國史大綱》謂：「殷周之關係，已顯如後代中央共主與四方侯國之關係。」由殷周銅器、兵器之形制，與甲文和周初金文在字源上之關係，證得殷、周文化間有一脈相承之跡，周初的行政規模與祭祀之禮，多因襲殷舊制。《論語·爲政》曰：「周因於殷禮，所損益，可知也」，《論語·八佾》：「周監於二代，郁郁乎文哉！」。因此，周人思想充滿宗教色彩，例如：〈周書〉中篇篇皆有「天」、「帝」、「天命」等字，〈周書〉中作至上神義的「帝」字出現三十五次，「天」字出現過一百三十四次。

「天命」思想對周人的政教與哲學皆有極大影響。若就「天命」是護佑萬民，而非專佑一家以及賞善罰惡乃天命的道德本質而言，〈商書〉、〈周書〉的立場是一致的，商周的天命觀使兩代的聖君明臣體認到自身行爲與政教措施對國家命脈之重要性。周初聖哲所深感天命不易把握，於是更從自身行爲下功夫，形成了周誥中一再出現的「敬德」與「天命」之憂患意識。

周起於西方，是一擅長農業的後起民族，「飽經憂患，勤奮固存，故不數十年間，便蔚爲一個富強之國。」[33]

在政治勢力方面《孟子・公孫丑》云：「由湯至於武丁，賢聖之君六七作，……尺地莫非其有也，一民莫非其臣也。」故牧野一戰，周人雖推翻其中央政府，但對商朝的廣大農民和舊有諸侯國，並未能直接加以征服。因此只能對商人採取懷柔政策，一方面將紂的兒子武庚封於殷，以治殷之遺民；一方面將武王之弟管、蔡、霍三叔與伐紂功臣尙父、召公等封在近殷處，以收監視之效。

因此，武王憂心忡忡，這種對國事之擔憂，再配合上當時宗教思想，導致人對天命的謹愼與恐懼，而生發對自己行爲與政教措施的責任感，形成武王與周公、召公之「憂患意識」這種身居亂世，而能在人性自覺下，對「民族之延續與文化之發展」，生發一種強烈的責任感與使命感，以爲作君者的心態。再由《尙書・康誥》「克明德、愼罰」與《詩大雅・文王》「亹亹文王，令聞不已」看來，文王的確深具憂患意識。武王克殷後的憂患意識表現在其封建措施與〈康誥〉一文中（武王述文王之德藉以勉康叔）。值得注意者有兩點：1.武王得天下後，爲懷柔殷民，對內、外，不得不隱藏長期以來，殷周勢力衝突的史實，從天命的觀點，強調文王之受命；2.武王述文王之尙德緩刑與敬事愛民的美德。

總之，武王在封建諸侯之時，由於殷勢力未能完全剷除，故未能驕奢自縱，反而憂懼天命會得而復失而輾轉反側。於是他不但在自身行爲與政教措施方面謹愼負責，同時也要求所封之諸侯，要效法先哲王之德，以輔佐王室。武王不但勉康叔在心志上要憂國憂民、盡心盡力，在具體施政上，也要有客觀的依據。對不德之人要用「義刑義殺」，以正民風。武王以「惟命不於常，汝念哉！無我殄享」，叮嚀康叔要敬畏天命，勿使國家遭到亡國命運，以「敬德」、保「天命」的思想，正是周初憂患意識的典型。

及周公、王室來固，管、蔡聯合武庚與東方舊諸侯國叛變，於是排除異議，親自東征，削平後重新分封諸侯，用以分散殷勢力。周朝爲加強對東方的控

---

33 張蔭麟，《中國上古史綱》，頁16。

制，乃興建洛邑爲東都，遷大批殷頑民於該處，嚴加管理，舉凡〈大誥〉、〈梓材〉、〈告誥〉、〈浩誥〉、〈多士〉、〈多方〉等，皆此時的作品。

〈召誥〉、〈君奭〉二篇能代表周公與召公憂國憂民之心，將「敬德」、「天命」的憂患意識，表達得最爲深刻。周公與召公皆是追隨文、武創業的老臣，飽經戰亂與憂患，認識到殷開國五、六百年，德澤廣被，國勢靭固，若想驟然間將其勢力完全剷除，以享太平，根本是不可能之事。因此，若周在此時不能謹愼修德以感化天下，很可能重蹈商紂命運。當成王年長，周公返政於成王後，召公便藉興建洛邑之機，將切身感受告於未親身經歷的成王。

〈君奭〉依蔡傳所言，乃「召公自以盛滿難居，欲避權位，退老厥邑。周公反復告喻以留之」之誥書。周公以周業不知能否長保體系、天命是否能長久，而闡明爲避免子孫不敬天畏民，以致驕慢肆奢，極失天命，失落文、武所創的偉大基業。因此，強調天命無常，周只能將文王之德延續下去，使天不容捨棄文王所受之命，再舉古聖先王，皆賴賢臣輔政之事蹟，盼召公能聯下，續與周公共輔國政。這等老臣之間，爲國是而互勉之語，忠義感人。

所謂「敬」，據徐復觀解釋，[34]就是《論語・述而》「臨事而懼，好謀而成」的認眞負責之態度，亦即承憂懼之心而來的「精神斂抑、集中，及對事的謹愼，認眞之心理態度」。[35]

所謂「德」，從〈康誥〉所述文王「克明德愼罰」以及殷先王哲王「用康乂民」的內涵觀之，是泛指一切的政教措施及君王個人的行爲而言。周初這種對政教與自身行爲謹愼負責的心態，當源於「賞善罰惡」的「天命觀」，與殷、周之際政治上的困難處境，爲政者常憂懼天命的得而復失，體現到吉凶成敗與當事者的行爲有著極密切的關係與強烈的責任感便油然而生。於是人對於事的信心，便不得不從神（卜筮）的依賴，轉向當事者自身。所謂「憂患意識」正是指當事者自己承擔責任時，所湧現的「如臨深淵，如履薄冰」之心態。

---

[34] 徐復觀，《中國人性論史》，頁22。
[35] 同上。

從人文演進的觀點，憂患意識蘊蓄著一種堅強意志和奮發的精神，它使得人從對外卜筮的倚賴，步向自我承擔的途徑，由於人自身深感「敬德」之重要，「天命」的內涵也因而日漸合理化、人文化。在〈周書〉中，天命雖仍保持此神祕幽暗的宗教色彩，但它畢竟已成為人類道德行為之最後保障。「人」亦多多少少在自己的生活中，取得了某種程度之自主地位。這種趨勢發展至孔子時，「天」由人格神，昇華為一種恆古長存的超越性之道德理則。至於〈商書・西伯戡黎〉「我生不有命在天」的宗教倚賴感，經〈周書・召誥〉「王其德之用，祈天永命」的轉化，而確立具道德意識向度的憂患意識。

作為人主體自主性之發展至東周，便形成〈虞書・堯典〉「天工人其代之」與易傳「大人者，與天地合其德，與日月合其明」，及中庸「贊天地之化育」等人文化成的積極態度。

四、《尚書・洪範》的政治哲學

《尚書・洪範》所論述的「九疇」係周人承殷商舊制中的治國大法而來，且予以系統化的政治理論。〈周書・洪範〉係武王克殷後兩年，親訪殷之遺賢箕子，以求教其「彝倫攸敘」，箕子答以洪範九疇，是有關上古政治哲學思想的重要文獻，「九疇」是將政治事務依不同的性質分成九項範疇，茲分別紹述如下。

（一）五行：乃古人化約宇宙各種物質性質，而提供的一種駕馭日用、物質之知識，教民識別其性質、功用，進而善加利用，改善自然環境，增進人民福祉。至戰國後期，竟被陰陽家附以相生相剋之理，導致這套實用之知識衍成一些複雜的歷史哲學思想與災異說。因此，方東美認為「五行說」在中國哲學中有六種面向：1.用以解釋自然之源起，形塑出一種自然哲學；2.用作民生日用之資材的分類；3.奉為自然功能神；4.用作主德轉移，藉以解釋歷代政治興亡之故；5.用作自然元素，無與人事休咎，墨家更藉量之多寡，而予以解消；6.自戰國至

兩漢，深入次流思想家之心髓。[36]

（二）五事：係人際交往觀察人品的五要點，也是標舉出理想化的政治人格特徵：

1.「貌」指外表應敬謹，純熟運用之極，即是「肅（莊重）」。

2.「言」指談吐應合理，即是「義（有條理）」。

3.「視」指對人對事的觀察應清楚，即是「哲（明智）」。

4.「聽」指對話語內涵的分辨應把握住其用意，即是「謀（善揣度）」。

5.「思」指內在的思考與反省應清晰入微，即是「聖（於事無所不通）」。

箕子陳述於武王，希望他能做到「敬用五事」，即可善理國政。

（三）八政：指「食、貨（其職能屬民生經濟）、祀（典禮）、司空（地政）、司徒（教育）、司寇（刑事、此四項為內政）、賓、師（屬和平與武力兩種對外的外交手段）。清代孫星衍在《尚書今古文疏》曰：「食者，萬物之始，人事之所本也；故八政先食是也。貨，所以通有無、利民用，故次之。聖王所以成而後致力於神，故祀又次之。〈王制〉云：『節事時，民咸安其居，樂其事、勸功、尊君、親上、然後興學』，故司空在司徒之先。先教而後誅，故司寇在司徒之後。德立刑行，遠方咸服，故次之以賓。其有暴虐無道，不率化者，則出六師以征之，故又次以師。是職先後之次也。」

（四）五紀：指「歲、月、日、星辰、曆數」這套天文與曆法的知識。因為農牧經濟之興衰與天時息息相關，人民的生計必須仰仗一套精確的曆法以及農時來實踐，故箕子以此相授，忠告武王要「協用五紀」。

（五）皇極：漢儒釋作「大中」，唐蘭釋「中」：「中，古本作𠁁也。『中』為旂旗旗之屬。……余謂中者，最初為民族精神之徽幟。周禮司常所謂『皆畫其象焉，官府各象其事，州里各象其名，家各象其號』顯為皇古圖騰制度之孑遺（《周禮》『九旗』以日月、胶龍、熊、虎、鳥、隼、龜、蛇等畫之，亦

---

[36] 方東美，《中國哲學精神及其發展》上冊，臺北：黎明文化公司，2005年，頁138-142。

皆由圖騰文化而來）。此其徽幟，古時用以集眾。……蓋古者有大事，聚眾於曠地，先建中焉，群眾望見中而趨附。群眾來自四方，則建中之地爲中央矣。列眾爲陳，建中之酋長或貴族恆居中央，而群眾左之右之，望見中之所在，即知爲中央矣。」**37**這大概是古代「建中」的本義。

方東美說：「『皇極！皇建其有極』，斯乃〈洪範〉一篇的哲學寶藏之核心所在，是其大頭腦處；肯定當建大中爲存在及價值之無上極則，且爲人人之所以當共尊。……自天子以至庶民，一是皆以『大中』爲本。蓋『大中』者，乃是『本初』，代表近代比較宗教史家所謂之『天上原型』。萬物資始大中，復歸本大中，粵在洪荒上古，舉國一切，莫不繫乎此一『大中』之原始象徵意符。是故，由之開出廣大悉備之『中正』原理，創發『中道哲學』，迢迢遠引，蘄向永恆世界。」**38**

方東美舉象山〈皇極講義〉謂「大中」爲象徵「永恆世界的超越理想價值」之符號，此意符背後所預設的哲理，則爲一種「洪荒時代的本體論」，是「皇矣上帝、降衷於民」作懿行，息邪惡的極則，以極則落在政治上，便形成「無偏無黨、王道蕩蕩，無黨無偏、王道平平，無反無側、王道正直」等政教合一的政治最高原則，對上古人民的安心立命有重要意義。

（六）三德：一曰正直、二曰剛克、三曰柔克。

眾人稟性之不同，所以君王在推行政事或治理百姓時必須運用不同的對治方法。剛克、柔克者，威、福、予、奪，抑、揚、進、退之用也。以期收良效，達到德化天下之目的。

（七）稽疑：占卜稽疑以斷國事，是殷人宗教與政治結合的基本形式。《尚書‧大禹謨》：「汝則有大疑，謀及乃心，謀及卿士，謀及庶人，謀及卜筮。」這與卜辭和〈商書〉所云：「先王有服，恪謹天命」不同，處在殷周之際的人，已反省到天命的指示雖重要，但當事者自身的理智及臣民的意見亦不容忽

37　唐蘭，《文學紀》，頁40-41。
38　方東美，《中國哲學精神及其發展》上冊，頁131-132。

視。這種道德化的行政標準，由外在的天命轉向人類自身的趨勢，可見人文精神已開始突破宗教的限制，漸漸走向自我肯定的價值創造之路。

（八）庶徵：以「雨、暘、燠、寒、風」五種自然天候的現象是否來得合時，作為檢驗時政優劣的方法。水旱災的觀察與應變，政教的休（君王「肅、乂、哲、謀、聖」）與「咎」（君王「狂、僭、豫、急、蒙」）會直接影響自然天候（與農牧社會的年收有決定性的影響），天人相應觀至戰國配上五行生剋說，便形成中國政治史上的陰陽災異說。

（九）嚮用五福，咸用六極。

1.五福：壽、富、康寧、攸攸好德、考終命。

2.六極：凶短折、疾、憂、貧、惡、弱（發育不全、孱弱）。

總之，西周的精神是建立在宗法社會結構的禮教之上，所謂「宗法」係介於氏族與家族間的一種宗族的組織方法，其中包括長子繼承，封建隸屬、外婚制度。簡言之，「別子為祖，繼別為宗」，宗法的人倫道德繫於禮樂制度。周公之制禮作樂，因為他看出古代神權在敗德之君王中，不但不能為人民造福，反而因君主的驕奢使人民更痛苦，故在宗教的精神力量衰退時，為予社會一精神性的道德拯救，而把公、卿、大夫、士乃至平民，皆納到大一統的道德世界中。宗教靠外在的權威去維持，道德卻以內在的精神來規定。《中庸》云：「親親之殺、尊賢之等，禮所生也。」禮樂之親親、尊賢，正是把人類自然的德性，轉化為精神上的道德價值之反省，以普施於四方，擴展於周代的王位繼承、婚典、祭典、喪典。

第五節　《詩經》的天論及詩教的人文價值理想

一、對《詩經》一書的紹述

《詩》原不稱經。《詩》原意謂著一種文體──有韻之文，和「書」表示散文文體一般。「詩書」連文可包括古代文籍的全部，「詩」只是文籍的類名。「經」字在戰國只是一種著作之名稱，無尊崇之意。

（一）采詩

虞夏以後，漸有采詩之官，周時大師掌六詩，其徵求方法，每年孟春行人振木鐸，采詩盧巷之間。又規定老年男女若干人，辦理采詩之事，所采之詩由鄉送至邑（縣），由邑至國，王者五年一巡狩，或太使太公同車，太師進陳所采之詩王者藉以觀民風。國史錄其世次，目的在王者遍觀各地詩歌，了解風俗人情，故曰：「王者不窺戶牖而知天下。」

（二）《詩》的產生時間

古史上自上世及秦兩千年間，唯獨周朝有詩三百篇，皆周朝作品。周朝可稱爲「詩時代」。

「詩」的年代照詩譜說法，王室的詩（大、小雅）始於殷周之際，別國之詩始於初周之二南（召南、周南），止於周定王末年的陳詩株林之篇。

全部詩篇不出周公攝政後，不應早於成康時代，春秋之前，前後約五百三十年，儼然爲「詩的時代」。依孟師眞之研究，最早的〈周頌〉應始於成康時代，「頌」之末期是「雅」的開始，「風」更在其後。

詩之作乃西周禮樂制度之產物，原爲周樂的樂章，大概「周頌」和「大雅」一部分是創制時所作，後繼有加入，而有「小雅」和「國風」。此二者中有許多採自民間歌謠，至孔子時已有三百篇，《孟子‧離婁》：「王者之跡熄而

『詩』亡。」《詩經》的作者，可知者最多爲六篇。詩的作者，可能是不具名的一群人。

　　詩必藉禮樂之制使存用於「樂」者樂章，用於禮爲「言教」（詩教）。創制之初，必先完成「頌」與「雅」的樂章以尊王室，按二南而下，用於鄉人、邦國；同時也藉此制度和言教的推行，來建立其和諧團結諸侯和教育社會之理想，采詩爲此種制度之一部分。

二、《詩經》的天人關係說

　　《詩經》中的「天」雖然有豐富的概念含義，而然較具哲學意向者有二：一爲形上義的天，一爲神性義的天，此兩義兼具的天以〈大雅・文王之什・文王〉所云：「上天之載無聲無臭，儀刑文王，萬邦作孚。」以及〈周頌・請廟之什・維天之命〉所謂：「維天之命，於穆不已！於乎不顯，文王之德之純！」較具代表性。至於傾向於形上義的天，則以〈大雅・蕩之什・烝民〉所言：「天生烝民，有物有則。民之秉彝，好是懿德。」最明顯。當代哲學學者勞思光做了深刻的概念分析和哲學論斷謂：「此處所言之『天』，雖似可解釋爲『人格天』，亦可爲『形上天』，但下文『有物有則』觀之，則此『天』是理序之根據，本身表一『必然性』，而不表『意志』，故實非『人格天』，則爲『形上天』。……天道作爲一實體看，即成爲萬理之存有性根據。依此觀點，人心所能認知之『理』，皆由此實體來看，即成爲萬理之存有性的根據。依此觀點，人心所能認知之『理』，皆由此實體來，或說皆是此實體之顯現；故下接『民之秉彝，好是懿德』，蓋謂人所能執守之常理，人所追尋之價值，皆以此實體爲歸宿。此種『形上天』之觀念，顯實體性而不顯主體性，其理甚明。」[39]形上天具有「天道」的含義，「人格天」則指天意，這是兩者之間的分別。《詩經》中顯見「人

---

[39] 見勞思光，《新編中國哲學史》（一），第二章，2004年，頁80。

格天」的詞意，然而，「形上天」之蘊義也漸漸出現。

　　蓋神性義的天表徵了具有意志性和主體性的主宰性的「天意」，形上的天表徵實體性，涵有客觀化的理序或規律，不具主體性的主宰力和意願特徵。勞思光進一步詮釋說：「此處所謂『天之命』即是天之法則及方向，即是後世所謂『天道』；『天道』運行不息，故說『於穆不已』。『於乎不顯』的『不』即『丕』字之通假，『不顯』即『丕顯』，意思即是，如此運行不息之天道，至為明顯；下接『文王之德之純』，乃因本詩原是歌文王之作，故即以文王之德比擬『天道』。這幾句詩的『天』觀念，已由一般天意觀念轉為天道觀念；天意代表人格神或『人格天』，天道代表形上實體，亦即『形上天』。」[40]勞思光以天意和天道之辨來區別「人格天」與「形上天」之論述，簡明扼要。《詩經》所進展出來的形上天，具有生化之源，超越形質特徵，蘊含客觀化的理序和運行不已的功能及規律，為後世的《易傳》、老莊及黃老道家孕育了形上學的理源。

三、孔子論詩教的人文作用和價值

　　《論語・先進》曰：「從我於陳、蔡者，皆不及門也；德行：顏淵，閔子騫，冉伯牛，仲弓。言語：宰我，子貢。政事：冉有，季路。文學：子游，子夏」再與〈述而〉曰：「子以四教：文、行、忠、信」相印證。何晏、朱子對「文學」未解釋，皇侃義疏引范寧說：「文學，謂先王典文。」清・劉寶楠《正義》引朱彝尊文水縣《子詞堂記》，說《詩》、《書》、《禮》、《樂》、《易》、《春秋》皆由子夏而傳。

　　故《論語》所謂「文學」，指博學先王典文，即「《詩》、《書》、《禮》、《樂》、《易》、《春秋》」六藝之文字。〈學而〉篇有云：「行有餘力則以學文。」「學文」指學習先王遺文。在「文學」現代的含義，意指把思

想、情感、想像用巧妙美麗的語言文字表現出來以感染他人，使之在人類之中發生深遠的影響。

　　詩的內容結合思想、感情和想像，若詩品的內涵好，則它發生移情感染作用時，在移風易俗的效應上能發生好的影響。因此，孔子說：「《詩》三百，一言以蔽之，思無邪。」「思無邪」一語見於《詩經・魯頌・駉》，是孔子據以編纂詩經時取捨詩歌的判準。換言之，只要思想純正、感情真摯、想像切至者，皆可入選。

　　「思無邪」的詩用於讚美時，因得體而不致流於諂媚，適逢諷刺時，因中肯而不流於毀謗，故能「正得失，動天地，感鬼神」（《毛詩・序》）。對人事社會發生正向價值的影響。故司馬遷謂：「國風好色而不淫，小雅怨誹而不亂。」（《史記・屈賈列傳》）

　　文學的形式，是由語言文字構成的，文學的語言能引發讀者巧妙的美感，能把作者的思想、感情和想像表現得恰如其分。如宋玉形容東家之子般：「增之一分則太長，減之一分則太短，著扮則太白，施朱則太赤。」自然而高雅就是美。孔子對其子伯魚說：「不學詩，無以言。」（〈季氏〉）學好語言的藝術，才能在社交生活中與他人良好溝通，孔子曾說：「女（汝）爲〈周南〉、〈召南〉矣乎？人而不爲〈周南〉、〈召南〉，其猶正牆面而立也與？」《論語・陽貨》：「正牆面而立」，謂言語不得其用處則碰壁而寸步難行。如果真能學過〈周南〉、〈召南〉那些詩篇，在語言文字上已得訓練，懂得如何把語言的運用、文章的寫作達到典雅和優美，則運用於社會時，收發自然。

　　孔子論詩教（文學）的功用曰：「小子！何莫學夫《詩》？《詩》，可以興，可以觀，可以群，可以怨。邇之事父，遠之事君。多識於鳥獸草木之名。」（《論語・陽貨》）我們可從人文生命的情感教育和知識教育，來闡發其蘊義。從人的情志而言，可以興、可以觀、可以群、可以怨。

（一）在人的情感生活上，孔子最注重者為「興」

子曰：「興於《詩》，立於《禮》，成於《樂》。」（〈泰伯〉）

「興」是興發吾人的思想或內在優美的情操。

子貢曰：「貧而無諂，富而無驕，何如？」子曰：「可也。未若貧而樂，富而好禮者也。」子貢曰：「《詩》云：『如切如磋，如琢如磨。』其斯之謂與？」子曰：「賜也，始可與言詩已矣！告諸往而知來者。」（〈學而〉）

子貢由〈衛風洪澳〉「如切如磋，如琢如磨」這兩句詩裡得到啟示，領會到學術和道理是愈研究、愈深入、愈精微。所謂「告諸往而知來者」就是「興」字的註腳，亦即吾人所謂的「啟發」。

（二）「可以觀」，「觀」是觀察人的情志

1.觀察詩作者的情志

古時當政者常派人至各地蒐集民間詩歌，藉以觀察各地人民的心聲，從而了解政治、經濟、文化各方面的得失。《左傳·襄公十四年》傳引〈夏書〉說：「遒人（官名）以木鐸徇（宣示營求）於路。」杜預注曰：「木鐸徇於路求歌謠之言也。」《詩經》的十五國風就是這樣採集而來的。這些文學作品是作詩者純真的情志之流露，反映出人民真正的心聲。

2.觀察詩歌者的情志

南容三復白圭，孔子以其兄之子妻之。

南宮適，字子容，省稱南容，是魯大夫孟懿子兄。「白圭」指〈大雅〉裡「白圭之玷（缺），尚可磨也，斯言之玷不可為也（人若失言則莫能救之）」，以一位出身魯國最有權勢的三家者之人，讀到此數句詩時一而再，再而三，往復的循誦，孔子由此觀察出他是一個慎言謹行的人，故孔子說「邦有道不廢，邦無道免於刑戮」（《論語·公冶長》），而要把姪女嫁給他。

3.觀察用詩者的情志

　　三家者以雍徹。子曰：「相維辟公，天子穆穆，奚取於三家之堂？」（〈八佾〉）

　　「雍」是〈周頌〉的篇名。「相維辟公，天子穆穆（美女的狀態）」是〈雍〉詩中的二句天子在祭宗廟畢，收起樽俎時，才歌這首〈雍〉詩，三家（孟氏、叔氏、季孫氏）只是魯國的大夫，在祭宗廟畢收起樽俎時竟也唱出與三家身分不合的詩句。這種目無尊長，亂紀犯上的隱情，在其祭祀用詩時被孔子得以觀察出。

（三）可以群（指人際的溝通）

　　子曰：「不學《詩》，無以言。」

　　「群」是人際間的情感交流，人若學過《詩》，則應能善於應用語言文字以抒發其情志。子曰：「誦《詩》三百，授之以政，不達；使於四方，不能專對；雖多，亦奚以為！」（〈子路〉）迂迴婉約的溝通性語言，暗示指點言，所謂「不達」就是不能彼此溝通，導致上下隔閡，團結不起來。

　　「不能專對」也就是溝通不良，人與人無法親善。一國若在國際間不能敦睦鄰邦，則只能孤立無友了。「學《詩》」就在於把溝通人之情志的語言文字運用在最巧妙、最動人處。古時許多政治家、外交家皆曾學過詩且能運用《詩》。在《左傳》的載述中，不乏其相關例證。

（四）可以怨

　　當人有各種情緒蘊結於心中，有欲吐不得之勢，就是「怨」。所謂「怨」是指宣洩人的情志，將情緒和緩的發洩、情感細緻的表達。《白虎通》以「喜、怒、哀、樂、愛、惡」為人之六情，《禮記·禮運》以「喜、怒、哀、懼、愛、惡、欲」為七情。

　　子曰：「〈關雎〉，樂而不淫，哀而不傷。」（〈八佾〉）〈關雎〉是

《詩經》裡的第一首，這首詩作把「樂」與「哀」的情志宣洩得恰到好處。孔子稱之爲「樂而不淫，哀而不傷」，不淫不傷爲詩意所在。

就詩的訴怨功能而言，示喻於一個青年男子在河邊見及雎鳩的雌雄和鳴，油然思及「窈窕淑女」（幽閒貞靜的少女）是身爲「君子」的自我理想配偶。這種高情是可想而知者。然而這種高興不是無節制的放縱，因此雖「樂」而「不淫」。同時在現實中「淑女」的「求之卻不得」，就不能不感到「哀」從中來，但不因此而絕望。作詩者仍想到未來可能的結合景象，所謂「琴瑟友之」、「鐘鼓樂之」，充滿著和諧與快樂的情景，故「哀」而能不「傷」。

四、從人的智識方面——多識於鳥獸草木之名

孔子詩教的主要思想，對內要用文字作品來陶冶自己的情志，對外要用文字作品來促進人倫之關係。總之，詩教的功能是要用文學作品來鑄造完美的人格，造福廣大的人。但是文字作品常常用自然的物象來表達自己的情志，也常借用自然的物象來比喻人倫關係。所以吾人需具備一些名物的知識來了解作品，另一方面，吾人多讀文字作品可多發現一些名物，可增進與自己有關名物的知識。

由於孔子有「多識於鳥獸草木之名」一語，後來研究《詩經》的就有專門研究名物這一派。首創者爲吳陸璣，開創《詩經》之博物學，他的《毛詩草木鳥獸蟲魚疏》，考出草類五十二種，木類三十六種，鳥類二十三種，獸類九種，魚類十種，蟲類二十種。這是從王謨漢魏叢書本統計出來的。但我們現在統計《詩經》中的草類有一百零五種，木類七十五種，鳥類三十九種。

第三章　春秋時代的儒家思想
——以《論語》、《左傳》為主軸

第一節　由孔子與隱者之遇，觀孔學的旨趣和精神

　　孔子（公元前五五一年—前四七九年）五十五歲時，有鑒於魯定公爲德不卒，[41]遂去魯適衛，開始周遊列國。至六十八歲，受魯季康子之召而返魯，總計十四年。在其周遊期間，常遇到隱者藉譏諷以諭規惜之意。據《論語》的記載，〈憲問〉篇、〈微子〉篇各有三章，計六處。今試從隱者的時代背景、隱者的志趣、隱者對孔子的品評、孔子對隱者之應答，剖析孔學的旨趣及其精神所在，期能較確切地把握孔學的基本意向。

一、時代與隱者

　　「隱」是隱蔽，隱者顧名思義，是隱居起來不見著於世的知識分子。然而，知識分子既然潛修了德性與學問，應該竭盡所能，爲增益社會人群的幸福而努力，何以要隱藏自身而不求事功呢？我想其中必有許多複雜的主客觀因素。

　　先由客觀的時代因素來考察。一般史家以周平王東遷至周赧王被秦滅亡的這段歷史稱爲東周（公元前七七〇年—前二五六年）。復以周平王至周威烈王二十三年（公元前四〇三年）這段時期稱爲春秋時代，[42]以周威烈王二十三年（公元前四〇三年）韓、趙、魏三家分晉的這一年作爲戰國時代的開始。孔子生逢春秋時代的末期。那麼與孔子相遇過的隱者們所處的時代是如何的局面呢？

　　從政治的基本結構而言，維持周代政治秩序的封建及禮教制度遭受無情的挑戰，正面臨著解體的命運。例如：依周制，非夏殷的後裔不得封「公」。及

---

[41] 孔子對魯國的季孫氏、孟孫氏和仲孫氏三家專權爲非，魯定公的無能作爲甚表失望，是年春郊膰肉不至，失禮之至，遂決定去魯國適衛。

[42] 孔子作《春秋》則上起周平王四九年（魯隱公元年，公元前七二二年）至周敬王三九年（魯哀公十四年，公元前四八一年）。

　　春秋時代，諸侯全以「公」自居。春秋後期的楚、吳、越等國的諸侯，甚至以「王」自稱，實在是目中無周天子。又如《論語・八佾》載：「孔子謂季氏八佾舞於庭，是可忍也，孰不可忍也？」「佾」指舞列，按周制，舞夏，天子八佾；諸侯六佾；大夫四佾；士二佾。季氏乃魯大夫季孫氏，卻僭用天子的禮樂規格。因此，孔子認為季氏連這種事都忍心做出來，那麼還有什麼事不忍心做呢？春秋末期，此類事情不勝枚舉。我們藉此以明白周初所訂的綱紀、禮教制度已蕩然無存。列國在目無王法下紛紛變更法制，圖謀強權，雄霸天下，戰禍、苛稅、貧苦……等，形成了時代的混亂與痛苦。

　　周天子在無能獨掌大局的情勢下，端賴諸侯扶持，出兵平亂，孔子感嘆：「天下無道，則禮樂征伐自諸侯出。」（《論語・季氏》）此時，諸侯中以強權姿態者出而聯合其他諸侯，協定盟約，以仁義之名為號召，代天子以操縱天下大局者，乃所謂「霸王」。[43] 至於弱小的諸侯們，基於現實利害關係的考慮，趨於逢迎霸主，淡薄王室，《春秋》一書載小諸侯們對齊、晉、楚等霸主進貢達三十三次之多，對天子則僅三次。

　　諸侯之間，弱肉強食，更加速了秩序的混亂。《荀子》、《韓非子》、《呂氏春秋》等書分別記載了強權兼併弱小的事實，司馬遷〈太史公自序〉說：

　　春秋之中，弒君三十六，亡國五十二。諸侯奔走不得保其社稷者不可勝數，察其所以，皆失其本已。[44]

　　在彼強權專制的亂世，人民對政府監督及勸善的政治力量微乎其微。因此，隱者楚狂接輿有「已而已而！今之從政者殆而！」（《論語・微子》）之嘆。另一隱者桀溺亦有「滔滔者天下皆是也」之感慨。吾人從隱者的感嘆中，可

---

[43] 彼時的齊桓公、宋襄公、晉文公、秦穆公、楚莊王號稱為「春秋五霸」。
[44] 司馬遷的說法可能是依據董仲舒《春秋繁露・滅國》。清儒梁玉繩據《春秋經傳》的記載，統計出弒君三十七、亡國四十一，數字與司馬遷所言略有出入。

推知兩件事：第一，隱者並非全然不問世事，他們對天下局勢有過深切的關懷，才能下如此觀察深刻的判斷語。第二，他們並非全然無視於時代的痛苦，而不萌發濟世之志，而是客觀的情勢逼出他們時不可爲的無力感。

隱者在客觀的際遇上既是生不逢時，有志難伸；在主觀的心志上，他們是明識大體，能辨是非的知識分子。他們之中有些具備知識分子當有的風骨與節操，不願身陷於現實混濁的政治中，捲入是非，難以自拔，以致自毀名節。更不願放棄自己的做人原則，認同現實政治，甘淪於助紂爲虐之地，這是有氣節的隱者所不忍爲者。因此，分析隱者的主觀心態，或懷抱道德而欲高潔自守者，或量能度分，知足自保，能安於不求聞達者。

由於當時是自給自足，生活樸實的農業社會，因此，清介自守的隱者們多退隱山林、田野，過著耕讀自足，恬淡自適的生活。因此，在《論語》中嘗與孔子相遇的隱者，例如：荷蕢者[45]、長沮、桀溺[46]、丈人[47]等等，皆過著田野農耕的隱士生活。由他們能熟知孔子遊歷際遇之事觀之，他們並非斷絕於人間世事者。他們的內心仍懸念著時代的苦痛，關切著世事人心。曾鞏（公元一〇一九年──一〇八三年）說：「潛遁幽抑之士，其誰不有望於世。」范仲淹（公元九八九年──一〇五三年）在〈岳陽樓記〉一文亦說：「居廟堂之高，則憂其民，處江湖之遠，則憂其君。」他們兩人的話，最足反映出高尚隱者的憂世心聲。

二、隱者對孔子的品評

孔子所遇到的諸隱者，既不求見著於世，其相遇亦屬偶然的緣會，是故姓名、字號皆不得而知。因此《論語》的記載者多以所觸及的物色名之，例如：荷

---

[45]　「蕢」是用以盛土的草器，「荷蕢者」見於《論語‧憲問》。
[46]　《論語‧微子》謂：「長沮、桀溺耦而耕。」可見兩人是居田野生活的務農隱者。
[47]　《論語‧微子》載：「子路從而後，遇丈人，以杖荷蓧。」可見「丈人」亦從農事之隱者。

蕢者、晨門、長沮、桀溺、丈人等等。論地域則多散居在淮河流域的陳、蔡之
地，那一帶是後來道家思想的流行處。吾人分析隱者對孔子的言論，可歸納成下
列兩種類型：

（一）疾詞譏諷型：計有三則

　　其一：

　　微生畝謂孔子曰：「丘何為是栖栖者與？無乃為佞乎？」（〈憲問〉）

微生畝在此處直呼孔子之名「丘」，且言辭高倨，當年長於孔子。他對孔子不安
地往來於王公之朝，遊說諸侯之舉，頗不諒解。因而責其為賣弄口才以悅時君之
「為佞」者。

　　其二：

　　有荷蕢而過孔氏之門者，曰：「有心哉！擊磬乎！」既而曰：「鄙哉！硜硜
　　乎！莫己知也，斯已而已矣。深則厲，淺則揭。」（〈憲問〉）

「磬」是古代的樂石。「鄙哉硜硜乎！」是荷蕢的隱者，傾聽孔子擊磬聲後批評
孔子內心耿介頑而不化的貶損詞。孔子的樂聲所以遭荷蕢者這般批評，據清儒
劉寶楠說：「凡感於衷心，其聲衰減，抑而不揚，故荷蕢以為鄙也。」[48]「深則
厲，淺則揭」一語係出自詩經〈衛風匏〉篇，荷蕢者藉此引申以責勸孔子的執著
而不知變通。

　　其三：

---

[48] 見清儒劉寶楠（公元一七九一年——一八五五年），《論語正義》，臺北：世界書局，1977年，頁326。

子路從而後，遇丈人，以杖荷蓧。子路問曰：「子見夫子乎？」丈人曰：「四體不勤，五穀不分，孰為夫子？」植其杖而芸。（〈微子〉）

「四體不勤，五穀不分」，係老丈人藉譏訕為政階級反映出老丈人對政治參與的不釋懷。

（二）善意規勸型：亦有二則

其一：

楚狂接輿歌而過孔子曰：「鳳兮！鳳兮！何德之衰？往者不可諫，來者猶可追。已而！已而！今之從政者殆而！」（〈微子〉）

接輿把孔子比喻為高貴的「鳳」，係對孔子的敬重。然而鳳之所以高貴是因能有道則現，無道則隱。審視孔子所處的時代是動輒易咎的亂世，不知及時退隱避禍，只知一味執念世事。這是接輿對孔子「何德之衰」的諷刺。「往者不可諫，來者猶可追」是接輿敬愛孔子的德行，不忍見其為固執理想而做無謂的奮鬥，在油然的憐愛中，他勸孔子要懂得珍惜自身。及時於激流中勇退，隱身以自保。

其二：

桀溺曰：「子為誰？」（子路）曰：「為仲由。」曰：「是魯孔丘之徒與？」對曰：「然。」曰：「滔滔者天下皆是也，而誰以易之？且而與其從辟人之士也，豈若從辟世之士哉？」（〈微子〉）

桀溺有鑒於孔子周遊列國的目的在擇賢君而事，以展現一己之抱負。然而，事與願違，孔子不但未遇賢君，還得栖栖惶惶地逃避無禮失義的昏君以潔己身。事實上「滔滔者天下皆是」，桀溺謂孔子何苦於做一流離失所的「辟人之士」。因此

寄望孔子與隱者認同，做一位躬耕自食，明哲保身的「辟世之士」。

隱者們不論是對孔子嚴詞責難，或出言忠告，他們對孔子的行徑都有一致的認定，那就是《論語·憲問》所載一隱者晨門的評語：「是知其不可而為之者與！」問題是：孔子既明知時不可為，何以又用心良苦地為其所執著的理想而不計得失地付出呢？其內在的動力根源何在？

三、孔子對隱者評論的辯解

孔子對學問、才能及品格兼具的隱者，亦深表惜才敬愛之忱，而以賢人視之。他說：「賢者辟世，其次辟地，其次辟色，其次辟言。」（〈憲問〉）「辟世」是指天下無道時，能不屑名利，退而潔身自好者；「辟地」是指「危邦不入，亂邦不居」（〈泰伯〉）；「辟色」是指君主若不能禮賢下士，以示對人間公理正義的尊敬，則為臣者當離去以不辱其志節；「辟言」指一人的言語表徵了其涵養、意欲，因此言語逆理拂志者，多難以與之共事以伸張理想，有為者當離去。「辟地」、「辟色」、「辟言」者可以是用世者出、處、進、退有所不為的原則。因此，未必一定是隱者，孔子即為一具體的例證。而隱者必是「辟世」者，例如前述的桀溺就嘗以「辟世之士」自謂。孔子「賢者辟世」一語，暗示了其對高尚隱士之敬意。蓋隱者們能在亂臣賊子不擇手段地貪取名利的濁世中潔身自愛，可說是具有濯濁揚清，移風易俗的影響力。甚至，吾人從某觀點而言，隱者之「隱」乃是藉消極手段，期達積極目標的做法，是堪值同情的。

觀孔子對隱者的直接應答有二處：其一乃對微生畝指責的辯解：「非敢為佞也，疾固也。」（〈憲問〉）「疾固」一詞，說出了孔子所以四處奔波忙碌，遊說時君的內在原因，那就是對亂臣賊子們罔顧是非，淺陋無知的言行，深惡痛絕的惡惡感。換言之，富有正義感的知識分子，面對不義的敗德惡行，難耐內在良知的俳惻難安，於是當下迸發出道德的勇氣，不畏一切挺身直言。我們從《論語》對孔子所載述的一具體行為可資佐證：

陳成子弒簡公。孔子沐浴而朝，告於哀公曰：「陳恆弒其君，請討之。」公
曰：「告夫三子！」孔子曰：「以吾從大夫之後，不敢不告也。」君曰：
「告夫三子」者。（〈憲問〉）

「弒」係一貶詞，指下殺上的大逆行為，是孔子所不能忍者。孔子雖明知魯國兵
權操在季孫氏、孟孫氏、仲孫氏三子，而三子的兵權又各被其家臣所控制。魯君
只是一虛主，然而孔子依然敬重地向魯哀公盡一知識分子所當盡的言責，同時亦
表示對周代制度之尊嚴的維護。

　　孔子為維繫神聖的名教，不畏權勢，不計成敗，知無不言，實係知識分子
真性情、活生命的表現。《孟子・滕文公下》：「我亦欲正人心、息邪說、距詖
行、放淫辭，以承三聖者。豈好辯哉？予不得已也。」一語最能為孔子「非敢為
佞也，疾固也」的注腳。

　　孔子對隱者答辯的另一處，是有感於長沮、桀溺之言而發者，〈微子〉載：

夫子憮然曰：「鳥獸不可與同群，吾非斯人之徒與而誰與？天下有道，丘不
與易也。」

依據劉寶楠的解釋：「山林是鳥獸所居。人隱居山林，是與鳥獸同群也。人與人
同群，故當相人偶也。」[49]孔子雖也明知時不可為，卻不苟同隱者隱逸山林的消
極做法。我們分析其中的理由兩點：

　　第一點是對生命意義的看法：孔子意識到自身是「人」的存有，在強烈的
「人」之自覺下，體認到人的生命內涵若要充實，且生發意義，則吾人應該回到
人的內在根源上，來存養滋長諸般有價值的深層人性（德性）。然而自我價值的
實現和完成，需通過人與人的親密交往的歷程。換言之，有賴於人與人在尊貴的

---

[49] 清儒劉寶楠，《論語正義》，頁393。

文化活動中相砥礪、相激盪、相分享。如是，人類在相感應、相融通的文化活動
過程中，得以發揮多層次的人性蘊含，共創一以人文精神化成的理想世界。同
時，每一具體的個別的人在共存共榮中才有實現真實自我的可能。

第二點理由與第一點理由相關聯：人既注定要生活在人群世界中來尋求安身
立命之道，然而實然的世界是有諸多不合理、不和諧、不完美處。我們不能因此
而退縮逃避，應該鼓起勇氣，面對種種現實的缺陷，毅然承擔起來，投入由大家
共同交織所成的大生命中，為共同的理想結合起來，共同克服眼前諸般困難。對
有靈性的人而言，就因為現實有不完美處，所以吾人不忍坐視，因而自我自覺地
要求自己應本著內在的價值理想，鍥而不捨地從不完美邁向完美，所謂：「天下
有道，丘不與易也。」換言之，大家應該毫不退卻地為理想的明天，毫不吝惜地
共同付出能夠獻身努力的今天。

四、由孔子的答語觀孔學的旨趣和精神

從上述孔子對隱者的辯解蘊義，吾人可把握孔子學說的基本特徵，那就是
對「人」這一存有的莊嚴事實所做的探索和深切肯定，由其「非敢為佞也，疾固
也」、「天下有道，丘不與易也」二語，可看出孔子生命活動的主要動力根源，
係內在於人性深處中好善惡惡的價值意識。其中由好善的價值意識激發出理想境
域的渴望和追求，惡惡的價值意識衍生出嫉惡如仇的不安不忍之情。因此，當孔
子感受到天下的無道，因而義憤填膺時，由價值意識所從出之道德意義充塞，流
行在其生命之中，由之湧現出無比的意志力，促使人不容自己地挺身行動，竭盡
所能以謀改變現實中無法容忍的黑暗，企求理想的實現。

孔子對人性有過貼切的體驗和證悟，因而了解到人的生命意義在昌明人
性。人性的實現則有賴人藉著歷史文化之實質內涵，透過合理人際關係所形成之
秩序，與許多其他個別存在的人相遇相知，相攝相融，為諸般文化理想而共創前
程。在這承傳與創新的過程中，大家共同分享歷史文化的滋潤、時代際遇的苦

樂，更分享人與人因生命與生命的交流、會通所得到的充實感和滿足感，人的生命意義在文化的陶冶和創新中彰顯出來，這或許是孔子所謂「鳥獸不可同群，吾非斯人之徒與而誰與」的眞實蘊義所在。

至此，吾人依據孔子學說的旨趣，分析人之生命意義的實現，所當具備的條件應有三項：

第一是主體內在的人性因素，即根植於人性中諸般求眞、求善、求美、求聖的價值意識。特別是有是非之分的道德意識，這是人文價值的根本泉源。這是孔子從周代禮樂的人文脈絡中，揭示出來的人文信念，亦即是對人性尊嚴的信念。孔子深信在個人自然的情欲生命上，有一更富價值的、超越性的存有。這是關涉人文生命的眞價值所在，它是推動人類進步的源泉—「仁」，是人一生所不能須臾離開者。孔子所謂：「君子去仁，惡乎成名？君子無終食之間違仁，造次必於是，顛沛必於是。」（〈里仁〉）又說：「志士仁人，無求生以害人，有殺身以成仁。」（〈衛靈公〉）足見「仁」是人在做道德判斷及行爲抉擇時所本的最後內在依據和生命力。

第二是人按其才能及層層需要，在承先啟後的時間歷程中所表現出來的業績，對一民族而言，就是該民族所涵的歷史文化。一民族的歷史文化有其特殊的源流，在其脈絡中前後累積、先後呼應，發展成一實體，且不斷地處於變革演進中。孔子說：「殷因於夏禮，所損益可知也；周因於殷禮，所損益可知也；其或繼周者，雖百世可知也。」（〈爲政〉）對孔子而言，周代的文化是經歷上古及夏商三代的集大成，所謂：「周監於二代，郁郁乎文哉！吾從周。」（〈八佾〉）「信而好古」的孔子，其「吾從周」一語係基於其深厚的歷史文化意識—一種對歷史文化眞摯的敬愛之忱，那就是珍惜祖先文化業績，而思一心承擔的使命感。在肩負使命感的生命中，洋溢著無限既悲壯又莊嚴的神聖感。蓋文化既由人類群體共同的參與所締造。吾人面對祖先辛苦傳下的文化業績，當思在所處的時代中，與同胞們同甘共苦，朝向人類進化過程所應走的方向，努力於增進人類全體的生命意義，奠定文化不朽的根基，嘉惠宇宙代代繼起的生命。

第三是一時代中群倫共處所賴以的家國天下形式。合理的政治結構、社會制

度、家庭組織能正確的提供實現個人生命意義，及宏揚歷史人文的客觀條件，這是儒家治道的一大課題。

　　總而言之，孔子對生命價值的看法，是要人首先認識自己、掌握自己。換言之，孔子要人透過德性的自覺，志於仁，依於仁。而「仁」的彰顯與實現，一方面是承順歷史文化的生命大流，進一步而言，就是要人基於歷史文化意識，將個人生命與民族文化生命相結合，相滲透，藉詩書禮樂的文化陶冶，使樸實的自然生命得以優美的文飾，成就文質彬彬的君子人格。

　　另方面則在人類的同胞意識下，忠恕體物，所謂：「己欲立而立人，己欲達而達人」（〈雍也〉），在家、國、天下的構造形式下層層開拓自己的胸襟氣度，與天下人相感通，與時代共呼吸，同甘苦。孔子的信念啟發我們，唯有將自己的生命對群體的大生命愈開放，則愈能得到人我之間較廣泛且深入的溝通，群己關係亦隨之聯繫得愈緊密，生命內涵也愈得到充實，意義亦愈提升。明儒王陽明（公元一四七二年──一五二八年）說：「大人者，以天地萬物為一體者也，其視天下猶一家，中國猶一人焉。」**50**一語，於此處令人倍覺親切有味。

　　從《論語》中隱者們對孔子的譏諷看來，隱者縱觀世局，看透世事的是非曲折，深知身處濁世的不足作為。隱者們為求表示對天下無道的抗議，及對天下名節的維繫，乃採取退隱的行為，實在是識時務的俊者。這些冷靜的高智之士，對孔子徒然的有心作為，一則表示敬意，一則殊感惋惜。

　　然而，孔子並非不識大體的耿介愚行之士。在其周遊列國，受盡委曲挫折之際，亦嘗有「鳳鳥不至，河不出圖，吾已矣夫」（〈子罕〉）以及「道不行，乘桴浮於海」（〈公冶長〉）之慨嘆。可敬的是，孔子雖察覺到天下的無道，亦明知時不可為，但是其一心維繫人性尊嚴及歷史文王道統的悲心苦願，在《論語·子罕》「文王既沒，文不在茲乎？」及〈八佾〉「二三子何患於喪乎？天下之無道也久矣，天將以夫子為木鐸。」二語中表露無遺。

---

50 見王陽明，《大學問》（又稱《大學或問》）首段。

　　孔子亦一時代的智者，若他冷靜地洞悉實然的世局，在計較成敗得失後，知其不可爲而退隱山林，則他亦只是隱者之一。孔子所以感人者，在其能超越實然的諸般局限，起而攝智歸仁，以一腔赤誠不安的仁心，毅然以承擔歷史文化的時代使命爲己任「而爲之」。這是一種由內在眞實生命所發動出來的道德勇氣，具體的說，孔子悲天憫人的仁心沛然不容己地充實、活躍其中，推動於外所表現出的至大至剛之生命力。

　　進一步而言，孔子所以「知其不可而爲之」是他感念歷史文化的可貴，不忍因天下的無道而墜落。同時亦感念人性尊嚴的可貴，不忍人的存在價值因時代的黑暗而墮落、隱晦。因此，孔子在周遊列國受盡客觀際遇的命限挫折後，晚年仍孜孜於神聖的教育傳道事業，期能將民族文化的命脈薪盡火傳，綿延不已。孔子同時亦期待後世子孫能保有諸般文化理想及獲取實現的機會。明清之際的大儒王船山（公元一六一九年－一六九二年）說：「有家而不忍家之毀，有國而不忍國之亡，有天下而不忍失其黎民，有黎民而或恐亂亡，有子孫而恐莫保之」的一段話最足體察孔子的心願。

　　因此，孔子削足於宋，困厄於陳、蔡，非不知時「不可爲」，子路說：「君子之仕也，行其義也。道之不行，已知之矣。」（〈微子〉）是故，隱者們對孔子的批評，實非公允之論，隱者們實在未能了解儒者的眞精神。那就是漢儒董仲舒所謂：「正其誼不謀其利，明其道不計其功。」[51]的處世精神。私淑孔子的孟子說：「居天下之廣居，立天下之正位，行天下之大道；得志與民由之，不得志，獨行其道；富貴不能淫，貧賤不能移，威武不能屈，此之謂大丈夫。」[52]最足爲孔子人格精神的寫照。孔子「知其不可而爲之」的生命精神，在物欲橫流，重強權、功利，淡薄人文精神的今日處境而言，實在給我們留下彌足珍貴的啟示和典範。

---

[51] 見《漢書・董仲舒傳》，卷五十六。
[52] 語出《孟子・滕文公下》。

第二節 《論語》中禮、義與仁的關係

一、仁

　　孟子稱孔子承繼堯、舜、禹、湯、文王、武王、周公之道而「集大成」，且「始條理」、「終條理」，予以「金聲而玉振之」。最足以表現孔子思想的是《論語》。而《論語》中討論得最多的，乃是作為孔子中心思想的「仁」。在《論語》中論及「仁」的地方計有五十八章，出現的「仁」字共有一百零五個之多。雖然《論語》中談仁的地方不下百餘處，然而卻不易發現明確的定義。蓋孔子為實踐的道德家，其論仁乃因人、因時、因地、因事之不同，而有所指點，因此「仁」一詞在《論語》中只是道德實踐的指點語，而非純理論性的界定語。然而吾人依《論語》所載的「仁」處不難看出，有些話正面的表示仁是如何如何的。例如：

> 顏淵問仁。子曰：「克己復禮為仁。」（〈顏淵〉）
> 子張問仁於孔子。孔子曰：「能行五者於天下，為仁矣。」請問之。曰：「恭、寬、信、敏、惠。」（〈陽貨〉）
> 仲弓問仁。子曰：「出門如見大賓，使民如承大祭。己所不欲，勿施於人。在邦無怨，在家無怨。」（〈顏淵〉）

而有些話，則遮詮地表示，如何如何的狀態不是仁。例如：

> 子曰：「巧言令色，鮮矣仁。」（〈學而〉）
> 憲問：「克、伐、怨、欲不行焉，可以為仁矣？」子曰：「可以為難矣，仁則吾不知也。」（〈憲問〉）
> 宰我問：「三年之喪，期已久矣。」子曰：「予之不仁也！子生三年，然

後免於父母之懷。夫三年之喪，天下之通喪也。予也有三年之愛於其父母乎？」（〈陽貨〉）

從以上這些話可以發現：

（一）孔子固然是因材施教，然而對弟子間問「仁」的答語，卻是格外的紛歧。

（二）孔子對「仁」的先後言說，似乎令人感到困惑，如上述的例子中，仲弓問仁時，孔子的答語中明白地謂「無怨」是「仁」的德目之一，然而在答憲問的「克、伐、怨、欲不行焉，可以爲仁矣」之時，又說：「可以爲難矣，仁則吾不知也。」細想之下則不難發現：「恭、寬、信、敏、惠」固然爲仁所涵攝，而「怨」、「無怨」……等等也是爲仁所涵攝。由此可推知幾乎一切分殊之德，皆爲「仁」所包含。因此，「仁」爲總體之德，也即朱熹所言：「仁者本心之全德。」換言之，「仁」爲全德之名。故孔子常以「仁」來統攝諸德，宰予以三年之喪爲期已久，孔子謂爲不仁，是仁可包含孝也。以後孟子言：「未有仁而遺其親者。」（《孟子・梁惠王上》）孔子謂令尹子文及陳子文：「未知焉得仁？」（〈公冶長〉）是仁可包含智也。子曰：「仁者必有勇。」（〈憲問〉）仁可包含勇也。顏淵問仁。子曰：「克己復禮爲仁。」（〈顏淵〉）是仁可包含禮也。可以說各分殊之德皆爲「仁」的必要條件，因此，不能以分殊之德中任何一項德目，或數項德目稱之爲「仁」，例如：子曰：「仁者必有勇，勇者不必有仁。」由上可知孔子「仁」的境界乃是一理想的完美人格，爲吾人做人所應努力的最終目標。

《中庸》曰：「仁者人也。」《孟子》曰：「仁，人心也。」孔子立人道之極，爲芸芸眾生樹立做人的最高境界—仁。而學孔子之道，以繼孔子之業爲己任的亞聖孟子則爲闡揚孔子的仁道，而苦心積慮地立下性善之說，作爲行孔子之仁道之普遍性及可能性的依據，爲萬世之人建立行「仁」的信心和希望，鼓舞了人們行仁的志趣。

由上述而知，「仁」是萬德皆備的統攝詞，係人天生而固有，非從外爍，其

表露於事親，則名孝德，表露於取與不苟，則名廉德，表露於交友則名為信德。總之，一切道德皆本仁德之隨事表露也，非從外制之也。從人生論的觀點而言，仁之德備萬善也。所以仁之在人，是人之所以立，也就是人之所以成為人所不可須臾離也，《論語‧里仁》所謂：「君子無終食之間違仁，造次必於是，顛沛必於是。」〈衛靈公〉云：「志士仁人無求生以害仁，有殺身以成仁。」同時，就人人所得的天賦之仁而言，誰都不比誰多一分，誰也不比誰少一分，在這一層意義上，人與人是天賦平等的仁之德性，所謂：「人皆可以為堯舜」，「舜何人也，予何人也，有為者亦若是」，蓋因人人皆有達到堯、舜之德的先天內在且平等的條件。由於人人皆有天賦人性的尊嚴，我固然愛惜自己內在的仁心仁性，從而推己及人，他人也有內在與我相同的仁心仁性，因此，我當本著敬愛自己的仁心仁性，從而敬愛他人的仁心仁性。換言之，在天賦仁心仁性的基點上，人人是相互平等的，彼此皆應相互尊敬。《論語‧里仁》：「定公問君使臣，臣事君，如之何。孔子對曰，君使臣以禮，臣事君以忠。」推孔子之意，君與臣，在人格的尊嚴上純屬平等，彼此皆應相互尊敬。

　　人雖然且有可資達到仁人目標之先天內在的仁心仁性，然而「惻隱之心，仁之端也」，就其「端」字的意義而言，此天賦的仁性卻是微小的，而人的私心和獸性是沛然的。因此，個別之人易受物欲的迷惑，昧於仁心而流於小己之私，所謂「飲食男女，人之大欲存焉；死亡貧苦，人之大惡存焉」（《禮記‧禮運》）。人常違背了「仁」猶不自覺，這是因為天賦予人的仁心仁性未受到人的自覺而加以保存、培養和發展，而被摧殘的結果。因此，以「仁」道為核心的儒家，針對這一點而以「天命之謂性，率性之謂道，修道之謂教」（《中庸》）作為其教育的重點，強調吾人對仁心仁性的體認和自覺，而善加保存、培養和發展，以期消化獸性；另方面，人應自覺地減低受物欲的迷惑，而能將天賦予人的仁心仁性充分表露。因此儒家對吾人價值高低的衡量，不在於所擁有名利、權勢之多寡、大小，而在於人的本身是否能保存、培養、擴充此天賦的仁德，同時還要看實踐仁的程度如何？那就是由德性至德行的境界高低問題。

　　由上述可推知，「仁」為眾德的總稱，統攝眾德成一個整體，是完美的道德

境界。吾人想達到仁德的境界，則必須透過道德的修養，在道德的修養中，最值得重視的問題，是道德判斷，也就是如何使我們的行為表現能合乎道德原則的判斷。就這一問題而言，「禮」、「義」與道德有極為密切的關係。

二、義

在《論語》中的「義」可說是確切的道德行為，或道德判斷的依據，是分殊之德，所以為德的原因所在。《論語・里仁》：

> 子曰：「君子於天下也，無適也，無莫也，義之與比。」

此章所言的君子，是指有德行的人，其對於天下一切發生的事情，沒有固執的「可」，或固執的「不可」。在行事上所取捨的標準，乃視其是否合乎「義」。例如《論語》中所載：

> 子曰：「不義而富且貴，於我如浮雲。」（〈述而〉）
> 子曰：「君子義以為質，禮以行之，遜以出之，信以成之，君子哉！」（〈衛靈公〉）
> 子曰：「君子之仕也，行其義也。」（〈微子〉）
> 「孔子曰：『……隱居以求其志，行義以達其道，吾聞其語矣，未見其人也。』」（〈季氏〉）

「君子」一詞在上面的指謂，乃是代表道德上的人格，「君子義以為質」，可見有德性的人之所以能成德，乃是以「義」為質的。「君子之仕也，行其義也」、「行義以達其道」，可見「義」為有德性的人立身處世的依據。

由上述，可知「義」是德之所以為德的所以然之理，然而何謂「義」呢？在

《論語》所載的言論中，雖然見不到足以解答此一問題的直接資料，然而吾人可從其他的儒家典籍中，找到可供參考的間接資料。

　　《中庸・哀公問政》云：「義者，宜也。」義之所以爲成德的標準，因爲義的本質是「宜」，「宜」是事物的一種價值。凡言行舉用得其宜，得其恰到好處，則爲善，不得其宜，則非善。例如：《論語》有云：

　　子曰：「君子義以爲尚，君子有勇而無義則亂，小人有勇而無義，爲盜。」（〈陽貨〉）

意即有勇者，若不識義，而爲不宜之事，在君子則爲亂，在小人則易流爲盜。是故，以宜爲本質的義，是道德判斷的依據，必宜信而信，才可成爲完美無缺的信德，必宜仁而仁，才可以成爲完美無缺的仁德，否則便流爲婦人之仁。故「義者宜也」，說明了義之所以能成德的特色。後世有所謂「毒蛇螫手，壯士斷腕」之迂儒、陋儒者，其所以迂陋，因爲徒知宗奉孔子的教條，而未能識透孔子所倡之「義」字的眞意。

　　以「宜」釋義，可能過於簡略，難免有意猶不足之處，今試從孔子言論加以分析，依消極和積極的意義，做更進一步的探測：

（一）「義」的消極意義可稱爲「不固」

　　《論語》有載：

　　子絕四：毋意，毋必，毋固，毋我。（〈子罕〉）
　　微生畝謂孔子曰：「丘何爲是栖栖者與？無乃爲佞乎？」孔子曰：「非敢爲佞也，疾固也。」（〈憲問〉）
　　不固者是指不固執，不拘泥，不執著的意思。
　　子曰：「言必信，行必果，硜硜然小人哉！」（〈子路〉）
　　孟子曰：「言不必信，行不必果，義之所在。」（《孟子・離婁下》）

　　此所謂義，也即「義者宜也」，不固也。所謂宜者即合適於某事及某情形之謂。做事必須做到恰到好處，但所謂恰到好處者，可隨事、隨人、隨實際情形而不同，因為所謂恰當的辦法是不能離開事及離開實際狀況而空談的。

（二）從積極方面觀之

　　子曰：「中庸之為德也，其至矣乎，民鮮久矣。」（〈雍也〉）

　　朱熹釋：「中者，無過不及之名也。庸，平常也。」由其解釋，可知「中」是無過不及，即是恰到好處的意思。就道德方面而言，意謂某事必須如此做，做事者方可在道德方面得到最大的完全。儒家所謂的「時中」，也是指本著道德的原則，針對事情的實際狀況而言依時制宜，所以「中」是隨時變易，不可執著的，孟子云：「執中無權，猶執一也。」至於「庸」，程子云：「不易之謂庸」、「庸者，天下之定理」，可見「庸」者是指不變的道理，程子又說：「中者，天下之正道。」對任何事來說，都有一條合乎中道的路可行，而且是人人可行的。中道是應萬變而自身不變的原則，是人人可行的，可謂之庸道，合而稱之為中庸之道，也是成德之要道。要達到此目標，則貴在能權宜事理，換言之，就是針對當時情境脈絡所做的道德判斷，所出的言、所行的事能合乎道德原則，實現道德價值。辜鴻銘曰：「權也者，知所以用理之謂也。……蓋天下事非明理之為難，知所以用理之為難也。」《論語》中也有載：

　　子謂子夏曰：「汝為君子儒，無為小人儒。」（〈雍也〉）
　　魯人長府、閔子騫曰：「仍舊貫？何必改作！」子曰：「夫人不言，言必有中。」（〈先進〉）
　　子曰：「不曰如之何，如之何者，吾未如之何也已矣。」（〈衛靈公〉）

「不曰如之何，如之何者」乃是指不懂得權宜，不講求應付方法的人。

> 子路問：「聞斯行諸？」子曰：「有父兄在，如之何，其聞斯行之！」冉
> 有問：「聞斯行諸？」子曰：「聞斯行之。」公西華曰：「由也問聞斯行
> 諸，子曰有父兄在，求也問聞斯行諸，子曰聞斯行之。赤也惑，敢問。」子
> 曰：「求也退，故進之，由也兼人，故退之。」（〈先進〉）

　　由此章足見孔子不固執一成不變的教法，而能針對個別差異，因材施教，使
各得其所，可見孔子教育方法洋溢著以義為衡的權宜精神。

> 子曰：「德之不修，學之不講，聞義不能徙，不善不能改，是吾憂也。」
> （〈述而〉）
> 子曰：「天下有道則見，無道則隱，邦有道，貧且賤焉，恥也。邦無道，富
> 且貴焉，恥也。」（〈泰伯〉）

可見孔子的處世態度，並非一味地求仕，求富貴，也非一味頑固地求隱，拘執
於貧賤，而是本著道德的原則，明察事情的真實狀況，權衡應世，以實現道德
價值。

　　由上述可見孔子重「義」，用「權宜」的精神，一方面毋必、毋固、毋
意、毋我，另方面則因人制宜、因時制宜、因地制宜、因事制宜，以求歸之於
合理，以成之為德也。是故，亞聖孟子讚賞孔子為「聖之時者」，謂：「可以仕則
仕，可以止則止，可以久則久，可之速則速，孔子也。」（《孟子・公孫丑上》）

　　由上面的探討，可使吾人認識，在行道德判斷時，權宜之用大矣哉。然而
「義」與「仁」有何關係呢？權宜時所持的要件為何？權宜的發動者為何？我們
可一一探測之。

三、「義」與「仁」的關係

　　熊十力在《原儒》中謂：「仁道廣愛，是人道之貞常也。故說仁是義之體，然物情與事變萬殊，廣愛不可以無權，故說義是仁之用，有仁方有義，仁失則義無從生，亂而已矣。」可見義者，仁之權也。義可說是仁之用，仁心雖具有能表露而成眾德的可能，然而仁道涉事變時，因情之不同，則必須權宜得失與輕重，而慎處之，能施權宜則能卒於不違於仁。仁而無權，則難以成其仁，例如：《論語·憲問》載：「或問以德報怨，何如，子曰：何以報德，以直報怨，以德報德。」所謂以直報怨，即報以其作惡所應得之罰，乃是以義來全其仁，所以說義者為仁之用也，這是義和仁的關係。接著，讓我們看看權宜的要件為何？

（一）權宜所應持的要件

　　熊十力在《讀經示要》中云：「權本於經，守貞常而不窮於變。」又云：「夫群變屢遷，而誠、恕、均平之大經，則歷萬變而不可易。經者，常道，權者，趨時應變，無往而可離於經。」依熊先生之意，權的要件為「誠、恕、均平之大經」，那麼「誠、恕、均平」所意謂的含義是什麼？

　　「恕」者，推己及人，不自私自利，於己外知有他人，能因己之所欲，從而知人之所欲亦如己，必須兼顧，因此「夫仁者，己欲立而立人，己欲達而達人」（〈雍也〉），同時「己所不欲，勿施於人」（〈衛靈公〉）。可見恕的重要，而恕本於誠，不誠而能恕者，未之有也。誠者忠信之謂，所謂忠，就是能盡吾人的仁心仁性，以其公來體物。信者，就是本於仁心仁性，不自欺，亦不欺人。「忠信」合而言之，就是真實無妄。換言之，誠也就是真實無妄之謂。《易經》云：「忠信所以進德也。」《論語·顏淵》言：「主忠信，徙義，崇德也。」同時，「均平」也必由於恕道，而恕道必出於誠，故「誠、恕、均平」為待人處世的大經，而其間自有相因之序，皆為權宜時所應持的要件。接著，我們可以追問權宜之發動者為何？

（二）權宜的發動者

　　由上述可知言德者，重在度事。而度事時，固然要持著「誠、恕、均平」的原則，可是最根本的，是要有衡情度理的度事之知。若無度事之知，則事變得失無從可言，孔子說：「智者利仁」（〈里仁〉）、「好仁不好學，其弊也愚」（〈陽貨〉）。吾人應該一方面恆常存養此仁德，不使放失，另方面則應即物窮理，於人事之得失利弊，必隨時加以探究。若能以仁德與智德來審得失，方能顧慮周全，不有所偏，而求執中也；若能以智德來明利弊，方知公利之所在，而不私專，而求協於公也。知之明，方能處之當，因此吾人應體認吾人內在的仁，再依此智之明，去量度事物，則一切動念發慮處，是便是是，非便是非，當惻隱時，自覺知惻隱，當羞惡時，自覺知羞惡，當辭讓時，自覺知辭讓，萬善之端，百慮之所出，皆以仁心為其源。《論語》中孔門的求仁，孟子的求放心，堯舜的持中，皆持仁與知。

四、禮與仁義的關係

　　《論語》中有關禮樂方面的言論記載，有三十二章左右，其中對於禮的談論，多於樂的談論，而且有些言論對於「禮」推崇備至，例如：

〈泰伯〉曰：「立於禮。」

〈季氏〉曰：「不學禮無以立。」

〈堯曰〉曰：「不知禮，無以立也。」

　　今試探討《論語》中，孔子所謂的禮，有何含義？

　　《禮記・仲尼燕居》曰：「禮也者，理也。」凡仁德之實踐，其所本為合理的原則，且將此合理的原理，形之於具體行事則曰「禮」。可見禮為德之形見處，凡制度、儀節、言行皆以合理為依歸。

　　所謂「理」，是指合理的原理，是抽象的，內在的；而所謂「禮」，是指合理的行事，是具體的，表現的，二者合一，才可言道德。因此，道德絕非僅止於在知能上致力，就可養成，而必須本著吾人天性所固有的仁德，謂稱其情，使合於理以之而爲禮或儀則，使一切言行思慮皆循此序而不越逾。同時，禮或儀則之所由制，必因於人情事理，稱情以立文，達到文質彬彬的理想狀態，而禮的本意、禮的精髓是不變的，《論語・陽貨》曰：「禮云，禮云，玉帛云乎哉。」

　　不求禮的本質含義，只因固執著古禮條文，以爲一切不當權宜時變，則三王相繼非遠，已不一味地襲禮制，這是什麼緣故呢？《禮記・禮運》言：「變而從時。」；〈禮器〉曰：「禮時爲大。」可見禮儀應該權宜時變以從時，而禮的本質內涵則不改，此爲制禮的公則。可見禮以時爲衡，與義有表裡關係，那麼禮與仁有何關係呢？

　　熊十力謂：「禮節者，仁之貌也，貌者誠於中，形於外也，仁存乎中，其應物現形，溫然有節文。」南宋的朱熹曰：「禮者，天理之節文，人事之儀則。」「天理」可謂吾人內在的仁心仁性，吾人若以此仁心仁性發而應物處事，則有許多品節條文，例如：事親則孝，事兄則悌，執事則敬，交友則信等等，餘此類推。至於朱熹所謂「人事之儀則」一語，則其所含的範圍極廣，自一身及家庭、社會、國家，乃至天地萬物，莫不有至當的儀則顯於其間。這些儀則都是盡力本著吾人內在的仁心仁性與事交涉時，各因其相關的分際，而賦予當然之序。可見禮主於序，所以然者，《詩》有言：「天生蒸民，有物有則，民之秉彝，好是懿德。」《易・序卦傳》云：「物畜然後有禮，故受之以履。」物畜則賾，制賾以秩，故至賾而不可亂，《說文》段注曰：「積之必有次敘」，言萬物雖繁賾至極，而莫不有規律可尋，非紊亂而無理則也。何況人是萬物之靈，群倫共處，怎能無人倫之序？可見禮主序，其作用在使人認識人我有倫序之別。《樂記》亦云：「禮者，天地之序也。」有秩序，則倫類清楚，群物皆有別。《大戴禮記》曰：「禮者，理也。」理者條理，亦即序義。人不能孤立而獨自生存，必須與他人結爲群體，互助生存，因此人與人必須能長久地和睦相處，因而須有合理的秩

序規範，來維繫人與人之間的關係。因此，從《論語》可窺見孔子與門人言禮，頗重倫序，並且以之為道德教化的重要課題，例如：

> 齊景公問政於孔子，孔子對曰：「君君、臣臣、父父、子子。」（〈顏淵〉）

又載：

> 顏淵問仁。子曰：「克己復禮為仁，一日克己復禮，天下歸仁焉，為仁由己，而由人乎哉？」顏淵曰：「請問其目。」子曰：「非禮勿視，非禮勿聽，非禮勿言，非禮勿動。」顏淵曰：「回雖不敏，請事斯語矣！」（〈顏淵〉）

　　「復禮」的含義可說是自覺地恢復合理的情態，「非禮」則指言行、思慮之不合理也。視、聽、言、動四者，人生日用萬事皆由此肇端，四者必須依循當然之條理秩序，方能免過錯，而達到至公無私之境。人的一切行為，若能循理從序無所違逆，則克己復禮必可通往仁的境界。「天下歸仁」意謂天下事物在吾人的仁心仁性中，皆一一守其合理的秩序，而不以偏私害其純全。這種修養的功夫，主要在於自我的努力，所以孔子云：「為仁由己也」，「仁」為有自覺性的道德主體。

　　由以上的探討，可知「禮」者乃是基於理而表現出來的禮節、儀則，而主於條理井然，倫類清楚的秩序。《禮記·禮運》云：「故禮也者，義之實也。」因此，禮出於理，理出乎義，「義」因乎宜者也。「義」的含義是各處其宜，因人、事、時、地而制宜，可見禮與義有互為表裡的密切關係。

　　我們從另外一方面來看，「禮」可說是行德的規範，具有節制的作用。在個人的德性修養來說，禮是人性優美表現的依據；就社會的功能而言，禮是應建立社會秩序的需要而產生的公共規範，也就是人人所應該共同遵守的言行準則，例如《論語》載：

子曰：「知及之，仁不能守之，雖得之，必失之。知及之，仁能守之，不莊以蒞之，則民不敬。知及之，仁能守之，莊以蒞之，動之不以禮，未善也。」（〈衛靈公〉）

子路問成人。子曰：「若臧武仲之知，公綽之不欲，卞莊子之勇，冉求之藝，文之以禮樂，亦可以為成人矣。」（〈憲問〉）

子曰：「恭而無禮則勞，慎而無禮則葸，勇而無禮則亂，直而無禮則絞。」（〈泰伯〉）

對於一位志於仁道的人來說，基於其天賦的一點仁心仁性，努力修養諸般品德，例如「恭」、「慎」、「勇」、「直」、「忠信」等等。若表現得不合乎禮俗的規範，若不以禮來節制，則過猶不及，因而陷入「勞」、「葸」、「亂」、「絞」等的惡果。因此，若不以禮作為其行為表現的依據或方法，則徒然空有一片善良的動機矣，可見道德行為需要實踐的客觀形式規範。

孔子把握人性的精華處，立人道之極，樹立理想的完美人格—「仁」的最終目標。欲達此完美的目標，則有賴於自我努力於道德的修養，而德之所以為德的依據，在於言行是否合乎「義」，是否合乎「禮」，而禮出乎理，理出乎義，義因乎宜。因此禮與義是相表裡的，為德之所以為德的要素，我們以禮、義為依據，而透過諸般德性的修養，方能達到完美的理想人格—仁的境界。是故「禮」、「義」與「仁」有密切的體用關係。

若我們要從「禮」、「義」、「仁」之間的相互關係中，釐訂出位序，則無疑的「仁」是第一序的道德及德行。蓋「仁」是人先驗的道德本真，「仁」也是諸般美德之所以成立不可或缺之本質要素。〈憲問〉載孔子曰：「仁者必有勇，勇者不必有仁。」再就仁德與智德的關係而言，孔子說：「知及之，仁不能守之，雖得之，必失之。」（〈衛靈公〉）對孔子而言仁德與智德應互攝雙行，缺一不可。一個人的理性知識及專業技能固然能造福社會人群，有其不可或缺的必要性，然而，一個人若擁有深厚的專業知識及高度的專業技能，卻缺乏道德感，沒有高尚的道德情操，則水可載舟，也可覆舟；專業知識和技能如果運用在

損人利己的不道德事情上面，則所引發的科技或經濟犯罪，將造成社會重大的傷害和惡果，失去了知識和技能原應貢獻社會的善意。我們認為「禮」、「義」、「仁」三者間的相涵攝關係中能有其位序，那就是攝禮歸知、攝知歸仁。

第三節　儒家人文生命的實踐──由「敬」 的功夫入路省察

　　我們首先分析「敬德」之「德」的概念內涵。從《尚書，康誥》所記述文王「克明德賞罰」與殷先哲王「用康乂民」的含義觀之，係泛指一切政教措施及君王個人的言行操守。《易・乾卦・九三爻辭》謂：「君子終日乾乾，夕惕若，厲無咎。」可見周初時君源於賞善罰惡的天命觀及殷周之際政治上危疑艱難的歷史境遇，表現了對政教與自身行為謹慎負責的心態。他們在憂懼天命的政權可能得而復失的憂患感中，逐漸意識到吉凶成敗諸因素中，自身的觀念、意念、言行是居關鍵而自主的因素。此一自覺與警惕戒懼使自我責任感油然而生，因此，得失吉凶的預見乃漸由對卜筮神明的依賴，轉向自己內在的意念動機。司馬遷在《史記・龜策列傳》說：「或以為聖王遭事無不定志決疑，無不設稽神求問之道者，……故推歸至微，而潔於精神也。」《禮記・經解》亦謂：「潔靜精微，易教也。」「潔於精神」的「潔靜」，乃係由宗教上對天命信仰的虔誠而轉出審察及淨化一己深層動機和心靈的自覺，以及自我期許的人文精神。

　　因此，「敬德」的「敬」乃指處在憂患意識中的君子，在為自己的心思意念勇敢承擔道德責任時，所湧現「如臨深淵，如履薄冰」之認真、謹慎的精神狀態。《尚書・洪範》針對德化的人格特徵，列舉出「敬用五事」的自覺性修養要項：敬謹莊重自己的容貌；談吐要溫文講理；對人對事的觀察要明智清楚；傾聽說話者的含義以善解人意；自我思考要辨析入微以通透原由。[53]

　　此外，從《左傳》而言，禮樂是溝通人神的媒介和形式。禮樂係資以供養神以求德命福佑之意符。「禮」表徵著孝享神明的儀節，「樂」表徵著孝享神明的節奏。

　　禮樂的內涵組成「威儀」的內容。《左傳・成公十三年》劉康公說：

---

[53] 見《尚書・洪範》曰：「天乃錫禹洪範九疇，彝倫攸敘。初一曰五行，次二曰敬用五事……五事：一曰貌，二曰言，三曰視，四曰聽，五曰思。貌曰恭，言曰從，視曰明，聽曰聰，思曰睿。恭作肅，從作乂，明作哲，聰作謀，睿作聖。」

「民受天地之中以生，所謂命也，是以有動作禮義威儀之則，以定命也。……是故君子勤禮……；勤禮莫如致敬，……敬在養神。」彼時，祭祀之禮與兵戎之事是國家大事，《國語・周語上》孫周云：「言敬必及天。」因此，在祈求保天命之佑的天人關係中，以眞摯虔誠的敬重態度來尊天是必要的。在踐履「動作禮義威儀之則」的禮樂形式中，表達了「唯德是依」[54]的誠敬，藉此來延續人神之間天命福佑的天命關係。人藉「內省德」、「念德」、「增修德」[55]等德行來維繫人神之間的溝通和良性互動，其中不自覺流露出來之敬德，不但是聖潔的宗教情操，同時，也是人性內在高尙的道德情操。換言之，由天人交通的祭祀中所流露出來的眞摯情操爲孔子所重視。因此，道德性的人文精神係由宗教的人文向度所轉化和發展的，儒家人文精神可以說是源出於宗教人文化的歷史進程。

一、《論語》「敬」的人文生命之展現

由《論語》可看出孔子頗重視持敬的道德修養及從中表現出來的人文精神，他認爲「執事敬」[56]或「行篤敬」[57]，則人縱使處在夷狄的境域也有暢通人我的作用，是人性普遍要求的德性。行遠必自邇，安人先修己。「修己以敬」，是君子道德修養的必備條件。孔子所謂「敬」的意涵，可藉《論語・述而》「臨事而懼，好謀而成」的謹愼，認眞負責之態度來理解其中深意。因此，敬德含有對己對人持忠信態度，對事情敬業負責的態度。人在修己成德的歷程上，常要歷經能克服種種不德之缺點的考驗。孔子：「仁者先難而後獲」（《論語・雍

---

[54] 《左傳・僖公五年》，宮之奇謂：「臣聞之，鬼神非人實親，唯德是依。」故〈周書〉曰：「皇天無親，惟德是輔。……如是，則非德，民不和，神不享矣！」
[55] 《左傳・僖公十九年》，子魚提出「內省德」的觀念；〈文公二年〉，趙衰提出「念德」的觀念；〈襄公十四年〉，有「增修德」之說。
[56] 《論語・子路》載：「樊遲問仁。子曰：『居處恭，執事敬，與人忠；雖之夷狄，不可棄也。』」
[57] 《論語・衛靈公》載：「子張聞行，子曰：言忠信，行篤敬，雖蠻陌之邦，行矣。言不忠信，行不篤敬，雖州里，行乎哉？」

也》）、「克己復禮」（《論語・顏淵》），其意含指德性的實踐不但要能夠做出正確的道德判斷，更應該對判斷為不德之事者能有所不為。同時，踐德者應該對有德之言行，勇於有所為之。因此，敬的功夫在於對道德原則的忠信不悖，對道德判斷的結果，要有趨善避惡的自覺性要求。換言之，敬的功夫係對道德原則及判斷，有一種內在生命深刻自覺、自主、自我要求的實踐力。敬的實踐功夫從《論語》觀之有內外二向度。從內在而言，我對道德原則應有忠信不悖的承諾，在我的過去、現在與未來的時間三向度上，我應保持一貫的同一態度。就這一方面而言，我應時時刻刻「臨事而懼」，不斷的內省而不疚。例如：孔子「德之不修，學之不講，聞義不能徙，不善不能改，是吾憂也。」（《論語・述而》）從外在的實踐功夫而言，「敬」當以自覺性的要求，克己復禮的彰顯內在的道德信念和情操。《論語》係語錄體，對孔子禮的記述有限，我們可以透過《禮記》等相關典籍探索儒家「禮」的哲學與文化之深層蘊義。

　　「禮義之邦」是榮顯中華傳統文化的標幟，莊重優美的種種禮文是傳達中國人內在深摯的文化情懷，作為典禮、制度、度數、儀式的禮文，雖與時變遷，可是「彝倫有敘」[58]的常理常則卻是歷久而彌新。就禮的流變而言，大凡有三變，夏殷之禮一變於西周，二變於春秋時代，典籍依據是《春秋》三《傳》與《國語》，其特色是儀與義相涵，稱情立文，文質彬彬。三變於漢代的二戴，其中戴聖的《小戴記》四十九篇又稱為《禮記》，簡稱《記》，頗具儒典的重要性。《禮記》不但融會了先秦儒家思孟學派與荀子學派的哲學思想，也反映了秦漢之際和漢代今古經文學的豐富思想。張永儁先生認為這一時期的禮學「推展到文化哲學的範圍，禮成了民族文化的全體表現，包含了宗教的、審美的、倫理的、歷史的、政治的、教育的種種思想內容，也包含了形上學的、人性論的、人生價值的種種論證」。[59]禮的功用雖有政治、社會、經濟方面的價值，然而，就其內涵及精神而言，更富宗教性、審美性及道德人倫性的人文生命意涵。此處，我們以

---

[58] 《尚書・堯典》。
[59] 張永儁，〈「禮」的人文理想與人道關懷〉，《詮釋與創造》，臺北：聯合報系文化基金會，1995年，頁100。

敬的實踐來貫通外在的儀文及內在真實生命的情性，亦即文質相契，以文攝情。

　　茲就「敬」的自覺作用與禮之宗教性的人文向度及道德人倫關係，分別論述。首先就宗教性的人文向度觀之。《禮記‧祭統》曰：「禮有五經，莫重于祭。」又云：「夫鼎有銘，銘，自名也。自以稱揚其先祖之美，而明著之後世者也。」西周金文常銘刻先祖的歷史、美德、功業或制度。在富有歷史感及文化意識的銘文中，深刻的流露著對先祖崇德報功的宗教情操，以及對嘉言懿行興嚮往及效法的道德情操。《禮記》中所涉及的禮類型，計有冠、婚、喪、祭、射、鄉飲酒、朝、聘等八「達」禮。其中，祭禮最被重視。祭禮的對象主要是天地和祖先，可並稱為祭天敬祖。〈察法〉提及帝、郊、祖、宗的「四祭」說。「帝」指祭「上帝」；「郊」指祭天；「祖」指祭遠祖；「宗」指祭近祖。先人中對歷史有卓著貢獻的功臣、孝子、賢士、德哲，可以「配祭」來表達祭者真切的崇德報功之意。〈祭法〉所謂：「古之君子，使之必報之。」就人文意涵而言，這是祭者對生命的崇敬意識及飲水思源的感恩求回報之心。因此，四祭之禮是覺醒人純淨誠摯的高尚生命情操，向上帝、天地、祖先表達內心深厚的，對生命感恩及對先祖德業崇敬和知恩報恩的真情。《禮記‧祭義》說：「君子反古復始，不忘其所由生也。是以致其敬，發其情，竭力從事，以報其親，而不敢弗盡也。」「禮」與「醴」相通，備醴酒以行禮，藉以表達人道之醇厚深摯。在祭典的進行過程中，置於最尊貴處的酒是最質樸厚醇的「玄酒」。再按酒質的醇度，依次為粢酒、盎酒、粢醍，「澄酒」置放在最卑下處。在祭典的進行過程中，「祭祀不祈」亦即祭祀的目的純粹是發於感恩報恩之忱，不著意一己之私利而藉之禳災禱福。〈郊特牲〉所謂：「萬物本乎天，人本乎祖，此所以配上帝也。郊之祭也，大報本反始也。」與《荀子‧禮論》說：「禮有三本：天地者，生之本；先祖者，類之本；君師者，治之本。」在含義與人文精神上仍相相貫，這是儒家高尚宗教情操之表徵。

　　次就《禮記》人文生命之道德人倫向度來探討。禮從整體文化而言，具有陶冶人整全的文化素養以培育文質彬彬的文化人格之功能。從道德人倫的向度而言，〈曲禮〉謂：「夫禮者，所以定親疏、決嫌疑、別同異、明是非也。」禮有

釐清人倫秩序、建立人倫規範、實現德化人格的禮教功能。「定親疏」、「別同異」的倫教旨在促進人與人之間的相互尊敬。禮教的消極功能在避邪防惡，防患悖德之言行於未然。〈坊記〉曰：「禮者因人之情而為之節文，以為民坊者也。」禮教社會究竟在那些具體的人際關係中可發揮避邪防惡的治化作用呢？李亞農做了較周詳的列舉，那就是：「（一）防止氏族成員的不和睦；（二）防止爭利而忘義；（三）防止淫佚而亂族；（四）防止同姓婚姻；（五）防止不孝；（六）防止不敬老；（七）防止階級的混亂；（八）防止以下犯上；（九）防止叛亂；（十）防止弒君。」[60]

　　就禮文的正面意義而言，其旨趣在促使人自覺的講信修睦。〈喪服小記〉篇云：「親親、尊尊、長長、男女有別，人道之大者也。」親親、尊尊、長長、別男女構成了禮教道德人倫向度的人文精神四特徵。《禮記‧大傳》曰：「上治祖彌，尊尊也；下治子孫，親親也；旁治昆弟，合族以食，序以昭穆，別之以仁義，人道竭矣。」「人道」當指天倫至樂，性情之至善、至真、至美的人倫真諦所在。張永儁解釋說：「禮，主要關懷者，是人生的安悅和順，它把整個宇宙人生，看做一個情誼通感的倫理結構，人際往來的交接會通，乃至所有政治與社會的關係，都在這倫理結構中分享秩序與和諧。」[61]禮之明尊卑、序昭穆、行典禮……就是在倫理結構中體現出人倫秩序與人文和諧之美感，禮教係發自人性深層結構至真、至善、至美的性情之教。禮文含攝性情之質，情藉文顯，即文見情。豐富多樣的文采歸攝性情之質，端賴「敬」的自覺實踐功夫來賦予人文意義。〈樂記〉謂：「禮者，殊事合敬也。」宋儒程明道說：「居處恭，執事敬，與人忠，此是徹上徹下語，聖人元無二語」、「敬無內外」。[62]因此，禮文所傳達的崇德報本、寬容謙讓或克己自節，皆須透過主體自覺的誠敬功夫。《禮記‧祭義》謂：「是以致其敬，發其情。」「敬」是自覺自發情性的內在功夫。因

---

[60] 李亞農，《李亞農史論集》，上海：上海人民出版社，1978年，頁233-234。

[61] 張永儁，〈「禮」的人文理想與人道關懷〉，《詮釋與創造》，頁100。

[62] 《宋元學案》卷十三，〈明道學案〉上。

此，不論儀義相涵，稱情立文，文質契應，都必待行禮主體落實敬的功夫，才足以徹上下，通內外，兼文質。例如〈坊記〉說：「修宗廟，敬祀事，教民追孝也。」〈昏義〉謂：「敬慎重正，而後親之，禮之大體，而所以成男女之別，而立夫婦之義也。」以孔子文宗的儒家，「敬」的內在自覺功夫啟動了人情之眞，人性之善，人道之尊，堪謂爲人文生命之「點燈者」。

第四節 《左傳》的人文思想

　　在天人關係論題上，由「經」發展至「傳」的歷程上，有宗教人文化的轉折特徵，其關鍵性的環節在春秋時代。今舉《左傳‧襄公九年》所載一事例爲佐證。魯國魯成公的母親穆姜曾與大夫叔孫僑如私通，兩人且有陰謀欲兼併季孫氏與孟孫氏。事機終告敗露，僑如被驅逐，穆姜被遷入東宮。入宮前她爲了測知未來命運的吉凶而占了一卦，得本卦〈艮卦〉，之卦〈隨卦〉。史官爲她解釋〈隨卦〉的卦名指義爲「出」，勸穆姜逃走。但是，穆姜從所占得之〈隨卦〉的卦辭「元、亨、利、貞」四字來檢驗自己的人品，結果她自覺有損害體仁、嘉德、利物和貞固的美德。她在內省而自覺愧疚後，自認咎由自取而不逃走。從倫理學的基本原理而言，有靈性生命的人在道德上應爲自己的理性判斷以及自由意志之抉擇，義無反顧的承擔起應負的道德責任。因此，《左傳‧襄公九年》條載穆姜自責之言：「有四德者隨而無咎；我皆無之，豈隨也哉！我則取惡，能無咎乎？必死於此，弗得出矣。」這是元、亨、利、貞在宗教筮占轉向人文理性自覺之進程中最經典性的解釋。《易傳》繼承這一德性自覺的人文精神。綜觀《周易》卦爻辭中元、亨、利、貞這四字占斷辭遍見諸卦。然而，穆姜對此四字之釋的語境乃立基於人之四種德行，高亨論述說：「元以仁爲本，亨以禮爲宗，利以義爲幹，貞以固爲質。然執此說以讀周易（卦爻辭，亦即原經），往往扞格而不通。姑舉一例：坤卦辭曰：『元亨利牝馬之貞』如謂元、亨、利、貞爲四德，則此果何等語乎？豈牝馬亦有所謂『貞操』乎？余故謂〈文言〉、《左傳》所云，決非元、亨、利、貞之初義。元、亨、利、貞之初義爲何？曰：『元，大也；亨，即享祀之享；利，即利益之利；貞，即貞卜之貞也。』」[63]高亨的考據頗有見地，我們看《易傳》中乾文言傳所云：「元者，善之長也；亨者，嘉之會也；利者，義之和也；貞者，事之幹也。君子體仁足以長人，嘉會足以合禮，利物足以和義，貞

---

[63] 高亨，《周易古經通說》，頁87。

固足以幹事。君子行此四德者，故曰：乾，元、亨、利、貞。」可佐證，《易》之天人關係由「經」之神性義的天逐漸轉化出德化義的天，美德成爲天人聯繫的重要關鍵。〈坤文言傳〉：「積善之家，必有餘慶；積不善之家，必有餘殃。」可見春秋時代的《左傳》、《國語》已透露了《周易》由西周之卦爻辭發展至戰國中晚期《易傳》，所居宗教人文化的中介性樞紐。

第四章　孔子至孟子期間之儒學
——以近世出土文獻為依據

第一節　戰國時代的儒家佚籍及分期

　　一九七三年，大陸學者在湖南長沙馬王堆兩漢古墓中，挖掘出一批出土的帛書文獻。其中有引起學界矚目的帛書《老子》甲乙本，亦即道家文獻，此外還有帛書易傳，屬戰國後期孔門傳易之作。一九九三年在湖北荊門市郭店一號楚墓也出土一批戰國中期的竹簡。這批典籍文獻除三篇爲《老子》外，其餘十四篇屬儒家文獻，足以說明儒家學說對包括楚國的戰國時代之各國皆有廣泛的影響。在這一大批儒家文獻中，除〈緇衣〉一篇見於今傳本《禮記》，〈五行〉一篇亦見於馬王堆帛書，其餘皆初次再現於世。上海博物館一九九四年購藏的一批戰國竹簡也屬荊門出土，其中也有〈緇衣〉。若對照郭店一號楚簡儒籍各篇以及今存傳世文獻，則可發現原文以及思想與《禮記》最相近。《禮記》爲西漢前期所發現和蒐集的先秦古文文獻，[64]漢代學者都認爲是「七十子後學者所記也」，東漢時《禮記》已分成兩系統：大戴禮記和小戴禮記，後世將小戴禮記稱爲《禮記》，對漢唐學者而言，使用《禮記》的困難主要是在「未能盡知所記之人」，但是咸信該典籍爲先秦戰國時文獻。有學者認爲《禮記》是孔子的弟子及其後學者，把孔子以及他們自己對禮的論述記載下來，再經人纂輯而成。這些纂輯者主要是子游、子夏、子張、子貢、曾子、子思、樂正子春、公孫龍子及其同聲同調、弟子、後學，也包括孟、荀兩派的學者和秦漢之際的儒生。[65]

　　宋明理學家曾試圖構築先秦儒家的系譜，例如朱熹認爲孔子到曾子的《大學》[66]，曾子傳《大學》給子思，子思再作《中庸》，子思將《大學》、《中庸》同傳於孟子，而孟子以後無傳焉。在這一系譜中，確立了孔子至孟子之間的曾子、子思之地位。大陸學者陳來指出：「中國古書的特點，是在學派傳承過程

---

[64] 源出於漢代孔壁與河間獻王之所集，其中各別篇文如〈王制〉爲漢初所作，以立意爲內容。

[65] 高明，《禮學新探》，香港：香港中文大學，1963年，頁31。

[66] 朱熹認爲，《大學》「經一章，蓋孔子之言，而曾子述之；其傳十章，則曾子之意而門人記之」，認定《大學》出於曾子之意，成於曾子門人之手。朱熹又衣據漢儒的說法，認爲《中庸》是子思所作。

中往往加以潤飾和增添，疑古運動正確地指出了這些後人附益的部分，但卻也由此把這些文獻統統視為後人所作和晚出，造成了古代研究的史料困境，也使得現代中國古史研究不得不以『重建歷史』為起點。」**67**

在當前出土文獻的研究中，在先秦儒家孔子、曾子、子思、孟子這一系譜的重建中，樹立了由子思和孟子所聯繫出來的思孟學派。例如：郭店竹簡〈緇衣〉的發現，對古人謂子思作〈緇衣〉的說法提供有力的支持。《韓非子》謂孔子死後，儒分為八，卻未提及孔門以文學著稱的子游、子夏、曾子三儒者。觀《禮記》中所記述的言行，除孔子最多外，當首推子游、子夏、曾子，可是《韓非子》卻未提及。據當前學者們對郭店竹簡的研究，指出子游在儒家系譜的重要性。《禮記・檀弓》有段子游的論著見於郭店竹簡的〈性自命出〉篇，這是郭店竹簡最具哲學性的論文。當前出土文獻學者認為郭店竹簡是公元前五百至前三百年間所流行的儒家部分著作，作者推斷為七十子及其弟子，同時郭店竹簡與馬王堆皆出現〈五行〉篇，所不同的是馬王堆帛書的〈五行〉篇分「經」與「說」兩部分。「說」是對「經」的解說，這是先秦古書所常見的體例。然而，竹簡的〈五行〉只有「經」，而無「說」，因此，有不少的學者認為〈五行〉「經」的部分成於孟子之前的戰國前期，乃係《荀子・非十二子》所批評的「案往舊造說，謂之五行，……子思倡之，孟軻和之」，亦即子思、孟子所倡的五行說，因此，竹簡〈五行〉應屬子思的著作。《子思》二十三篇，漢以後逐漸失傳，〈五行〉篇的出土可說是後人對子思研究獲得一立基點。

綜合前述，孔子至孟子之間當有由子游、子思和孟子所形成的思孟學派，清人陳澧先持思孟之學出於子游的學法，近人郭沫若從之。**68**《荀子・非十二子》斷言思孟五行說是承接仲尼、子游而論述的，如果這些說法能成立，則郭店竹簡兼收子游、子思學派的著作，也有其正當性。若子思將《大學》、《中庸》傳於

---

67 陳來，〈史料困境的突破與儒家系譜的重建〉，《竹帛〈五行〉與簡帛研究》，北京：三聯書店，2009年，頁9。

68 郭沫若，《十批判書》，《郭沫若全集》，歷史篇第二卷，頁132。

孟子的說法可信，則我們又可察覺在《大學》、《中庸》中所強調的「愼獨」、「修身」之觀點也出現在竹簡儒書中，例如：〈五行〉篇言「愼獨」、〈六德〉篇言「修身」、「親民」，再觀郭店竹簡中好幾處都強調「求己」、「反己」的重要性，得見孟子的「反求諸己」是早期儒家的核心論旨。且內容多與《大學》、《中庸》相符合。我們可以說《大學》、《中庸》的一些核心論題，在七十子時期就已經論及，戰國時期的儒家可分成三時期。前期爲七十子及其後學，著名的代表人物爲：有子、子弓、子張、子夏、子游、曾子、子思，中期爲孟子。思孟學派聯接了戰國儒學的前期和中期。晚期則由荀子建構了傳經的學術系譜及客觀化的外王思想之論域。

第二節　楚簡儒家佚籍的「性情說」

　　楚簡儒家佚籍的性情說，在文獻依據上係指一九九三年出土《郭店楚墓竹書》中之〈性自命出〉篇，以及一九九四年《上海博物館藏戰國楚竹書（一）》之〈性情論〉篇。這兩篇的文字內容幾乎相同，竹簡原無篇名，二書的編輯者分別補上不同的篇名。茲為論述的方便起見，我們暫且使用「楚簡性情說」來指稱。此說，就目前學者們所做過的多方面研究而言，其抄寫的時間應早於公元前三百年。由其文字資料編輯之形式，所論述之問題及要旨，可推測出是儒家較早期的思想史料。學界大致推認〈性自命出〉為孔子七十子後學所作，[69]但是看法有所分歧。有的學者將之定位於孔、孟之間，屬孔門後學向內求索的一派，有的學者定位為孔、荀之間。[70]兩篇的主題雖各有側重，就思想的內在理路觀之卻相互關聯，旨在論述心性問題。

一、「性」與天命的縱橫關係及其對「物」的感性反應

　　「性」指人生而為人且與其他人普遍相同的屬性或特徵為何？這是人對自我的了解，也是對其他人有所了解，有助於自我生活及與他人良好之共同生活的基本課題。楚簡首先交待人性的構成來歷所同然的稟性從何而來？

　　　（性）自命出，命自天降。道始於情，情生於性。（〈第二簡〉）

　　　性自命出，命自天降。道始於情，情生於性。（〈性自命出〉）[71]

---

[69] 參閱龐樸、陳來、廖名春、姜廣輝等學者的論述。請詳見〈郭店楚簡研究〉，《中國哲學》第二十輯，瀋陽：遼寧教育出版社，1999年1月。

[70] 張茂澤，〈〈性自命出〉篇心性論大不同於《中庸》說〉，《人文雜誌》2000年3期。

[71] 文本依據荊門市博物館編《郭店楚墓竹簡》，北京：文物出版社，1998年5月；以及郭沂，《郭店竹簡與先秦學術思想·郭店楚墓竹簡六種考釋》第一卷，上海：上海教育出版社，2001年2月。

由概念間的層次階序觀之，由最上位概念起，依次是由「天」而有「命」，由「命」而有「性」，由「性」而發出「情」，針對「情」之疏導而有「道」這一歷程。「天」意謂萬化之源，亦即化生萬物的終極性根源，人所稟受的性由天之命所派生。換言之，人之性乃源出於天的天之性，人的天性亦即天所命之人性。若問自命所出之「性」的內容及素質為何？〈性自命出〉說：「喜怒哀悲之氣，性也。及其見於外，則物取之也。」這是以氣概念界說「性」的思路。性內蘊含藏著喜怒哀悲之氣，在情境中與外物相接觸時，受外物的刺激撩撥而興發出對應的性向活動，表現為喜怒哀悲等不同情感狀態。因此，氣性與其對應激擾的外在對象物之間，構成條件制約性的刺激與反應之動態連結。簡文所謂：「凡性為宗，物取之也。金石之有聲，弗扣不鳴。」

　　在人內在之「性」與周遭環境的外在之物間，各有相呼應的挑激端與感應端，交構成人生命之活動的趨勢和力量，所謂：「好惡，性也；所好所惡，物也。善不善，性也；所善所不善，勢也。」簡文還進一步分析性與物交集下所產生趨勢的種種不同狀態，所謂：「凡性，或動之，或逆之，或交之，或厲之，或黜之，或養之，或長之。」同時，此二篇簡文對「性」於「物」的感受還做了「勢」之外的其他狀態之說明，如〈性自命出〉謂：「凡見者之謂物，快於己者之謂悅，物之勢者之謂勢，有為也者之謂故。」「物」對「性」而言，指在經驗上能看得到，感受得到之對象。「物」使「生」能感受到快樂的稱為「悅」，使「性」因「物」而能有所作為者，稱為「故」。總之，「性」與「物」是相互作用及相互影響的；「物」對「性」的作用及感受有相當的決定性影響。換言之，「性」之所以「好、惡」、「善、不善」不但取決於自身的資素，又取決於「所好、所惡」、「所善、所不善」的對象物，「性」與「物」在相互關聯中產生了價值判斷。「物」指外在對象的整體，「勢」指人所處形式之位列。「物」與「勢」的概念見於《老子‧五十一章》：「道生之，德畜之，物形之，勢成之。」大體而言，「性」指人天生所稟具的自然本性，「天」指一切存在事物自然的始源。人對天性的命名，係根據其所表徵的自然特質。換言之，「性」之名稱乃依據自然特徵所命名，就另方面而言，「名」所指涉的事物自然特徵係由天

所命賦的內容。總之，簡文的「性」字指自然顯發的特徵，且是透過對人的感官可進行感覺之知，可獲致經驗知識的特徵。

二、「情生於性」的命題含義

　　「情生於性」這一命題在〈性自命出〉篇出現兩次，且在〈語叢二〉中有較詳實的解說，所謂：「愛生於性，親生於愛。欲生於性，慮生於欲。智生於性，卲生於智。子生於性，易生於子。惡生於性，怒生於惡。喜生於性，樂生於喜。溫生於性，憂生於慍。懼生於性，監生於懼。強生於性，立生於強。弱生於性，疑生於弱。」考察其中含義，愛、欲、喜、慍、懼是情緒的表現活動，這是人的情緒本性的發露。智指心理的思辨能力及解決問題的智力，雖由情所引發其活動，其性質應是理性的非情緒的。強或弱似乎是指一個人的個性，亦即生命氣質的性向。愛、惡、喜、慍……等情是初級的情緒表現，由之而分別發展轉化出來的親、怒、樂、憂……等是程度上較深化的情緒特徵。物、性、情三者構成條件制約反應的連鎖式反應，人在所處的環境中受到種種可感覺到的外物之刺激，則當下產生與其對應的自然本性之反應，所反應出來的種種情緒之表現，統攝地稱為「情」，「性」是這些情感情緒所以然的依據。至晚周的《荀子‧正名》：「性者，天之就也。情者，性之質也。」有清楚的分辨和詮釋。就簡文而觀之，「喜怒哀悲之氣」雖是內蘊於人的稟氣之性質，可是當被外在環境的刺激所感發出來的種種性向和活動的反應狀態，乃稱為「情」。「情」是人純真的本性，哀、樂是「情」的高度活動狀態，可說是高數值的真情指數。〈性自命出〉所謂：「用情之至者，哀樂為甚。」真情是人順性暢情的流露，在情感交流中，對感受到對方率真之情的接受者而言，係可對應感通而覺通體舒暢，無比的享受，簡文所謂：「君子美其情」，且以「〈韶〉、〈夏〉樂情」為例而予以解說：「凡聲其出於情也信，然而其入撥人之心也㪉。」樸實率真之情，特別是表情性的音樂最能深入打動人心。簡文指出情感表現的指向在於情真意切的篤實，所

謂：「忠信者，情之方也，情出於性。」

　　換言之，虛情矯飾的感情表現是虛偽不實的，不但不能感動人，且令人生厭，甚至是令人深惡痛絕的。情感真摯肯切的人較能感通他人。人與人之間若能聲氣相通，情性相感，縱使對方有些過失，也會因感念到對方的真情厚意而能有所寬容和諒解，不會有所嫌惡。如果對方不是出於真情相待，即使其智能足以克服困難而成功，吾人也不會為他感到高興而珍貴其成功。相反的，若我們能感受到對方的誠意和樸實的真情，即使對方尚未訴諸實際行動，我們也會在深刻的情感交流和默契中為之心悅而信服。楚簡特別重視人與之間情誼感通的價值，說出一段足以發人省思的哲理，所謂：

凡人情為可兌（悅）也。苟以其情，雖過不惡；不以其情，雖難不貴。
苟有其情，雖未之為，斯人信之矣。未言而信，有美情者也。

人之相交貴在真情相待，真情具有忠信的價值。「忠」是樸實的一貫態度，「信」是真誠之情愫，忠信之情是人性真實的表露，感人至深，彌足珍貴，是人性正面的價值。

　　楚儒簡所論述的「情」側重在情緒義，其相同處皆以「氣」概念解釋人的喜、怒、哀、樂之情。楚儒簡對情多樣化的描述及同一類型之情的深化之描述，豐富和細緻。認為情欲同是在條件制約反應中受外物所激發而起的連鎖反應。楚儒簡正面的肯認情感生活的人生價值，特別是樸實率真的情感生活不但可為個人帶來生動、活潑快樂。同時，也可在感情的互動交流中感染他人，也給情感起共鳴的他人帶來情感生活的豐富內容和多采多姿的享受與滿足，特別是情之真、意之切，不但可使兩情相悅，且兼具忠信的人際互動價值。楚儒簡對人與人之間在情感世界中所引發的情感之交流、體認與價值認同，是積極、樂觀和正面的。不過，楚儒簡未意識到天人接續上，具超越之道德價值的四端之情，這是楚儒簡所謂情出於性的「性」乃告子之性，非孟子之性，缺乏《孟子》、《中庸》的天人一本，性命相貫通的形上向度。

三、「心」的概念分析及其與性、情之關係

　　我們對郭店楚簡與上博簡中的〈性自命出〉與〈性情論〉可以楚簡性情說來統稱，其核心課題是對人性的多層面分析及對人道的探索。其中「心」是人性活動的中樞，不但可導情治性，還能自覺的關切人道，亦即人生而爲人，試問人生的意義何在？如何活出人的尊貴價值以滿全人對生命崇高理想的要求。在簡文中「心」字凡二十五見，就其所出現的語句脈絡來觀其含義，心的意識活動不但顯示出對外在對象和自身的認知能力，也表現出意志的抉擇和實踐能力。表徵周文人文精神典範的「文王之德」的「德」字從「心」，意謂著人之所以爲人的尊貴本質。簡文謂：「思之用心爲甚」，心是思維的器官，思維活動是人心高度的表現。簡文謂：「凡學者求其心爲難」，對有志於研習爲人之道的學者而言，其學問的艱難處，就在發揮心思的精微細緻處以及待人處世的如何用心之拿捏功夫。簡文謂：「君子身以心爲主」，君子在身體的言行活動上係以「心」爲主導者，君子之道繫於對心的理解和有步驟的實踐。簡文謂：「凡道，心術爲主」，人道是如何理解人性與人情，且抉擇人生的價值理想，期待自我能朝向價值理想而將性與情安排得合情合理，亦即合宜而切乎義理。簡言之，教導人們通情達理，提升人生的心境，且能與他人和睦和諧的相處，是楚儒簡基本的人文之道。

　　簡文的「心」有豐富的多樣的機能和奧義，心除了上述的認識與意志抉擇和實踐力外，心也具有情感表現與道德感。心的道德感意指道德的自覺與自省作用。心認識到身心相互連動的互動性，修心可透過修身，亦即檢點自身的容貌儀表服飾是否端正，來發揮心的自我覺醒及自我道德要求之作用。蓋郭店楚簡除〈性自命出〉篇外，〈窮達以時〉與〈成之聞之〉二篇也有涉及反求諸己、檢點品德的言論。〈性自命出〉篇認爲有心修己的尙德之君，其身教重於言教，常使人民受到感召而有所敬畏以自行約束。所謂：

未教而民互（恆），耆（性）善者也。未賞而民勸，含福者也。未型（刑）而民畏，又（有）心畏者也。賤而民貴之，又（有）惪（德）者也。貧而民聚安（焉），又（有）（道）者也。

爲君者當導之以德，以身教而感召人民的道德自覺及自省自律。在政治取向上，德化百姓勝於嚴刑威嚇百姓。若想德化人民則當採人文之道來導引百性陶冶其德化人格。陳來認爲〈性自命出〉篇可能是楚國太子之傳採用來教導太子的所謂《國語‧楚語上》，因此，其旨意在「使明其德，而知先王之務用明德於民也。」[72]

郭店竹簡極重視心在性情及教化上所居重要性作用，蓋「性」是內蘊未顯的人自然生命本質。「心」是居於「性」與「情」之間的一種靈通流動者，不但通聯「性」與「情」兩端，且能導「情」矯「性」而實現有情有義的人道價值。質言之，心能將自然生命質素的「性」和「情」導化成具有人文教養的道德人，「心」爲自覺自主的道德主體。〈性自命出〉曰：「道始於情，……始者近情，終者近義。」和〈語叢二〉：「情生於性，禮生於情」的「禮」有可以互詮處。「道始於情」指道由冶情開始，而非指道生於情，道當生於心的道德自覺和自律。心對情的人文教養當以稱情立文的禮教來規範，矯冶不義的言行，使之在身體循禮規的矯治下實踐心所志向的人道理想。〈性自命出〉篇認爲聖人的人文教養所憑藉著詩、書、禮、樂都在陶成人心眞性情的流露，是涵養陶成心性情之最佳經典教育。人文的道德價值有賴於詩、書、禮、樂的循循善誘才能德化人的心和性情。簡文說：「禮作於情，……凡聲其出於情也信，……然後其入拔人之心也够。」[73]據饒宗頤針對心與志於道的志向之相互關係，指出：「古人極重視『志』。『志』爲『心』所主宰，故云『志，心』。『志』可說是一種『中心思維』，思想上具有核心作用。」[74]可見「心」在楚簡性情說的重要性。

---

[72] 陳來，〈荊門竹簡之〈性自命出〉篇初探〉，《中國哲學》第二十輯，頁302-303。
[73] 荊門市博物館，《郭店楚墓竹簡》，頁180。
[74] 饒宗頤，〈詩言志再辯〉，《郭店楚簡國際學術研討會論文集》，武漢大學中國文化研究院編，頁8。

　　先秦人性善惡論可歸納為六種不同的主張：計有孟子的「性善論」、荀子的「性惡論」、世碩的「性有善有惡論」、告子的「性無善無不善論」以及公都子的「性可以善可以不善論」和「性有善有不善論」等。比對郭店簡及上博簡則較近於世碩及公都子的主張。例如上博簡〈性情論〉說：「有性善有性不善；是故以堯為君而有象…」。但是就二篇涉及的論域及內在的概念結構，皆過於世碩及公都子。就二篇理論構成的概念叢而言，「性」、「情」、「物」、「心」與「道」這五大核心概念各有含義，又彼此相聯，環環相扣，有其未顯明化的內在理論脈絡。就先秦儒家人性論史而言，楚簡這二篇可謂為寶貴的史料文獻。

第三節　竹、帛〈五行〉篇的「行」與「德之行」之辨

　　在出土文獻中，郭店竹簡及馬王堆帛書中的〈五行〉篇，經許多學者，例如龐樸、李學勤⋯⋯等人的論證，確認爲思孟系譜的儒家。〈五行〉篇雖未對人性論直接表述，卻透過人的「行」與「德之行」的分辨，論述人之「性」與「天」在道德性上聯繫的關係問題。郭店楚簡公布後，有關〈五行〉篇的研究，有一共識，即帛書〈五行〉篇的〈經部〉爲子思所作，〈說部〉是孟子後學的綴補。且竹簡〈五行〉和帛書〈五行〉的差異不只是在文本上，竹簡〈五行〉有「經」無「說」，帛書〈五行〉「經」、「說」兼具，其間思想取向的不同在於竹簡〈五行〉崇「聖」，帛書〈五行〉說文中大量引用《孟子》的語言，如「集大成」、「金聲玉振」等，且貼近孟子的崇仁義思想。[75]李存山認爲：「如果說簡本五行乃是子思（或子思氏之儒）的作品，那麼帛書〈五行〉似可謂『孟氏之儒』的別派的改編解說本。」[76]他還認爲荀子在楚地當見過帛書〈五行〉篇，且其批評即針對孟子後學中與孟子有所不同的別派儒者之改編解說本。至於帛書〈五行〉篇說部與孟子思想的異同，陳來認爲：「不會妨礙我們以說文爲孟子所作或以孟子之名傳世。〈五行〉說文者爲孟子所作，當在孟子學於子思之門人的中年，而不是退而與萬章之徒作七篇的晚年，⋯⋯有孟子後學的若干增飾，這也是可以想見的。」[77]我們可以綜合諸學者所見，將簡帛〈五行〉經，至帛書〈五行〉說的歷程，反映了荀子所謂「子思唱之，孟軻和之」的說法。不過，孟子後學既然對「經」有所增飾、調整，則由〈五行〉的「經」至「說」不能說沒有發展和有所變化，這是孟子及其後學對五行之「經」文，有其獨到眼光之理解和詮釋所使然。

[75] 陳麗桂，〈從郭店竹簡〈五行〉檢視帛書〈五行〉說文對經文的依違情況〉，《本世紀出土思想文獻與中國古典哲學研究論文集》上冊，陳福濱主編，新北：輔仁大學出版社，1999年，頁196。

[76] 李存山〈從簡本五行到帛書五行〉，《郭店楚簡國際學術研討會論文集》，武漢大學中國文化研究院編，湖北：湖北人民出版社，2000年，頁246。

[77] 陳來，〈竹帛〈五行〉爲子思、孟子所作論〉，載於前揭書，頁108。

　　〈五行〉經文的核心論旨呈現在首章，對「行」與「德之行」，予以辨析入微的區分。首章的文本把仁、義、禮、智、聖五行區別為若是「形於內謂之德之行」，「不形於內謂之行」，其間，「德之行」不但得具備仁、義、禮、智、聖五種美德，且這些美德須是發自人內在的道德本性和道德心靈的自覺。這種發自人的內在德性和道德心靈意識的行為才有資格稱為「德之行」。若只是具備仁、義、禮、智，且未必因誠於中而形諸於外，則只是得謂為「四行和，謂之善」。「善」僅止於行為合乎於社會所期望認可的仁、義、禮、智之規範，亦即公設的行為規則，未必有道德感、內在道德心靈的自覺自發之自主性。相較之下，「德之行」是誠於中而形於外的化境，才能滿全「聖」人的默識心通，與天道融貫為一，通內外而徹上下，天人性命在人的內在道德靈智靈覺中貫通為一。因此，〈五行〉經文做出一關鍵性的論斷：「善，人道也；德，天道也。」「善」是人的合理合法之社會善行，有公共意識的社會正當性，可謂是合乎公共的社會善，滿全了社會規範的要求，屬於規範倫理學之類型，能體認為「德之行」的「德」，則必須滿足道德形上學的進路，在道德實踐的歷程中應有高度的道德體驗之知，深刻地體會到出乎人性和道德靈智、靈能的行為，有其超越的形上理路和根源感，有超越外在世俗規範的普遍性、必然性，為道德之所以為道德的內在價值，和超越時空及人之各別差異的形上屬性。

　　〈五行・經第三〉云：「五行皆形於內而時行之，謂之君子」、〈五行・經第四〉曰：「善弗為無近，德弗志不成。」五項美德皆能誠於中而實踐形著於外，亦即外在合乎道德規範的行為，有本於內在道德本性及道德心靈之自覺。若外在的道德具體實踐有人性內在之根，人心內在之發源，才可本能地永繼生息不斷而「時行之」，能合內外、人我的道德主體乃是成就了君子人格者。換言之，形之於外在行為的善行，是要身體行的實踐出來，所謂「善弗為無近」。在相對照之下，由內在性所源發出來的德之行，應本於道德意志的貫徹才能有所成就，所謂「善弗為無近，德弗志不成」。「經」文並與為德與善，亦即德之行是將人內在的「德性」形諸於外，成為身也能合乎社會規範的「善行」，而行為呈現出來的社會善行實有諸於己的德性根據。如此，德之行是內外貫通，表裡一致，所

謂「德之行」的含義在於內在無形的德性，能依道德理性和道德意志的共同運作而實踐出來，成就有形的具體行為，亦即善行。質言之，善德是善行的所以迹，善行是善德之形迹，經文第八章說：「君子之為善也，有與始，有與終也。君子之為德也，有與始，無與終也。」「說」文的解釋為：

> 「君子之為善也，有與始，有與終」言與其體始，與其體終也。「君子之為德也，有與始，無與終。」「有與始」者，言與其體始；「無與終」者，言舍其體而獨其心也。

　　「說」文藉身體來解說「有與終」和「無與終」的含義之別。「為善」，是隨身體的實踐而成始成終的，這是透過時空條件及社會規範的形式來呈現的，其形迹是有限的（有終），至於「為德」的「德之行」，則以推動外在善行的內在善性善心為根源性動力，從心性來主導形軀，以形軀來體現心性的資具或載體。心性為道德的主體性，有自覺自發性及形上的恆常性，相較於形體，可「捨其體而獨其心」。「說」文的詮解將「經」文的蘊義更貼近，而成熟的開發出來。將人道的時而行與天道的不息之誠，貫通起來。
　　若將〈五行〉篇與《中庸》相比較，子思將「天命謂之性，率性之謂道」的「性」與「天」通貫為一本論。《中庸》所言的「自明誠」，側重在以明確的道德知識來行善，「自誠明」則側重在以道德本性的實存性內涵，以及道德心靈對道德本性真誠的自覺自悟而發動「德之行」的為德。對〈中庸〉而言，誠明並進相通貫，行善的人道透過心性的自覺與志行，可提升到與天道相契合為一的道德形上境界。因此，《中庸》將「自明誠」與「自誠明」相合內外為一，同時，也將「道問學」與「尊德性」貫通為一。然而，由〈五行〉的文理脈絡觀之，「自明誠」與「自誠明」，有一由外而內的貫通程序，〈五行〉經文第九章云：

> 金聲而玉振之，有德者也。金聲，善也；玉振，聖也。善，人道也；德，天道也。唯有德者然後能金聲而玉振之。

按古樂演奏，始之於金聲而終之於玉振。經文將「金聲」喻為「善」，「玉振」喻為「聖」。聖為「形於內」的五行齊備所有，是「不形於外」的仁、義、禮、智所無。經文第十八章謂：「聖人知天道也。」聖人由於能知天道，才能臻於發明內在之德之境界。由此進程而類比於「善」和「聖」的聯繫關係，可知「唯有德者然後能金聲而玉振之」，亦即先有善之行，再進一步知天道入於聖境，才能滿全「德之行」的聖化境界。因此，依經文蘊義，由善行的人道進入內化為德之行的天道，係一由外而內的修養進程。再看第九章的「說」文，雖文句殘缺不全，可是其解說的含義仍然依稀可辨。說文詮解說：「『唯有德者然後能金聲而玉振之』金聲而玉振之者，動□於中〔而〕形善於外，有德者之□。」由「於中而形善於外」的關鍵語句，意指由內而外為「德」，這是境界語而與經文尚未臻於境界的功夫歷程語意有歧見。〈五行〉「說」文句與「經」文，在含義上的不一致，反映出「說」文作者，對「經」文的閱讀，理解和詮釋摻入自己的見解，這是論述架構所使然。

此外，〈五行〉之「經」文未明確提及「氣」，「說」文則提出仁氣、義氣、禮氣，以德之氣來詮解經文的「德之行」，〈五行〉經文提出的仁、義、禮、智、聖五種形於內的「德之行」，不僅是生發於內心的五種美德，亦即彰著於心的「德之行」，〈五行〉一開頭就謂「德之行」就是「心術」或「心之行」，同時，也是具有五種美德得以調和成整體和諧的「和」之特色。所謂「德之行五和，謂之德」也。經文第十九章曰：「見而知之，智也。知而安之，仁也。安而行之，義也。行而敬之，禮也。仁、義所由生也（帛本此句作「仁義，禮智之所由生也。」），四行之所和也。和則同，同則善。」「說」文則提出「氣」的概念來詮解，所謂：

「見而知之，智也。」見之而遂知其所以為之，□□知（智）也。「明明，知（智）也」。智者，言由所見知所不見也。

「知而安之，仁也。」知君子所道而娓然安之，仁氣也。

「安而行之，義也。」既安之矣，而□搬然行之，義也。

「行而敬之，禮也。」既行之矣，又愀愀然敬之者，禮氣也。

　　「見而知之」意指見賢人之行，乃智的特點所在。「說」文衍伸其義，由所見的賢人之行，進一步去知所不同的君子之道。由知君子之道而能安之者爲仁氣；按部就班的推知，證成仁氣、義氣、禮氣是相互間具有有機的聯繫，層層因循且轉化的。「氣」的蘊義，表徵道德意志力和道德生命的實有性和動力所在，分殊化的仁氣、義氣、禮氣皆係內在實化的德性生命之顯現，「說」文對「經」文「四行之所和也」做了適切的詮解：「和者，猶五聲之和也。同者，守約也，與心若一也，言舍夫四也，而四者同於善心也。同，善之至也。」「和」指四行有機聯繫及良性互補，渾然一體。「說」文提出四德之氣的活動和作用導致仁在智知之後，能知而安之，「義」接著能安而行之，且引發出「禮」能行而敬之，使「氣」的功能消解了四行與五行原有的實質性分別。「說」文所提出來的德之氣這一理論，不但具有突破古代氣論局限的意義，也爲孟子不易爲人了解的「浩然之氣」的說法，提供了一項可資以說明的可能途徑。總而言之，簡帛〈五行〉「經」文與「說」文在思想上顯然有差異，經文在道德實踐上將「德之行」與「行」並舉而言區別。「說」文則企圖突出「爲德」的重要性，而將「經」文的「行」與「德之行」，予以調和融會，且將天扣緊於與人的關係上，所謂「德猶天也，天乃德也」，君子之道與天之德一致化。此外，「經」未明確提及「氣」，「說」文則提出別開生面的仁氣、義氣、禮氣，用德之氣來說明「經」文的德之行。當前學界凝聚一共識，將〈五行〉的經文視爲子思之儒的作品，「說」文則推斷爲孟子後學所言成。說文與經文固然有思想上的內在脈絡關係，但是「說」文在某些問題上也提出了與「經」文不同的見解，我們得以認識到思孟學派的內部之承傳和改造的歷程。

第四節 《大學》、《中庸》的心性修養和人道與治道

　　郭店出土的楚簡之儒典，除前述〈自性命出〉、〈五行〉篇之外，還有〈緇衣〉、〈魯穆公問子思〉、〈六德〉[78]等篇。古史曾記稱漢代收入《禮記》的〈中庸〉、〈緇衣〉等文章為孔子之孫孔伋的著作。孔伋字子思，受業於曾子，後來還出任過魯穆公的老師。郭店楚簡不但記錄子思的史事，且呈現出與〈中庸〉相近的思想。《禮記》中的〈大學〉篇相傳為子思的老師曾子所作。因此，《大學》、《中庸》與這批楚簡的思想內在聯繫可探索出孔子之後、孟子之前，亦即戰國前期的儒家思想發展脈絡。北宋程顥將《大學》視為非由經、傳所組成的首尾一貫之文章，傳統上將《大學》視為成於曾子及其弟子的說法，頗值得重視。《大學》文本中明顯的引用了曾子所言，例如：「所謂誠其意者」的段語中謂：「曾子曰：十目所視，十手所指，其嚴乎！」[79]我們再進一步，依據《論語》載錄曾子以「忠恕」原則來詮解孔子的「一貫之道」，對照《大學》所謂：「所惡於上，毋以使下，所惡於下，毋以事上；所惡於前，毋以先後；所惡於後，毋以從前；所惡於右，毋以交於左；所惡於左，毋以交於右；此之謂絜矩之道。」陳榮捷早已論斷出《大學》所言之絜矩方式，從內容論，究竟不外是以忠恕為一貫的仁。[80]

　　周代的教育分為小學與大學兩部分。其中「大學」指「大人之學」，亦即培養成有成熟的社會人格之「大人」的成人教育。《大學》首章所揭示的「明明德」、「親民」、「止於至善」的三綱和格物、致知、誠意、正心、修身、齊家、治國、平天下的八目，形成一套儒家一貫的內聖成德、向外推擴為經世治國

---

[78] 以前有許多學者懷疑今本〈緇衣〉乃漢傳竄入《禮記》之作，如今郭店與上博出土簡文中皆有〈緇衣〉，且內容大致相同。

[79] 李學勤認為古人或其弟子在記其師言論時，常直稱師名。例如：《孟子》一書為孟子與其弟子公孫丑、萬章等所著，文中通稱「孟子」，《墨子》書中的「墨子」亦然，這是當時著書通例。觀《大學》中既然有著「曾子曰」，則「朱子說《大學》係曾子所作，絕非無因」這一論點，請參閱李學勤〈從簡帛佚籍〈五行〉談到《大學》〉，《孔子研究》，1998年3期。

[80] 陳榮捷，〈初期儒家〉，《史記所集刊》第47本，臺北：中央研究院，1976年，頁742。

之內聖外王之學。大學之道第一綱領所揭示的「明明德」，意指培養人對人性內在光明的道德本性應有所自覺。第二綱領的「親民」，依郭店竹簡，「親」皆作「新」，「新民」就是修己以治民方面的以德治國，德化百姓，化民成俗。「止於至善」，指向無止境的道德理想王國「至善」，不懈的共同努力和提升。換言之，「止於至善」是兼備修己以安人，己立立人，己達達人，兼善天下的無限美善之願景和實踐歷程。《大學》所構劃出來的道德世界願景，具體而言是「爲人君止於仁，爲人臣止於敬，爲人子止於孝，爲人父止於慈，與國人交止於信。」「八目」是實踐三綱，由內而外，推己及人，由近而遠，由小而大的實踐步驟，其內容，《大學》謂：

古之欲明明德於天下者，先治其國；欲治其國者，先齊其家；欲齊其家者，先修其身；欲修其身者，先正其心；欲正其心者，先誠其意；欲誠其意者，先致其知；致知在格物。物格而後知至，知至而後意誠，意誠而後心正，心正而後身修，身修而後家齊，家齊而後國治，國治而後天下平。

由八目得知「大人之學」旨在教育富有群己意識，對家、國、天下的社群生活能有人文關懷及有社會責任感的成熟社會人格，其所涉及的生活世界計有個人、家庭、公共領域的社會、國家及天下（世界的視域）。「家庭」是介於私領域的個人及公領域的社群之特殊社群，在這三層生活世界中，個人道德、家庭倫理及社會公共的規範倫理，層層相依，逐次推擴。完善的個人人格是講究倫理親情的家庭及訴求公共意識，社會責任與公義社會和富強康樂之國家的元素或基礎。個人完善的人格是身心皆獲得安頓和富足的。《大學》所謂：「富潤屋，德潤身」，「富」才能治生，追求合乎正義的財富以滿足世俗幸福的物質條件。潤身之「德」在對人的德化人格能修能養，實現人之以爲靈性生命價值及人格尊嚴，亦即人超世俗的精神幸福。《大學》認爲「修身」是對一切人之靈性和尊嚴的身分者開放和期許的。由三綱八目所呈現出的價值理想，是兼顧個人、家庭、

公共社群的幸福，不但層層相依，步步推展、提升，且是一止於至善的，苟日新、日日新、又日新，無限開創人類文明與幸福的歷程。

第五節　《中庸》論「慎獨」、「致中和」　及贊天地化育

　　「中庸」一詞首見於《論語・雍也》：「中庸之爲德也，其至矣乎！」將中庸之德推崇爲至德，其蘊義爲理當如此，恰如其分，而無不及或太超過的偏頗。《中庸》首章云：「天命之謂性，率性之謂道，修道之謂教。」意指人所以爲道德主體的道德本性是先驗的天命之本性。人若能依順其先驗德性而發展出道德的自我生命，實現人的生命意義和價值乃是人文教育的眞諦所在。道德教育的核心要旨在誘發每位道德主體在道德實踐時，能精確的做到「喜怒哀樂之未發謂之中，發而皆中節謂之和」。中庸之德的含義乃在於導引每個人能本著先驗的德性，在現實的生活實踐中自我調整情緒變化的強弱，而至合理和諧的狀態，待人處事恰如其分，理當如此。喜怒哀樂是常態的情緒生活反應，如何使之合理適度就是「中節」。合情合理的情緒生活，也就是有分寸節度的拿捏，不但不造成對自己和他人的傷害，且能在良性的感情生活交流中，增進人與人之間共同分享的德性生活之美善和情誼。《中庸》重視人與人之間合情合理的情性生活之美善，與郭店竹簡中最長的一篇〈性自命出〉首段言：「性自命出，命自天降，道始於情，情生於性」。在思想內涵上有內在聯繫和相互呼應之處，更增進我們對思孟學派的確信度。

　　《中庸》在率性、修道的功夫實踐論中，特別強調具道德自覺性的「誠之者」與「君子愼其獨」。《中庸》二十章曰：「誠者，天之德也。誠之者，人之道也。誠者，不勉而中，不思而得，從容中道，聖人也。誠之者，擇善而固執之者也。」天道的運作無思慮無意志，依循客觀的規律，日夜更替，四時循序迭運，萬物依時序而規律地生成變化，有道德意識的聖人基於價值心靈的自覺和意義意志的抉擇，自發性的擇善而堅持到底，積善累德，造福生靈。《中庸》二十一章對動狀的「誠之」，做了分疏的解釋：「自誠明，謂之性；自明誠，謂之教。」「自誠明」對應了首章「率性之謂道」，係道德主體自覺性的悟修內在的德性本眞，是己立己達的自律。「自明誠」指己立、己達者透過知識理性，教

導他人藉道德知識來修身成德。人既與生稟賦了道德本性的潛質，在活出人的德性生命這一意義大前提下，人所應「誠之」的「人之道」，當時時「擇善而固執之」，不離人之道的修養關鍵在「慎獨」。《中庸》首章曰：「道也者，不可須臾離也；可離非道也。是故君子戒慎乎其所不睹，恐懼乎其所不聞。莫見乎隱，莫顯乎微。故君子慎其獨也。」道德性命既天賦於人的內在生命中，則自誠的功夫入路應隨時自我警惕，審察動心起念的萌發處是否端正，這就是《中庸》十二章：「君子之道費而隱，夫婦之愚，可以與之焉，及其至也，雖聖人亦有所不知焉。⋯⋯所求乎子，以事父，未能也⋯⋯所求乎朋友先施之，未能也。」這也就是「君子慎其獨」的誠之功夫細微處，與《大學》的絜矩之道有相依相貫的修持原則。楚簡和帛書的〈五行〉曰：「能為一，然後能為君子，慎其獨也。」得見曾子的《大學》，子思的《中庸》與簡帛的〈五行〉三者之間有承傳的一貫之道。「君子慎其獨」若用今日表述法淺顯的說，就是我們與他人互動往來時，應自覺的要求自己要本著情理互感的心，亦即俗稱「同情心」、「同理心」，要先體諒感知他人的感受，這才是誠誠懇懇的做人原則。

中庸之至德貫通天道與人道，以成己為出發點，推廣至成人，更深廣至成物（一切存有界，亦即天地萬物）。人與萬物皆為天地所生所養育，人與萬物的生命相依互賴，相輔相成，具有密切的有機聯繫。在人與天地萬物共生共存的立基點及相融共榮的發展目標上，《中庸》首章：「中也者，天下之大本也。和也者，天下之達道也。致中和，天地位焉，萬物育焉。」《中庸》之德對人和天地萬物皆係生命的同根同源，自然萬象皆有其存在的平等地位，應相互肯認，相互尊重，共同發展，務求和諧，相攝共融，在機體宇宙論的立基點下，《中庸》二十二章，對成己、成人、成物和萬物和諧並育的願景提出了系統化的完整性的實踐步驟和歷程，謂：

> 唯天下至誠，為能盡其性；能盡其性，則能盡人之性；能盡人之性，則能盡物之性；能盡物之性，則可以贊天地之化育；可以贊天地之化育，則可以與天地參矣。

涵養出中庸之德的至誠者，以天下之大本推擴實踐天下之達道，而成就自己、他人和萬物生命意義之經世功業。自誠盡性之實踐方式不是外鑠式的，而是由人的內在心性自發式的存養推擴，逐步向外感通。《中庸》二十五章所謂：「誠者自成也，而道自道也。……成己，人也；成物，知也。性之德也，合外內之道也，故時措之宜也。」成己、成物所必備的仁德和智德皆蘊發於天命之性，內具於人的德性生命中。人立基於天下之大本，實踐出天下之達道，在這合內外之道中，能盡己成己，則人性的尊嚴及靈性生命的價值得以實現人性化的生命意義。同時，成己及成人、成物是意義世界二端而一致的，在人盡己、成己的歷程中，不是隔絕於世界而孤獨進行的。人是與天地萬物共時性的存有，在機體宇宙觀下，人與天地萬物有內在的聯繫。人是向著天地萬物而生存發展的。質言之，人在盡己成己的實現過程中，與他者（他人與萬物）密切互動。因此，在自我實現歷程中，與我相關聯的一切存有者，也因自我生命之意義的彰顯而獲致其存在的意義，亦即我相關聯的他者在自我兼善天下的實踐中實踐他者自身的存在意義，所謂盡人、盡物之性。因此，天下至誠者也是能秉持天賦內蘊的仁德與智德，以盡己、盡人、盡物之性的方式，參贊了天地生成化育萬物的「好生之德」，得與天地的生生之德合一化，所謂「可以與天地參矣」。

第六節　出土儒家佚籍之其他重要論題

　　二〇〇一年上海博物館所公布的〈孔子詩論〉、〈緇衣〉、〈性情論〉第一批楚簡資料中，〈孔子詩論〉係目前最早的論詩專作。孔子最注重詩教與禮教，皆與〈性情論〉相關。〈孔子詩論〉的內容，計有二十九支簡，共一千零六字，係孔門弟子就孔子援詩內容所稱引的總論，也提供了孔門後學傳述《詩》的重要文獻。《詩》的賦作、匯集和編排方式，經過不斷增加和演變的歷程，這一歷程雖已難究其詳，仍可大致界定時限爲從周初到春秋中葉。孔子把《詩》教的內容和價值設定爲人文心靈之啟迪，生命情操之陶冶，理想家庭、社會、政治生活之願景。孔子刪詩，且對所集的《詩》做詮釋和傳授，經過孔門弟子子夏到子思和孟子，再至荀子，形成先秦儒家《詩》教和《詩》學的主要系譜，形成了中華民族共同的情感、精神風貌和文學氣質的一種《詩》文化。楚簡〈孔子詩論〉論及通行本的大部分篇目，皆見於通行本。[81]這一情況意味著〈孔子詩論〉中所見的編排次序和篇目，在先秦已形塑而獲致確認。

　　從〈孔子詩論〉的論述內容觀之，概括了「天命」、「仁」、「德」、「禮」、「樂」、「善」、「信」、「敬」、「王道」等儒學的核心概念系列。就其所彰顯的價值理想而言，豐富且深刻化了儒學以德修身，以德行陶冶的禮教推廣形式治國之政教主張。文中對《詩》教的核心旨要揭示爲「詩亡（隱）志，樂亡（隱）言，文亡（隱）言」。[82]所謂「詩亡隱志」中的「隱志」，意指人對自己的心志意願含蓄而不表明，詩教針對這點來矯正，詩作的功用在於將隱含的個人心意、情懷能充分的抒發表述出來，一則剖明心志，一則能與他人溝通、傳達己意，令對方了解自己的情志所在，[83]孔子的詩教不但主言志，也倡導「思

[81] 在所見六十篇篇名中，除了有七篇篇名不見於通行本，其餘五十三篇的篇名皆見於通行本。
[82] 整理者將文中的「隱」字隸定爲「離」，裘錫圭和李學勤等人隸定爲「隱」，今從「隱」。
[83] 《論語·季氏》載孔子言：「不學《詩》，無以言。」

無邪」，**84**楚簡〈孔子詩論〉的德化詩教說率眞而質樸，頗能標示出性情的眞切性、感染性和高尙的生命情操。例如：〈關雎〉篇表述出潔身自愛的青年男子對淑女愛慕追求的浪漫情懷。〈孔子詩論〉的詮解是「以琴瑟之悅，擬好色之頤，以鐘鼓之樂，……好，反內於禮，不亦解（改）乎？」和「〈關雎〉之改，則其思（益）矣」，對青年人純眞浪漫的愛戀情感有其正面肯定之處。〈樛木〉言君子生逢其時所享受的幸福，〈孔子詩論〉則解釋所逢之時是君子係以義得祿的公義之福。〈緇衣〉抒發丈夫思念離別妻子之情，〈孔子詩論〉謂所思所憂的故人是對妻子念舊的恩情。〈燕燕〉抒發國君惜送其妹遠嫁的不捨之深情，〈孔子詩論〉讚美兄妹情深的篤。綜觀所述，〈孔子詩論〉推崇人間情深義重的彌足珍貴，特別是家庭眞摯的倫理親情，以及清明政治、公義社會下以義取祿的德福一致之崇高價值。

在郭店竹簡十四篇中，有反覆以德義期求人君的論旨。在〈緇衣〉、〈五行〉、〈成之聞之〉三篇中，有五處稱引《詩》、《書》以標榜文王爲王道之君的人格典範，突出了以「明德愼罰」，來「儀型文王」的論調。〈緇衣〉在郭店儒簡及上博楚簡皆有出現，且與今本《禮記‧緇衣》也有相同處。不但在文獻上有可確定《禮記》與《孔子家語》所據資料大致同源，也可推斷言孔子理想君道的〈緇衣〉仍應屬先秦禮學範圍。緇衣的論述架構係分別以親賢遠惡、禮敬大臣、以謹言愼行來爲民表率，建立與臣民良性互動管道和以堅定的毅力貫徹政策等四面向，來構作本於孔子思想的君道特質。

郭店儒佚簡中尙有〈窮達以時〉及〈唐虞之道〉「孝之殺」的論旨值得注意。〈窮達以時〉現存十五支竹簡，其中有兩支殘損，其內容主要言時運之命限與道德的自我抉擇之間的緊張關係和安身立命之道，可能涉及孔子「陳蔡之困」的事例，這一論題是對古代天命觀長期發展下來的再省思。天意所下的命令稱爲天命，天意不但掌管天候與農業收成的好壞關係，也是人間禍福的裁決者和賞罰

《論語‧爲政》載孔子曰：「《詩》三百，一言以蔽之曰：思無邪。」

者，更是王朝政權更替、族姓興廢的發號施令者。《尚書》的〈君奭〉云：「天命靡常」、〈召誥〉曰：「王疾敬德」、《左傳・僖公五年》引〈周書〉所言「皇天無親，惟德是輔」，這是一種透過「敬天」、「保民」、「疾敬德」以德合天命來論究一族一姓政權得失的君權天命觀，經過《左傳・昭公十八年》子產謂：「天道遠，人道邇，非相及也。」歸納歷史中人事成敗的客觀經驗法則，天時、地利與人為因素是決定成敗的三大要件，人生無常，禍福無定，德福一致的天命非鐵律。人的時運有其外在客觀的限制，人應盡其在我，不應以時運局勢的順逆來改變恆常性的價值原理和行事原則，〈窮達以時〉的第一、二簡云：

> 有天有人，天人有分，察天人之分，而知所行矣。有其人，無其世，雖賢弗行矣。苟有其世，何難之有哉？

「天人之分」指天有其客觀的形勢和世運，人有其自身的才智和志業，此兩者無必然的對應符合性。應然的常理常道與實然的時勢世運常相悖反，以勢定理，以時逆志，在歷史人生的事例不少，竹簡〈語叢一〉亦云：「知天所為，知人所為，然後知道，道道然後知命。」（第二十九、三十簡）「天所為」有其不得不然的客觀情勢和實然性的巨大力量，未必是人力可以改變的。竹簡舉了傳說中的和歷史真實性的聖賢窮達事例，人的窮達禍福可努力趨避，但是沒有如人意的必然性，對人而言成敗有時是可遇不可求的，這是人在時運上的客觀限制，因此，儒家的志士仁人，常有遭時不遇，有志未伸的感嘆，這是天人分途的無奈體驗。因此，〈窮達以時〉語重心長地說：

> 動非為達也，故窮而不怨，學非為命也，故莫之知而不憐。芷蘭生於林中，不為人莫臭而不芳。無茗根於包山石，不為無人不，……善否己也。窮達以時，德行一也。譽毀在旁：聽之弋之，母白不釐，窮達以時。幽明不再，故君子敦於反己。（第十一～十五簡）

一個人的德行如何取決於作為道德主體的自我，至於外在的際遇窮達以及旁人的觀感和譽毀皆操之於非我，不是自我所能主宰操持，自覺的擇善固執、充實和提升自我的德行才是人所當盡的職分。人若能實踐自覺自主的道德主體性，則不汲汲於自己所無力掌控的外在際遇和旁人譽毀。因此，有靈智的君子應「敦於返己」，貫徹自己所能操持的德行，孔子對於人所難測也難掌控的運命之天，也有無奈感，只有回歸自我能自主和負責任的職分或本分。《論語・憲問》對外在命運之天於自我的限制不做無謂的怨嘆或強求，所謂：「子曰：『道之將行也與？命也。道之將廢也與？命也。公伯寮其如命何！』」〈雍也〉載：「伯牛有疾，子問之，自牖執其手，曰：『亡之，命矣夫！斯人也而有斯疾也！』」孔子曰「四十而不惑，五十而知天命」（《論語・為政》）乃是積累了不少人生際遇窮達的經驗和洞見，對自己有志行道而不順利，身陷窮困而無法獲得世人同情的諒解，這部分皆非自己所能操控和負責任的。屬於自我所努力和所應負責的範圍，應問自己是否真的已盡心盡力？若反求諸己而能問心無愧，則在已盡其在我後心安理得，造成成敗的其他因素既非操之在我，則只能說委之於人所難測也乏力扭轉的時運了，這是孔子飽經憂患挫折後，對命運之天只好認命的接受，當是他「五十而知天命」的蘊義。郭店竹簡〈窮達以時〉的旨意在區分人所當盡己的限度及超出人的職能本分之運命天的限制。人在命運上是有所不能的有限存有者，同時，人在道德主體性上又有無限開展和實現諸般德行的可能性，人亦是能開創無限道德價值的存有者。

　　至於郭店竹簡《唐虞之道》，係戰國時代宣揚禪讓政治理想的一篇重要文獻。周代的社會立基於講究有血有緣的宗法組織上，宗法社會的基石為家庭、家族和宗族，頗重視血緣親屬關係的親疏遠近關係。因此，在宗法社會中特別講求人際網絡中尊卑貴賤之節，男女長幼之序。儒家的仁愛就是立基在這種宗法血緣倫理上而講究愛人有親疏遠近的差等，周代的禮文化也立基在封建的人際關係上，成為封建禮法，《中庸》說：「親親之殺，尊賢之等，禮所生也。」「親親之殺」指按血緣關係而有親疏遠近的差別，如《禮記・文王世子》曰：「其族食世降一等，親親之殺也。」意指國君與族人舉行燕食禮時，具有依血緣關係之

親疏，凡關係疏遠一輩就減少一次參加機會。換言之，國君的親親之情存在遠近的等差。因此，在親親尊尊的周代封建禮法上，「愛」是由親及疏，由近及遠，依倫序而逐次遞減的差等之別。宗法倫理在現實社會中，會不覺地產生人各親其親而不易親他人之親，這就是孔子教人「己欲立而立人，己欲達而達人」，以及孟子期望人人皆能將四端之心推擴出去，能夠「老吾老以及人之老，幼吾幼以及人之幼」的推恩教育目的所在。同時，在周代所建立的封建禮法制度中，規定出一套嫡長子繼承制，造成傳子不傳賢的封建傳統文化，衍生不少不合理的現象和問題。例如《論語・學而》載曰：「孝悌也者，其爲仁之本與！」發自家庭倫理的孝德悌德成爲仁愛的根源和發端處，但是以孝爲基石的血緣親情，家庭倫理一旦瓦解，則又如何能據以更進一步的逐步實現〈顏淵〉所謂的「四海之內皆兄弟」，以及〈公冶長〉所云：「老者安之，朋友信之，少者懷之」的社會美德呢！同時，在傳子不傳賢的僵硬制度上，孟子也描述了當時社會有子弒父，臣弒其君的悖倫事件。《左傳》也記載了不少兄弟爲爭權位的繼承而產生許多犯分越禮，悖反宗法倫理的實然現象。

　　《唐虞之道》一方面肯定愛親和孝悌的宗法倫理，另方面欲突破封建倫理的局限，擬將親親之愛大步推向賢賢之義上。其第八、九簡曰：「愛親忘賢，仁而未義也。尊賢遺親，義而未仁也。」親親與賢賢不能偏執分開，應該將親親之仁與賢賢之義互攝雙行。《唐虞之道》爲了補強賢賢之義的不足，而標榜上古的傳賢不傳子之禪讓美德，其一～三簡云：

　　唐虞之道，禪而不傳。堯舜之王，利天下而弗利也。禪而不傳，聖之盛也。利天下而弗利也，仁之至也。故昔賢仁聖者如此。身窮不貪，沒而弗利，窮仁矣。必正其身，然後正世，聖道備矣。故唐虞之道，禪也。

　　文中將傳賢不傳子的禪讓古風，讚爲仁之至的聖道。仁之至是將孝悌愛親的家庭倫理格局大開大革至天下人而不偏私親情。換言之，仁的推擴有其客觀的所以然之理和步驟、規律。仁德透過義德，才能將家庭、家族之愛，推擴到利天下

和正世道。《唐虞之道》第六、七簡說：「堯舜之行，愛親尊賢。愛親故孝，尊賢故禪。孝之殺，愛天下之民。禪之傳，世亡隱德。」陳偉根據《說文》、《漢簡》釋「殺」具有衰減的意思。[85]愛親是孝德，尊賢是禪讓之德，爲了不使孝德中的愛親封限在愛的對象僅止於「親」，故必須能自覺性的將原針對「親」的孝愛推擴提升到愛天下之民。

　　這一推擴性的轉化、提升作用有待於對愛親之愛予以合理的縮減，而將愛親的私愛轉化爲對天人之民的博愛、大愛，這就是孔子所言：「汎愛眾」。孟子不但仁賢並舉謂：「不信仁賢則國空虛」（〈盡心下〉），還特別強調對仁賢二美德的推擴，所謂「仁者以其所愛，及其所不愛」（〈盡心下〉）、「賢者以其昭昭使人昭昭。」（〈盡心下〉）。

---

[85] 陳偉，〈郭店楚簡別釋〉，武漢：《江漢考古》，1998年第4期。

第五章　戰國中期的孟子學派

　　孟子雖未及側身孔子門牆內以親沐其教，卻是篤切私淑其人，承繼其志，闡發其學說至爲深切有力的後學。他不但承繼宏揚孔門學說精神，更啟發了後世無數的儒者，爲宋明理學中所聚訟的心性問題，提供了不少思想的泉源。

　　我們透過《論語》，可顯見在孔子的思想言論中處處流露著以仁德的持守與踐履來實現人道的價值理想。這種以「仁」爲核心的道德精神，經由孟子對人性層層的反省體驗後，孕育出在中國哲學史上大放光芒的性善論，孔子的仁學也因之奠定了有根有源的生命內在基礎，仁德的踐履對整體人類而言亦得以具有普遍性與可行性。由是，立人道之極的孔子思想透過孟子的深刻闡釋後，儒家思想體系益趨充實而完備，其間孟子的性命論尤有其不可磨滅的重要性。

第一節 「性」、「命」之實質含義

　　人的「德性」是天命以生成人的本質，在天曰「命」，在人曰「性」，其理則同一。如順著天賦內在人之所以為人的性理，層層發展，則可彰顯人性美善之德能功用。這是人生所當遵循的方向和歷程，猶公共道路是凡人所當行的正途，如何在這條能宏揚人生命意義的正道上，堅定方向而不移，步步穩健，鍥而不舍地向前邁進，就要看吾人後天教育及修養的功夫了，而後天教育及修養的功夫是處處依據「仁」為核心。蓋「仁」是人的本質，這就是《中庸》所謂：「修身以道，修道以仁，仁者人也。」[86]這句話若與開頭第一章予以銜接貫通，則可推知《中庸》所謂「率性」之性，意指依據能凸顯人之所以為人的「仁」來「率性」，「道」則指以「仁」來率性之歷程，亦即人道。至於中庸所言的「仁」究係人性天賦內在之所本有，或有待於吾人向外學習的客觀對象，雖未有明朗的交代，可是至少《中庸》為人指點出實踐生命意義與價值的形上依據、踐履的層次，及崇高的理想境界，亦即啟示吾人當努力於發展天命所賦予人的內在之性，以臻於能參贊天地之化育，而與天合生生之德。其間人若愈能充分發揮人性的德能功用，則與天地合德的程度亦愈高，而人的生命價值亦愈顯揚而光輝，這就走《中庸》二十二章所說的：

> 唯天下至誠，為能盡其性，能盡其性則能盡人之性，能盡人之性，則能盡物之性，能盡物之性則可以贊天地之化育，可以贊天地之化育，則可以與天地參矣。

　　孟子所賦予「性」、「命」的實質涵意，孟子書中有不少關於「性」、「命」的言論，其中將「性」與「命」相提並論者，則可見於〈盡心下〉所載的一段話：

---

[86] 《中庸》二十章。

口之於味也，目之於色也，耳之於聲也，鼻之於嗅也，四肢之於安佚也，性
也，有命焉，君子不謂性也。仁之於父子也，義之於君臣也，禮之於賓主
也，智之於賢者也，聖人之於天道也，命也，有性焉，君子不謂命也。

　　人的感官能司視覺、聽覺、嗅覺、味覺、觸覺，且各有其難以滿足的欲
望，這些感官的覺能及欲望傾向，雖是天生自然的天性，孟子卻將之劃入「命」
的範疇，而不將之抽離爲人的特性，即人性。蓋純感官的欲望追求，其本身是一
種生理的本能反應，易蔽於物欲而不能自拔，不具思辨能力，缺乏自主性，是故
孟子稱之爲「小體之官」，**[87]**此其一。這種基於生理需要的感官是人與禽獸所沒
有分別的，此其二。感官所追求的滿足物，是外在對象物，得向外追求才可得
到，然而欲望是無窮的，能滿足欲望的外在物是有限的，加上人主觀能力的有
限、外在環境、際遇等諸般因素的限制，可求而不必可得，實難爲人力所能全權
操之在己，是以謂之「命」，此其三也。
　　至於「仁」、「義」、「禮」、「智」雖係人天生稟賦上天所命而內具，
然而孟子卻強調其爲人之所以爲人的特性，而不強調其爲「命」的意義，蓋仁、
義、禮、智之「性」藉「心」來發用德能，**[88]**而「心」爲能思又能得的大體之
官，具靈明的覺悟力和自主性，此其一；人心能感到愉悅和滿足的是由仁義之性
所發出來的理義，是唯獨人所能享有的，而非禽獸所能追求的，由是構成了人超
拔於萬物，而與萬物有別的差異性和獨特性，此其二；心所追求的理想物是天賦
內在於己的，所謂「仁義禮智根於心」，**[89]**故曰：「仁義禮智，非由外鑠我也，
我固有之也，弗思耳矣。故曰：『求則得之，舍則失之。』，或相倍蓰而無算
者，不能盡其才也。」**[90]**心所好的仁、義、禮、智既是內在於己的本性，那麼吾

87　《孟子·告子上》。

88　《孟子·公孫丑上》。

89　《孟子·盡心上》。

90　《孟子·告子上》。

人只要反求諸己便可獲得，毋需向外追求，所謂「由仁義行，非行仁義也」。**91**
因此仁、義、禮、智的追求，其主要關鍵操之在己，非操之於外，而仁、義、
禮、智對一切人而言是普遍同具者，孟子曰：「君子所性，雖大行不加焉，雖
窮居不損焉，分定故也。」**92** 只要是生而為人，即命中注定所有的，雖然是「命
也，有性焉，君子不謂命也」。由上面的分析可得知，孟子所謂的「性」是指人
之所以為人，人之所以與禽獸有幾希之別者，**93** 而又普遍內具於人而能為人所能
主動據以實現仁、義、禮、智諸般道德價值的人性，亦可說是人的道德性、尊貴
性，而非人與禽獸所無從分別的生理欲求性。

孟子所謂「命」，含有兩種意義：

一、福命：人的感官能力及欲望，雖是「口之於味也，有同嗜焉，耳之於聲
也，有同聽焉，目之於色也，有同美焉」（〈告子上〉），公卿大夫的人爵雖為
人所慕求，然而人天生就有種種資源分配上的差異，諸般家庭背景、社會環境、
時代風氣等，千差萬別，造成了人種種不同的際遇和限制。因此功名利祿雖可外
求，然而只能盡人事的努力，聽天命的安排。吉凶禍福、貧富貴賤，各人際遇不
同，非可全權操之在己而有人力不及之處，吾人可稱之為「福命」，此猶《論
語》所謂：「死生有命，富貴在天。」**94**

二、德命：凡人皆普遍內具天命所賦的仁、義、禮、智，是人實踐道德價值
的先天基礎，是人人所等同的，即孟子所謂：「君子所性，雖大行不加焉。雖窮
居不損焉，分定故也。」在實踐道德的出發點上你不較別人多一分或少一分的，
這是立足點的平等，任何人只要由內向外實踐出去即可盡性成德，蓋「人之有四
端也，猶其有四體也。有是四端而自謂不能者，自賊者也」（〈公孫丑上〉），
因此只要人肯上進，肯努力，操則存，捨則亡，有一分耕耘，當有一分收穫，這
是人所能自願自能自發的，即孟子所謂：「仁義禮智，樂善不倦，此天爵也。」

---

91 《孟子・離婁下》。
92 《孟子・盡心上》。
93 《孟子・離婁下》。
94 《論語・顏淵》。

對仁義之性的踐履，願不願，能不能，操之在一己的自由意志，而不受制於外在環境、際遇。孟子所謂能充養浩然之氣的大丈夫，其大義凜然地不爲貧賤所移，威武所屈，富貴所淫，即此中眞精神之所在。在道德修養中，人若能依天命內在的仁義禮智，自立自主，步步履踐，層層提升生命的意義，以實現完美人格，則在這層意義上，我們可謂之「德命」。

第二節　性命論與人生價值觀

　　我們若要進一步了解孟子的性命論與人生價值有何關係，最便捷的方式是透過孟子自身所陳述的時代、病痛及其學說意向來了解。〈滕文公下〉第九章是孟子較爲完整的自述，爲方便起見，我們把它納爲三個要點：

　　一、從過去的歷史來看，天下是一治一亂地交替循環。每當生民塗炭的亂世，必有志士仁人奮出救世。在毒蛇、猛獸、洪水氾濫中國的洪荒時代，生民失措，幸得堯、禹的修明政治，抑洪患，而天下平。堯舜過後，聖人之道衰，暴君代作，百姓難得安息。至紂時天下復大亂，幸得周公輔佐武王弔民伐紂，將天下由亂轉治。及春秋時代，世衰道微，邪說暴行有作，倫常蕩然，孔子爲之懼，作春秋以使亂臣賊子懼。

　　二、當今之世，聖王不作，諸侯放恣，處士橫議。楊朱墨翟之言盈天下，楊墨無君無父之說不息，則孔子之道不著，如是邪說誣民，仁義蔽塞，長此以往，將有率獸食人、人與人自相摧殘的悲劇。

　　三、孟子由歷史的回顧，時代的考察，轉向未來的願景。他在憂患意識中，迸發出浩然大義，捨我其誰的道德勇氣，毅然抱負時代使命，以承大禹、周公、孔子三聖之志業自許，宏揚孔子之道以正人心，息邪說，距詖行，放淫辭，鼓吹王道仁政，以匡世濟人，這是孟子學說的意向。

　　孟子的主要課題在於如何化解天下人民因顚沛流離的動亂、人性之墮落所遭逢的切膚之痛。孟子對於人爲的禍害，擬從根本處開藥方。蓋人間的禍亂肇於世俗所追求的價值，世俗之人執迷於功名利祿，爲滿足這一要求，遂不擇手段地做出種種傷天害理之事。因此，爲了要扭轉世俗的趨向，孟子採正本清源的根治方法，即「正人心」。人心不正則邪說暴行有作，而天下不治。然而，正人心則必須樹立生命的理想價值，以取代世俗名利的追求。而且，該理想價值對每一個有生命的人而言，應該皆具可行性和持久性。對於前者，孟子遂以孔子藉仁德的實踐來修養聖賢的人格作爲理想價值之所在。復將孔子的仁與《詩經》、《中庸》

所講的「性」⁹⁵貫穿起來，將《中庸》的「仁者，人也」具體地落實於普遍的人心中，而謂：「仁，人心也。」⁹⁶「夫仁，天之尊爵，人之安宅也。」⁹⁷人實現心中之仁，是人所當行之道，所謂：「仁也者，合而言之道也。」⁹⁸如此把《中庸》的「率性之謂道」做了更明確的說明。

然而心與性有何關係呢？吾人透過孟子性善論的考察，認爲孟子是即心言性的，在此引一段孟子性善論最精要的一段話來分析，《孟子・公孫丑上》曰：

> 所以謂人皆有不忍人之心者，今人乍見孺子將入於井也，皆有怵惕惻隱之心，非所以內交於孺子之父母也，非所以要譽於鄉黨朋友也，非惡其聲而然也。由是觀之，無惻隱之心，非人也；無羞惡之心，非人也；無辭讓之心，非人也；無是非之心，非人也。惻隱之心，仁之端也；羞惡之心，義之端也；辭讓之心，禮之端也；是非之心，智之端也。人之有四端也，猶其有四體也。有是四端而自謂不能者，自賊者也。謂其君不能者，賊其君者也。凡有四端於我者，知皆擴而充之矣，若火之始燃，泉之始達。苟能充之，足以保四海；苟不充之，不足以事父母。

在這段話中，孟子是以「今人乍見孺子將入於井，皆有怵惕惻隱之心」爲性善的例證，其要義在說明當人突然見到一個活生生的孩童快要落入井中的刹那間，內心由這一事實的感應，而坦然呈露出一種蓦然地不忍不安的情感。這種情感係發自內在的眞情摯性，係由內心所流露出來的原始道德意識，孟子稱之爲「仁之端」。蓋能思能知的心可針對此種原始的意識情態，予以自覺地反省，

---

⁹⁵ 《史記・孟子荀卿列傳》謂孟子「受業於子思門人」，而《中庸》是否爲子思所作，後人皆有不同的說法，然而《中庸》的中心思想係來自子思的，其對孟子思想有極密切的影響。子貢謂孔子罕言性與天道。然而這類問題爲《中庸》及《孟子》所常談及，荀子在〈非十二子〉中，將子思與孟子並列起來評論，可想見孟子與《中庸》的關係。

⁹⁶ 《孟子・告子上》。

⁹⁷ 《孟子・公孫丑上》。

⁹⁸ 《孟子・盡心下》。

而證知仁性之根於本心，深切省察此種惻隱的原始意識情態是唯獨人所特有的本性，是與禽獸構成幾希之分別處。人之所以爲人，其尊貴、莊嚴的特質，即在此與他物有別的惻隱之心上，從而覺悟這種惻隱的心理情態係發於道德意識，是人能實踐道德價值的道德根源。人若能妥加珍惜，予以存養擴充，則能凸顯人性的莊嚴，宏揚人的生命意義與價值，由是孟子對人的價值衡量，端視於人實現內在仁義禮智之性達到何種程度。換言之，孟子對人生命的意義與價值之評量，乃依據其實踐理想人格之程度做判準，而理想人格係由人逐漸實踐與禽獸有幾希之別的道德本性來達到。

　　孟子不僅就人心受感應而流露出來的原始意識肯定性善，肯定道德價值的根源及其可行性，更由人性中趨慕善德之實現，以得到心靈愉悅滿足處來肯定道德價值之實在性，關於這點，吾人可以孟子的兩句話來做見證：

心之所同然者、何也？謂理也、義也。聖人先得我心之所同然耳，故理義之悅我心，猶芻豢之悅我口。（〈告子上〉）

詩曰：「天生蒸民，有物有則，民之秉彝，好是懿德。」孔子曰：「爲此詩者，其知道乎？故有物必有則，民之秉彝也，故好是懿德。」（〈告子上〉）

　　孟子以其對童稚所觀察到的人性中最坦誠原始的事親敬長事實，來肯定這種不藉後天學習而能的良能，不需推論而知的良知，以說明童稚親愛其父母的表現就是仁的事實。同時，童稚敬愛其兄長的行爲就是義的事實。在事親敬長的言行上所表現的節度文飾就是禮的事實，曉得親親，敬長也就是知曉仁義之事，這是智的事實。[99]

　　孟子觀察了依內在人性而表現於外的仁、義、禮、智諸事實，以類推法推斷

---

[99]　《孟子·離婁上》。

凡同類事物皆有其相似處。聖人所以為聖人，是因為他們能把仁、義、禮、智行得通透圓融。聖人是人，我也是人。我與聖人同類，[100]同具仁義禮智的可貴性分。而「欲貴者，人之同心也。人人有貴於己者，弗思耳」[101]，「理義之悅我心，猶芻豢之悅我口」（〈告子上〉）。聖人與俗人皆有是心之同好，只是「聖人先得我心之所同然耳」，因此，孟子的性善論可說是就其所觀察的人性中不加後天染色的原始道德意識，所真摯流露出來的惻隱、孝悌、羞惡的真情摯性，肯定人與禽獸有別，亦即人之所以為人的尊貴處在於先天點點微弱的仁、義、禮、智四端。人雖普遍內具天賦的道德性，然而卻是隱微不顯的，只能說人人具備了成聖成賢的起點，有達到終點—聖賢人格的可能性，其間卻是一段漫長的艱困歷程，這就是人能以心之思覺悟天性中所坦然呈露的仁、義、禮、智之端苗，係人的生命中莊嚴、華美的表現，人性的尊貴處在此，人生命的挺立處亦在此，茫茫宇宙，浩浩人海，匆匆人生，人所能安身立命處亦在此，人所能據以實現盡善盡美的生命處亦在此。

[100] 《孟子‧告子上》。
[101] 《孟子‧告子上》。

第三節 存養推擴、盡性致命的道德修養

　　孟子由人性的考察所發覺的四端，雖是微弱乏力，然而卻是人類道德的端倪，有待培育成長的道德種子，係生命的立根立本處。如何正本清源、固守道德的泉源，使其在有限的生命中流衍出無盡的道德行爲，實踐層層的道德價值，以臻聖賢的理想人格，這是至爲重要的關鍵。蓋《孟子》曰：

> 五穀者，種之美者也，苟爲不熟，不如荑稗。夫仁亦在乎熟之而已矣。
> （〈告子上〉）

　　四端之性只是天所命賦予人的道德種子，如何保育之，使之發展、成熟、開花結果，則端視人後天所當修養的歷程和功夫，亦即是存養與擴充的功夫。這是仁與不仁的分水嶺，「凡有四端於我者，知皆擴而充之矣；若火之始燃，水之始達。苟能充之，足以保四海；苟不能充之，不足以事父母。」（〈公孫丑上〉）我們可以將孟子存養與擴充的方法分條敘述如下：

一、四端之性的存養與義利之辨

　　人雖有四端之性，事實上卻常背棄仁義。例如：人雖有羞惡之心而不食嗟來食，然而卻在千萬財富當前時，蒙蔽了本心的作用，見利忘義。取而傷廉的財富爲不義之財，這種義利不辨的原因在於失去「本心」。[102]蓋孟子說：「心之官則思，思則得之，不思則不得也，此天之所與我者。先立乎其大者，則其小者不能奪也，此爲大人而已矣。」[103]因此，能立心官之大體者則能思、能辨，特別

---

[102] 《孟子·告子上》。
[103] 《孟子·告子上》。

是在見有利益可「得」時能思「義」，在貪婪的「欲望」與道德理性之「義理」產生緊張關係時，能存「理」，消解不合理的貪「欲」。所謂四端之心者，指四端之性由心顯，心有覺悟的認識能力，能藉道德行為所引發的內外感應中，確認本性中有慕求仁義的本質和意向。雖力量微弱，卻是人的性命中極其珍貴者，是人類所宜珍愛而努力開展的道德本源，亦是人能創發一切道德行為的內在動力。此即曾引《孟子》所說的：「欲貴者，人之同心也。人人有貴於己者，弗思耳。人之所貴者，飽乎仁義也。」因此，人若能立心官之大體，使其發揮思的功能，以宰割感官欲望之小體，則可實現道德行為，因此《孟子》曰：「學問之道無他，求其放心而已矣。」[104]所謂存養者，在積極方面，則持尚仁義之志，[105]「以仁存心，以禮存心。仁者，愛人。有禮者，敬人。」[106]能愛人，能敬人，則人處於諸般人際關係中，當能因具愛心而施惠於人，以成人之美。若人人皆能夠具敬心而處處尊重他人人格的尊嚴，而不忍傷害、打擊，則社會生活所呈現出來的現象，將產生互愛互敬，共存共融，從而實現安和福樂的大同理想。至於存養的消極方法，則在於寡欲，這就是孟子所謂「養心莫善於寡欲」。[107]蓋當人沉迷於小體感官欲望的追求，則易削弱心的主宰力和思辨力，而使人的行為產生偏失，未能達到融洽、美善的效果。因此，若人依小體之官所求於外者越有節制，則依大體之官所存於內者益多。若人心愈能維持虛明靈思，則思辨力愈高，主宰力愈強，則藉感官等才質所實踐的道德價值也益不可限量。

二、擴充

　　人雖普遍內具可向善行善的仁義之性，然而就其天生的原始力量而言卻是

---

[104] 《孟子‧告子上》。
[105] 《孟子‧盡心上》。
[106] 《孟子‧離婁下》。
[107] 《孟子‧盡心下》。

隱微纖細的。人若能透過道德本心的認識作用，於仁義之性的顯現處，予以自覺自證自知而善加存養擴充，則仁義之性所孕發的力量將「若火之始燃，泉之始達，苟能充之，足以保四海」，其所迸發的德性力量可沛然而莫之能禦。人若不能透過心官的思辨來自覺自證知內在仁義之性，則易受不良環境的誘惑，從而沉迷物欲，陷溺本心，使心官失去思辨及主宰的作用，捨本逐末地從其耳目小體之官的欲望，放失大體之官的道德心，長此以往，無形中猶如山林之間的小徑，因不常踐履而招致雜草叢生，遮塞道路。[108]這也就是孟子所謂：「苟不充之，不足以事父母。」因此若想要顯揚人性的尊貴性以臻聖賢人格的理想境界，則必得堅持心志，存守道德的本源，使其在具體生活的感應中，源源不斷地實踐諸般善德，成己以成人，成人復成己，在成己成人交相輝映下，來照耀人性的底蘊、生命的意義與價值，其間的歷程就是擴充的功夫了。具體言之，就是《孟子》所說的：

> 仁者以其所愛，及其所不愛。（〈盡心下〉）
> 賢者以其昭昭使人昭昭。（〈盡心下〉）

伊尹所以被孟子譽為聖之任者，在其知曉：「天之生此民也，使先知覺後知，使先覺覺後覺也，……天下之民，匹夫匹婦，有不被堯舜之澤者，若己推而納之溝中，其自任天下之重者如此。」[109]禹稷之受孟子推崇，亦在於「禹思天下有溺者，由己溺之也。稷思天下有飢者，由己飢之也。」[110]至於如何去擴充，則孟子提出了若干原則：

---

[108] 《孟子·盡心下》。
[109] 《孟子·萬章上》。
[110] 《孟子·離婁下》。宋·范仲淹〈岳陽樓記〉中「先天下之憂而憂」之情懷即與此相同。

（一）擴充的積極起點

孟子以人性中最先流露出來的原始仁義事實，即孩提之童莫不知愛其親、敬其兄的良知良能處著手，期能順著良知良能的天性流露處擴而充之，以收因勢利導、順水推舟之效。

（二）擴充的消極起點

針對人性中所不忍爲、不屑爲之事，擴充至一切生活行事中，使人因恥惡、避惡而消減惡行惡事，這就是《孟子》所說的：

> 人皆有所不忍，達之於其所忍，仁也。人皆有所不為，達之於其所為，義也。人能充無欲害人之心，而仁不可勝用也。人能充無穿踰之心，而義不可勝用也。（〈盡心下〉）

（三）擴充的程序

擴充的程序亦可說是行善成德的次第，孟子所提出來的基本原則是：

> 老吾老以及人之老，幼吾幼以及人之幼。（〈梁惠王上〉）
> 親親而仁民，仁民而愛物。（〈盡心上〉）

孟子是依據人與環境所構成的諸般關係中，按人類天性對道德對象所自然趨向的先後緩急事實，而有親疏遠近的層次差異。孟子倡言存養推擴的功夫在於由近及遠，由親及疏，由人及物，層層擴而充之，方不流失爲偏狹的私愛，而能像天無私覆，地無私載地將恩德普及萬有，以臻於充實而有光輝，大而化之的聖人人格。

（四）行之有恆，不可一曝十寒

存養擴充的歷程，是道德生命的成長之道，亦即有志於宏揚人性尊嚴、人之生命意義與價值的人道。人生而爲道德主體的生命，只要一日爲人，則當盡一日的人道。若一生爲人，則當盡一生的人道，不論造次、顛沛皆應不改其志，如是使德性的踐履竭力保持生生不息而無須臾之捨，以這種心態來立己立人，達己達人，才能臻於聖賢的理想人格。蓋「仁之勝不仁也，猶水勝火，今之爲仁者，猶以一杯水救一車薪之火也。」[111] 人在道德修養的路上，若杯水車薪，一曝十寒，[112] 則是無濟於成就道德事業的。因此，人唯有在盡性成德的路途上鍥而不捨地持之有恆，尊德貴道，才能提升心靈和人生境界，活出人之所以爲人的深刻意義和崇高的人生價值理想。

---

[111]《孟子‧告子上》。
[112]《孟子‧告子上》。

第四節　對孟子心學的評價

　　孟子心學的根基在其性命觀，由其性命觀而展開出人生價值論、道德修養論及王道政治的理想。其性命觀係植基於觀察人性所流露於外在的道德行為，和自身內在心性的深刻反省與體認。蓋對人性的研究不僅可視為是探討一項客觀的知識對象，也是研究者——道德生命的主體，做一活潑的、親切的自我探討，其中的關鍵在於人具有思辨作用的大體之官，亦即具認識作用的心。孟子就人與外在刺激發生感應關係時所呈現的美善事實，溯本追源地尋出人類惻隱、羞惡的道德情感係湧自內在心靈的道德意識，而自覺自證其性份中有可向善、行善的四端。換言之，性由心顯且由心知，孟子復將人所顯現出來的活動與禽獸做一比較，發覺人與動物皆有血氣、生活欲望、知覺、運動……諸相似性之餘，驀然覺察人有異於禽獸的幾希處，亦即在此可向善行善的道德性。雖然其所呈現的原始力量極為微弱，卻構成了人獸的分水嶺，使人成為萬物之靈，天地中最貴最美的現實存在者，人的生命意義與價值於此確立。

　　人有可向善、行善、好善的性情，孟子這項見識，雖來自於其對人性的觀察及自身的體驗，然而孟子以同類事物必有某種相似性的原理，而類推為：凡人皆普遍內具天賦的仁義之性。至於仁義之性由何而來？這是項深奧難解的問題，孟子將之歸宿於具無限生生德能、無限超越力量，極為高深莫測的「天」。儘管如此，天人不是相互隔絕的，因為「性」是由天所命賦予人，人與外在環境發生感應關係時，性若由隱而顯，此時透過「心」的認識作用，反省它，證認它，心藉性的作用來知性。因此，吾人愈能實踐道德生活，則「性」愈是能由隱而顯地發揮作用，心則愈能自覺地認識它，由於人性亦天生之性，大體之官的「心」從而亦愈能藉知性而知天。心愈能知性而知天，則益能體會人所內具的仁義天性是人之所以為人的尊貴處。因此，仁義之性愈得存養擴充，則人的生命尊嚴亦隨之提升，理想人格的實現亦隨之增益。若吾人站在人生的基本意義和價值之觀點上，只要是人，則無論其職業、貧富、夭壽狀況為何？在基本上均為具道德性的人。

人若能充分存養擴充人的內在仁義性，則愈能顯發人的生命之莊嚴，若放失枯亡人內在的仁義本性，則人將淪於與禽獸的生命意義無甚差別的地步矣，或許這就是《孟子》所謂：「盡其心者，知其性也。知其性，則知天矣。存其心，養其性，所以事天也。殀壽不貳，修身以俟之，所以立命也」**113**所含的意蘊。

綜觀孟子的性命觀及其道德修養論，其能由人獸幾希之別處，尋出人之所以較禽獸尊貴處，在於可向善、好善、行善的四端之性，且由觀察反省人與人之間所流露的天性事實，類推至凡人皆具仁義之性，此仁義之性賦受於天命。吾人由實際的德性踐履中才能由盡心知性而知天之所命，從而溝通神祕的天人關係。孟子為道德的實踐尋出形上的根源及普遍的可行性，從而激勵人類向上向善的心志，勉人類自尊自信自悅於盡性成德的歷程，以轉向盡善盡美的理想人格。孟子道德學說之有根有源可尋，及其諄諄誘發人類向善行善的方法，和立人道之極，使人生有一共同的最高價值理想之歸宿，這是孟子學說值得讚譽宏揚處。

而其學說亦有美中不足處，例如其建立凡人皆具善性的普遍命題，審查其論證的過程，多有交代欠完備處。例如生理上的感官活動與精神上的心理活動是兩種不同性質的活動，如何由食色之性有同好焉而推結出人心亦當有趨向仁義的同求共好，未見孟子提出解釋。再者，仁心仁性的存養與擴充是要透過成己、成人、成物的道德事功才有實感實效。強調對道德心的存養是孟子正本清源的高明處，然而論及擴充力的大小及其實際所能達到事功效果，若沒有豐富的生命經驗、深厚的知識、高明的智慧做實力，則縱使有一腔善良的動機和遠大的目標，卻常因欠缺對事物銳利的洞察力及實踐的方法，而所能達到的實際美善常是很有限的。因此徒依賴「仁」的存養與擴充是略嫌不足的，對於能生發智慧的經驗、知識、學問……等之涵養，擴充於成己、成人、成物的實際道德事功，亦應強調才是。若能注意智、勇與仁之相結合，以智利仁，以勇行仁，則仁德的事功定能更為透澈，更具涵蓋之力。總之，孟子所留下來的性命觀頗值得我們在這個時代中予以繼續沉思、再拓展。

---

113 《孟子‧盡心上》。

第六章　戰國晚期的荀子學派

第一節　荀子的時代背景

　　荀子名況，戰國時趙人。字卿，一稱荀卿，亦稱孫卿。[114]乃戰國時代繼孟子而起的大儒。其生平事蹟載述於以下三份文獻。首見司馬遷《史記・孟子荀卿列傳》：

荀卿，趙人。年五十始來游學於齊。田駢之屬，皆已死。齊襄王時。而荀卿最為老師。齊尚修列大夫之缺，而荀卿三為祭酒焉。齊人或讒荀卿，荀卿乃適楚，而春申君以為蘭陵令。春申君死，而荀卿廢，因家蘭陵。李斯嘗為弟子，已而相秦。荀卿嫉濁世之政。亡國亂君相屬，不遂大道，而營於巫祝，信機祥。鄙儒小拘，如莊周等又滑稽亂俗。於是推儒、墨、道德之行事興壞，序列著數萬言而卒，因葬蘭陵。

　　劉向《孫卿新書・敘錄》云：

孫卿，趙人，名況。方齊宣王威王之際，聚天下賢士於稷下。……孫卿有秀才，年五十始來遊學。諸子之學，皆以為非先王之法也。孫卿善為《詩》、《禮》、《易》、《春秋》。至齊襄王時，孫卿最為老師。齊尚修列大夫之缺，而孫卿三為祭酒焉。

　　清人汪中《荀卿子通論・荀子年表》補充了前兩項文獻，卻有未提及荀子生

---

[114] 歷史上對荀子姓氏之考辨有如下諸說：《史記》之〈荀卿傳〉、〈春申君傳〉、〈李斯傳〉等，皆稱「荀卿」；《韓非子》、《戰國策》、《孫卿新書》、《韓詩外傳》、《鹽鐵論》、《漢書》等皆稱以「孫卿」。而今，兩稱相通。所以有兩稱，學者們有三種解釋，一謂避諱改稱，如司馬貞之《史記索隱》，一謂姓氏混一，如胡元儀之《郇卿別傳考異》，一謂言音通轉，如謝墉之《荀子箋釋》。其中以謝墉說似較合理。所以稱「卿」亦有三說，《史記索隱》謂時人相尊而說為卿；《郇卿別傳考異》謂荀子在齊三為祭酒，居列大夫之長。故尊稱為卿；《孫卿新書》謂蘭陵人善字為卿，蓋以法孫卿也，故視卿為荀子之字。

卒年的缺憾。謂荀子起於趙惠文王元年（公元前二九八年）迄於悼襄王七年（公元前二三八年），謂荀子一生之活動，大概在此六十年間。

綜觀三份文獻所載，具一共同點，即荀子在「齊襄王時，最爲老師」，且曾「三爲祭酒」。荀子所處的時代是亂君相屬的濁世之政，一般人不事人爲的努力而「營於巫祝，信禨祥」。荀子的學養在《詩》、《禮》、《易》、《春秋》，顯然持儒家立場。至於遊學的時間，雖皆稱五十歲，然而，東漢應劭《風俗通》云：「齊威宣之時，孫卿有秀才，年十五，始來遊學。至襄王時，孫卿最爲老師。」按錢穆《先秦諸子繫年》從應劭說，認爲「五十」乃「十五」之誤。又「始來遊學」之「始」字，王叔岷《諸子斠證》謂「始，已也」。荀子少年之時，「有秀才」而稷下甚盛，故謂十五歲自趙遊學於齊亦似合理。處戰國時代，知識開放、教育普及，尚賢風盛，有識之士思力學以有爲於世局，期實現治世之理想。荀子的身世雖難以考定，然而由其生平事蹟觀之，他曾經歷齊之稷下，三爲祭酒，二爲楚之蘭陵縣令，亦曾至秦國，當可推知其爲戰國時代不爲地籍所限，不受世祿所庇之新興知識階層的一員。然亦終因仕途不順，退而著書傳經，老卒於蘭陵。至於荀子的著述，劉向《孫卿新書·序錄》云：

所校讎中孫卿書，凡三百二十二篇，以相校，除複重二百九十篇，定著三十二篇。

劉向所定著之三十二篇，即今本《荀子》所本。唐·楊倞改《孫卿新書》之名爲《荀卿子》，簡稱《荀子》，凡二十二卷，並爲之做注，稍易篇序，而成《荀子注》乙書，流傳最廣，自宋以來歷代皆有校刻本。

至於荀子之時代背景，則其身處戰國末季之世，正值社會劇變的轉型期，西周舊制已失卻其傳統的社會控制效力，經濟、政治、教育的變革帶動了整個社會的大變遷。茲就這三方面分述其梗概。

一、經濟的變遷

　　從生產的發展路線觀之，鐵器的發明和使用是促使生產力發展的主要因素。農業生產不僅使用鐵製農具，在耕作方法上亦更新，例如採行牛耕、使用肥料、改進灌溉方法、發展水利事業。見諸《荀子‧王制》：「脩隄梁，通溝澮，行水潦，安水臧，以時決塞，歲雖凶敗水旱，使民有所耘艾，司空之事也。」因此，農業生產量大幅提高。手工業也有顯著的進步，《荀子‧彊國》：「刑（型）範正，金錫美，工冶巧，火齊得。」可想見當時鑄範工藝的手法、原料的選煉、冶鑄的技巧、火劑的調節已很講究。木工方面，除用鐵製工具和規矩繩墨外，已發明矯正木料的「檃括」器具，[115]可資用於房屋的建築、車舟的製造及棺槨的製作等。這種種社會經濟的變革及發展引發了社會的變遷，所引發的社會變遷也反饋於勞動生產的提高。隨著生產的發展，社會分工也逐步擴大。

　　山林藪澤出產木材、礦產、水產和鳥獸等，春秋之前屬貴族所有，設虞人管理，禁止人民自由開發。春秋後期，人民不顧禁令進入開發；戰國初期統治者予以開放，例如：魏惠王「發逢忌之藪以賜民」。[116]由於山澤資源得以開發，因此，戰國時代各地的土產開始交流。隨著商人和貨物的四處流通，進入交換期的農民經濟及上述手工業經濟提升了商品經濟的比重，從而奠定了商品經濟的基礎。《戰國策‧趙策》云：

夫良賈不與人爭買賣之價而謹司時。時賤而買，雖貴已賤矣；時貴而賣，雖賤已貴矣。

　　像這般懂得買賣時機，以供需關係流轉資金的經商方法，說明了商品經濟的活動樣態。

---

[115] 《荀子‧性惡》：「故枸木必將待檃栝烝矯然後直。」
[116] 《漢書‧地理志》臣瓚注引《竹書紀年》。

　　隨著商品經濟的發展，促進了城市的興起，以前的城邑，城大者不足三百丈，人眾者不足三千家。戰國時，以韓的大縣宜陽為例，「城方八里，材士十萬，粟支數年」，[117]蓋商業的發展使城市成為財富與人才的匯聚地。商業也帶動了貨幣的發展，各大商業城市皆曾鑄造貨幣，且多在貨幣上鑄以地名，現今所發現的戰國貨幣已有數百種。荀書〈王霸〉、〈富國〉等篇皆謂彼時有「刀布之斂」。「刀布」是仿效工農工具製作的錢幣，由物物交換的媒介物演變而來。同時，節儲刀布等貨幣成為當時積累財富的工具了。[118]

　　由於商業經濟的重利取向，農民一方面要承受高額租稅，另方面生產所得亦因被商人做不等價的交換而遭剝削。有鑒於商業資本對民生的左右，春秋戰國時代的學者多有重農抑商說；執政者亦不願見商賈勢力的擴大，既危及其既有的權勢與利益，也動搖國本及國紀，因此擬將商業發展納入其管制之下。如是，執政者謀以政治力規範經濟，以確保其政經的控制效力。

　　荀子處是時，遂由社會經濟所衍生的社會問題出發，深刻了解到人欲與利益的互動牽連，從而深思經濟與政治之間的關係，強調開源節流與禮法兼制的政經體制。換言之，荀子擬提議一些經濟措施，藉解決社會經濟的需求，調和人與人的利益衝突，將社會導入正理平治的局面。

二、政治的轉型

　　回顧周代政治的演變。西周初年，周人取得政權「兼制天下，立七十一國，姬姓獨居五十三人」。[119]具政治含義的禮，規劃出統治階層爵秩的等級，釐清了其與平民的身分關係。所謂：「王命諸侯，名位不同，禮亦異數。」[120]

---

[117] 《戰國策・東周策》。
[118] 《荀子・榮辱》：「今人之生也，……餘刀布，有困窮，……幾不長慮顧後而恐無以繼之故也。」
[119] 《荀子・儒效》。
[120] 《左傳・莊公十二年》。

係以尊、爵、鼎等器物系統表徵了政治權威的層級化。車服器用之賞賜隨名位之不同而異，因而「名器」連稱。繁複的禮樂、儀節、文飾含有標示地位權力的意義，許倬雲於其《西周史》解釋說：

> 禮儀的系統化與制度化，一方面意味著一個統治階層的權力已由武力做強制性的統治，逐漸演變到一以法的地位的象徵。另一方面，規整的禮儀也代表統治階層內部秩序的固定，使成員間的權利與義務有明白可知的規律可以遵循，減少了內部的競爭與衝突，增加了統治階層本身的穩定性。相對地，統治階層也為了安定而犧牲其靈活適應的能力。西周中期開始的禮儀系統化，在春秋時代演變得更繁瑣；同時，周東遷以後，王權失去了原有的威望，僭越的事也常見。[121]

依據《論語・季氏》：「天下有道，則禮樂征伐自天子出。天下無道，則禮樂征伐自諸侯出。」及《中庸》第二十八章：「非天子，不議禮，不制度，不考文。」然而，春秋初期的魯國國勢頗強，周定王十三年，魯宣公十五年所制定的「初稅畝」，透露著社會變革之信息。及孔子時已慨言：「祿之去公室五世矣！政逮於大夫四世矣！」[122]「五世」或由魯宣公的「初稅畝」起算，蓋彼時中下層氏族貴族藉開拓領地，增殖私用以及奪室、奪田、聚斂、放高利貸以富強自身，再仗勢收攬人心，以提升其政治地位，導致孔子所謂祿去公室及政逮大夫的現象。公元前五三六年，鄭國初鑄刑鼎。公元前五一三年，晉鑄刑鼎，要求卿大夫如平民般地遵守刑書。如是，貴賤無序，民不尊其貴，貴族亦無以「守其業」。晉國的失度亂制意謂著政治的解構與轉型。然而，成文法的公布激起戰國時代的政制法律思想，建構法紀朝綱，擬定統治的官僚層級，採行政策導向以強化績效，成為戰國政治的趨向。《荀子・君道》所謂：「至道大形，隆禮至法則

---

121 許倬雲，《西周史》，臺北：聯經出版事業公司，1984年，頁164。
122 《論語・季氏》。

國有常，……然後明分職，序事業，材技官能，莫不治理。」

此外，春秋戰國之際，西周所建構的親緣關係解體。諸侯、國君對人才的任用不拘於封建血緣的貴族子裔，廣開取才之道，唯人才是用而不計較其出身。取用人才的社會階層之傳統制限既已打破，則有利於激發社會知識階層之崛起，社會菁英得以晉用而一展長才。於是，戰國時代遂泛起養賢之風，齊國更設稷下學宮[123]廣納知識分子，儲備官僚體系所需的人才。此舉一方面可保其安養，讓其在自由議論的風氣中為時政建言，另方面也安撫了知識分子不滿的情緒，緩和了知識階層與統治階層間的意識衝突。

三、知識的研求及教育的普及

由於周代傳統政制的解構，原來專享周代禮樂薰陶及六藝之教的貴族，部分子裔下降為庶民，憑其知識之傳授賴以為生。配合經濟之變遷，原本無緣接受教育的庶民得因財富的寬裕而獲餘力以求學進仕。在政治、經濟的變遷中，原本王官之學的詩書禮樂擴散至平民社會中，促成知識與教育的普及。同時，列國間劇烈的相互競爭，世卿的制度既已打破，諸侯對人才的延攬向全民開放。新興的策士逢此良機，憤發向學，研求知識以圖取官位和榮顯。一些憂民憂國的知識分子也應運而生，關切待解決的社會問題，在求知與深究的過程中催生了諸子百家之學。杜正勝先生由史學的立場對這般景象有著極為扼要之描述，他說：

人力從農村游離出來，走進城市，謀生機會多，財源廣，產生一批新富階級。……新城市也產生一批新貴，他們以個人的才能貢獻給君主，一夕之間

---

[123] 齊國在威、宣王時代，招聘天下學士講學於稷門之下。諸學者之學非獨尊一家之言，而係在儒、墨、道、法、陰陽家……的學說間多方激盪與薰染，漸起並蓄統合的方向。荀子置身彼環境，受其感染而參酌諸學，以道為衡，塑造一己的學說。

可以位至將帥卿相。從四方聚集到大城市的才智之士，或個人或集體地評世
局，論政治，關心民瘼，彈思竭慮，設計理想的政治和社會的藍圖，著書
立說，以干世主，於是蔚然成風，產生中國學術思想上空前絕後的百家之
學。百家是平民的學問，也是新城市的學問，把傳統的王官之學從狹小的城
邦解放出來，改造封建知識，提供給人民群眾。這批新知識人當然也是住在
城市裡的……他們或工，或商，或遊閒，靠知識糊口者謂之「游士」，靠賣
生命糊口者謂之「游俠」，這兩種人構成四君子及大小權貴門下的成千上萬
食客或舍人。……新城市的游士、游俠、游商，構成一個游動的社會，和傳
統社會之穩定、凝固明顯對比。他們發揮一己才智，給城市平添熱鬧。他們
一生之知遇或失意純粹是個人的，也與傳統社會之守望相助，截然有別，這
是個人的時代。[124]

---

[124] 杜正勝，〈周秦城市的發展與特質〉，《中央研究院史語所集刊》第五十一本第四分，頁722。

第二節　性偽之辨與天人之「分」和相「參」

一、性偽之辨

荀子對人性的解析立足於「性」、「偽」之區辨，可見諸其三段言論：

> 生之所以然者謂之性。性之和所生，精合感應，不事而自然謂之性。性之
> 好、惡、喜、怒、哀、樂謂之情。情然而心為之擇謂之慮。心慮而能為之動
> 謂之偽。慮積焉、能習焉而後成謂之偽。（〈正名〉）
> 凡性者，天之就也。不可學，不可事。禮義者，聖人之所生也，人之所學而
> 能，所事而成者也。不可學，不可事而在天者，謂之性；可學而能。可事而
> 成之在人者，謂之偽；是性偽之分也。（〈性惡〉）
> 若夫目好色，耳好聲，口好味，心好利，骨體膚理好愉佚，是皆生於人之情
> 性者也；感而自然，不待事而後生之者也。夫感而不能然，必且待事而後然
> 者，謂之生於偽。是性偽之所生。其不同之徵也。（同上）

人自自然然由天所生就的生理官能之形構、機能，諸如耳、目、口、鼻、
骨體膚理之辨聲色臭味及軟硬，乃屬不待後天的學習即能營運的天生本能。這
些屬於自然情欲生命的生理及心理官能皆天生各有所好，其所好亦係「感而自
然」的本能反應。因此，對荀子而言，這些生就的生理及心理官能及其欲望，
皆具人我一同的同質性，且都呈現下意識的反射式活動方式。然而，荀子進一
步就生理及心理的機能在活動行進中，能否有自覺自主的意識以思辨、抉擇及
增益其未能或克制其過當之反應，析分「性」、「偽」之別。荀子認為生理及
心理的結構與機能，其職司「能各有接而不相能也，夫是之謂天官」。[125]在形

---

[125] 《荀子·天論》。

神相依的條件下，由身心之間互動所反應出來的「好惡、喜怒、哀樂臧焉，夫是之謂天情」。[126]「天情」是「天官」的性質，「天情」既是「天官」在與經驗世界交往時「精合感應」所呈現的諸般攝受情狀，則主體依實然的感受情狀而有所趨向及逃避的回應方式，稱之爲「欲」。換言之，居「天官」的性，與展示「天官」活動時諸情狀性質的「天情」及隨情之感受而呈直接趨避回應的「欲」，對荀子而言係人整體結構層級中屬同一層級者。蓋三者係在同一層級中呈相連相貫的互動，所謂：「性者，天之就也。情者，性之質也。欲者，情之應也。」[127]「欲」蘊含於「情」、「情」蘊含於「性」，因此，言「性」一詞可統攝「情」和「欲」。就其質性言係人生命中原始的素質，所謂：「性者，本始材朴也。」[128]荀子將其不起自覺自省的純自然徵象謂之「性」不稱「僞」。

與「性」相對比的「僞」，則表徵著人自覺自識自擇的意識活動特徵，荀子指認爲「心」。「心」對自然生命的情性作表徵，能不行立即式的反射回應，而予以「慮」和「擇」。「慮」與「擇」，是「心」的理智行理解、判斷及取捨作用。所謂：「心生而有知」、「心知道，然後可道。可道，然後能守道以禁非道。」[129]心不但具認識、判斷、攝取合理的知識作用，且享意志的自由及意志的抉擇作用。荀子云：

> 心者，形之君也，而神明之主也。出令而無所受令。自禁也，自使也，自奪也，自取也，自行也，自止也。故口可劫而使墨云，形可劫而使詘申，心不可劫而使易意，是之則受，非之則辭。（〈解蔽〉）

因此，當「性」與外界事物精合感應而發動成「情」時，「心」當下予以省察、識別，再依據是否中理合道的判擇，由意志決定是否付諸行動和探何方式行

---

[126] 《荀子·天論》。
[127] 《荀子·正名》。
[128] 《荀子·禮論》。
[129] 《荀子·解蔽》。

動。所謂：「情然而心爲之擇，謂之慮。」這是第一義的「僞」，重點在理智的知與意志的擇。至若第二義的「僞」，則進入具體的情境以實踐之，所謂「慮積焉，能習焉，而後成，謂之僞」。[130]「慮積」指理智心藉累積相承相順的諸概念知識，獲致深入的了解，使概念知識在逐漸熟悉中得以強化在意識中的存留。「能習」指行爲按理性所確認的知識爲範型，反復操練以形塑爲一所期望的行爲反應模式。換言之，積慮及習能是荀子導引人藉知行合一的實踐功夫凝結成一行爲模式，且內化到人格系統中以學會一套有效的社會行爲方式。這是將人所具有之主觀的知行能力，投注於客觀的理範和行爲模式而完成合一化，所謂：「所以能之在人者謂之能。能有所合謂之能。」[131]

荀子的性僞之辨意謂著心性之分，也透露著「心」在化性成僞的過程中所扮演的角色，那就是以心治性的理論格局，荀子所謂：「心居中虛，以治五官，夫是之謂天君。」[132]心之所以能治性化性成僞，繫乎「導之以理，養之以清，物莫之傾，則足以定是非決嫌疑矣」。[133]荀子倡「虛壹而靜」的功夫以養心之清明，蓋清明之心方能知道、可道，配合其爲「形之君也，而神明之主也」的神形關係，以意志主導「性」，發揮其「能守道以禁非道」的化性成僞功能。荀子賦予「心」較「性」尊貴的特質，不受物性因果法則的支配，享有獨立的存在地位，去除了荀子有可能被誤解爲唯物論的疑慮。

二、天人之分與天人相參

在天人之分這一論題上，荀子迥異於殷周之際「天命有德」、「天討有

---

[130] 《荀子·正名》。
[131] 《荀子·正名》。
[132] 《荀子·天論》。
[133] 《荀子·解蔽》。

罪」，[134]君權天命的天人關係觀。另方面則「嫉濁世之政，亡國亂君相屬，不遂大道。而營於巫祝，信機祥」，戮破怪力亂神的天人關係迷信。荀子賦予天的主要特徵，[135]在於天的存在及活動，只是一不具意識作用的自然體。萬物雖由天生，然而天之生物，只是自自然然地化生萬物。就天在運行中化生萬物的功能言，吾人「不見其事，而見其功，夫是之謂神」[136]。「神」指謂天在自然界生生不已，吾人僅見其然而不知所以然的功能作用。這一層含義，意謂著天係自然界運動變化的總和。就天所生就的自然物性而言，稱爲天性，天官、天情、天養等皆反映萬物的天性乃自然共性。天之化生萬物不具意識作用，而係依循客觀的常則。荀子所謂「天行有常」，[137]「天」意指宇宙諸多系統的統攝詞。荀子雖認爲天的運行有其客觀的、獨立自在的規律，本身無意識，既無意志的左右，亦無目的性，然而，就其言「日月遞炤，四時代御，陰陽大化，風雨博施，萬物各得其和以生，各得其養以成」[138]觀之，荀子的天論乃屬有機論的見解。

　由荀子的性僞之對比，相應於天人對比的關係，「性」純屬無意識的天然狀態，依內在的自然法則而活動，則「天」亦係無意識特徵的自然體，依客觀的自然律而運行、生物，甚至於一般人因無知而心生畏懼的「夫星之墜，木之鳴，是天地之變。陰陽之化，物之罕至者也。怪之可也，而畏之非也」[139]荀子視天象之不時爲依其出現的律則，只是呈現的時間間隔較長而爲人所罕見耳，他徹底的否定了《左傳》天人感應，以降災賜福言國之興亡的神祕天人關係。[140]其非天命，破災異。掃迷信，旨在還天爲一有理則的自然體，而引人以理性的態度參贊天地的化育。

---

[134]《尚書・皋陶謨》。

[135]曾春海，〈荀子的天人論及其人文理想〉，《儒家哲學論集》，臺北：文津出版社，1998年。

[136]《荀子・天論》。

[137]《荀子・天論》。

[138]《荀子・天論》。

[139]《荀子・天論》。

[140]荀子不信神之福善禍淫說及彼時預言家裨竈李星兆火之言。《左傳》中載有這類言語，例如：〈僖公二十三年〉載：「楚成王論晉重耳出亡，則謂：『天將興之，誰能廢之』。」〈昭公七年〉載：「國無政，不用善，則自取謫於日月之災。」〈莊公三十二年〉載：「國之將興，明神降之，監其德也。將亡，神又降之，觀其惡也。故有得神以興，亦有得神以亡。」據《左傳》、《國語》二書所載異兆符端之事，不勝枚舉，要皆爲君王登龍或失敗之憑據。

關於與天對比的人，荀子側重在具有意識活動特徵的「心」處。蓋「心」具有能力從事分辨事物的認知及找尋理想的目標，改造事物以實現人文化成天下之目的。這是天人對比中所凸顯的一項人之特質，所謂：「人之所以爲人者，何已也？曰，以其有辨也。」[141]就自然界而言，雖然「天地合而萬物生，陰陽接而變化起」，[142]然而「天能生物，不能辨物也；地能載人，不能治人也；宇中萬物，生人之屬，待聖人然後分也」。[143]天既然無意識作用，自然只能無意識的生物，而不能辨物以治物成物，聖人雖不能從無中生有般地生物，卻能辨物且朝向人文化成的理想目標，發揮主觀的意志力實踐治物以增益人類的福祉。荀子在〈天論〉中，雖認爲「大巧在所不爲，大智在所不慮」。然而所「不爲」、「不慮」者，係指無實務意義的「無用之辯，不急之察」，亦即對天的考察超乎人理性經驗認知的範圍者。其「天人之分」的積極意義在釐清天人關係，確定人所能知能爲者。人所能知者在大前提上確信天有常道，地有常數，君子有經常性的規範。在「君子道其常」的原則下，「所志於天者，已其見象之可以期者矣。所志於地者，已其見宜之可以息者矣。所志於四時者，已其見數之可以事者矣。所志於陰陽者，已其見和之可以治者矣。」換言之，可知之天係以因果法則所求的經驗知識，亦即科學之知。所能爲者在於「制天命而用之」、「應時而使之」、「騁能而化之」及「理物而勿失之」。「制」、「應」、「騁」、「理」所依據者，係人對自然界認取的自然法則。換言之，人所當爲者，在攝取對天的科學之知，以官天地、役萬物，在「彊本而節用」、「養備而動時」及「循道而不貳」的實踐原則下，「財非其類，以養其類」，滿足整體社會生活「養欲給求」的需求。

　　總而言之，荀子的天人之分係在天生人治人成的理念下提出。換言之，天人之分的消極意義，在破除天人感應的迷信及客觀的在能知範圍內還天人的實然

---

[141] 《荀子‧非相》。
[142] 《荀子‧禮論》。
[143] 《荀子‧禮論》。

特質。其積極意義在有機的重新整合天人關係，在「天有其時，地有其財，人有其治，夫是之謂能參」的結構與功能之論析模式下，履行天人相參的任務。所謂天人相參，係有鑒於天、地、人是宇宙整體結構中有機的三個部分，雖各有性質和作用，然而在功能互濟下，三者是互動互補的，人與自然（天地，且可以天統地而統稱為天），在天人分職分工而以人發揮主動的參贊化育功夫中，互動互補而交融互通成一廣大和諧的有機系統。是故，荀子在天人關係中有破也有立，在天生人治的格局下，發揮人主動積極的實踐力，且以實現天生人成的人文理想，才是荀子天人關係論的眞諦。因此，在天人相參的有機論及人文目的論下，荀子曰：「明於天人之分，則可謂至人矣。」**144**

144 《荀子・天論》。

第三節　緣於人類共同生活需要的社會起源說

所謂「社會」，係指人類基於生活上的共同需要，循諸般人際結構關係所結合的一個有組織的群體或團體。這種群體或團體的規模大小不一，家庭團體或家族團體是其中較小的單位，國家團體是其中較大的單位。

人類為自然世界中的一類群，與其他生物一樣，必須為獲得維續生命所需的資源，不得不與自然環境搏鬥。然而在物競天擇，優勝劣敗的自然界中，人何以能超克形體上的局限及環境的制約，而得以共同開發諸般資源，改造環境，創作器物以供養生活所需，甚至創造文明與文化而提升人性化的生命內涵及意義呢？荀子有段精闢的解釋：

> 水火有氣而無生，草木有生而無知，禽獸有知而無義；人有氣、有生、有知亦且有義，故最為天下貴也。力不若牛，走不若馬，而牛馬為用，何也？曰：人能群，彼不能群也。人何以能群？曰：分。分何以能行？曰：義。故義以分則和，和則一，一則多力，多力則彊，彊則勝物；故宮室可得而居也。故序四時，裁萬物，兼利天下，無它故焉，得之分義也。故人生不能無群，群而無分則爭，爭則亂，亂則離，離則弱，弱則不能勝物；故宮室不可得而居也，不可少頃舍禮義之謂也。（〈王制〉）

人類的生活愈進步，則生活需求的質與量愈多樣化和愈要求品質的提升。因此，當人類的生活內容及水準進化到相當程度時，「百技所成，所以養一人也，而能不能兼技，人不能兼官，離居不相待則窮」，[145]當個人在求生活的發展與進步時，自覺到個別生命體在知識、經驗和能力的有限性。因此，人意識到唯有結合群體的能力，群策群力，共謀生活所需，彼此分工合作，才能滿全其生

養存續及不斷求進步的需求。換言之，社會源起於人類現實生活的共同需要及群性的覺醒。從人性的觀點言，人之所以能共謀社會生活，即所以能群，在於人之「心」能積思慮，習僞故。人一方面發揮心的認知思辨功夫，以義理區分人與物之不齊，另方面則建構社會分化和統合的機制——禮義。

人之所以勝物在於能群，「群」之異於異類物，在於人係出於自覺的意識來建構一涵蓋多元性的動態社會。禮義就是人類明分使群以組織成社會的依據。在荀學的系統中，「分」的概念極爲切要。在天人關係上，荀子旨在「明於天人之分」；在人性內涵的考察上，荀子旨在區別「性僞之分」。在社會的架構上，更是強調「明分使群」的重要性。對荀子而言，能否使群繫乎能否「分」。其「分」的概念由〈王制〉觀之，至少具備三種含義：一、序人倫關係的位分，所謂「君君、臣臣、父父、子子、兄兄、弟弟」；二、實施社會職能分工，所謂：「農農、士士、工工、商商」；三、社會資源的合理化分配，所謂：「分均則不偏，勢齊則不壹，眾齊則不使……勢位齊而欲惡同，物不能澹則必爭，爭則必亂。亂則窮矣！先王惡其亂也，故制禮義以分之，使有貧富貴賤之等，足以相兼臨者，是養天下之本也。」[146]荀子「分」概念三義中，第三義饒富意義，它涉及到人性欲惡相同，且貪求無厭，他說：「人之情，食欲有芻豢，衣欲有文繡，行欲有輿馬，又欲夫餘財蓄積之富也。然而窮年累世不知不足，是人之情也。」（〈榮辱〉）這是指人在滿足基本生存需要後，欲望提升一層，若無一套有效的度量分界之規範，則將見「爲事利，爭貨財，無辭讓，果敢而振，猛貪而戾，恈恈然唯利之見，是賈盜之勇也。」（〈榮辱〉）至於人在基本生存需求上，則「凡人有所一同：飢而欲食，寒而欲暖，勞而欲息，好利而惡害，是人之所生而有也，是無待而然者也。是禹、桀之所同也」（〈榮辱〉）。若生存所需的供給品發生供不應求的緊張局面時，就人自然生命的傾向言，並非以仁慈慷慨的心態表現出捨己成人的讓與之義舉。據生逢戰國末年動亂時期的荀子，從經驗事實考察人性的動向是：

146 此三義出於〈王制〉，三義的提法係參考劉澤華，《中國傳統政治思想反省》，北京：新華書局，1987年，頁91。

今人之性，生而有好利焉，順是，故爭奪生而辭讓亡焉；生而有疾惡焉。順
是，故殘賊生而忠信亡焉；生而有耳目之欲。順是，故淫亂生而禮義文理
亡焉。然則從人之性，順人之情，必出於爭奪，合於犯分亂理而歸於暴。
（〈性惡〉）

　　顯然，當人與人發生利害衝突時，縱容人性的驅動，觀察其所釋放的行為
動向，不外乎爭奪殘賊的暴亂現象。因此，荀子據人性在無制約情況下的互動現
象，肯定人性是傾向於自私自利的。出於自私自利所造成的「偏險悖亂」之亂象
謂之惡。吾人觀荀子對善惡的界定，乃實指人與人之間的互動所造就的群體狀態
言，他說：「凡古今天下之所謂善者，正理平治也。所謂惡者，偏險悖亂也。是
善惡之分也。」**147** 人的自私自利傾向，對群居的社會生活投下了負面的因素。
然而離群索居，對滿全人的生活需求亦屬不利。因此，荀子提出「明分使群」是
克服人性自私、健全社會功能的必要條件，他說：「離居而不相待則窮，群而無
分則爭。窮者患也，爭者禍也。救患除禍，則莫若明分使群矣。」**148**
　　「明分使群」成為荀子社會思想的核心觀念，那麼由誰來明分使群呢？如何
實行明分使群呢？在處理這一問題之前，吾人當追問明分使群的理據為何？以及
明分使群的社會理想為何？

---

147 《荀子・性惡》。
148 《荀子・富國》。

第四節　「維齊非齊」的社會正義觀

　　美國哈佛大學哲學系教授約翰‧羅爾斯（John Rawls，一九二一年─二○○二年）曾於一九七一年出版一本名為《正義論》（*A Theory of Justice*）的名著，書中將正義的主題界定成：「正義的主要問題是社會的基本結構，或更準確地說，是社會主要制度分配基本權利和義務，決定由社會合作產生的利益之劃分的方式。所謂主要制度，我的理解是政治結構和主要的經濟和社會安排。」[149]羅爾斯教授所以重視社會基本結構，係因它涉及到規制一套社會體系的正義，它對社會成員所規定的基本權利和義務，對該個體及社會整體影響深刻且長遠。

　　由羅爾斯正義論出於對社會基本結構的關切，頗適切於荀子的社會思想。因為荀子所嚮往的理想社會結構是「德必稱位，位必稱祿，祿必稱用」、「朝無幸位，民無幸生」[150]的理境。蓋透過一套合情合理的社會結構，才能達到「萬物皆得其宜，群生皆得其命一」[151]的社會功能。如是，才能導引社會產生此種結構和功能，社會正義益顯發其崇高的價值和重要性。

　　由荀子「一物失稱，亂之端也」，[152]可窺測出荀子的正義概念蘊含著相稱等宜的特徵，人與人之間的個別差異情況實在是千差萬別，所涉的因素極為複雜，例如：先天的資質、後天的努力、發展及成長的機運等等。社會正義的彰顯既在於「凡爵列，官職，皆報也，以類相從也」。[153]荀子認為人與人之間有著品德、學問、才能及工作績效的差別，則所當擔負的社會分工及社會報酬亦當對應符合此差別。因此，規劃出一套能反映這一實情的、有差等之社會層級結構，才是體現社會正義不可缺少的工具。他說：

[149] 羅爾斯，《正義論》，何懷宏、何包鋼、廖申自合譯，北京：中國社會科學出版社，1988年，頁5。
[150] 《荀子‧富國》。
[151] 《荀子‧王制》。
[152] 《荀子‧正論》。
[153] 《荀子‧正論》。

夫貴為天子，富有天下，是人情之所同欲也。然則從人之欲，則勢不能容，物不能贍也。故先王案為之制禮義以分之，使有貴賤之等，長幼之差，知愚能不能之分，皆使人各載其事，而各得其宜。然後使穀祿多少厚薄之稱，是夫群居和一之道也。故仁人在上，則農以力盡田，賈以察盡財，百工以巧盡械器。士大夫以上至於公侯，莫不以仁厚知能盡官職，夫是之謂至乎。（〈榮辱〉）

　　社會層級結構的設計，一方面要因事而分工，行分化式的開展，另方面亦應顧及社會整體運行的功能。因此，在分化時不能失卻有機的統合性。在人與事的安排上，做到才德和位分與穀祿在橫向關係上對稱，縱貫關係上有著合乎正比例的差等。合乎「以類相從」及相稱等宜的正義原則，才是人人可以心悅誠服地接受的「至平」社會，因而在荀子思想中「維齊非齊」的原理，才是社會正義的基本原理。[154]反映比例性正義的社會層級結構，其層級的差別性應具合理性。荀子謂：「天下之要，義為本」[155]、「以義制事」[156]。人性雖有自私自利的傾向，然而人心在大清明的狀態下，其知慮能知理明道，可道而不可非道。因此，性趨利，心崇理義。理義與私利的對立，猶正義與不義之對立。社會的治亂，端賴客觀的社會層級制度是否奠基於公正的理義或偏袒某些特殊層級的私利。荀子有言：「義與利者，人之所兩有也。故義勝利者為治世，利克義者為亂世。」[157]因此，社會正義落在社會層級結構而言，合乎社會正義的一套社會層級結構應當是一套客觀的理性架構。唯有如此，生活於其中的人才能建立真正的共識，且願接受隨之而有的公共規範，舒緩平息人與人因自私自利所造成的衝突。荀子所謂：「公道達而私門塞矣，公義明而私事息矣。」[158]

---

[154] 《荀子·王制》：「先王惡其亂也，故制禮義以分之，使有貧富貴賤之等，足以相兼臨者，是養天下之本也。書曰：『維齊非齊。』此之謂也。」
[155] 《荀子·彊國》。
[156] 《荀子·君道》。
[157] 《荀子·大略》。
[158] 《荀子·君道》。

　　荀子的禮亦意謂著一套社會層級的結構，其基礎係一種合乎社會正義的理，荀子曰：「禮之理，誠深矣。……禮者，人道之極也。」[159]因此，禮制為理的形構，亦即公道、公義的表徵。換言之，合乎社會正義的禮結構之形成，係由來於「明通而類」[160]的生成法則。「明通而類」中所應明通者為類之所以然的「義」，荀子云：「緣義而有類。」[161]至於「義」與「理」的關係，作者在另一文中認為：「義指稱事物內在的理或與事物間依某理而結合的一種關係。」[162]而類與類的關係，可理解為：「『類』具有條理義。類與類之間有互相連屬之縱的層面與橫的層面，依其相互關聯的秩序可結合為一整體的系統，稱之謂『統類』。」[163]

　　關於人與這套社會層級結構的關係，有兩種面向可資說明。就靜態而言，將具差別性的人才與具差別性的層級位分應相互配合而一一對應符合，也就是荀子所要求的「論德而定次，量能而授官，皆使人載其事，而各得其宜」。另方面，人在社會層級結構中應有上下流動性。換言之，社會層級結構對人應持開放性，而為一開放的系統。如是，社會層級結構在提供給人公平的競爭機會下，不同才智的人只要努力充實自己，發揮才學以貢獻社會，則社會也依其社會貢獻的大小程度，反饋以相稱應得的位分與穀祿。反之，個人若不珍惜既有的社會職分和地位，不但不努力工作以貢獻社會，力爭上游，反而有虧職守，不能克盡社會分工中所賦予的責守，則應下降其層級。荀子謂：「無德不貴，無能不官，無功不賞，無罪不罰。」[164]賞罰的得宜，意謂著社會報酬的正義得以伸張。荀子打破了周代社會的封建性，使原為世襲的，一成不變的封閉社會，開放為一賞罰公道的流動的、合理的社會。他說：「賢能不待次而舉，罷不能不待須而廢，……雖王公士大夫之子孫，不能屬於禮義，則歸之庶人。雖庶人之子孫也，積文學，正

---

[159] 《荀子·禮論》。
[160] 《荀子·不苟》。
[161] 《荀子·君道》。
[162] 曾春海，〈荀子思想中的「統類」與「禮法」〉，《儒家哲學論集》，臺北：文津出版社，1989年，頁137。
[163] 同上。
[164] 《荀子·王制》。

身行，能屬於禮義，則歸之卿相士大夫。」[165]顯然，荀子已較讚許滕文公比能行「世祿」的孟子更務實而進步，這點極有積極性，頗具時代的價值，更明確地展示了荀子對社會正義的關注性。

[165]《荀子・王制》。

第五節　知識與禮憲的生成論

一、知識理論

（一）能知與所知

　　綜觀《荀子》書中提及「知」和「智」處多達四百八十七次，其中提及「知」處有四百七十九次，提及「智」有八次，[166]多於「道」的三百三十次、「性」的一百次、「仁」的一百二十五次，足見荀子對「知」的高度重視。他是儒家學派中首位將「知」之理解置於哲學人類學或人性論基礎的人物。〈正名〉說：「所以知之在人者謂之知。」「知」指人的認知能力。〈解蔽〉云：「人生而有知」、「心生而有知」、「凡以知，人之性也」，意指人生而稟賦能知的特殊能力，理性的認知能力係人天生即有的自然本性。〈非相〉以知識理性的思辨能力，建立概念知識的分別性智力，界定人之所以為人的尊貴特質。所謂：

> 人之所以為人者，何已也？曰：以其有辨也。……故，人之所以為人者，非以其二足而無毛也，以其有辨也。……辨莫大於分。

　　「辨」指人所具有之理性分辨的認知能力，荀子把知識的認知和分辨能力（別異的認識能力）歸屬於「心」。因此，荀子的「心」係條理之心，邏輯的心靈，認知主體所在。心在行使認知活動時，所獲得的概念知識若與認識對象的實際屬性特徵能對應符合時，則心之認知活動有概念與實在的符應性、諦當性，因此而可謂為「智」，〈正名〉所謂：「知有所合謂之智。」

　　牟宗三首先點出荀子「以智識心」的儒學特色，他說：

---

[166] 蔣致遠主編，《漢學索引集成》，《荀子引得》，據清・王先謙《荀子集解》，臺北：宗青圖書公司，1989年，頁913-919。

因此而可謂為荀子於心則只認識其思辨之用，故其心是「認識的心」，非道德的心也，是智的，非仁義禮智合一之心也。可總之曰以智識心，不以仁識心也。此智心以清明的思辨認識為主。**167**

又云：

智心有兩層，一是邏輯思辨的，一是智的直覺的，前者為知性層，後者為超知性層，雖有兩層，統名為智心，亦可統名為認識心。……荀子雖言虛一而靜，然亦只落於知性層。惟道家之虛一而靜之道心，則屬於超知性層，……以智識心表明思想主體（或知性主體），使人成為理智的存在，凡順此各方面所成之路向以進，則在知上必止於經驗主義與實在論。**168**

　　依牟先生旨意，荀子的以智識心，確立了知性主體，其認知活動係主客對列的格局中，以認知主體的「能知」去認識認知對象的「所知」。具體言之，荀子認知心所營的認知活動係以外在經驗和現象為目標的實在論之理性主義，所成就的是經驗論或（外在）實在論類型的知識，因此，荀子能知之心既通向外在的經驗或現象，則對外進行的感覺認識的感覺官能，亦即五官或荀書所謂生而既予之「天官」有其不可或缺的地位。〈天論〉云：「耳目口鼻形能各有接而不相能也，夫是之謂天官。」五官各司其職不可相互代換的功能。〈榮辱〉對五官各別的官能予以分述曰：「目辨白黑美惡，耳辨音聲清濁，口辨酸鹹甘苦，鼻辨芬芳腥臊，骨體膚理辨寒暑疾養。」目、耳、口、鼻及骨體膚理指人的身體形構及器官組織，這是我們資以與外在世界交往的憑藉或資具。五官接觸和感覺外在世界經驗的感覺與料（sense data）的官能，稱為「五能」。就認識論而言，五官五能是表象世界之孔道，是感覺經驗之所以可能的主體依據，亦是經驗知識的範

---

167 牟宗三，《名家與荀子》，臺北：學生書局，1982年，頁224。
168 同上書，頁225-226。

域和限制所在。「心」是對五官所表象之感覺性質予以分辨且統攝地予以綜合判斷以產生出概念化知的中樞，荀子特別以類比義的語詞「天君」表述之，所謂：「心居中虛以治五官，夫是之謂天君。」

在荀書中能知之心及能知之對象極其多樣而豐富，例如〈勸學〉：「不知天之高也」、「不知地之厚也」、「不知學問之大也」；〈修身〉：「無師吾安知禮之為是也？」；〈富國〉：「故知節用裕民，則必有仁義聖良之名」；〈王霸〉：「急逐樂而緩治國者，非知樂者也」；〈君道〉：「知有常法……，知明制度，權物稱用之為不泥也。」〈議兵〉：「知罪之在己也」；〈彊國〉：「至死而後知死」；〈天論〉：「不知貫，不知應變」……等。因此，荀書中的所知除了能知者的自我非理解外，更是幾乎涵蓋了自然法則、音樂藝術、道德判斷、人之生與死、客觀的常法制度、治國之理、體現群際倫理的禮義之道、貫常與應變等，以今日學科分類而言，幾乎於人文科學、社會科學及自然科學皆能涉及。

荀子知識論中「所知」之對象，約而言之為自然與人文社會的知識。他在〈天論〉一方面說：「錯人而思天，則失萬物之情。」另方面又批評莊子說：「蔽於天而不知人。」在天人分工合作的人文化成事業上，人必須既知「能參」也得兼知「所參」。然而，他對自然界與人文界採經驗論的進路，對先驗的形上界採存而不論的設限態度。〈天論〉謂：「四時代御，陰陽大化，風雨博施，萬物各得其和以生，各得養以成，不見其事，而見其功，夫是之謂神。皆知其所以成，莫知其無形，夫是之謂天。」萬物如何得陰陽大化之和以生，又如何得其養而成，這是無法從經驗觀察中得見其操作的過程及超驗的形上原理。因此，〈天論〉肯認人的認識能力是有限制的，所謂：「大巧在所不為，大智在所不慮。」〈天論〉的理智與技藝創造皆是有限的，人應有自知之明。

那麼，荀子所認可的所知對象和範圍何在呢？〈天論〉說：「聖人清其天君，正其天官，……則知其所為，知其所不為矣；則天地官而萬物役矣。其行曲治，其養曲適，其生不傷，夫是之謂知天。」「知天」的對象範圍設定在天人互動互補的天生人成之事業上所需具備的知識，亦即君子或聖王在治理國政時，需研求有關天地、役萬物、曲治人民之行為，曲適養民之務，不傷害人民的治生大

事，這是「知天」的大方向大原則。若就其體的「知天」之知識內容而言，係就「天有常道」之客觀的運行規律作為人對自然所能知的對象。他說：

> 志於天者，已其見象之可以期者矣；所志於地者，已其見宜之可以息者矣；所志於四時者，已其見數之可以事者矣；所志於陰陽者，已其見和之可以治者矣。〈〈天論〉〉

「志」指人可以認識且予以記錄者。[169]在以人治之能參來配合天時地利之所參的天生人成架構下，務求知於日月星辰等天文現象之運行規律，而可以預測預期之數紀。〈天論〉以理性知識的立場批判當時不理性的迷信，謂：「夫星之墜、木之鳴，是天地之變，陰陽之化，物之罕至者。怪之可也，而畏之非也。」蓋星墜、木鳴的罕見現象，屬自然現象，有天地運行的因果律可資解釋。人若因少見而多怪，猶情有可諒，若因此而生怪力、亂神的迷信且心生恐懼，則是錯誤的反應。人對大地所務求的知識是屬於農業地理的實用知識，亦即研究可資蓄養生息的地利。同時，在農業經濟知識學中，也需研究陰陽交合之氣候溫度方面的知識。質言之，荀子所意向的自然界知識，旨在敬授天時與地利，使農業生產能順四時之序而春耕、夏長、秋斂、冬藏，俾能與天地同節以人知，成就天生人成的利用厚生之功業。

此外，在「財非其類，以養其類」的人文化成之治業所擬全其天功的要求外，荀學的知識取向不但要對自然界的客觀存在序列予類族辨物，亦即按自然屬性予以作自然分類，而且，對人之才能和社會屬性予以社會本位的人為分類，旨在建構人道的禮憲，明分使族群而營造群居和一的社群生活，共存共榮。因此，荀子的知識取向有人文與社會的知識向度。其中涉及個體與群體，群體與群體間的類屬性知識。由是現之，荀子的知識世界涵蓋了自然與人文社會之類族辨物，

---

[169] 「志」與「誌」、「識」通，《周禮》注云：「識，記也。」見梁啟雄，《荀子簡釋》，臺北：華正書局，1980年，頁294。李滌生，《荀子集釋》，臺北：學生書局，1981年，頁484。

以及天生人成架構的倫類（人文）與物類（自然）之統攝等三重互動，及其所構作之整體關係網絡，這是荀學據統類而擬建構之富禮憲的人道世界。

（二）荀子的知識方法與原理

荀書中「知」／「智」、「愚」連用的語法出現約二十次，[170]「智」指有正確知識的明智之士，「愚」指認知錯誤者或智之闕如者。明智之士是要透過自覺性的知識追求且長期累積知識精進而致的。〈儒效〉云：「我欲賤而貴，愚而智，貧而富，可乎？曰：其唯學乎！」至於爲學求知的終極目標則以圓成儒家一貫的內聖外王爲理想。〈解蔽〉云：「故學也者，固學止之也。惡乎止之？曰：止諸至足。曷謂至足？曰：聖王。聖也者，盡倫者也；王也者，盡制者也；兩盡者，足以爲天下極矣。」

「盡倫」指善盡人倫道德的美德，可謂內聖之至極，「盡制」指爲家、國、天下建構出社群生活的完善化制度以實現明分使群，群居和一的群體生活理想，亦即外王的理念與實踐。

智者的知識兼求量的博學及質的精純，亦即學思並進，由博反約。〈王霸〉云：「故孔子曰：知『智』者之知，固以多矣，有以守少，能無察乎？愚者之知，固以少矣，有以守多，能無狂乎？此之謂也。」智者「守少」即能將所累積的眾多知識深思熟慮，予以融會貫通出精要的原理原則或融貫的理論系統。智者與愚者對知識的運用態度也隨之而異，〈不苟〉對比的指出：「知（智）則明通而類，愚則端愨而法。」智者之知明達通變而知統類，愚者只能知其然而不知所以然的謹守法度。智者所以能明通統類係能融貫的深知全正之道，這是需透過歷史文化的脈絡來提取粹納寓於萬變中而有普世眞實性的「道貫」。〈天論〉云：「百王之無變，足以爲道貫……，故道之所善，中則可從，時則不可爲，匿則大惑。」「道貫」指旁通統貫的統類之知，亦即對全正之道的統整之知。全正

之道，亦即統整之知從反面言之當不畸和不匿，「不畸」，指不泥於具偏差性的知識；「不匿」，**171**指概念表示有不夠透澈處（相對義），亦即有隱晦不明處。

荀子進一步論述了形上實存的「道」與曲知之人的認識關係，〈解蔽〉云：「夫道者，體常而盡變，一隅不足以舉之，曲知之人，觀於道之一隅，而未之能識也，故以為足而飾之，內以自亂，外以惑人，上以蔽下，下以蔽上，此蔽塞之禍也。」恆存的常「道」，在動態的運行中千變萬化的樣相，非某一特定角度的觀察與理解所能窮盡可能之知的。執於一向度的曲知之人，以偏概全，造成自己與他人在對「道」認知上的困惑。像這種執偏見以概括全貌的一偏一隅之士，常因為有見於此而障蔽於彼，這是人們常患的認識上之「蔽塞之禍」。荀子以彼時所見的諸子之學為例，而進行了蔽塞之偏見的批判，〈天論〉云：

> 萬物為道一偏，一物為萬物一偏，而自以為知道，無知也。慎子有見於
> 後，無見於先。老子有見於詘，無見於信。墨子有見於齊，無見於畸。宋子
> 有見於少，無見於多。有後而無先，則群眾無門。有詘而無信，則貴賤不
> 分，有齊而無畸，則政令不施。有少而無多，則群眾不化。

這是段荀子的先秦諸子批判觀，肯定諸子的定見，也指出執所定見而造成的蔽塞之禍。那麼，對荀子而言，智者如何可避免這些蔽塞之偏見，免淪為一偏一曲之士而能獲致全正之道的認識成就呢？

〈解蔽〉提出解除蔽於偏見而得獲識全正之道的方法，所謂：「聖人知心術之患，見蔽塞之禍，故無欲無惡，無始無終，無近無遠，無博無淺，無古無今，兼陳萬物而中縣衡焉。是故眾異不得相蔽以亂其倫也。何謂衡？曰道。」以始終為例，若人不明自始與終係一連續性的歷程，若執於始則為始所蔽而無見於終，若滯於終，則又蔽於終而不知始。不論執於始或蔽於終，其知識皆蒙蔽於一偏一

---

171 王先謙，《荀子集解》引楊原注云：「禮者，明不人也，若隱匿則大惑。」

隅之知，無法獲得周遍全正之理。能超越心術蔽塞之患的聖人，是不陷溺在始、終；近、遠；古、今；欲、惡；博、淺等十種偏執所造成的蔽塞。聖人能兼容歷史所積累的傳統政教學問，兼陳萬物，尋出內在其中的中軸點「中縣衡焉」。若此一中軸能面面相顧，使相異的眾類不相互蔽塞而亂其全體理脈，則可確定這一中軸點乃係「兼陳萬物而中縣衡」的全正之道。因此，對歷史文化所積累的既有政教學問，應舉用之卻勿蔽於成積，這也是〈天論〉所云：「百王之無變，足以為道貫……故道之所善，中則可從．畸則不可為，匿則大惑」的深層知識原理。

　　天地萬物所呈現的物以類聚及物以群分是荀子天生人成，以人文化成天下之大架構下的知識認知基礎。「類」在荀子知識論中意謂著世界的構造（包括自然與人的種種社群）和認知。「類」之所以然的原理，使類成為族類群體的集合名詞。楊長鎮認為：「就〈天論〉篇之『類』考察，發現類是作為『族類地存有』及『恆在一定之世界關係中之存有』之人的活動的基本性質或場域。」[172]荀子的明智之士在知識活動上必須成就出「明通而類」，才能精明通達地舉一反三的類推，蓋〈非相〉云：「類不悖，雖久同理。」一切物類皆有不易之存在與活動之常理或規律。荀子認為在知識的方法上，我們若依類推度則將不違內在於物類的普遍原理。他在〈正名〉提出「推類而不悖」的知識類推方法。荀子的「類」是族類之整體，類因係整體族類的普遍原理，吾人可據以推導出屬類中個物的分殊之理，〈王制〉所謂：「以類行雜，以一行萬。」牟宗三扼要的闡述荀學「類」之含義說：「每一類有其成類之理，理即成類之根據。……皆可以類通，即以同類之理通也。」[173]荀子「全其天功」的天政、天養，既需「財（裁）非其類以養其類」，則荀學不但要周備的認識不同物類之類因，且須進一步尋出不同物類間相互聯繫脈動的關係網絡，建構一套能融貫不同物類知識的整套系統化之知識，這就是「統類」，意謂著全正之道的表徵，係禮憲構成的理據。因此，統類是荀子在天生人成的「全其天功」之人文化成架構下、人與他者（包括自然

---

[172] 楊長鎮，《荀子類的存有論研究》，臺北：文津出版社，1996年，頁33。
[173] 牟宗三，《名家與荀子》，臺北：學生書局，1982年，頁199-200。

與人文社會）既相界定也相涵攝的知識準據，統類之知既見樹也見林，是荀子知識的方法與理論中最值得研究的課題，至於要人如何用一套名言表述所認識的知識，筆者曾在另一文〈荀學禮文化的知識理論〉[174]中略述，此處受篇幅限制，不再贅述。

（三）知識的倫理規範

荀子認為知識源於經驗，在求知的歷程上，先以感官為感覺經驗世界諸感覺與料的通道，然後，再由心徵知感官所對應的感覺與料，判斷出相關的概念知識。〈正名〉有段精要的論述：

> 凡同類同情者，其天官之意物也同。故比方之，疑似而通，是所以共其約名以相期也。形體、色理以目異，聲音清濁、調竽、奇聲以耳異；甘、苦、鹹、淡、辛、酸、奇味以口異；香、臭、芬、鬱、腥、臊、漏廔、奇臭以鼻異；疾癢、凔、熱、滑、鈹、輕、重以形體異；說、故、喜、怒、哀、樂、愛、惡、欲以心異；心有徵知。徵知則緣耳而知聲可也，緣目而知形可也，然而徵知必將待天官之當簿其類，然後可也。五官簿之而不知，心徵知而無說，人莫不然謂之不知。

「緣」意指依據；「天官」指耳、目、口、鼻、心、體，「意」指測度。荀子認為凡事物屬同一物類，相同情況者，人憑著各自認識的官能對之所進行的認知性測度也將可能相同；因此，人對這些類同的事物予以相互比擬對照，可進行認知上的交流而互相通曉，再通過共同約定之名稱，可使人的認知相互對應符合。五官是認知主體憑藉來表象世界之通道，有待於認知心予以驗知而下一判斷來解說。然而，由天官意物至心徵知天官所感覺到的對應之感覺與料，心的認知

---

[174] 曾春海，〈荀學禮文化的知識理論〉，《輔仁學誌・人文藝術之部》第27期，新北：輔仁大學文學院、藝術學院編印，2000年。

判斷及概念解說是否正確，荀子提出「虛壹而靜」的知識倫理之規範。

〈解蔽〉云：「人何以知道？曰：心。心何以知？曰：虛壹而靜。」「虛」、「一」、「靜」皆由道家提出，荀子援用其語辭卻改造其概念含義。荀子認為虛壹而靜是促使認知心靈能臻於「大清明」狀態的知識倫理之規範。茲將〈解蔽〉所提這三個重要概念逐一釐清。先釐清「虛」的概念，「人，生而有知，知有所志（誌），志他者，臧也；然而有所謂虛。不以所已臧害所將受，謂之虛。」《荀子・解蔽》「臧」首藏通，「志」指記識，人的記憶保存所累積的既有知識，但是這些既有的心中知識在認識主體學習新知識時，不應成為干擾對新知識相應理解的成見或障礙。因此，虛心是知識倫理中學習新知的一項美德。次言「壹」概念，「心，生而有知，知而有異；異也者，同時兼知之。同時兼知之，兩也；然而有所謂一（壹）。不以夫一（彼一）害此一，謂之壹。」心的概念認知作用在分辨不同事物的所以然之理。兩項不同的對象知識可以分別認知而同時兼知兼容，同時，心還能進一步探尋這兩個概念之相互邏輯關係，條理出兩者間的主從、輕重、先後、相互蘊含與否等知識。不同概念的知識，只要合理皆可兼知兼容而勿相互排斥，都可以予以一個位置，「不以夫一（彼一）害此一」這是知識倫理中當培養的包容美德。其次是「靜」的概念，「心臥則夢，偷則自行，使之則謀；故心未嘗不動也。然而有所謂靜，不以夢劇亂知，謂之靜。」（〈解蔽〉）意指當人缺乏理性意識的自覺自主時，則心的狀況猶若潛意識的失控而思緒散漫雜亂。文中的「夢」指自起的雜念之任意想像。「劇」者煩囂也，指由他起的雜念而言。「夢劇」指胡思亂想的雜念。[175]若我們能自覺的覺醒理性認知意識，高度專注於所知，進行主觀合一化的認知活動，則理性專注的認識活動可不受夢劇亂知的負面影響，荀子指稱這是知識倫理中當修持的靜德。

荀子在〈解蔽〉中謂心之「虛壹而靜，謂之大清明」，這是心之能知全正之道且據以為制定禮憲的統類之理。在知識倫理上，荀子主張認知心應服從知識

---

[175] 楊倞註：「夢，想像也。劇，煩囂也。」另請參閱李滌生，《荀子集釋》，頁486。

良知，對所認識的「道」下肯定判斷，對悖反於「道」的錯誤知識應誠實的予以否定判斷，所謂「心知道然後可道，可道然後能守道以禁非道」。（〈解蔽〉）同時，能接受虛壹而靜的知識倫理之規範者，才能兼通萬類之理，兼而統攝之以成統類之理，所謂「精於道者兼物物。」（〈解蔽〉）由虛壹而靜而修得大清明心者，才有能力「疏觀萬物而知其情，參稽治亂而通其度，經緯天地，而材官萬物，制割大理，而宇宙裡（治理）矣」（〈解蔽〉），荀子依其知識倫理及人所造就的知識成就，進行了知識人格的等級劃分，他說：「有聖人之知者，有士君子之知者，有小人之知者，有役夫之知者。多言則文而類，終日議其所以，言之千舉萬變，其統類一也：是聖人之知也。少言則徑而省，論而法，若佚之以繩：是士君子之知也。其言也詔，其行也悖，其舉事多悔：是小人之知也。齊給便敏而無類，雜能旁魄而無用；析速粹孰而不急，不恤是非，不論曲直，以期勝人為意，是役夫之知也。」（〈性惡〉）荀子將人的知識造詣判分了「聖人之知」、「士君子之知」、「小人之知」和「役夫之知」四種高下不同的差等。其中「聖人之知」其論述「文而類」，不但符應不同的物類之理，且將不同的物類統攝之而予以邏輯地建構成統類之知。「聖人之知」顯然是荀子知識理論所樹立之最高的知識人典範。

二、禮憲的生成論

禮教是荀子人文統類所得以形成的依據。至於所依據的對象，荀子曰：

> 禮有三本，天地者，生之本也；先祖者，類之本也；君師者，治之本也。無天地，惡生？無先祖，惡出？無君師，惡治？三者偏亡焉，則無安人。故禮上事天，下事地。尊先祖而隆君師，是禮之三本也。（〈禮論〉）

蓋鑒於天生人治人成的荀學格局下，「天地」係萬物所從出處，係生養萬物者。

「先祖」為人類種性生命及文化生命的來源。「君師」係積學、積思慮、習偽故以制作禮義，形範社會規範及價值觀者，也是實施政教以化導人民，安治社會國家的權威者。禮之三本，意謂著三種人文意義之起源，各有致敬達意的對象。天地鬼神是祭祀祝禱之禮的對象，先祖是冠婚喪葬之禮的對象，君主是朝聘軍旅之禮的對象，師友是賓主酬祚之禮的對象。落實到日常生活的社會規範處，則「禮」對荀子而言，係人類生存，社會安定，群居和一所不可欠缺的規範。他說：

> 食飲、衣服、居處動靜，由禮則和節，不由禮則觸陷生疾；容貌、態度、進退、趨行，由禮則雅，不由禮則夷固僻違庸眾而野。（〈修身〉）

「禮」由表徵著社會菁英的理想義之君主所制，合乎此社會規範及其價值意義者，顯得文雅而中和節之效。否則，因失禮教而粗野，甚或違背健康法則而「觸陷生疾」了。

　　荀子化性起偽的社會化歷程，實際上就是儒家所一貫強調的社會教化或社會教育。「教育」一詞區分其個別字義，則「教」字似乎較側重外在的誘導和施加，期能藉刺激而使受教者學得一套知識技能或行為規範，且逐漸化被動為主動，積極向學。換言之，「教」字較著重外在的規範和陶鑄。「育」字較側重依循受教者天賦的才具、興趣而予以誘發。由內而外的逐步發展，開發其內在的潛能而有所實現和完成。孟子的存心養性以擴充說，傾向於「育」。荀子強調禮義師法之外在規範以導人化性起偽，積習成第二天性，較趨於「教」。

　　荀子的禮由社會教化言，可說是一套合理的和外鑠式的社會行為規範。他說：「禮者，節之準也。」[176]「禮」是一套可理解及遵行的經驗性規範，社會成員可資以調理節制其內心過分的欲望及外在過度的行為方式。荀子在〈天論〉

《荀子・修身》。

中亦精簡地說：「禮者，表也。」意謂著禮是以具體的、客觀的度量分界之形式，公布於社會，使社會成員的言行能有所遵循的規範。荀書中的〈禮論〉、〈大略〉等篇言及冠禮、昏禮、鄉禮、相見禮及喪禮等常用的社會禮俗，亦是具體而微的經驗性社會規範。

荀學化性起偽的社會化所以可能，其人性依據在於人心認知理義及人身的實踐能力。他說：

> 塗之人可以為禹，曷謂也？曰：凡禹之所以為禹者，以其為仁義法正也。然則仁義法正有可知可能之理；然而塗之人也，皆有可以知仁義法正之質，皆有可以能仁義法正之具，……以其可以知之質，可以能之具，本夫仁義之可知之理，可能之理，然則其可以為禹明矣！（〈性惡〉）

能分辨義理的心，就是「可以知仁義法正之質」。荀學也認識到心的好利多欲傾向，所以〈解蔽〉提出「虛壹而靜」的澄心功夫，發揮心對理義的攝取、認可作用，了解具社會規範性的禮義法度。因此，社會資源雖有限，人欲雖無涯際，可是只要覺醒人的理性心，透過心的明理尚義，猶可接受、認同社會規範而不逾矩。荀子在〈正名〉闡釋說：「故欲過之而動不及，心止之也。心之所可中理，則欲雖多，奚傷於治？欲不及而動過之，心使之也。心之所可失理，則欲雖寡，奚止於亂？故治亂在於心之所可，亡於情之所欲。」社會的治亂端繫於心之所可是否中理。中理之心或可稱為理心，中理的理心才能發揮節制情欲、使情欲適可而止的作用。因此，至平的社會也是人人明理尚義的社會，若能實踐社會公道，「故或祿天下，而不自以為多，或監門御旅，抱關擊拆，而不自以為寡」。[177]

基於人心的崇理尚義性，荀子在〈王霸〉倡「義立而王」說，提出「舉義

---

[177] 《荀子·致士》。

士」、「舉義法」、「舉義志」的王者要件，不外乎要求王者所樹立的社會規範有內在的合理性，方能爲社會成員所認可而服膺。此外，作爲社會規範的「禮」必須清晰明確，不得模糊不清，《荀子・天論》謂：「治民者表道，表不明則亂。禮者，表也。」「在人者莫明於禮義。」蓋依社會學家的研究，社會中的失範（anomie）狀況，肇因之一在於社會規範的定義不清、軟弱無力或互相矛盾所致。**178**

　　若進一步追問作爲荀子積學積思慮的社會規範及價值觀，其學術依據和性質爲何？荀子曰：

　　學惡乎始？惡乎終？曰：其數則始乎誦經，終乎讀禮；其義則始乎爲士，終
　　乎爲聖人。（〈勸學〉）

據清儒王先謙《荀子集解》的註釋：「數，術也。經謂詩書。禮謂典禮之屬也。」又云：「荀書以士、君子、聖人爲三等。修身、非相、儒效、哀公篇可證，故云始士終聖人。」由經學史而言，荀子乃傳經之儒，他嘗分論儒家各經典的價值，其言曰：

　　聖人也者，道之管也。天下之道管是矣！百王之道一是矣！故詩、書、
　　禮、樂之歸是矣！詩言是其志也。書言是其事也。禮言是其行也。樂言是其
　　和也。春秋言是其微也。（〈儒效〉）

　　又云：

書者政事之紀也。詩者中聲之所止也。禮者法之大分。類之綱紀也。故學
至乎禮而止矣！夫是之謂道德之極。禮之敬文也。樂之中和也。詩書之博
也。春秋之微也。在天地之間者畢矣！（〈勸學〉）

積學積思慮的目的，在理解和熟悉諸般規範以作為實踐的指標。換言之，
經典透過君師的消化與時代接合成一套矯情化性的社會規範。矯情化性之得以
實現，端賴於積漸成習的踐履，此即「習偽故」，荀子曰：「今使塗之人，伏
術為學，專心一志，思索孰察，加日縣久，積善而不息，則通於神明，參於天
地矣。故聖人者，人之所積而致也。」**179**堅定意定力，長期積學且落實「積善
而不息」的踐履，在潛移默化中積偽成善，積善成德，終能達成最理想的社會人
格—「聖人」。總而言之，社會化或內化社會規範及價值觀，端賴持續性、一致
性，所謂：「真積力久則入。學至乎沒而後止也。」**180**「積」的功夫含括了積
學的功夫與修身的功夫，一屬知，一屬行，知行合一，鍥而不舍，才能涵化社會
文化，轉化成忠誠的社會人。荀子在〈不苟〉中云：「君子養心莫善於誠；致誠
則無它事矣！唯仁之為守，唯義之為行。誠心守仁則形，形則神，神則能化矣。
誠心行義則理，理則明，明則能變矣。」此外，社會環境對促成社會化的人格亦
有其重要性。蓋人與環境的互動者，由於耳濡目染，不自覺中，長期受後天環境
的感染而同化，積漸成習，塑造成具該社會團體特徵的觀念和行為。荀子所謂：
「蓬生麻中，不扶而直，白沙在涅，與之俱黑。……故君子居必擇鄉，遊必就
士，所以防邪僻而近中正也。」「夫人雖有性質美，而心辯知，必將求賢師而事
之，擇良友而友之。」**181**因此，為了促進社會成員的社會化，具社會感染力的
社會環境或情境之揀擇及塑造，亦成為荀學社會控制方面，極其重要性的一大課
題了。

---

179 《荀子・性惡》。
180 《荀子・勸學》。
181 《荀子・勸學》。

第六節　社會建制及其管理系統之規劃

　　荀子所言及的社會群體，由明分使群以建構一套嚴密的社會層級結構而言，乃係一具有高度自覺意識和細密組織能力的群體。那麼，由誰來負責這一龐大而艱鉅的社會工程呢？試觀荀子所矚目的對象。他說：

> 天地者，生之始也；禮義者，治之始也；君子者，禮義之始也。為之，貫之，積重之，致好之者，君子之始也。故天地生君子，君子理天地；君子者，天地之參也，萬物之總也，民之父母。無君子，則天地不理，禮義無統，上無君師，下無父子，夫是之謂至亂。（〈王制〉）
>
> 宇中萬物生人之屬，待聖人然後分也。（〈禮論〉）
>
> 人之生不能無群。群而無分則爭。爭則亂，亂則窮矣。故無分者，人之大害也。有分者，天下之本利也。而人君者，所以管分之樞要也。（〈富國〉）
>
> 聖人積思慮，習偽故，以生禮義而起法度。（〈性惡〉）

　　在荀學中，「禮義」為行使明分使群的一套典憲，亦即建構社會架構的典制。由前述性偽之辨，天人之分得知規劃社會結構的禮義非來自自然的自然法，而是一套由人後天所造就的人為法。換言之，社會結構系統係完成在人「積思慮，習偽故」的高度意識活動中，荀子所提及的「聖人」或「君子」，皆係理想中具高度意識活動且具有規劃社會結構能力的人。聖人、君子也是在以心治性的自我化性成偽的過程中最具成就者，荀子云：「故聖人之所以同於眾，其不異於眾者，性也；所以異而過眾者，偽也。」「故聖人者，人之所積而致也。」[182]又曰：「今之人，化師法，積文學，道禮義者為君子；縱性情，安恣睢，而違

禮義者爲小人。」[183]「積禮義而爲君子」[184]。聖人、君子既曲積思慮、習禮義而有所成就，則他們也是人類中最崇尚理義者，荀子謂：「多言而類，聖人也。」[185]「言必當理，事必當務，是然後君子之所長也。」[186]荀子期望藉政治的權力系統，來主導社會禮法系統之規制及管理。「人君」爲現實政治權力結構中具無上權威者，就體制而言，已是當然的「管分之樞要」。因此，荀子深切地期許掌實權的「人君」，能以理想的「聖人」或「君子」爲典範，明分使群，將社會規範得井然有序而臻於正理平治之理境。因此，筆者不完全同意許多荀學研究者將荀子的君王視爲一專制的威權統治者。具體而言，荀子只是務實地將不可移易的理，[187]藉政治權力之「勢」，予以具現化和普遍化。在這一過程中，荀子不但要求君子有高度的理性意識，且需道德勇氣，所謂：「義之所在，不傾於權，不顧其利是士君子之勇也。」[188]然而，社會機制係一包羅萬象，極其複雜的龐大組織，荀子心目中理想的聖人君子，又如何去設計一套包羅社會多面向，多功能，多目的融會貫通成一有機整體呢？簡言之，形構社會的禮法如何能達成呢？按荀子謂「人能群」，群的社會性概念據汪國棟先生的研究，他說：「在荀況哲學中『群』成了『社會』的別名。群既是社會，社會又是一個系統，這個系統也是一個複雜的系統。它由許多互相關聯的子系統所組成，有其特殊的職能和發展規律。各子系統之間能保持相對的平衡，它們相互作用，相互補充，相互促進，形成有機的統一的整體，所以名之曰『群』。荀況特別強調『人能群』，其關鍵在『能』。根本問題，是講人自覺地有意識、有目的地維護社會關係和群體生活。」[189]

社會結構由靜態來觀，可區分爲平面的分工結構和立等的等級結構；由社會

[183] 《荀子‧性惡》。
[184] 《荀子‧儒效》。
[185] 《荀子‧非十二子》、《荀子‧大略》。
[186] 《荀子‧儒效》。
[187] 《荀子‧樂論》云：「禮也者，理之不可易者也。」可見禮與理互爲表裡，禮乃理的具體化表徵。
[188] 《荀子‧榮辱》。
[189] 江國棟，《荀況天人系統哲學探索》，廣西：廣西人民出版社，1987年，頁213-214。

所需的必要基本功能而言，在不同的人類社會中有其共同性、普遍性和不變的規律性。荀子所謂「百王之無變，足以爲道貫」[190]，對於這種不變的結構性，必須不可疏漏的列出，且須面面兼顧，注意各結構之間的協調性和平衡性。荀子在這方面，不僅注重歷史的連續性，且關注存留在歷史演進的脈絡中其不變性的結構形式。而且他還要求君王先以虛壹而靜的澄心功夫，達到大清明心；再以大清明之心尋求不偏不隅的全正之道。[191]再以積思慮所攝取的道理或統類，規劃所需的社會典制。其中義理、禮法和統類間，有一貫的內在相因相連屬的關係。在明分使群的「分」與「辨」之作用所賴以進行的一義，落在整體性的社會結構而言，乃係「矯正人的情性、節制人的欲望，維持等級分配、平衡社會各方面關係的標準」。[192]

至於傳統社會文化在經歷社會變遷而失卻時空條件的支持，呈現歷史的間斷性部分，則應審時度勢，與時推移。面對社會典制不合時宜而當興革損益的可變部分，荀子提出應擺脫片面之見，「體常而盡變」。[193]同時，在歷史經驗的擇取上，宜「法後王，一制度，隆禮義而殺詩書」。[194]蓋「欲觀聖王之跡，則於其粲然者矣，後王是也」。[195]這點反映出荀子務實尚變的客觀精神，重視典制在社會變遷時的主動反省、修正和對客觀環境的調適性。

總而言之，作爲管分樞要的人君，在荀子社會思想中頗強調其明分使群的能群能力。那麼，具主導社會結構之確立的理想之君，其明分使群的能力當展現在哪些方面呢？荀子曰：

　　君者，何也？曰，能群也。能群也者何也？曰，善生養人者也；善班治人者
　　也；善顯設人者也；善藩飾人者也。善生養人者人親之，善班治人者人安

[190]《荀子・天論》。
[191]《荀子・解蔽》。
[192] 江國棟，《荀況天人系統哲學探索》，頁217。
[193]《荀子・解蔽》。
[194]《荀子・儒效》。
[195]《荀子・非相》。

之，善顯設人者人樂之，善藩飾人者人榮之。四統者俱，而天下歸之。夫是之謂能群也。（〈君道〉）

「善生養人」，指以社會整體為著眼點的民生經濟，容下一節探討。「善藩飾人者」，荀子予具體的解說：「修冠弁衣裳，黼黻文章，雕琢刻鏤，皆有等差，是所以藩飾之也。」亦即創制諸般象徵物、名號與裝飾品，滿足人求社會榮顯、聲譽的心理欲望。「善班治人」，指社會上層結構之架構，其綱領為「天子、三公、諸侯、一相，大夫擅官，士保職，莫不法度從公」。荀子在〈王制〉對彼時的統治階級，較詳細地區分了如下列的官僚層級，大體上係由卿相輔佐組成的行政機構，中央一級為「天子三公」，下設一些專門管理機構，它們的職掌分別是：

宰爵：「知賓客祭祀饗食犧牲之牢數。」亦即主管殺牲畜，調膳以待賓客及供祭祀之用。

司徒：「知百宗城郭立器之數。」亦即主管民政。

司馬：「知師旅甲兵乘自之數。」亦即主管軍事。

大師：「修憲命，審詩商，禁淫聲，以時順修，使夷俗邪音不敢亂雅。」亦即掌管樂章的整理和修訂，且審察詩歌。

司空：「修隄梁，通溝澮，行水潦，安水藏，以時決塞。歲雖凶敗水旱，使民有所耘艾。」亦即管理水利。

治田：「相高下，視肥磽。序五種，省農工，謹蓄藏，以時順修，使農夫樸力而寡能。」亦即主管農業。

虞師：「修火憲，養山林藪澤草木魚鱉百索，以時禁發，使國家足用而財物不屈。」亦即主管山林和水產。

鄉師：「順州里，定廛宅，養六畜，閒樹藝，勸教化，趨孝弟，以時順修，使百姓順命，安樂處鄉。」亦即主管鄉政。

工師：「論百工，審時事，辨功苦，尚完利，便備用，使雕琢不敢專造於

家。」亦即主管工業部門。

傴巫跛擊：「相陰陽，占祲兆，鑽龜陳卦，主攘擇五卜，知其吉凶妖祥。」亦即掌占卜之事。

治市：「修採清，易道路，謹盜賊。干室律，以時順修。使賓旅安而貨財通。」亦即市場管理。

司寇：「打急禁悍，防淫除邪，戮之以五刑，使暴悍以變，姦邪不作。」亦即掌司法。

冢宰：「本政教，正法則，兼聽而時稽之。度其功勞，論其慶賞，以時慎修。使百吏免盡，而眾庶不偷。」亦即相當於宰相，此處或為荀子所謂的三公。

辟公：「論禮樂，正身行，廣教化，美風俗，兼覆而調一之。」亦即諸侯的職掌。

天王：「全道德，致隆高，養文理，一天下。振毫末，使天下莫不順比從服。」天王是荀子心目中能統一天下的最高執政者。

至於「善顯設人」，係指「論德而定次，量能而授官。皆使其人載其事而各得其宜，上賢使之為三公，次賢使之為諸侯，下賢使之為士大夫」。[196]上賢、次賢和下賢，依荀子的人品等第劃分皆為儒者，他說：「大儒者，天子三公也；小儒者，諸侯大夫士也；眾人者，工農商賈也。」[197]得知荀子在政治管理上主張賢人政治，亦即菁英政治。

---

[196] 《荀子·君道》。
[197] 《荀子·儒效》。

第七節　社會經濟思想

　　荀子在其所處的戰國時代，追究社會病痛的發生原因，除了戰爭帶來的動亂與災禍外，最主要的社會問題，係因經濟不振所招致的民生疾苦。從荀子〈天論〉的分析，民生的疾苦來自為政者的「倍道而妄行」。「倍道而妄行」係就經濟的生產言，「養略而動罕」導致社會的貧困；就消費而言，統治階層「本荒而用侈」。雖然，「天有其時，地有其財」，具備了農業經濟的自然條件，可惜人失其治。荀子對人為的過失所遭致的禍害，有著深刻的陳述，他說：

> 物之已至者，人祅則可畏也，桔耕傷稼，枯耘失薉。政險失民，田薉稼惡，糴貴民飢，道路有死人，夫是之謂人祅；政令不明，舉錯不時，本事不理，夫是之謂人祅；禮義不倚，內外無別，男女淫亂，父子相疑，上下乖離，寇難並至，夫是之謂人祅。祅是生於亂。三者錯，無安國，其說甚爾，其菑甚慘。（〈天論〉）

　　「人祅」指人為的災禍，係已然的事情中，最令人畏懼而憂慮之事。人所以帶給社會慘害，究其原因是一生於亂。荀子在〈富國〉提出其極銳利的見解，謂：「夫不足，非天下之公患也。……天下之公患，亂傷之也。」「亂」指人與人雖群居而不能和一，深蒙群居之害而未蒙其利。蓋「群而無分則爭。爭則亂。亂則窮。故無分者，人之大害也。有分者，人之大利也」。荀子所謂「分」，係一套具結構性秩序及規範性功能的度量分界。人除了自私自利的負面外。亦有尚義以分、辨，求群居和一的要求。荀子強調：「義者循理，循理故惡人之亂也。」**198** 因此，吾人可將荀子「分」的概念理解為「理序」。「亂」為「分」的否定概念，亦即無義失理之謂。從荀子〈天論〉觀之，雖然天地的運化有其常

理常道，可是人常因失其治，以致於錯失天時地利而告貧困。換言之，農業生產有其應遵循的客觀的自然理序。

次就生產的職能分工而言，也當有其配合性的結構比例。例如：「士大夫眾則國貧，工商眾則國貧，無制數度量則國貧。」[199]「士大夫」指從事行政管理工作的統治階層，就經濟觀點言，係食於人者的消費人口，若與食人者的生產人口失去合理的分布比例，則「國貧」。此外，在以農立國的農業經濟型社會，若從事經濟活動的非農業人口，亦即工商，與從事農業生產的農業人口，在結構上不成比例則「國貧」。因此之故，社會分化或社會分工若分得不合理，則失去「制數度量」的合理性，對荀子而言，仍為失「分」而亂理，判決以「亂」。

再就政府對人民生產所得稽徵的財稅制度言，荀子謂：「今之世而不然，厚刀布之斂以奪之財，重田野之稅以奪之食，苛關市之征以難其事。」「上好功則國貧。上好利則國貧。」[200]為政者罔顧人民的整體生存權益，憑藉強權及個人好功好利之私欲，橫征暴斂以搜刮民財。如是，為政者不尊重人民的生命尊嚴，將人民視為生產的工具，人民對無體恤之仁的為政者，自然心生厭惡，所謂：「桀紂者，善為人所惡也。……人之所惡何也？曰：汙漫、爭奪、貪利是也。」[201]為政者縱容好功好利的情性，係因崇理的心不清明，未能積思慮習偽故以化性起偽。是故，為政者在貪求無度下，對人民所定的賦稅制度不合理，取之不義，不但國貧民窮，人民也對之厭惡如桀紂。

因此，荀子在〈君道〉謂為君者所應務的四項群道之第一項為「善生養人者」，亦即善規劃民生經濟者。荀子針對當時弊端，提出的經濟改革政策是「省工賈，眾農夫，禁盜賊，除奸邪，是所以生養之也」。荀子善生養人的經濟思想，係以滿足整體社會需求為本位的民生經濟觀。荀子在〈富國〉提出其民生本位的社會經濟綱領，他說：

---

[199] 《荀子·富國》。
[200] 《荀子·富國》。
[201] 《荀子·彊國》。

足國之道，節用裕民而善臧其餘。節用以禮，裕民以政。彼裕民，故多餘。裕民則民富，民富則田肥以易，田肥以易則出實百倍。上以法取焉，而下以禮節用之，餘若丘山，不時焚燒，無所臧之。夫君子奚患乎無餘？

由開源節流以致富的經濟原理觀之，荀子的足國之道，「節用以禮」係指政府的開銷和用度，應有一套合理的章法規矩，這是愛惜民力和物力的節流觀念。荀子還提出一些具體的措施。所謂：「輕田野之稅，平關市之征，省商賈之數，罕興力役，無奪農時，如是則國富矣。夫是之謂以政裕民。」[202]值得注意的是「平關市之征」，旨在開發自然界新的資源，且促成異地土產交換流通，以豐富民生物用。荀子申述其旨意說：「王者之法，等賦，政事，財萬物，所以養萬民也。田野什一。關市幾而不征，山林澤梁，以時禁發而不稅。相地而衰政，理道之遠近而致貢。通流財物粟米，無有滯留，使相歸移也，四海之內若一家。故近者不隱其能，遠者不疾其勞。」[203]為了促進商品在市場自由流通，政府對商品所流至的關卡和市場，只查問其是否為正當的來路而不收稅。為了確保商品在自由市場的公平交易，政府對價格的規範及所應禁限的不法之事，務必要公正合理而不偏失。如是，商人在公平的交易條件下誠實不欺，「商賈敦愨無詐，則商旅安。貨財通，而國求給矣」。[204]在整體經濟活動中，商賈的社會分工之職分，在於平穩物價和流通社會上的商品。貨暢其流及均衡供需關係，是荀子對商品經濟的治理原則。

至於「罕興力役，無奪農時」，蓋荀子有鑒於農業生產不可不配合時序的運轉規律，所謂：「彊本而節用，則天不能貧；養備而動時，則天不能病；循道而不貳，則天不能禍。」[205]農業生產在天生人成的格局下，天時、地利與人治應以時序相參。在萬物各得其和以生，各得其養以成的有機自然論下，為政者不但

---

[202] 《荀子·富國》。
[203] 《荀子·王制》。
[204] 《荀子·王霸》。
[205] 《荀子·天論》。

不能奪農時，且應主動積極的了解自然的律則，配合自然界的律動，導引生產者「斬伐養長不失其時，故山林不童，而百姓有餘材也」。[206]在以人之能參贊天地化育的過程中，人應該對自然抱持一種尊重、和諧和互動的良性關係，才能維繫生生不息的資源。因此，人對自然不是任意宰制與索取無度的。荀子在天人關係的有機論下，隱含了生態保育的生態倫理觀。

在天生人治人成的理論格局中，能否熟悉諸般分支系統的結構、運作規律、分殊功能及其價值意義，進而深刻地、機體性地整合人與天的相參相成，成為荀子社會經濟思想在實踐上的成敗關鍵了。在荀子心目中，具此種非凡能力的智者，必須在認知方面「精於道者兼物物」，[207]而且在經濟管理的實務上能夠「一天下，財萬物，長養人民，兼利天下」。[208]因此，荀子一方面肯定戰國時代經濟發展所至的商品經濟、自由經濟，另方面也主張面面兼顧的計畫性經濟。所謂計畫性經濟，具體言之，係中央集權式的經濟計畫。蓋戰國時代，韓趙魏齊皆廢世卿制，仿效秦之政策，實行君主集權制。荀子不但順應這一事實，而且，基於其整體性的社會經濟理想，他在〈富國〉謂：「人君者，所以管分之樞要也。」「一天下，治萬變，材萬物，養萬民，兼利天下者，莫若仁人之善也。」「兼利天下」係其社會本位的經濟目的論，兼利的意涵為均富的「兼足」狀態。為實現「兼足」的目的，在此一總指標下，天人有系統的分工，所謂：「兼足天下之道在明分。掩地表畝，刺草殖穀，多糞肥田，是農夫眾庶之事也。守時力民，進事長功，和齊百姓，使人不偷，是將率之事也。高者不旱，下者不水，寒暑和節，而五穀以時熟，是天之事也，若夫兼而覆之，兼而愛之，兼而制之，歲雖凶敗水旱，使百姓無凍餒之患，則是聖君賢相之事也。」

就荀子養民富民的社會經濟思想而言，「兼而愛之」是其經濟活動的出發點，「兼利天下」、「兼足」為其經濟目的，為達成該目的，「兼而制之」為其

---

[206] 《荀子・王制》。
[207] 《荀子・解蔽》。
[208] 《荀子・非十二子》。

經濟手段，「兼而制之」就是中央集權式的經濟計畫，所謂經濟計畫義的計畫經濟，乃意指：「依照預定目的，對於各項實業之生產與分配。爲有計畫的指導管理之經濟制度；與無整個計畫之個人主義經濟相對待。」[209]荀子的計畫性經濟，是要求君主在改善民生的預定目標下，對各項實業的生產與生產所得的合理分配，依循「禮」的規範進行。換言之，他所主張的經濟政策爲一有計畫性地管理和引導的經濟制度，其政策方向包括產業分工與生產所得的社會分配。

　　在產業分工方面，荀子提出以政治手段進行經濟具統合性分工。他說：

　　量地而立國，計利而畜民，而授事，使民必勝事，事必出利，利足以生民，皆使衣食百用出相揜。（〈富國〉）

　　資源與享用資源的人口應有計畫性的、合理的相互配合。開發資源，講求生產求富的方法，重於聚斂囤積，所謂：「田野縣鄙者，財之本也；垣窌倉廩者，財之末也。百姓時和，事業得敍者，貨之源也；等賦府庫者，貨之流也。故明主必謹養其和，節其流，開其源，而時斟酌焉。」[210]除了以農立國的農業經濟外，戰國時代工商業頗爲發達，商品經濟頗爲活躍。商業的發展及手工業的進步，促使分工專業化，所謂：「能不能兼技，人不能兼官。」[211]不但在產業上講求百技分工，就產業的整體社會分工而言，荀子主張「農農、士士、工工、商商，一也」。[212]分工的目的在於實現整體社會的共同利益，也就是爲達成各階層的互利而行分工，農士工商之分，係應運社會整體機能之所需而分，各有職能和位分，各階層的分工者皆應善盡其責、互動互補以成互利。

　　周初封建制中，「士」居貴族階級與平民階級之間，可上可下。換言之，

---

[209] 一般所說的「計畫經濟」，最早出自一九一九年五月，德國韋塞爾（R. Vissel）和墨倫道夫（W. V. Modlendef）提出的計畫經濟案。本文的辭義引用自《中文大辭典》，「計畫經濟」條，中國文化研究所編印。

[210] 《荀子‧富國》。

[211] 《荀子‧富國》。

[212] 《荀子‧王制》。

「士」的地位在社會階級的分化中，居升降關鍵。後世或以「士」或「大夫」並稱曰「士大夫」，或以「士」或「農工商」並稱曰四民，封建初期之「士」居農工商之上，享有祿田，爲最下層之小領主。在政治地位上，除供卿大夫之指揮外，大部分立於農卒以上之下級軍校。及入戰國以後，由於社會的變遷，階層的流動，士之際遇不一而足。有操園圃業小農、舉債之貧士、寄居大夫家之士、有修行之處士……等。[213]荀子於〈王霸〉謂「士大夫分職而聽」，士仍屬官僚階層，荀書中雖未提及「士」在社會經濟中的職責，卻論及「士」所應具備的德性，他說：「從士以上，皆羞利而不與民爭業，樂分施而恥積臧。」[214]「古之所謂仕士者，厚敦者也，合群者也。」[215]要求「士」在社會生活上當與人互利而合群。至於農、工、商的專業職能，荀子在〈儒效〉謂：「相高下，視墝肥，序五種，君子不如農人。通財貨，相美惡，辯貴賤，君子不如賈人。設規矩，陳繩墨，便備用，君子不如工人。」荀子雖有分工的概念，可惜未進一步的研究和發展。

　　至於經濟生產的獲致社會財富之分配，本文分別在第三、第四節曾論及。總之，荀子思想由社會正義的表徵，理想的君主，按酬報正義，主張維齊非齊，衡情度理，制定出一套統一的禮義法度，同工同酬，不同工及不同貢獻而不同酬報。荀子云：「故先王案爲之制禮義以分之，使有貴賤之等，長幼之差，知愚能不能之分，皆使人各載其事，而各得其宜。然後使穀祿多少厚薄之稱，是夫群居和一之道。……夫是之謂至平。」「至平」的社會須具備社會公道的財富分配法。至平社會的人係能在社會分工中各得其所，各盡其才能，各取所值，各遂其生，荀子所謂：「故制禮義以分之，使有貧富貴賤之等，足以相兼臨者，是養天下之本也。書曰，維齊非齊。此之謂也。」換言之，在度量分界的禮法下，個體所獲致的社會報酬與他所付出的社會貢獻相稱等值，使他自覺理所應得而心悅誠服。因此，個體在分配正義的實踐下，對社會更有認同感和向心力。

---

[213] 李劍農，《先秦兩漢經濟史稿》，臺北：華世出版社，1981年，頁95-98。
[214] 《荀子·大略》。
[215] 《荀子·非十二子》。

第八節 社會理想與社會機制

　　荀子的社會思想具有崇理性、尚秩序及人道關懷的精神，救患除禍、興利濟世的人道關懷，係其社會關懷的原動力或出發點。發揮人的思辨能力以究明義理，建構一套周密的社會體制，以導引群體走向敬業互助，和諧而有序的社會生活，是荀子釐清多層面的人際關係以規劃合理社會生活的方法或手段。綜言之，他是以人道關懷為出發點，以理性的思辨及建構作為手段，以達到明分使群，群居和一之社會理想。吾人甚或可用荀子「至本」一詞，來點出其社會終極理想所在，他說：

> 仁人在上，則農以力盡田，賈以察盡財，百工以巧盡械器。士大夫以上至於公侯，莫不能以仁厚知能盡官職，夫走之謂至干。故或祿天下而不自以為多，或監門、御旅、抱關、擊柝而不自以為寡。故曰斬而齊，枉而順，不同而一。夫是之謂人倫。（〈榮辱〉）

　　「至平」是一種正理平治的社會狀態。「人倫」是達成彼社會狀態的必要條件。「人倫」係植基於社會公道所釐清的人際關係之結構，亦即明分使群的「明分」工作所在。符合社會公道的「人倫」，其所以「明分」的原理或原則，在於「德必稱位，位必稱祿，祿必稱用」、「朝無幸位，民無幸生」。[216]個體在至平的社會裡，適才適位地各得其所，分工合作，敬業互助，各取所值。因此，至平的社會雖是有社會差異的「人倫」社會，然而其社會差異、「人倫」稱情合理，呈現著秩序與和諧。換言之，在至平的社會中，雖人與人有個別差異，社會結構亦有層級性的差異，然而卻群居和一，壯者無分爭之禍，同事無爭功之禍，夫婦無失合之憂。從社會文化觀之，至平的社會係一人人有禮教的道德人，所

謂：「禮也者，貴者敬焉，老者孝焉，長者弟焉，幼者慈焉，賤者惠焉。」[217]

　　老者、幼者、賤者，皆屬社會中生存條件及能力較爲弱勢者。荀子本著人道關懷，一方面提倡「選賢良，舉篤敬，興孝弟，收孤寡，補貧窮」[218]的社會道德風範，另方面則責成爲政者以政令制度來落實殘障福利及貧民的醫療救濟，他說：

> 潢然兼覆之，養長如保赤子。生民則致寬，使民則寨理。辨政令制度，所以接天下之人百姓，有非理者如豪末，則雖孤獨綁寡，必不加焉。（〈王霸〉）
>
> 五疾。上收養之，材而事之，官施而衣食之，兼覆無遺。……是王者之政也。（〈王制〉）

　　「五疾」指啞、聾、瘸、斷手和發育不健全者。[219]總而言之，政府有責任對各種殘疾的社會不幸者予以扶持收養，普遍地關注照顧而務求沒有遺漏者。「至平」的社會既是正理平治的社會，則正理平治意指合乎一套社會規範的行爲模式。若是，不符合這套社會規範的行爲就是非正理平治的社會行爲，對荀子而言，乃屬於偏險悖亂的偏差行爲，亦即所謂「惡」行。因此，在荀子的社會思想中，若要達成群居和一的至平社會，則應當規約一套正理平治的行爲，以制約社會中偏險悖亂的偏差行爲。如果以西方社會學的講法，名之曰「社會控制」（social control）。所謂「社會控制」：「是指用來支持社會規範及制止對規範實際或潛在破壞的那些機制。」[220]蓋一套具有社會共識的規範和價值，是凝聚和整合社會力量的基礎，亦是維護社會整體利益所賴。社會控制乃基於維繫這套規範和價值及約束可能破壞它的偏差行爲之實際需要而生。

---

[217] 《荀子・大略》。

[218] 《荀子・王制》。

[219] 「五疾」的解釋，參考北京大學哲學系《荀子新注》的注釋，臺北：里仁書局，1983年，頁139。

[220] 參考Donald Light, Jr.與Suzanne合著，林義男譯，《社會學》，頁323。

至於社會控制的機制，則可分別從內在和外在兩個層次上共同運行，社會學家以「內化」（internalization）一詞來表示內在層次的社會控制。那就是將一套社會規範和價值，透過社會化的過程傳授、感染社會成員，以建構或形塑其社會人格的過程。換言之，「內化」就是一種在社會化的過程中，導引人熟悉、接受和全盤認同社會規範與價值的過程和作用。社會成員經歷該過程後，由於積漸成習而不自覺地遵守這些規範，而非基於自覺的避免懲罰來壓抑自我就範。對一社會而言，所擬內化的一套規範和價值，係一套實質性的社會文化內涵，也是構作整體社會秩序的基礎。內化義的社會控制是達成人「自制」（self-control）的方法。

然而由於人生理、心理或社會結構等諸般因素，人與社會規範常有不同原因和方式的衝突。因此。社會化未必能馴服人的意志，確保每個社會成員的順從，因此需要具「強制力」（coercion）的外在約束力。社會學家將之稱爲「賞罰」（sanction），亦即對遵從社會規範表現優異者予以獎勵，具有鼓勵及對他人示範和誘導之效。另方面也對違逆社會規範者予以懲罰，以示效尤、警惕及赫阻之效。從荀子社會思想觀之，此兩義的社會控制，皆涉及吾人先以荀子的化性起僞來闡釋具社會化義的社會控制，再述及荀子具強制力的賞罰觀，亦即硬性的社會控制法。

從荀學之聖人積思慮習僞故且配合參究歷史文化傳承所獲致的禮義師法，乃是適用於彼時空條件下的一套社會規範和價值觀。簡言之，就是禮。就社會化係一社會教育的作用言，荀子的有理讓爲「禮」，更好說禮教，乃是導引人修身以正身的依據，所謂「禮者，所以正身也」。[221] 禮教是荀子人文統類所得以形成的依據。

---

[221] 《荀子・修身》。

第九節　荀子的評價

　　社會成員在社會化的過程中，基於種種因素，亦常發生個人行爲與社會規範衝突，致使個人行爲逸出社會規範而出軌的事，若不採取立即處置的措施，其行爲引發負面的感染和擴散作用，則社會規範遭破壞而有失控以致衍生混亂無紀之亂險。針對偏險悖亂的異常違規行爲，荀子主張採取社會制裁，亦即懲罰措施。相反的，爲了鼓勵和誘導社會成員認同該社會的價值觀及積極作爲社會所期許的行爲範式，以便對社會目標之達成有所貢獻，荀子主張獎賞以資讚許和樹立社會模範作用。

　　刑賞係硬態的社會控制，荀子肯認刑賞作爲外礫性的規範效用，有其人性觀的心理依據，他說：

> 有離俗不順其上，則百姓莫不敦惡；莫不毒孽，若被不詳，然而刑於是起矣，是大刑之所加也，辱莫大焉……有能化善修身正行，積禮義。尊道德，百姓莫不貴敬，莫不親譽，然後賞於是起矣，是高爵豐祿之所加也，榮莫大焉。（〈議兵〉）

　　刑賞之施一方面是有鑒於社會大眾對離俗者敦惡、責孽，以及對善行者貴敬、親譽之社會的心理反應。另一方面，則是根據受刑賞者趨利避害的自私心，以及好榮譽惡侮辱的人際心理反應。因此。刑賞的立意在利用人好利避害及向榮顯背羞辱的心理，設置爲善有賞及爲惡有罰的誘因及威嚇力，以導引社會群眾的行爲趨於社會價值判斷所肯定的正理平治之行爲，或避開所認定的偏險悖亂行爲。

　　荀子認爲刑賞與社會教化有互補性，在社會控制中是一必備工具。他在〈富國〉云：「教而不誅，則姦民不懲；誅而不賞，則勤屬之民不勤。」其中刑罰是不得已的手段，荀子在〈正論〉云：「凡刑人之本，禁暴惡惡，且徵其末也。殺人者不死，而傷人者不刑，是謂惠暴而寬賊也，非惡惡也。」刑罰的功用

除了懲罰報應已發生的罪行外，還兼具防嚇、防治有犯罪意圖的人，藉其畏刑而自制，以消弭不少犯罪的可能性。為收懲姦治惡的惡惡之效，量刑過輕則有「惠暴而寬賊」之嫌，而有不能達成禁暴除惡，安定社會秩序之目的。因此，荀子在〈王制〉謂：「扞急禁悍，防淫除邪，戮之以五刑，使暴悍以變，姦邪不作。」[222]

　　在荀書中「司寇」係主管司法的最高長官。法律的制定務必要盡可能的大公無私，所謂：「公道達而私門塞，公義明而私事息。」[223]法律面前人人平等，〈王制〉云：「雖王公士大夫之子孫，不能屬於禮義，則歸之庶人。雖庶人之子孫也，積文學，正身行，能屬於禮義，則歸之卿相士大夫。」賞罰對事不對人，務必要分明，〈致士〉謂：「賞不欲僭，刑不欲濫；賞僭則利及小人，刑濫則害及君子」。同時，論功行賞及論罪行罰，務必要稱情合理，〈正論〉謂：「刑稱罪則治，不稱罪則亂。」「賞不當功，罰不當罪，不祥莫大焉。」刑賞的施用不但不可太濫、太意氣用事，而且要稱情合理，使受賞者感到欣慰，才足以發揮鼓勵人上進向善之激勵力。至於因罪受罰者覺得量刑得當、罪有應得，若如此才會衷心服膺，而收懲惡效用。總之，刑罰務必公平合理，人人心服，人人尊重刑賞的莊嚴性，如此，刑賞成為達成善之目的之一種合理手段。此外，刑賞也是建立賢者進，不肖者退的社會層級上下流動常軌。

　　荀子的社會思想頗具務實的理性精神。他正視且肯定社會生活的諸般價值，他以發揮人心的理性思辨及合理序的嚴密建構能力，從結構、功能及價值意義三層面處理人性的機構、天人關係及人與人之互動所建構的社會關係。在社會的分化中不忘有機的統合性，在社會層級的建制中，有鑒於人與事的複雜性和差異性，特別強調依客觀的統類之道理來規劃一套可資明分使群的禮義法正，期人人在這一擴張的社會人際網絡中，不但適才適所，且和諧無間的溝通互動，滿全人的社會性需要而群居和一。在社會經濟上，體認了中央集權的計畫經濟與地方

---

[222]「五刑」指臉上刺字的墨刑、割鼻子的劓刑、斷腳的剕刑、閹割的宮刑、砍頭的大辟刑等五種殘酷的刑罰。
[223]《荀子・君道》。

財貨相互流通的自由經濟或商品經濟可相資互濟，也孕育出達成社會成員之間互助互利的公義概念。同時，荀子以人道關懷爲出發點，關切社會整體人的生存發展權益，並且以理智的力量研求開源節流的求富方法。在求得社會財富後，又特別重視分配的正義。在社會控制方面，社會教化及社會制裁兼併行之，「以善至者待之以禮。以不善至者待之以刑。」[224]然而，慶賞刑罰務必大公無私，堅守報償的社會正義。在禮法關係中，荀子係以禮統法，非以法統禮。他是採融法於禮的儒家立場，筆者曾在另一篇拙著〈荀學儒、法歸屬問題之探討〉中認爲：「荀子的法治，一方面是輔佐禮治，俾警愚懲頑，藉收匡正偏弊之效。另方面則促成禮樂的教化與對民情的陶冶，使人民養成篤誠的節操與敦厚的社會風氣。」[225]

　　儘管荀子在社會思想上留下了極豐富的資源和多層面的思維啟發處，然而，不可諱言的，他也留下一些難題。首先，他將龐大複雜的社會結構之設計及操控訴諸能積思慮習僞故，善於能分使群的君主，如此超人式的菁英何處尋？如何培養？如何以公平合理的程序產生？將社會禮法由一人攬權襲斷，未能在制作的過程中採多元開放式，讓社會多樣化的立場、觀點有機會充分表達和參與，則社會共識欠缺，社會的生機和彈性無土根性的基礎，是否會淪成烏托邦式的理想國？再者，人心是變化難測的，當聖人化的君主異化成一失德亂政者時，又如何能監督、制衡及解職更替呢？或許我們對荀子社會思想的時代再生之期盼，逼使我們不得不兼顧歷史的眼光及時代的視野，從返回傳統中去開出未來的新路和新希望。我們所能做的，或許該是由古今和中西的會通中研求圓融和超勝可能性吧！

---

[224] 《荀子·王制》。
[225] 曾春海，〈荀子思想中的「統類」與「禮法」〉，《儒家哲學論集》，頁97。

第七章　先秦儒家禮樂的人文精神

　　禮樂文明的內涵及特質又是什麼呢？「禮」字从「示」从「豊」。「示」字意涵，若透過《周易・賁卦象辭》所云：「文明以止，人文也。觀乎天文以察時變，觀乎人文以化成天下。」則天垂象見吉凶以示宗教神事。「豊」字則是從「豆」象形，行禮之器也。「觀乎人文以化成天下」，意指本天道立人道，推天道以明人事。除了宗教的含義外，另一面向的含義，係指人觀察大自然呈現在天上日月星辰運行的規律，製作曆法。在天有其時，地有其宜，人有其治的天生人成架構下，可制定人文的價值理序，天地人相互配合，聯繫成一有機的整體生命，推行人文化成文明的教化。「人文」與「文明以止」有意義脈絡的連貫性，指周文講究人類的文明禮儀，透過禮樂的人文陶冶，潛移默化出文質彬彬的君子人格，爲人處世皆能善盡本分，知其善之所止的目標，在實踐上無過與不及。由賁卦的卦畫 ䷕，再按「賁」的字義，指貝甲表面之文采雕飾美，引申其義指任何事物內在的實質與外在煥發的文采兼重，文飾依附本質而顯發其亮麗的美感，本質亦藉文飾來光顯自身的美好。

　　人類的文明社會有多樣內涵，諸如器物文明、制度文明、人倫道德文明……等，就社會長治久安的考量而言，法治與德化的禮治可並行不悖。然而，就立體的價值層次而言，禮治的位階對法治享有優位性。孔子說：「道（通「導」）之以政，齊之以刑，民免而無恥；道之以德，齊之以禮，有恥且格。」（《論語・爲政》）以外在的政治力介入人的生活，制定有公權力強制性的法律刑治（法治），人民基於趨利避害的世俗性心理，只求消極的不犯法，不受刑罰之禍害而已，心中未必有恥惡之心的感受。若採用禮治的道德教化來引導感化人民，則可喚發人的道德心靈，自覺性的發用羞惡之心，而自發性的積極向善了。《禮記・經解》曰：

　　禮之教化也微，其止邪也於未形，使人日徙善遠罪而不自知也。是以先王隆
　　之也。《易》曰：「君子慎始，差若毫釐，繆以千里。」此之謂也。

　　中國遠自周代因施行禮樂教化而人文化成爲「禮義之邦」。《禮記・禮運》曰：「故禮義也者，人之大端也，所以講信修睦，……。故唯聖人爲知禮之不可以已也，故壞國、喪家、亡人，必先去其禮。」禮樂文明的本質在以人文化成盡善盡美的天下，這一人文化成的文化是儒家爲主流的中國傳統文化的特質。

　　現代人所講的「文化」，其概念來自西方的「Culture」，其原初定義，出自英國人類學家泰勒（Tylor, Sir Edward Burnett，一八三二年－一九一七年）在其於一八七一年出版《原始文化》（*Primitive Culture*）書中所提出，謂：

> 文化或文明，就其廣泛的民族學意義來說，乃是包括知識、信仰、藝術、道德、法律、習俗，和任何人作爲一名社會成員而獲得的能力和習慣在內的複雜整體。[226]

　　在他之後的學者對「文化」的界定眾說紛紜，一九五一年，美國人類學者克魯伯（A. L. Kroeber）和克魯柯亨（Clyde Kluckhohn）在共同著作《文化：一個重要概念的回顧》（*Culture: A Critical Review of Concepts and Definitions*）中，梳理自一八七一年至一九五一年的八十年間，對「文化」的詮釋，總計有一百六十四種之多，可見其含義的紛歧性和豐富性。縱使如此，然而其間也有共相可尋，所謂「文化」指歷史上人類所創造的一切業績和生活樣式。其間有顯性形態的文學作品、藝術創作、客觀的典章制度等等，以及隱性的族群所共享的思想觀念、風俗習慣和言行模式等等。文化雖指人類的生活樣態，其核心元素在其所含具的意義和價值。

　　近當代的中國學者也有不少關注中國文化課題者，其中，國學底蘊深厚、見解精闢的錢穆，在其所著《從中國歷史來看中國民族性及中國文化》一書中，就指出「文化」一詞雖由西方傳入中國而流行，在中國可遠見於《易》書所言：

---

[226] 見莊錫昌等編，《多維視野中的文化理論》，杭州：浙江人民出版社，1987年，頁990。

「觀乎人文，以化成天下。」他將「文化」含義直指一民族生命所在，係民族生活的總體稱呼。他說：

> 要講中國文化，要講中國人的生命，要講中國人的生活，從哪裡講起？我是個中國人，還是要照我們中國人的道理講。在《中庸》上說：「天命之謂性，率性之謂道，修道之謂教。」天生我們每一個人，賦予他一個性。照這個性去表現發展，即是「道」。中國古人所講的道，即略如我們今天所講的文化。但講文化也得隨時變通。今天我們如何來講文化，便即是「修道之謂教」。**227**

因此，中國人文化生命的本源在天人性命相貫通的人性，依循人靈性生命本性的常理常則，才是實現人生意義和價值的正「道」。如何隨時變通以體現人性的常理常道，是人文化成的「教化」宗旨。同理可得，先秦儒家所重視的禮樂文明，周代所以為禮義之邦的根源和動力亦深植於人性中。

「文明」一詞除出現在《易》書賁卦外，還出現在其他兩個卦。〈同人卦・象〉曰：「文明以健，中正而應，君子正也；唯君子為能通天下之志。」意指內心光明正大的君子，其人格可感召融通於天下人的心志。〈革卦・象〉曰：「文明以說，大亨以正。革而當，其悔乃亡。」這三卦象辭皆以「文明」釋所共同具有的離卦，革卦謂革新而有正當性而無悔恨之情，且有喜悅之情的主要原因在其內卦為離卦，表徵光明正大的美德，故能以正道暢通改革之舉措。「文明」、「人文」的辭源皆出於《易》書，例如〈賁卦・象〉曰：「剛柔交錯，天文也。文明以止，人文也。觀乎天文以察時變，觀乎人文以化成天下。」《詩》、《書》、《禮》、《樂》是教化天下人、實現人文精神、成就文質彬彬的君子之儒家經典，唐・孔穎達在《周易正義》疏曰：「觀乎人文以化成天下

者，則詩、書、禮、樂之謂。當法此教而化成天下。」[228]《荀子・儒效》分別論述儒家經典的價值說：「《詩》言是其志也，《書》言是其事也，《禮》言是其行也，《樂》言是其和也，《春秋》言是其微也。」當今研究中華文化人文精神著力甚鉅的唐君毅斷言：「所謂人文的思想，即指對於人性、人倫、人道、人格、人之文化及其歷史之存在與其價值，願意全幅加以肯定尊重。」[229]因此，人文精神當指能昂揚人性尊嚴，彰顯倫理社會之倫序和人道，培養典範性人格的價值語詞，統攝了人的倫理道德、情感生活、審美情趣、宗教的神聖性等精神價值。《論語・憲問》載曰：「子路問成人。子曰：『若臧武仲之知，公綽之不欲，卞莊子之勇，冉求之藝，文之以禮樂，亦可以爲成人矣。』」「成人」指具有文化教養和成熟人格特質的人。禮樂對人文化成的成人教育具有潛移默化的深耕作用。

---

[228] 孔穎達，《周易正義》，臺北：中華書局，1986年，頁158。
[229] 唐君毅，《中國人文精神之發展》，臺北：臺灣學生書局，1988年，頁10。

第一節　西周禮樂文明之形成及核心人文價值

　　對中國上古禮樂文明之源起，歷來古今學者各有說法，值得注意者，多數學者不孤立地分述禮、樂，而是相互聯繫地論述。遠溯上古祭祀活動中的原始巫祭，常是以歌舞娛神和以供物奉神一併具呈。其中，歌舞娛神的主要器樂為「鐘鳴」，供物奉神的主要禮器和禮物是「鼎食」。兩者兼具是早期祭祀以示對天神崇拜的基本載體或形式表現。上古舉行「鐘鳴」和「鼎食」的祭典，是得透過禮和樂來作傳媒。以樂和舞的關係為例，我們可以透過岩畫、甲骨刻辭、青銅紋飾和其他種圖繪，可推知上古的樂舞文化可分作巫祭之樂，代表雅文化，以及表徵民俗文化的民鄉之樂，此後逐漸分化發展成雅文化和俗文化。在舞蹈遺留下來的圖形上，我們得知頭上戴面具和飾物，且雙手呈上舉的舞蹈圖形，如岩畫上普遍呈現者，以及在今文中所常見張開雙腳，雙臂上舉，正面直立之人物圖形，[230]是雅文化中的舞蹈。蓋在中國上古的宗教信仰，認為風、雲、雷、電乃是上帝的使者，來自上天，人們為了表達對上帝宗教性的敬畏，以雙臂上舉的樂舞瞻仰皇天、先祖、百神，青銅器的毛公鼎有言：「用（仰）邵皇天，綑繆大命。」臺灣中央研究院院士張光直在所著《商代的巫與巫術》說：「若字不如說是像一個人跪或站在地上兩手上搖，頭戴飾物亦劇烈搖蕩，是舉行儀式狀。換言之，『若』亦是一種巫師所作之祭。」張光直推測古代宗廟祭祀之舞，咸信神或先祖來自上方，於是以雙手向上的舞蹈動作，表達對神或先祖的虔誠尊拜。《禮記・祭統》謂：「燔柴於祭壇，祭天也。」又〈郊特牲〉孔疏：「天神在上，非燔柴不足以達之。」此外，「舞」字的古文形態也有雙手下垂的舞蹈圖形。例如毛公鼎「作」字形宛若一人正面站立，兩手持物下垂，據有關學者研究，其舞姿與庶民社會的生產活動有關，多是集體舞蹈，缺頭飾，偶而可見有尾飾，與迎奉天神降臨或恭送天神陟升的祭神娛神的雅文化有所不同。

---

[230] 一九七五年，在山東長清縣所出土的數件爵、觶、瓶、壺上，皆有形符號，鼎、罍、壺上同有形符號，請參考〈山東長清出土的青銅器〉，《文物》1964年4期，頁41。

「禮」的概念含義有多層面，極為豐富，包括禮制、禮規、禮儀、禮品、禮
俗、禮教、禮法……等，不能以偏概全。不過，周監於夏、商二代，去蕪
存菁地集了上古三代文化的大成。由《禮記》得知宗周禮樂文明中以吉、
凶、軍、賓、嘉五禮最隆重，其中吉禮，亦即祭禮，為後代的禮文化形塑定
制，居五禮之首，其人文精神之含義也最深廣。劉師培說：「古代禮制悉賅
于祭禮之中，舍祭禮而外，固無所謂禮制也。」**231**

　　三代的禮樂文化是在殷商盛行的巫祀文化中滋長而成熟，為宗周的禮樂文
化制度奠定厚實基礎。宗周時期的「鼎食」禮和「鐘鳴」之樂，在西周的統整改
造後，賦予了宗法制和封建制，形成嚴密而繁複的禮樂文明制度。至於禮樂文明
的核心價值，則可由《荀子・禮論》所追溯之三根源為依據，所謂：「故禮，上
事天，下事地，尊先祖，而隆君師。是禮之三本也。」換言之，對天地人祖之祭
祀是禮的三本根，對天地先祖的追思，也在尋根中確立了天地人不可分割的渾然
大生命體。由天地人互聯成一有機的宇宙觀、歷史文化觀和人文生命的價值觀，
乃立基於人為本位所開展出來的人倫道德世界的核心價值，再依據周代社會結構
的本質，是有血有緣的宗法倫理社會。我們由《禮記・大傳》得知先王治理天下
所本的人道，可分為親親、尊尊、長長和男女有別這四大人倫道德，其核心乃歸
結到人之本的孝悌。再由〈禮器〉第十，透過清儒孫希旦《禮記集解》的研究指
出，這篇由禮的架構形式，深入人的內心，應以忠信義理來把握禮的內涵精神。
至於禮樂之所源發的人心人性。〈樂記〉第十九指出禮自外作，樂由中出；我們
可以說禮側重人文理性的倫理結構，主別尊卑貴賤、男女老幼、進退授受的人文
理序。樂配合像《詩經》所謂「思無邪」的真摯高尚情感，陶冶和發揮人正當的
情感生活。禮主序，樂主和，禮樂相互為用，使人類社會生活倫序井然，且互
敬互愛，臻於溫暖而和諧的人間樂土。〈祭統〉第二十五謂祭有品物、禮典、配

---

231 清・劉師培，《劉申叔遺書》，《古政原始論》，南京：江蘇古籍出版社，1997年，頁678-679。

樂、時地和主祭陪祭的位序，一切皆歸本於人飲水思源、莫忘先祖的孝心，教導人「知恩感恩，報本返始」，營造家庭和宗親們深厚誠摯的倫理親情，這是禮以人道爲本的最重要特色。至於人倫道德和禮樂文明的價值判準爲何？《禮記・中庸》第三十一標舉不偏不倚，無過無不及的中正平和的中庸之德爲最高依據，其本質爲天命之德性彰顯爲至誠的水準。

第二節 孔孟論禮樂內蘊的人文精神

　　東周的禮樂文明所表彰的人文精神價值，我們可以春秋時代孔子的《論語》爲代表。戰國時期，我們以孟子代表戰國中期，荀子代表戰國晚期。

一、孔孟禮論的人文精神

　　劉師培在《經學教科書・西周之六經》中說：「西周之時，尊崇《六經》，自文王治《易》作象文爻辭，周公制禮作樂，復損益前制，製爲冠昏、喪祭、朝聘、射饗之禮，而輶軒陳詩觀風。史官記言、記動，仍仿古代聖王之制。」且進一步指出：「《禮》、《樂》、《詩》、《書》復備學校教民之用……諸侯各邦亦奉《六經》爲典臬。」[232]孔子生逢周文疲弊、禮崩樂壞之際，對六經的人文教育價值提出寶貴見解。《禮記・經解》謂孔子曰：「入其國，其教可知也。其爲人也，溫柔敦厚，《詩》教也；疏通知遠，《書》教也；廣博易良，《樂》教也；絜靜精微，《易》教也；恭儉莊敬，《禮》教也；屬辭比事，《春秋》教也。」司馬遷在《史記・孔子世家》提及孔子的禮樂教育，其詩教旨在「去其重，取可施於『禮義』且『弦歌之，以求合韶武雅頌之音。禮樂自此可得而述』」。孔子讚賞周代文明集三代文明之精華，所謂「郁郁乎文哉」。在其人格教育中，特別注重《詩》、《禮》、《樂》的陶冶，指點人文精神之培養應該「興於《詩》，立於禮，成於樂」（《論語・泰伯》）。在先秦禮樂文明的發展和形塑中，詩、禮、樂相輔相成聯成一體化。

　　宗周爲禮義之邦，周文化特質在崇尚人文（尚文），孔門教育哲學特別重視禮教在人文化成善良和諧社會的社會教化價值。《論語・學而》載有子言：

---

[232] 清・劉師培，《劉申叔遺書》，臺北：華正出版社，1975年，頁2356。

「禮之用，和爲貴。先王之道斯爲美，小大由之。有所不行，知和而和，不以禮節之，亦不可行也。」孔子指出一個無禮教涵養的缺失所在，謂：「恭而無禮則勞，愼而無禮則葸，勇而無禮則亂，直而無禮則絞。」（《論語·泰伯》）但是禮樂教育又可分爲表層的儀文形式和其內蘊的深層人性基礎，前者爲「文」，後者爲具實存性的「質」，亦即實質內涵。

　　《論語·雍也》：「質勝文則野，文勝質則史，文質彬彬，然後君子。」樸實無華的內在美，在價值判斷的位階上高於文采裝飾的外在美，素樸率眞的鄉野人士（如農夫、村夫）可爲範例。若外在的文采美飾超過內在眞樸的實質，則宛如官府中掌管文書之史官太過注重文字的虛飾。君子是兼重並修內在眞實的品德和外在的禮典儀文。孔子傑出弟子、名列言語出色的子貢，詮釋孔子所說「文質彬彬，然後君子」的含義爲「君子，文猶質也；質猶文也。虎豹之鞟（去除毛的獸皮），由犬羊之鞟」。意指外在的文采與內在眞樸的品德對潔身自修的君子而言同等重要，不可偏廢其一。若偏重「質」而輕忽「文」，則猶如剃除虎豹美麗的皮上之毛而只留表皮，和剃除平凡的毛只留表皮的犬羊，又有何區別呢？

　　儘管如此，文質之間有表裡關係、主從關係。《論語·八佾》載林放問禮之本，孔子說：「大哉問！禮，與其奢也，寧儉；喪，與其易也，寧戚。」朱熹於《四書集註》云：「凡物之理，必先有質而後有文，則質乃禮之本。」旁徵《史記·樂書》謂：「中正無邪，禮之質也。」「文」表現「質」，表裡如一，切忌文過於質而流於不實之虛文。《論語·八佾》有則涉及這一理論的問答，子夏問：「巧笑倩兮，美目盼兮，素以爲絢兮。何謂也？」子曰：「繪事後素。」註曰：「禮必以忠信爲質，猶繪事必以粉素爲先。」孔子對外在的禮樂形式的文飾和內在對應的品德實質有一關鍵性的論斷。謂：「禮云禮云！玉帛云乎哉？樂云樂云！鐘鼓云乎哉？」（《論語·陽貨》）「人而不仁，如禮何？人而不仁，如樂何？」（《論語·八佾》）。禮樂旨在表達人內在仁心、仁性的道德情操，如情不及禮，則失去稱情立文的本旨。對孔子而言，人內在眞切的仁心、仁性才是外在禮樂形式所要表彰的人文精神。「仁」的人文精神世界有不可勝數的無限內容，朱熹以孔子用「愛」答樊遲問仁爲偏言之意，以統攝一切美德詮釋「仁」爲

專言之詞，可謂精闢之見。孔子以文質相對應，以表德爲旨要。《論語・子罕》載孔子言：「麻冕，禮也；今也純，儉。吾從眾。」

　　就文與質的概念範疇而言，禮樂屬「文」的範疇，「仁」屬「質」的範疇。「仁」爲禮樂的內在本質，仁爲人所以爲萬物之靈的超越特徵。《禮記・中庸》記孔子之言：「仁者，人也。」仁爲人道之本、人的終極本性。唐・孔穎達疏《中庸》云：「仁者人也，親親爲大者，仁謂仁愛相親偶也。言行仁之法，在於親偶，欲親偶疏人，先親己親，然後比親及疏，故云親親爲大。」[233]「親親」的孝悌之德是先秦禮樂文明所標榜的人文精神中最核心性的價值。《孟子・盡心上》：「親親而仁民，仁民而愛物。」且把最能表顯人文精神核心的「親親」推本溯源，直指人心，謂「君子所性，仁義禮智根於心」（《孟子・盡心上》），且說：「仁義禮智，非由外鑠我也，我固有之也，弗思耳矣。故曰：求則得之，舍則失之。」（《孟子・告子上》）在君子人格培養上，強調「君子以仁存心，以禮存心。仁者愛人，有禮者敬人」（《孟子・離婁下》）。就「仁」的統攝義而言，「仁」蘊含無法窮盡的人之可能的美德。在孔門弟子中以德性著稱的顏淵請教孔子實踐仁德之方法時，孔子說：「克己復禮爲仁。……爲仁由己，而由人乎哉？」顏淵進一步問具體德目時，孔子回答說：「非禮勿視，非禮勿聽，非禮勿言，非禮勿動。」（《論語・顏淵》）「爲仁由己」，意指人有道德的主體性，能自覺自主自發性的主動實踐仁德，「禮」的消極道德是能自覺性地勿做非禮之事，亦即不尊重人而無理冒犯他人之事。孔子所謂「己所不欲，勿施於人」（《論語・顏淵》）。《孝經・廣要道》說：「禮者，敬而已矣。」可見禮文明的基本做人態度就是要尊重他人人格的尊嚴，能自覺性的自尊而尊人。孔子的忠恕之道是實踐仁的普遍性原則，亦能運用在禮文明的實踐上，除了消極的恕道外，「己立而立人、己達而達人」是實踐仁道的禮文明所應積極去努力者。樊遲問仁，孔子指點說：「居處恭，執事敬，與人忠，雖之夷狄，不可棄

---

[233] 唐・孔穎達，《禮記正義・中庸》卷五十二。

也。」（《論語・子路》）禮的正向積極屬性無法窮盡，不可盡列，如〈陽貨〉的「恭、寬、信、敏、惠」等皆屬之。

　　當代新儒家人物之一的徐復觀對禮樂文明的人性根源「仁」有精闢見解，他說：

> 由孔子所開闢的內在地人格世界，是從血肉、欲望中澄浸下去，發現生命的
> 根源，本是無限深、無限廣的一片道德理性，這在孔子，即是仁。[234]

　　他認為孔子所標榜的「仁」，係內在於人之生命存在的道德根子，可隨機緣和人的自覺向外感通應發。《論語・里仁》載孔子謂「君子去仁，惡乎成名？君子無終食之間違仁，造次必於是，顛沛必於是」。「仁」是內在於人的道德根源，發用於一切事物，而賦予其存在的意義和價值。質言之，仁的道德根性內在於人人生命中。徐復觀說：「孟子是以心善言性善，所以當孟子說『仁，人心也』（《孟子・告子上》）的話時，實等於說『仁，人性也』。這正是繼孔子人性論的發展。」由於孔子對仁的開闢，不僅奠定了爾後正統的人性論的方向，並且也由此而奠定了中國正統文化的基本性格。」[235]史書謂孔子作《春秋》旨在微言大義，「大義」針對現實環境諸般不合理的觀念、言行之批判和矯正。例如如何對禮樂形式意義的扭曲，進行正本清源。孔子對季氏採用天子享用的八佾舞制，怒批：「是可忍，孰不可忍？」「微言」是不拘限於實然的歷史現實條件，由現實情境深入人性的人文理想所向，從人類的精神文明進程中，直探超越一切歷史相對價值，探索出普世性的人文精神價值。禮樂表徵春秋時代的人文精神世界，孔子將周代的禮樂典制奠基於人心深層的先驗價值本性「仁」，這是他將外在禮樂形式轉向人內在本具的道德根源、道德主體性的「仁」，這是他說「人而不仁，如禮何？人而不仁，如樂何？」的真諦。孔子可說是先秦禮樂文明由宗教

---

[234] 徐復觀，《中國人性論史》，臺北：臺灣商務印書館，1978年，頁70。
[235] 徐復觀，《中國人性論史》，頁99-100。

轉向有價值意識，特別是有道德自覺的人文化之轉折的關鍵性偉人。

　　春秋時代的禮樂文明統攝了許多人倫道德觀念，「敬」德是禮樂最基本的人文教養和道德心態。徐復觀指出：「敬是周初最重要的道德觀念。由敬而重視彝，由彝而擴大到禮。因禮與敬的關係，是經過了彝的觀念的轉手，所以敬與禮的關係，至春秋時代而始明顯地說了出來。」[236]孔子以「仁」爲禮樂人文精神的活水源頭，具道德意義的「仁」字，典出於《左傳・僖公三十三年》晉臼季謂：「出門如賓，承事如祭，仁之則也。」我們從《論語》得見「仁」概念之反覆討論出現過一○五次之多，可推斷孔子將《左傳》的「仁」賦予仁性內在，善由仁顯的人文理念，提升了仁心仁性在春秋時代禮樂文明的深度和廣度。《孟子・萬章下》曰：「夫義，路也。禮，門也。」唯君子能由是路，出入是門也。（鄒城市孟府第二道大門門額上懸掛「禮門義路」匾額）。衍申其義：孟子又云：「恭敬之心，禮也。……仁義禮智，非由外鑠我也，我固有之也，弗思耳矣。故曰：求則得之，舍則失之。」（《孟子・告子上》）「禮」之「文」源發於人的道德心靈之恭敬意識，心有反躬自省的本質，恭敬意識出於心靈反躬自省的自覺能力。孟子還有「辭讓之心，禮之端也」（《孟子・公孫丑上》）、「君子以仁存心，以禮存心。仁者愛人，有禮者敬人」（《孟子・離婁下》）的提法，可謂係將孔子所言作爲禮樂之本的「仁」直指人心，賦予心性存有論的道德形上學基礎。

二、孔孟樂論的人文精神

　　春秋末期，王官之學流入民間成就私學，自幼好禮學的孔子自謂：「吾自衛反魯，然後樂正，雅、頌各得其所。」（《論語・子罕》）邵懿辰指出：「樂本

無經也，樂之原在《詩》三百篇之中，樂之用在《禮》十七篇中。」[237]孔子將《詩》三百五篇皆弦歌之，其所配合的〈韶〉、〈武〉、〈雅〉、〈頌〉之音，當是有人文教化價值的雅樂，其音樂特色又是什麼？據《左傳‧昭公二十年》載述：

> （聲音）清濁、小大，短長、疾徐，哀樂、剛柔，遲速、高下，出入、周疏，以相濟也。君子聽之，以平其心。心平，德和。

雅樂的音調、旋律、節奏、音色，旨在調和正人君子的心情（或情緒）能「平其心。心平，德和」。《國語‧周語下》亦曰：「夫政象樂，樂從和，和從平。聲以和樂，律以平聲。」由這兩種文獻所共同顯示的是雅頌本質是中正平和的音樂，在樂教上能陶冶人的情性，不偏不倚，不過無不及，音樂的表現與人內在真實的感情對應符合。最重要的是雅樂是務求人與人間情感交流，體驗和相互認同融和的音樂，符合儒家人文精神最核心的價值理想，亦即《論語‧堯曰》所謂：「允執其中」的中和之美。

《論語‧述而》載曰：「子在齊聞〈韶〉，三月不知肉味。曰：『不圖為樂之至於斯也！』」〈八佾〉云：「子謂〈韶〉：『盡美矣，又盡善也。』謂〈武〉：『盡美矣，未盡善也』。」〈大武〉樂舞是描述武王伐紂，軍容雄壯威武，雖有令人動容的壯美，但是充滿殺伐之氣，且武王執政時非太平安康之日，孔子評〈武〉樂盡美而未盡善。虞舜以孝德聞天下，執政時天下康寧和諧。因此，孔子充分肯定頌揚虞舜的樂舞〈韶〉，兼具盡善和盡美的二重價值。「盡善」指〈韶〉樂充滿善良融洽的倫理氛圍，「盡美」指樂舞的藝術美。質言之，孔子所崇尚的樂文明乃是具有倫理美學的人文精神特色。就《中庸》的中和美德而言，〈韶〉樂將中和美德表現得淋漓盡致；充分彰顯「善」的和諧性與

---

[237] 見《禮經通論》，轉引自沈文倬，《論禮典的實行及《儀禮》書本的撰作》，《文史》第十五、十六輯。

「美」的和諧性。**238**「永執厥中」是儒家倫理無過無不及而得以維持長久悠遠的主因。這也是孔子頌揚〈關雎〉的詩樂「樂而不淫，哀而不傷」（《論語・八佾》）的理由。

我們從《論語》所載述的孔子與音樂的生活態度，也佐證了其恆本於仁心仁性，遇事發而中節的中和美德。他從師襄學鼓琴，不但「得其曲」、「得其數」，且由形式美滲透至人內在的精神世界而「得其志」、「得其人」。**239**這是他所以主張以禮樂為文采美飾，稱情立文地表現內在仁心仁性的情份和理份之最有力的佐證。〈陽貨〉載述孺悲擬見孔子，孔子以有疾在身而婉拒，孺悲才出孔門，孔子「曲琴而歌」，以啟發孺悲能有所自覺反省，這是孔子權宜時中，因人施教的表現。

每天唱歌是孔子生活藝術的一項內容，但遇到有人辦喪事，《論語・述而》載述曰：「子於是日哭，則不歌。」《史記・孔子世家》載述孔子一行曾受圍困在陳蔡的危難之時，且雍容大度，從容不迫地「講誦弦歌不衰」，其不亢不卑，不偏不倚地從容中道，彰顯他從禮樂形式中所內蘊之深厚人文精神底蘊。

孟子處戰國中期，禮崩樂壞已甚於孔子的春秋時期，孟子格君心之非，在禮樂形式為文、仁心仁性為質的文質關係架構上，孟子直探心源，主張發於仁心仁性的仁政王道，來重建根深葉茂、源遠流長的太平安康之世。他主張法先王堯舜之道之時，也關注樂教的人文精神和理想社會之情狀。他說：

> 離婁之明，公輸子之巧，不以規矩，不能成方員。師曠之聰，不以六律，不能正五音。堯舜之道，不以仁政，不能平治天下。……《詩》云：「不愆不忘，率由舊章。」……（聖人）既竭耳力焉，繼之以六律正五音，不可勝用也。既竭心思焉，繼之以不忍人之政而仁覆天下矣。（《孟子・離婁上》）

---

238 見郭沫若，《甲骨文字研究・釋和言》，上海：大東書局，1931年，頁1-7。郭沫若指：「和」本為龢，常見於甲文和金文，屬簫笙一類的管樂，引申成音樂的和諧性。
239 《史記・孔子世家》、《淮南子・主術》。

　　孟子主張聖王應有道德自覺，從養仁心推擴於仁政，以實現安天下的王道之治，但是孟子也主張王道仁政必透過師法先王的禮樂文制，「以六律正五音」的樂教是王道仁政所不可忽略的正道。他在〈盡心〉篇秉持孔子得民心必得「樂以教民」的人文教化說，更深一層的詮釋說：「仁言不如仁聲之入人深也，善政不如善教之得民也。」以仁德為本的音樂美，善化人心的政治社會教化，往往比形式化的道德教育之言行，更具感染力和滲透力，更能深入人心世情，使百姓在樂教的潛移默化中，陶育出善良融洽的社會風氣。

第三節 從上博簡《周易》看孔門易學

第八章　孔門易學與《易傳》的哲學

第一節　馬王堆帛書《易傳》之孔門易學

帛書《六十四卦》經文後尚有解釋經文的六篇文章，依傳統的稱法，應稱爲「易傳」。[240]六篇之間的區分和名稱，綜合幾位學者的研究，[241]可予以逐一略述：第一篇，以「二三子問」開頭，約兩千六百字，暫稱〈二三子問〉篇；第二篇，以「天尊地卑」開頭，含通行本《繫辭》上的十二章及《繫辭》下的一、二、三、四章、五章部分文本、九章部分文本、十二章，許多學者因此而稱此篇爲〈帛書《繫辭》〉；第三篇以「子曰易之義」爲句首，包括通行本《繫辭》下的六、七、八、九章部分文本，十、十一章，以及今本《易傳》所未見的兩千餘字，此篇暫稱〈易之義〉篇，約三千一百字；第四篇，尾有篇題，計一千六百四十八字，通行本《繫辭》下第五章部分文本，以〈要〉名篇名；第五篇名爲〈繆和〉，第六篇名爲〈昭力〉，這兩篇字數合計共六千字。帛書《易傳》以「《易》曰……，子曰……」的表述方式，與今通行本《易傳》的〈文言〉、《繫辭》上、下相同，很多文句和表達方式也與今通行本相同或相近。

這六篇文章所論述的內容，呈現出儒家思想的特色。首篇〈二三子問〉首節詮解「龍」，所表徵的儒家以德治民的政治教化理念，少言卦爻象位和筮教。如「《易》曰：『龍戰於野，其血玄黃』，孔子曰：此言大人之寶德而施教於民也。……聖人出法教以道（導）民，亦猶龍之文也，可謂『玄黃』矣，故曰：『龍』，見龍而稱莫大焉。」其釋坤卦上六爻辭亦然，「《易》曰：『康侯用錫馬番（蕃）庶，晝日三接。』孔子曰：『此言聖王之安世者。……聖人之立政也，必尊天而敬眾，理順五行。』」聖人在施政的理念上尊天敬眾，布仁、義、理、智、聖的五者德行教化，充分表露了敬天保民、以德治國的儒家政治思想的傳統。我們從帛書《易傳》的語法使用上得見「聖人君子」、「君子之德」。

---

[240] 李學勤，〈從帛書易傳看孔子與《易》〉，北京：《中原文物》，1989年2期。
[241] 于豪亮，〈帛書《周易》〉，北京：《文物》，1984年3期。韓仲民，〈帛書《繫辭》淺說〉，北京：《孔子研究》，1988年4期。廖名春，〈帛書繫辭釋文校補〉，馬王堆漢墓國際學術討論會論文，1992年。

「君子之德」的用法不少，與傳世本《易傳》，特別是〈大象傳〉，將君子樹立成推天道以明人事的人文化成天下之典範人格頗具符應性。第三篇〈易之義〉以剛柔相濟，陰陽互補合作詮釋《易》趨吉避凶、生生不息的功業。其所言要義為：「子曰：萬物之義，不剛則不能動，不動則無功，恆動而弗中，則□，（此剛）之失也。不柔則不靜，不靜則不安，不靜不動則沉，此柔之失也。……是故天之義，剛健動發而不息，其吉保功也。無柔救之，不死必亡。」表徵天的陽有健動不息的化育萬物，永續生生之德的功業，其間，必須借助於陰的柔靜之輔助救濟，在剛柔相濟、陰陽合德的基礎上，體現了先秦儒家遍在諸典籍中大中至正的核心價值。其崇生生日新之盛德，開富有之大業，以人文化天下的剛健中正思想與老子守靜貴柔、明哲保身的思想，在理趣上確有不同調處。

　　第五篇〈要〉佐證了孔子晚年好易，且啟動了《易傳》之詮解《經》文的工作。〈要〉篇載述了孔子與子貢之答問，反映了孔子之治《易》的兩個論點。早在《論語・述而》即載有子曰：「加我數年，五十以學《易》，可以無大過矣。」《史記》謂：「孔子晚而喜《易》。」〈要〉篇陳述：

　　夫子老而好《易》，居則在席，行則在囊。子贛（貢）曰：「夫子它日教
　　此弟子曰：『德行亡者，神靈之趨，智謀遠者卜筮之蔡。』賜以此為然
　　矣。……夫子何老而好之乎？」

　　大陸學者李學勤曾謂《史記》記錄孔老「晚而好易」的時間係在魯哀公十一年（公元前四八四年），亦即孔子自衛返魯後，孔子晚年六十八歲。這一年子貢正值在魯國，因此，〈要〉篇所記孔子晚年與子貢的對話，在時間點上頗為符合一致。[242]

　　在〈要〉篇的載述中，子貢對孔子老而好《易》之事提出疑問。眾所周

[242] 李學勤，《周易經傳溯源》，長春：長春出版社，1992年，頁26。

知，《易》之六十四卦，原爲卜筮所作，春秋時代亦用於卜筮之用。孔子爲釐清子貢對孔子是否好卜筮的疑問，回答說：

《尚書》多闕矣，《周易》未失也，且又（有）古之遺言焉，予非安其用也。……吾告女（子貢），《易》之道……故《易》剛者使知懼，柔者使知剛，愚人爲而不妄，漸人爲而去詐。文王仁，不得其志，以成其慮，紂乃無道，文王作，諱而避咎，然後《易》始興也。

孔子辯解自己對《周易》不崇好卜筮之用而樂玩卦爻辭中所蘊含的哲理。卦爻辭乃文王之遺言，旨在教導人實踐德行，對諸般缺德者皆能針對所缺之德而去惡爲善以德化人格，提升人品。我們透過〈要〉篇所載，進一步得知：「子曰：『《易》，我復其祝卜矣，我觀其德義耳也。……後世之士疑丘者，或以《易》乎？吾求其德而已，吾與史巫同途而殊歸者也。』」孔子還原《周易》在歷史發展的眞相，他區分了「巫」、「史（官）」對待《周易》所持的態度不同。「巫」好筮占，卻占而不知數。「史（官）」知數而不達於德。至於他自己與「巫」、「史」之區別處在「幽贊而達乎數，明數而達乎德，有仁□者而義行之耳」。通行本的《繫辭傳》謂《易》有四個面向，孔子所言可以「以言者尚其辭」，這一面向來辨識，與另一面向的「以卜筮者尚其占」，亦即「巫」和「史」不同。孔子研《易》旨在究明德行的得失善惡，而非個人的利害得失，求福避禍。

帛書《易傳》最後兩篇爲〈繆和〉和〈昭力〉，記載繆和、昭力、呂昌、吳孟、張射、李平等人與傳易經師的答問，據李學勤的考證，繆、昭皆是楚氏[243]戰國後期的曾子晚年居楚國，且尊崇《史記》所載傳孔子易學的楚人子弓。因此，帛書《易傳》是孔門易學在楚地流傳的一支脈，楚國可說是孔門傳易的一個學術重鎭。

第二節　傳世本《易傳》的哲學旨要

　　《易傳》的天、天地除了採用自然義之外，亦兼探道德形上學及機體論的形上學路數。當代學者朱伯崑斷言：「儒家的倫理觀念、道家和陰陽家的天道觀，成了《易傳》解《易》的指導思想。」[244]事實上，《易傳》作者在詮解卦爻爻辭之前理解[245]還資取了墨家、黃老學家等哲學資源，此一論點，請參考筆者拙著〈《管子》、《黃帝四經》與《周易‧繫辭傳》天道與治道之比較〉一文。[246]《易傳》中較具哲學性之論述者，當以〈彖〉上下、〈象〉上下、乾坤〈文言〉及《繫辭》上、下。朱伯崑綜論對這幾篇著作年代之考證較具代表性的學者們之見解，指出解釋卦義和卦辭的彖傳，解釋六十四卦之卦象、卦辭和爻辭的象傳及乾坤〈文言〉具有逐句解釋經文的共同點，可視為一類。三傳相較，以〈彖〉傳著作時間最早，可以定於戰國中期以後，孟子和荀子之間。〈象〉傳後於〈彖〉傳，其下限，當在秦漢之際以前，可看作戰國後期的作品。〈文言〉是經師講解乾坤兩卦卦爻辭的記錄，其中所引用的「子曰」乃經師自己的詮釋語或假托孔子之言，當為經師講課的記錄，非出於一人之手。觀〈文言〉解說乾卦九五爻辭謂：「同聲相應，同氣相求，水流溼，火就燥。」與《呂氏春秋‧應同》所云：「類固（同）相召，氣同則合，聲比則應。」很類似。〈應同〉乃戰國後期陰陽五行家之著述。〈文言〉傳可能受陰陽五行說影響，據此推測其下限當在《呂氏春秋》以前。今本《繫辭》上、下，前後文意有重複處，且有錯簡，有些章節的上下文缺乏理脈的連貫，可見，非出於一時一人之手筆，乃經前後不

---

[244] 朱伯崑，《易學哲學史》卷一，臺北：藍燈文化事業出版社，1991年，頁45。

[245] 當代詮釋學學者高達美指出：「一切詮釋學條件中最重要的條件總是前理解，這種前理解來自於與同一事情關聯的存在。正是這種前理解規定了什麼可以作為統一的意義被發現，並從而規定了對完全性的先把握的理用。」見德國漢斯—格奧爾格‧高達美（Gadamer, H.-G.），洪漢鼎譯，《真理與方法——哲學詮釋學的基本特徵》上冊，上海：上海譯文出版社，2004年，頁380-381。另一德人謂：「所有的詮釋都受詮釋者的『前理解』所引導。」見帕瑪（Richard E. Palmer），嚴平譯，《詮釋學》，臺北：桂冠圖書，1992年，頁59。

[246] 曾春海，〈《管子》、《黃帝四經》與《周易‧繫辭傳》天道與治道之比較〉，《輔仁學誌‧人文藝術之部》第三十七期，2008年9月，頁65-98。

同作者編纂而成。《繫辭》上、下，以陰陽這對範疇詮解卦爻辭及筮法的原理。朱伯崑據帛書本《繫辭》和陸賈《新語》引《繫辭》文，推斷此傳下限可能在秦漢之際以前，就著作期的上限而言，則尚無可判斷的可靠史料爲依據。[247]儘管《易傳》的成書非出於一人及一時，且資取戰國時期若干不同學派的哲學資源，我們仍可依據先秦哲學各家各派在天人關係的理解和詮釋上，天人相互涵攝、相互界說。若把「天」概念理解爲宇宙，則宇宙與人不相限隔。換言之，以《易傳》爲例，宇宙與人密不可分，對宇宙的理解不離開人的仰觀俯察，觸類旁通，若理解人，則不離開《繫辭》上篇第一章所云：「易簡之善配至德」。因此，筆者認爲，我們對《易傳》天人關係的理解和詮釋可資取於當代中國哲學中方東美所強調的機體論宇宙觀，及牟宗三所言的道德形上學進路。「道德形上學」意指道德主體（人）在實存性的道德情境中所感悟、體驗之內在道德心性及其超越的形上根源。簡言之，人內在的道德本性根源於深邃的形上天。就道德心性的形上存有言，天人性命貫通爲一，有待人在道德生活的情境中篤實實踐，切己體認，由隱默之知中內證天人性命一脈貫通。「天」爲人德性生命的形上根源。所謂機體論，指天地所生成的萬物具有內在同一的有機性質，在整體生命的流通網絡中，整體及其部分，或機體的成員相互之間，有內在的親密聯繫，相互脈動，不可分割或斷裂。換言之，整體與成員之間，或成員相互之間，相依互賴，在有機的互動推移之間，血脈相聯，休戚相關，利害與共，構成一相生相續的生命歷程以及和諧共生、交感圓融的共同大生命體。《易傳》修身以德及愛物惜生的美德在理論基礎上是道德形上學進路與機體論進路之綜合，儘管在《易傳》的論述中未將之顯題化地呈現出來，茲請先陳述前者。

　　儘管《周易》由《經》發展至《傳》，天人關係歷經宗教人文化的曲折，然而在《易傳》中，特別是《繫辭》上、下及《說卦傳》仍遺傳了宗教筮占之文化傳統。蓋《經》由卦爻象及卦爻辭所構成，原係天子、王公、侯伯據以占筮的筮

---

[247] 朱伯崑，《易學哲學史》，頁48-56。

術書。《易傳》的語言性質兼具占筮性語言和哲學性語言,且係藉經文中的筮占語之理解、詮釋來推陳出新的創造性,詮釋出宇宙觀、人生論、社會說、政治理想之表述。

　　《易傳》價值哲學的核心理論在於將中正之德與謙德相資爲用,這是〈乾卦‧象傳〉所謂:「乾道變化,各正性命,保合大和,乃利貞」的大化流行,萬物和諧並育,共存共榮的一體圓融至境。換言之,大中至正之德與謙沖之德是《經》、《傳》所一貫認同的天德及應爲人所效行的人德,此兩德是實踐生生之大德的必備條件。天人合作共創的生生之大業,有其內在目的性,那就是引導萬物實現內在性命的美善,遂成生生之眞、生生之善與生生之美。

　　綜觀由《經》至《傳》的天人關係之發展,經過七百年的歷史時間之距離產生了新視域和創造性的詮釋。在其宗教天轉化成形上天,人文價值之根源天(德性天),《傳》的概念範疇、命題、理論在這一詮釋性的拓展中越來越豐富、多采而深刻。這一宗教天邁向形上天、德性天的進展歷程,賦予了人生、社群生活、文化與文明本體性之深層意義和價值。《易傳》對《易經》天人關係的實存性的體驗、感悟、理解和具脈絡性的詮釋,係一不斷挖掘和揭發宗教眞理、形上眞理、自然法則及倫理與文化眞理的過程,可謂文理密察、深微奧妙之至。總而言之,易之經文的本義透過《易傳》的創造性詮釋後,由宗教信仰層次不斷提升到統攝天道與人道的形上學層次,不但深化到存在的根源,以滲透至人生意義和價值的根源,推導出「一陰一陽之謂道」的天地萬物生化之所由的本體境域,創發出中國人共同之文化心靈的深層價值。

第二篇
道家學派

老子爲道家學派的開宗，司馬談在〈論六家要旨〉中界說道家的內涵特徵爲：「道家使人精神專一，動合無形，贍足萬物。其爲術也，因陰陽之大順，采儒墨之善，撮名法之要，與時遷移，應物變化，立俗施事，無所不宜，指約而易操，事少而功多。」東漢班固在《漢書‧藝文志》明確的指出：「道家者流，……知秉要執本，清虛以自守，卑弱以自持，此君人南面之術也。」漢代司馬談及班固所認識的道家當係指流行於漢代的黃老之學。黃老之學旨在明天道以推人事，善用時勢與眾人之治，其來歷淵遠流長，與老莊思想皆可溯源於上古山東的東夷文化及其後的齊學之道術。本篇共分爲九章，按道家思想的理源、發展歷程以及主要的道家人物、專著，論述道家的源泉、流脈、分途。首先回溯歷史與文化，對蘊釀道家諸般論點及政治、社會、生活文化之區域，地理和文化之原創特色和精神予以盡可能的釐清，了解道家和道教同源，以及道家有些思想係脫胎於遠古的宗教思想與文化。再就開道家思想的大宗師老子的天道、人道與治道予以深化的詮解：老子與莊子之間，近世出土文獻中的郭店竹簡〈太一生水〉篇被確認爲屬於老子之後的道家作品，上海博物館所藏之戰國楚簡中有篇〈恆先〉亦被斷定爲撰成時代與〈太一生水〉相近的道家文獻，本篇以專章論述；老子之後，道家思想分化爲兩途：一爲莊子學派，另一爲黃老學派，主要以稷下管子及近世出土的《黃老帛書》（《黃帝四經》）爲代表，本篇分設專章予以論述。此外，《鶡冠子》向來被許多學者疑爲僞書，但是在最近一、二十年出土文獻研究，總結出道家所屬的黃老學派後，對《鶡冠子》再進行研究，獲致該書屬黃老學派的一個支派，未必是僞書，因此，本篇於末章予以紹述。

第一章　道家思想與文化的淵源

　　《淮南子・要略》是漢代最早述及先秦學術史的概論。西漢司馬談〈論六家要旨〉釐清了學派間的特色和分際，總結出儒、墨、道、法、陰陽和名家等六大學派的源起、內容與學派屬性。劉向在這一基礎上，再細分出九家，且歸宗於《詩》、《書》、兵書、方技、術數等五略，規劃出不同學術領域之間的範疇。東漢高誘《淮南鴻列解》是《淮南子》最早的注本，針對最後一篇〈要略〉具總綱要性質，他在《淮南子・敘目》中總結該書的思想性質為：「其旨近老子，淡泊無為，蹈虛守靜……事物之類，無所不載，然其大要歸之於道。」他論其範圍為「所以紀綱道德，經緯人事，上考之天，下揆之地，中通諸理」。《淮南子・要略》言撰書用意在「所以觀禍之變」、「通古今之事」。再返觀在秦始皇八年成書的《呂氏春秋》一書，高誘在序文〈序意〉中也指出該書係以老子「道德為標的，以無為為綱紀」。其範圍「上揆之天，下驗之地，中審之人」。其旨意在「歷記成敗、存亡、禍福、古今之道」，乃「所以紀亂存亡也」。綜觀《呂氏春秋》及《淮南子》皆以老子的天道運行的客觀規律為據，推衍出治身、養心性之自我修持方法，以無為而無不為的智慧治國而立於不敗之地。這種推天道以明人事的修身、治國方術，符合司馬談所界定的與時推移，簡要易行，以最少的作為而獲致安治天下最大效益之漢代道家特色。漢代道家不但吸收道家的形上智慧，虛明清靜的心性修養法，且兼採陰陽家、儒家、墨家、名家和法家的優點，集成養生和治國的大智慧。徐復觀考察了《淮南子》所兼採多元來路的思想文獻，得出一總結說：「《淮南子》除大量引用《老子》、《莊子》、《呂氏春秋》外，尚引用了《論語》、《墨子》、《子思子》、《公孫龍子》、《孟子》、《荀子》、《商君書》、《列子》、《尸子》、《管子》、《慎子》、《孫子》、《韓非子》、《晏子春秋》、《戰國策》、《禮記》中引有〈檀弓〉、〈王制〉、〈樂記〉、〈中庸〉、〈經解〉及《尚書・大傳》、《楚辭・天問》等。」[1]

---

[1]　徐復觀，《兩漢思想史》卷二，臺北：學生書局，1976年，頁228。

　　從道家思想的發展動向而言，老子之後分化成兩條路徑，一是採取安頓一己精神世界，企求逍遙自在爲價值理想之路向，莊子是代表性人物。另一是洞悉天道客觀的運行規律，了解人生及治國之成敗、得失、禍福的變化原理，有效益地運用在個人的修身養生及安邦定國上，可以戰國時代的齊國稷下管子學說和一九七三年馬王堆出土之《黃老帛書》（或稱《黃帝四經》）爲代表，後人稱爲黃老之學或今人稱爲「黃老道家」，其特質在以老子天道論爲主，兼採各家之長，托本於中華民族人文共祖黃帝。黃老之學之結構係以老子的形上原理及黃帝的治身治國之方略，亦即「術」爲內容。黃老之學流布於戰國及秦漢之際，因此，因地制宜。簡言之，戰國時代的齊國稷下學派以道家、儒家爲主體，被稱爲北方黃老之學之代表。戰國時代的楚國以道家、名法家爲主體，被稱爲南方黃老之學的代表。

　　漢初的黃老學以道家，特別是老子的「道」爲宇宙萬物之本源及人的精神修養之根據。道運行萬物的規律接引到現實的政治運作時，則轉化成規範社群生活之法制系統。不但如此，漢初的黃老學還兼採儒家的仁義美德，以德化民爲目的。此外，在官僚體系的運行上，採取尚賢、用賢的人事晉用原則。司馬談在〈論六家要旨〉時，暢言黃老思想的特質係以「因循爲本」、「無爲而無不爲」、「主逸臣勞」、「主時變」，他本人和傳說中具周朝守藏史身分的老子一樣，具有史官背景。班固在《漢書·藝文志》中評道家說：「道家者流蓋出於史官。」上古的史官具天文學家色彩，注重天地互動之關係律則，以天道或自然律爲思想核心。在政策制定及其推行的技術上，重視配合天道及客觀的時勢而善巧地予以「因循」，亦即因時制宜的「時變」智慧。黃老學的天人之學旨在理解天道，將人道配合天道的客觀規律，亦即將天時、地利與人和做有機的聯繫。

　　劉師培在《國學發微》一書中斷言：「吾謂西漢學派只有兩端：一曰齊學；一曰魯學。治齊學者多今文家言，治魯學者多古文家言。」[2]他還細說漢代

---

[2]　清·劉師培，《國學發微》，臺北：廣文書局，1970年，頁13。

經學中五經各經承傳的齊學、魯學之屬性判別，例如：《公羊》爲齊學，董仲舒傳之，著有《春秋繁露》諸書。《四庫全書總目提要》說：「今見其文，雖未必全出仲舒，然中多根極理要之言，非後人所能依託。」[3]他的思想體系架構可見於該書的〈天地陰陽〉篇，謂：「天、地、陰、陽、木、火、土、金、水九，與人而十者，天數畢也。」前九要素構作出自然哲學，與人結合成一套天人渾然一體的機體哲學。他把人與天地萬物存在及其意義的根據皆推源於作爲本體的符號「天」。他認爲人是天之精氣所生成萬物中最貴者，人在性命方面根源於天。本人曾論及：「他認爲『天』是有位格靈性的，主宰著以陰陽、四時、五行爲間架的宇宙秩序。他把陰陽與四時相配，人的形體、精神活動與天地的構造相對應且相感應，這就是『人副天數』說，爲『天人相與』、『天人感應』論的理論基礎。」[4]因此，董仲舒是漢代今文經學家的宗主，今文經學源於齊學，齊學顯然與戰國、秦漢之際及漢代哲學，包括漢代道家、道教、儒家有內在的密切關係，頗值得我們逆本求源，探索其源發、形成的經過及其具體的學說內容。

---

[3]　見《四庫全書總目提要》卷一三〇，經部春秋類四「春秋繁露」條，臺北：臺灣商務印書館，1983年。
[4]　見曾春海等人合著，《中國哲學精神發展史》，臺北：國立空中大學，2006年，頁154。

第一節　道家、黃老之學、道教與齊學的淵源

　　清儒魏源論《老子》云：「老子道、太古道。書，太古書也。」《老子‧十四章》謂老子「執古之道，以御今之有」。考察道家源流，可追溯而上至黃帝、太公，蓋《史記‧封禪書》云：「泰山東萊，黃帝之所常游。」泰山、東萊皆古代齊國之領地。姜太公生於東呂，故姓呂，呂亦齊地，即今之莒縣。周公、太公皆為周初之開國元勳，周武王封周公於魯，封太公於齊，齊、魯為古帝王久治之地，有悠久的古傳文化。周公傳述古之禮樂，而加以改制。後因周公留相王室，乃命長子伯禽代己就封於魯，伯禽承父志，積極推行周公所制定的禮樂教化，故周朝的典章制度及人文精神以魯最盛。姜太公都於營丘（故城在今山東昌樂縣東南）傳述古之道術且因時制宜地予以變通，發展出更具原創性、成熟性的道術，故道術盛行於齊。因此，魯學乃儒家的母文化，齊學乃道家的發祥地。

　　《老子》一書分上、下篇，上篇開端曰：「道可道」，下篇開端云：「上德不德」。司馬談〈論六家要旨〉，始有道家之稱。老子雖非齊人，然而道家之學源遠流長於齊國，戰國時期的稷下黃老之學也起自齊國，由陰陽家所衍生出之神仙家，亦起自齊國。故黃老道家、陰陽家、神仙家其初創的主要人物皆為齊人。因此，上古的齊學可稱為道家與道教的原鄉。因為漢代時，齊學經過長期發展而衍生出黃老、陰陽和神仙三派，至東漢，神仙派乃胎變成道教。

第二節　齊的地理形勢與東夷人之原始宗教信仰

　　齊國的地理位置及其形勢得見於《漢書‧地理志第八下》所云：

> 東有淄川、東萊、琅邪、高密、膠東，南有泰山、城陽，北有千乘、清
> 河，以南勃海之高樂、高城、重合、陽信，西有濟南、平原，皆齊分也。
> 少昊之世，有爽鳩氏，虞、夏時，有季萴，湯時有逢公、伯陵，殷末有薄姑
> 氏，皆為諸侯國。

　　齊魯大地日照充足，雨量豐沛。綿亙於中部、自西向東迤邐展開之泰山、蒙山、魯山、沂山和膠東半島的丘陵有茂密的森林，是先民採集、狩獵的適宜地區。魯西、魯北河湖縱橫於肥沃的魯西、魯北大平原上。泰山、沂水、蒙山之南，沂河、沭河、泗水等河渠具有舟楫之利。東部的綿長海岸線為漁、鹽及工商貿易業提供了天然的地利之便。從原始社會至夏商時期，齊魯的東夷人逐漸形成前述的齊、魯兩種文化型態的中心。其一，泰山以北，以今之淄博為中心，是爽鳩氏、季萴、有逢、伯陵和薄姑氏等活動之地域。其二，泰山以南，以曲阜為中心，是少昊、蚩尤、顓頊、后羿、奄國等部落和方國之居地，亦是與中原文化和南方文化交流的地區。距今六千年左右，齊魯的原住民被統稱為「東夷」或「夷」。與東夷文化相對應的大汶口文化與龍山文化的考古資料，學者們認為：「除了展示東夷人的靈魂不滅、圖騰崇拜、祖先崇拜與其他各種鬼神崇拜這些原始人共有的觀念之外，還有對鳥、太陽和桑樹這些獨特事物的崇拜。」[5]宗教文化所涉及的禮儀制度、倫理觀念和社會階層亦逐漸成形，而成為後世的文化雛形。

　　在民智未開的上古社會，先民的宗教意識在面對外在的生命威脅，生活困苦，內心徬徨、恐懼、焦慮、空虛不安時，所產生之神靈信仰，可解除個人不安

---

[5]　見孟祥才、胡新生，〈序〉，《齊魯思想文化史——從地域文化到主流文化》先秦秦漢卷，濟南：山東大學出版社，2002年，頁2。

的心理狀態，帶給人踏實、自信，安頓人生命精神的作用。同時，宗教對同一的信仰集團而言，亦有凝聚共識力、意志力和相互認同、產生歸屬感的向心力。宗教的精神力量及其人文文化對凝聚人心和形塑思想文化而言，具有潛移默化的深廣影響力。東夷族所先後出現過的太皞氏、少皞氏、蚩尤、顓頊、皋陶、伯益、虞舜等，都是有影響力的氏族部落或部落首領。據《左傳・僖公二十一年》記載：「任、宿、須句、顓臾，風姓也。實司太皞與有濟之禮。」依古文字之「風」、「鳳」同字，意謂著東夷族盛行鳥崇拜的文化特徵，尤其是以鳳鳥為圖騰信仰。顓頊氏在史上最突出的事蹟是「絕地天通」，他為了改革「民族雜糅」的現象，特任命重負通天降命的專門職務。

東夷族除了具有流行於新石器時代各族群之靈魂不死、鬼神崇拜、祖先崇拜及圖騰崇拜外，尚有與眾不同的一些特色，例如：鳥崇拜、太陽崇拜和桑樹崇拜。東夷族中許多部落自認其部落氏族源出於鳥，長期以鳥之類名為其氏族的標誌和稱號，例如：太皞氏以「風」為姓，實際上就是「鳳凰」的「鳳」，這是氏族成員自認為其血緣源於鳥類的宗教意識而反映在神話傳說中。《山海經・大荒東經》云：「有五采（彩）之鳥，相嚮棄沙，惟帝俊下友，帝下與壇，采鳥是司。」晉人認為帝俊就是舜，[6]引文意指帝俊自天而降，與五彩鳥為友且為主壇，反映出舜部落所流行之鳥崇拜的宗教意識。東夷族的鳥崇拜和鳥圖騰對後世文化有著深遠之影響，中國古代民間流行之鳳凰崇拜與東夷文化有密切關係；龍鳳相配的觀念約成於漢代，此後，鳳凰一直被人視為與龍同樣神聖的雌性神鳥。

次論太陽崇拜。東夷族中的「太皞」、「少皞」又作「太昊」、「少昊」，「皞」、「昊」兩字皆有光明、太陽之義。大汶口文化的陶器刻畫，其上部的圓圈象徵太陽。許多學者認為這兩種符號就是少皞部落某氏族之族徽，反映了少皞部落中對日神的崇拜。東夷文化還流傳了許多與太陽有關的神話，值得注意的是羲和、湯谷的神話。《山海經・大荒南經》中所言的「羲和之國」與「少

---

[6] 《山海經》中的帝俊是經由後人綜攝上古神話多種資料而塑造出與許多族群有關係的「神」，具有虞舜的史影。

昊之國」指同一地方。晉人郭璞注曰：「羲和蓋天地始生，主日、月者也。」
《山海經》中又提及羲和是太陽女神，爲帝俊之妻，帝俊與舜部落關係密切，因
此，很多與舜相關的史實被神話流傳者接合到帝俊，陳述舜部落與盛行太陽崇拜
的部落，例如少皞的後裔等有著特殊之聯繫。這些神話在流傳過程中又演變出羲
和是太陽神的駕車者、堯的天文官等話語。《山海經·大荒東經》：「湯谷上有
扶木，一日方至，一日方出，皆載於鳥。」「湯谷」指太陽始生之谷，與羲和生
於東方的神話相一致，皆源於東夷人的神話。東夷族是以兩皞族爲主體，再加上
眾多姓族所構成之族群。

　　桑樹崇拜及扶桑神話源出中國古代方術中，將桑木視爲具超自然之靈物，有
驅鬼治病的作用。古書中《墨子·明鬼》、《左傳·襄公十年》、《呂氏春秋·
順民》等皆有相關的載述，如：商族有「桑林」之祀及祭祀時舉行的桑林樂舞，
春秋時期認爲帝王才有享用此盛樂的資格。

第三節　東夷族之原始宗教信仰對道教的深遠影響

　　若以地域原生文化而言，中國在先秦時期可略分爲六種不同部族文化原型，其中，鄒魯文化呈現儒家特色，三晉文化具法家傳統。其餘四種：燕齊、荆楚、吳越、巴蜀等地區則流傳著原始宗教文化的道家、神仙家、方技家的風貌。原始宗教以自然崇拜、圖騰崇拜、天神崇拜、祖先崇拜爲其基本內容。值得注意者，由於原始社會對男性在繁殖後代的生理作用欠缺客觀認識，且一夫一妻的婚姻制度未確立，一般人只知其母而不知其父，因此，上古人認爲自己的部族是由女始祖感生而來。例如：《帝王世紀》載述顓頊氏之母女樞感瑤光之星而生等，表徵了母系氏族社會女始祖的崇拜。胡孚琛斷言：「母系氏族原始社會的文化就是原始宗教文化，後來的道家和道教文化就是繼承這種原始宗教文化的傳統演變來的，因此可以說那時已產生了原始道家和道教思想。」[7]

　　我們檢視東夷族的太陽崇拜、桑樹崇拜都是自然崇拜，鳳鳥崇拜可說是母系氏族社會女始祖的崇拜。道家、道教貴雌尚左係繼承原始社會母系氏族傳統文化的一例證。原始宗教的女性崇拜，衍生出崇尚女性的溫柔、含蓄、婉約、文靜、謙遜、容忍的美德，道教中甚多有關女性崇拜的話語，女仙見於記載者，以西王母最早，可說是三代以來世襲的母系氏族原始宗教領袖，洋溢出貴陰尚柔的思想。齊地的原始宗教根深蒂固，神話也豐富，最具代表性的是碧霞元君，她是泰山女神，不論是大至全國的治禮，小至一家人的平安都得向她祈福消災的山神。泰山自古被人認爲福地。東岳神府—岱廟，即是以後皇帝祭泰山神靈處，碧霞洞的香火鼎盛。蓋泰山是東夷人頂禮膜拜之神山，他們相信高峻的泰山能直通神靈界的上天。不但如此，泰山也是東夷人祈雨之對象，而且齊地保留東夷宗教文化最多，形成泰山爲地祇之處。東夷人相信死後魂歸泰山，由泰山神靈管轄，具有原始宗教崇拜的泰山，理所當然的成爲道教發展之場所。《密藏通玄變化六陰

---

[7]　牟鐘鑒、胡孚琛、王保玹合著，《道教通論——兼論道家學說》，濟南：齊魯書社，1991年，頁12。

調微遁甲眞經》云：「凡有道之士用陰，無道之士用陽。陽則可測，陰則不可窮也。」《竹書紀年》和《穆天子傳》記述周穆王見西王母，《遁甲經》講九天玄女教黃帝遁甲祕術戰蚩尤，皆顯示出對女性的歌頌。

　　此外，羌戎族在原始宗教中有死後追求靈魂從肉體解脫以求自由的思想，因此，有火葬的習俗。《呂氏春秋・義賞》云：「氐、羌之民，其虜也，不憂其繫纍，而憂其死不焚也。」《釋名・釋長幼》云：「仙，僊也，遷入山也。」「僊」字原爲升遷之意，屍體火化靈魂升遷到山上，謂之解「登假」，指的是神仙。後世道教的屍解法當係承其遺意。羌戎部族在母系氏族社會形成後，所流行的原始宗教可視爲一種原始道教之雛形。當時的齊人，爲姜姓，向內地中原遷移的羌戎，受內地文化的影響，其原以火葬求靈魂解脫的習俗轉變成求肉身永生的信仰，於是，其原有的火葬民俗轉化成薄葬。西周初年建立在東夷文化基礎上的齊國，承襲不少東夷文化，具有神仙思想發源地的文化身分。胡孚琛總結出：「而後道家、神仙家、陰陽家、五行家、方技數術家和墨家皆盛於齊，他們不重祭祀，提倡薄葬，主張返樸歸眞，回歸到大自然，和宇宙大化融爲一體，顯然都是源於母系原始宗教的學派。」[8]齊地於秦漢之際多方術之士，且爲陰陽家之徒，與神仙、五行、方技術之說關係密切。《史記・始皇紀》載曰：「悉召文學方術之士。」所謂「方術」指煉藥養生、陰陽占驗等術。《漢書》之〈封禪書〉及〈郊祀志〉多方士養生求仙之記載，且多與齊、燕之地域文化有關係。例如：〈郊祀志〉載：「海上燕、齊怪之方士，多來言神仙。」指秦始皇、漢武帝好神仙之時期。秦始皇亦崇尚神仙說，〈始皇本紀〉載曰：「齊人徐市（福）等，上書言：『海中有三神山，名曰蓬萊、方丈、瀛洲，仙人居之，請得齋戒，與童男女求之。』於是遣徐市發童男女數千人，入海求仙人。」可爲佐證。

---

[8]　同上。頁19。

第四節　以姜太公為代表的齊學特色

　　《詩經‧大雅‧大明》成於西周時期，是著名的周民族史詩之一，也是載述太公生平事蹟最早的史料。該詩篇述及武王克商的牧野之戰時，提及「維師尚父」。鄭玄箋曰：「尚父，呂望也，尊稱焉。」朱熹注云：「師尚父，太公望為太師，而號尚父也。」此外，史書中《史記‧齊太公世家》對姜太公生平事蹟記載得較完整而有系統，文中提到姜太公輔佐文王、武王、成王創建周朝基業的功績。他曾是文王主要的謀士和軍師，不但設計被囚於羑里的文王得以脫困，且善於用兵和出奇計，謂文王主政的高峰期「天下三分，其二歸周者，太公之謀計居多」。文中也載述姜太公佐武王伐商紂時，至盟津，諸侯不期而會者八百，太公實掌號施令的軍事統帥。文中謂太公在伐紂的關鍵時刻「卜龜兆不吉，風雨暴至，群公盡懼，唯太公彊之勸武王，武王於是遂行」。太公的英明及果斷，決策正確，堅定了武王伐紂之信心，足見太公在武王伐紂的重要地位和貢獻。不僅如此，周成王未成年即位，周公輔佐。《史記》載：「管蔡作亂，淮夷叛周，乃召康命太公曰：『東至海，西至河，南至穆陵，北至無棣，五侯九伯，實得征之。』齊由此得征戰為大國。」

　　太公初封於齊地時，處境艱難，〈齊太公世家〉云：「武王已平商而王天下，封師尚父於齊營丘，……萊侯來伐，與知爭營丘。」據《史記‧十二諸侯年表‧序》載：「齊晉秦楚，其在成周甚微，或封百里，或五十里。」不但太公所封的齊地狹小，且人少地貧瘠。《漢書‧地理志》謂：「齊地負海為鹵，少五穀，而人民寡。」另據《鹽鐵論‧輕重》載述：「昔太公封於營丘，辟草萊而居焉，地薄人少。」武王將太公封於草萊之地，其戰略作用在借太公的才智以間接拓展周室的勢力範圍，實際上具有招撫和鎮緩東方邊陲地的需要。太公能將齊經營成大國，顯示出他經國治民的出眾才智，同時，也凝結出齊文化的內涵和特色。他治齊的理念與周公兒子伯禽治魯的理念，迥然有異，形成明顯的反差。《史記‧魯周公世家》載：

魯公伯禽之初受封之魯，三年而後報政周公。周公曰：「何遲也？」伯禽曰：「變其俗，革其禮，喪三年然後除之，故遲。」太公亦封於齊，五月而報政周公。周公曰：「何疾也？」曰：「吾簡其君臣禮，從其俗為也。」

武王將一些殷商遺民分與魯國，其目的在「棄殷商之法命，而服從周公之法命」。[9]要言之，這是藉周文化來馴服殷遺民，使之同化而消解矛盾與衝突。被封於齊地的姜太公則與被封於魯的伯禽所採「變其俗，革其禮」之文化策略相反，採取「因其俗，簡其禮」的因循及簡約化的策略。換言之，太公不像伯禽般地「法則周公」，強力的以外在人為方式將周公制定的禮樂典章制度加諸於齊人身上，而是以同情心、同理心了解齊人慣常的民俗文化，尊重、保留齊文化，因時制宜，將周禮大而化之的簡約推行，以不擾民為原則。太公對齊地的經濟地理予以客觀化的理解，因循既有的地利條件，採取各種開發濱海經濟的產業政策以善盡地利之宜。〈齊太公世家〉云：「太公至國修改，因其俗，簡其禮，通商工之業，便魚鹽之利，而人民多歸齊，齊為大國。」

太公以因勢利導的政治領導智慧，循既有的民性和民俗而略做合宜的變革，不但化解可能的地方阻力，且事半功倍，成效卓著，他僅用五個月的時間即獲致安治齊國的績效。例如，東夷人好獵、好戰，具有持弓帶劍的勇武精神；太公是位軍事謀略家，而且，齊在受封之初便享有征戰特權，得以發展軍事。因此，武王任命太公就是適才適所，而太公因勢利導，順理而為，自然形成齊國尚武的傳統和精神。這也是齊國得以快速成長成為東方大國的原因。齊在戰國時代不但成為七雄之一，且與秦、楚並列為三個大國。

太公在軍事上以智取而不全賴力勝，在政治態度上採柔緩寬簡的精神。《漢書‧地理志》載述他深識治理百姓「急之則離散，緩之則放縱」的群眾心理法則，因而主張「修道術」。他在政策上即採行因循民俗，順勢而為的道術。那

9　見楊伯峻，《春秋左傳注》，北京：中華書局，1981年，頁1536。

就是說，他採取因循根深柢固的夷地風俗，順乎百姓的習性、民心的需求治理百姓，將政權厚植於民俗文化及群眾心理中，奠定齊國八百年的政治基礎。《史記・魯周公世家》載其言曰：「夫政不簡不易，民不有近，平易近民，民必歸之。」然而，他也不是一昧地執於寬柔，遇到難以安撫的頑敵時，他也採取非常性的強制手段為權宜之計。《史記・齊太公世家》記述太公初封至齊地時，東夷萊人與太公爭國，太公與之爭戰七次，甚至採夜行突襲戰法，才以軍事流血的戰鬥制服了軍事強大的萊夷，安定了國境。他推行尊賢共治齊國的政策，若遇到不識大體，不以國事大局而一意孤行的怪傑，他不得不採取嚴厲的制裁手段。《韓非子・外儲說右上》載曰：

> 太公望東封於齊，齊東海上有居士曰狂矞、華士。昆弟二人者立議曰：
> 「吾不臣天子，不友諸侯，耕作而食之，掘井而飲之，吾無求於人也。無上
> 之名，無君之祿，不事仕而事力。」太公望至於營丘，使吏執殺之，以為
> 首誅。

在政治社群中欲建立共識，凝結人心，群策群力，應培養公共理性及集體意志，若遇到泥古不化公然挑戰公共理性及集體意志者，為端正政風以儆效尤，姜太公不得不採取不得已的政治惡。然而，太公終究是以生民國事為念，他因地制宜，發展具地方條件和特色的工商業，開發富源，福國利民。《漢書・地理志》載曰：「太公以齊地負海為鹵，少五穀，而人民寡，乃勸女工之業，通漁鹽之利，而人物輻湊。」《鹽鐵論・輕重》亦載：「昔太公封於營丘，辟草萊而居焉。地薄人少，於是通末利之道，極女工之巧。是以鄰國交於齊，財富貨殖，世為強國。」這就是太公在考察齊地自然條件後，按客觀形勢，因循天然條件，因勢利導而獲致的成就。順自然條件及理勢而為，是太公以智巧順應自然的「無為之治」。

　　自太公確立了因循自然與民俗、尊賢使能共治的政治最高指導原則後，齊國世代傳承，採尊賢及因循的治國方針。例如：管仲倡「祿賢能」、「選賢論材」

的政治方針，晏嬰主張「舉賢以臨國，官能以救民」，且引伸了其意說：「有賢而不知」或「知而不用」、「用而不任」都是國家的不幸。因此，在尊賢使能的齊文化傳統下，我們不難了解，何以戰國時期齊威王以布衣之士鄒忌爲相，以孫臏爲軍師，以贅婿出身的淳于髡爲上卿。再綜觀稷下學宮，封七十六人皆爲上大夫，待遇優厚。齊國八百年間的各個興盛期有一個共同的特徵，就是重用大批出身寒微的政治家。人才爲興國之本，齊國由海濱彈丸之地而致稱霸數百年的東方霸主，其成就絕非偶然。

第五節　齊學對道家以及黃老道家之影響

　　道家哲學的立身處世及治國理念尊奉「自然無爲」這一至理。《老子・五十一章》提出宇宙論的理論基礎，謂：「道生之，德畜之，物形之，勢成之。是以萬物莫不尊道而貴德。道之尊，德之貴，夫莫之命而常自然。」「道」是生成萬物的本根，「德」是道化生萬物、運行萬物的物類分殊化原理，萬物依循道所賦予的內在自然本性，自發性的生成變化而呈現出各種自自然然的形態。「道」之所以受尊重，「德」之所以受珍貴，是因「道」、「德」對萬物不加外在的干涉，而是內在於萬物之中，成爲萬物的本眞之性。「道」所以能無爲而無不爲，其深微玄妙之德，亦即其玄德，在《老子・五十一章》詮解爲「生而不有，爲而不恃，長而不宰，是謂玄德」。老子確立推天道以明人事的修身治國之普遍法則，在於「人法地，地法天，天法道，道法自然」（《老子・二十五章》），意指人應因順天時，依循地利，師法自然，在政治上「以輔萬物之自然而不敢爲」（《老子・六十四章》），與姜太公崇尚客觀化的理性知識，因循自然，開發地利，利用天然地理條件以及民俗民風而發展工商漁鹽事業，而導引百姓脫貧致富，有其歷史文化的淵源，深受齊地域文化之影響。

　　姜太公是足智多謀的軍事奇才，老子雖說兵者是不祥之事，但是在不得不採取軍事行動以自保時，也推崇出奇制勝。《老子・五十七章》云：「以正治國，以奇用兵。」在內政上不擾民，順應民俗民風，〈五十七章〉所謂：「我無爲而民自化，我好靜而民自正，我無事而民自富。」與太公治齊簡其禮、從其俗相互呼應，得見齊文化對老子道家思想的影響。自然無爲是道家的核心命題，「自然」的概念含義在於依事物的本性順任自由的伸展，保育其樸實純眞的存在狀態。「無爲」是了解萬物客觀的律動歷程和規律，因勢利導，依性向發展而不妄加入主觀意志的操控宰制，可謂爲齊文化尊重自然理序及時勢的深化和成熟的思想成果。

第二章　老子的形上學

　　討論老子其人和老子書者自古及今，不勝枚舉，由於史料的缺乏與混亂，這一問題不易作確鑿不移的論斷。老子書，漢志入道家，《史記・老子傳》：「著書上下篇，言道德之意。」又云：「老子名耳，字聃，姓李氏。」他是楚國苦縣厲鄉曲仁里人，在今河南鹿邑縣東十里，曾任周守藏室之史。

　　老子《道德經》上篇首句：「道可道，非常道。」下篇首句：「上德不德，是以有德。」《道德經》似取上下兩篇首句中各一字湊爲「道德」二字，以命書名。「經」本是儒家典籍的專用名詞，其他各家的書最多亦稱「子」而已。漢景帝崇尚黃老，於是改「子」爲「經」，這是老子稱「經」的開始。〈揚雄・蜀王本紀〉：「老子爲關尹喜著道德經。」《道德經》之名稱便正式確立。

　　《老子》分章法有三：

　　一、漢・嚴遵《道德指歸論》，分爲七十二章，係僞書。

　　二、元・吳澄分六十八章。

　　三、現在通行的王弼本和河上公本，都分別爲八十一章。河上公老子注爲最古。王弼注本最通行。

　　但在馬王堆漢墓所發現的兩種帛書《老子》，皆不分篇章，且德經在道經之前（係何原因，未能定論）。吾人認爲不分章較近事實，因爲：一、《史記・老子韓非列傳》說分篇未提分多少章；二、先秦典籍《論》、《孟》、《莊》、《墨》等，亦只分篇不分章；三、《老子》分章有些很勉強，有些根本有誤。例如：〈二十章〉首句「絕學無憂」應在〈十九章〉末。〈二十一章〉應在〈二十四章〉後。

　　帛書《老子》不分章，該是《老子》一書本來面目。後人爲授讀方便，於上下篇外又分若干章。河上公本甚至在每一章前又另標題，例如：「體道第一」、「養身第二」。

　　據屈萬里的考證，《老子》書當成於孟子後、荀子前。徐復觀認爲係老子弟子完成。至於主要作者究竟是太史儋，或何人，則無法肯定。郭店老子簡的出土，得知《老子》書非成於一人、一時代，而是時間的歷程上有不同版本、內容有多有少，且在不同地域流傳發展。最早的版本可能推向戰國之前。

　　方東美認爲中國哲學發展的趨勢，大體上係以形上學爲主，蓋形上學統攝宇宙與人生，從整體相，普遍原理賦予終極性的存有之解釋，方東美說：「吾人於『形上學』一辭，勢須取其『多重義涵，不滯一偏』。蓋處於不同時代之不同民族，對其形式、內容及其精神等，皆可能產有種種不同之看法。」[10]他認爲原始儒家、原始道家與大乘佛學同具三大顯著特色：一、旁通統貫論；二、道論；三、個人品格崇高論。事實上這三大特色又是具有內在聯繫相互涵攝的。在中國形上學的通性上，他指出「中國哲學精神之顯揚，恆以重重統貫之整體爲中心，可藉機體主義而闡明之。」[11]他認爲《老子》係以「無」釋「道」，建立一超本體論（Me-ontology）；老子道論中之道體與道用的形上屬性，以及老子如何以「道相」、「道徵」闡發道化的人格典範，亦即個人品格崇高論，是老子形上學的核心論述。

　　方東美分別在一九六四年參加美國夏威夷大學主辦的第五屆東西哲學會議上所宣讀之論文〈從哲學、宗教與哲學人性論看「人的疏離」問題〉，及一九七二年夏威夷大學主辦的王陽明誕辰五百週年紀念會上宣讀之論文〈從歷史透視看王陽明哲學精義〉中，皆論及中國哲學形上學所具「機體主義」的通性。他在前文中對「機體主義」的精義有較深入的論述。他的論述方法是先破後立，先破係就機體主義的消極意義而言，他說：

機體主義，作爲一種思想模式而論，約有兩種特色。自其消極方面而言之，1.否認可將人物對峙，視爲絕對孤立系統；2.否認可將宇宙大千世界化爲意蘊貧乏之機械秩序，視爲純由諸種基本元素所輯輳拼列而成者；3.否認可將變動不居之宇宙本身壓縮成一緊密之封閉系統，視爲毫無再可發展之餘地、亦無創進不息、生生不已之可能。[12]

---

[10] 方東美，《中國哲學精神及其發展》上冊，臺北：黎明文化公司，2005年，頁100。

[11] 同上。頁104。

[12] 方東美，《生生之德》，頁284。

消極含義是種遮詮法，亦即有針對性，特別是西方常用的兩分思維方法的批判。在消解二值邏輯的後遺症後，方東美更由正面來論述「機體主義」的積極屬性。他說：

> 自其積極方面而言之，機體主義旨在：統攝萬有，包舉萬有象，而一以貫之；當其觀照萬物也，無不自其豐富性與充實性之全貌著眼，故能「統之有宗，會之有元」，而不落於抽象與空疏。宇宙萬象，賾然紛呈，然尅就吾人體驗所得，發現處處皆有機統一之跡象可尋，諸如本體之統一，存在之統一，生命之統一，乃至價值之統一，……等等。進而言之，此類披雜陳之統一體系，抑又感應交織，重重無盡，如光之相網，如水之浸潤，相與洽而俱化，形成一在本質上彼是相因，交融互攝，旁通統貫之廣大和諧系統。[13]

「統之有宗，會之有元」典出王弼著《周易略例·明象》，方東美藉一涵意豐富的形上學命題來表徵其所謂「機體主義」的核心含義，「機體主義」旨在表述天人無隔，物我融通，自然萬象皆具有內在有機的聯繫性。在相涵互攝的生命一體性上，一多相攝，物物相因，既是一「交融互攝」的共生體，也是人與天地萬物在機體所構成的生命大網絡中血脈相連，形成旁通統貫的廣大和諧之共存共榮的價值世界。我們先對方東美所謂中國形上學屬性為機體主義這一前提理解後，才能從哲學立場理解老子的形上學。

---

[13] 同上。

第一節　《老子》以「無」釋「道」，建立起超本體論（Me-ontology）

　　方東美認爲：「形上學者，究極之本體論者，探討有關實有、存在、價值等。」**14**形上學既然以存有與價值爲研究的主題，因此，哲學的研究宜採取形上學途徑，而他明確地將形上學界定爲「本體論」。他進一步指出中國哲學的本體論有一共通點，那就是本體論（ontology）一定要同最高的價值論（Axiology）融會貫通起來，成爲一個整體的系統，亦即將人與宇宙一體俱融，一以貫之，成就一「縱之而統，橫之而通」的旁通統貫的生命世界。他認爲老子由「有」追到「無」（至無），就是避免從知識論的途徑去探尋宇宙的根源。方東美所謂知識論的途徑，就是：「從知識論上面把世界的客觀，化成觀念的系統；然後從觀念的系統所形成的知識去籠罩一個世界。」**15**因爲，我們對外在世界所攝取的知識是累積性的，當累積到很豐富且概括性很高的程度時，仍只具有抽象的分析性，而無法對宇宙之整全性予以把握。因此之故，老子認爲哲學不止求知、講學，還應該求「道」，《老子・四十八章》所謂：「爲學日益，爲道日損，損之又損，以至於無爲。無爲而無不爲。」換言之，知識論研究既予的經驗世界，爲現象之知，實然性的事實眞理，這對老子而言乃屬於「有」的存在範疇，老子係以統攝宇宙人生現實爲出發點，超越現實存在界的局限，而企求滲透至現象之有背後的形上本體界，以索求宇宙、人生整全的根源性的奧祕，方東美指出老子的思想路向是：「由無說到有，由有追到無，到天地之始，萬物之母，如此徹底了解後，才可以抵達宇宙之本源、宇宙之祕密，老子以一個字來概括──『玄』。」**16**

　　對老子而言，宇宙本源的奧祕深不可測，也無法窮盡其內蘊，重要的是現象界的「有」與形上界的「無」，不是隔而不通，亦非單向往而不返的。《老子・二十五章》云：「字之曰道，強爲之名曰大，大曰逝，逝曰遠，遠曰反

---

14 方東美，《中國哲學之精神及其發展》上冊，頁28。
15 方東美，《方東美先生演講集》，臺北：黎明文化公司，1978年，頁102。
16 方東美，《原始儒家道家哲學》，臺北：黎明文化公司，1983年，頁33。

（返）。」道象徵生成萬物者恆爲一作用的動態歷程，其歷程有著周行不殆，獨立不改的規律，《老子·四十章》：「反（返）者道之動。」「道」是恆作用於本體與現象之間，形上、形下雙迴向的脈動不已，《老子·十一章》謂：「故有之以爲利，無之以爲用。」方東美詮釋《老子》之「由有追到無」，謂：

> 宇宙之本源、宇宙之祕密老子用一個字來概括——玄。但不能一玄了事，好像見了大海就沉下去了，不足以發掘其祕密。因此不是一度深去，而是「玄之又玄」，深之又深地向宇宙真相中追究，打破砂鍋問到底，將一切祕密追剿出來，才可以了解全體。[17]

　　探索宇宙「玄之又玄」的奧祕，也就是以形上超越的觀省或玄覽方法，打破砂鍋問到底，步步逼進不可致詰之意境。然而，老子追究萬有之終極根源，卻不滿足於至無而停止，而是在「無之以爲用」之際也，落實在現實世界，內在於天地萬物「有之以爲利」。方東美認爲老子上迴向追究至超本體論後，又有下迴向之宇宙發生論的論述，也就是以大道爲至上存有後，方東美謂老子云：「向下說明宇宙發生經過，『道生一，一生二，二生三，三生萬物』，這樣把宇宙論放在最後階段才講，從理想轉變爲切進現實，便是道家的一貫之道。」[18]「道生一，一生二，二生三，三生萬物」的「一」、「二」、「三」乃自然的序數，象徵道的化生萬物是一由一而多，由簡而繁的衍生歷程。換言之，「谷神不死」，道是不朽的且恆能生，其所生復爲能生者，周行不殆，終而復始，運行天地萬物於無窮，道之由「無」至「有」，由「有」至「無」的永續歷程是一整體性的有機體系，活力無限之運作歷程。方東美再進一步作了宏觀通識的深層詮釋說：

---

[17] 方東美，《原始儒家道家哲學》，頁29。
[18] 同上。頁34。

一個是「有」，一個是「無」；一個是「本體論」，一個是「超本體論」。但是，這兩方面，自無而至有也好，或者自有而至無也好，都不可或缺。換句話說，宇宙的演變是「雙軌的」程序。一方面要自無而至有，這是宇宙的發展；第二方面要歸根復命，返於自然，這是自有而至無。[19]

通常，形上學（Metaphysics）有兩個主題，一是論究萬物存在的根據，亦即追問萬物存在的原理或超越根據，稱爲存有論（Ontology）；另一是據以形上原理或超越根據又如何演變生成自然萬象，或自然萬物與形上原理或超越根據之發展歷程和關係，這是預設時空條件和宇宙元素的宇宙論（Cosmology）。方東美將老子玄之又玄的眾妙之門──道，視爲超本體論（Me-ontology），把道生化宇宙論的「有」之結合是「哲學最高的智慧，精神上面的統一，以它爲歸宿，可以把荒謬的世界變成和諧、寧靜的精神生活領域」。[20]因此，老子的形上智慧在於將道與萬物的相互關係，旁通統貫，一以貫之。在他稱老子形上學爲超本體論時，不但表明「道」具有超越性的特徵，同時也具有內在於萬物的內在性這一特徵。他說：「由此源頭而流衍出一切生命原動力，超乎一切價值之上，所以必然是超越性的（Transcendental），而非只是超絕性（Transcendent）而已，若是『要其終』，則爲善之完成，所謂『道』也就是在此歷程之中盡性踐形，正己成物；又因其包容萬類，扶持眾妙，所以也必然是內在性的（Immanent），在萬物之中彰顯出造物主的創造性；如此在『原始要終』之間，正是大道生生不息的創進歷程，蔚成宇宙的大和次序。」[21]「道」就其功能作用而言，是一周行不殆的生成化育歷程，其有機的統一性在於其遍在萬物的內在性，使萬物產生內在的有機聯繫，形成一旁通統貫的有機體系，瀰漫著宇宙萬物全體的生命氣象。

---

[19] 同上。頁238。
[20] 方東美，《原始儒家道家哲學》，頁219。
[21] 方東美，《中國人生哲學》，臺北：黎明文化限公司，1982年，頁94。

第二節　「道」所涵具之形上屬性──道體與道用

　　方東美對比西方與中國形上學差異時指出：蘇格拉底、柏拉圖的精神主義雖將希臘哲學帶出早期自然哲學的範圍，而趨向真正的形上學，但是他們所使用的「二分法」、「二元論」，隔離了自然界與超越界的內在聯繫，也離開了人類世俗生活領域與價值理想領域。他特別指出柏拉圖分隔觀念世界與形下世界，造成形上與形下世界之間，難以構築一溝通的橋樑，形成一超自然或超絕形上學。至於中國哲學形上學，則以其「超越」性而與西方傳統形上學的「超絕」性有所區別。他說：「中國形上學表現為一種『既超越又內在』之獨特形態（transcendent immanent metaphysics），與流行於西方哲學傳統中之『超自然或超絕形上學』迥乎不同。」**22** 方東美針對《老子》首章：「道可道，非常道；名可名，非常名。無，名天地之始；有，名天萬物之母。故常無，欲以觀其妙；常有，欲以觀其徼。此兩者，同出而異名，同謂之玄，玄之又玄，眾妙之門。」謂老子所以使用「有」、「無」，絕非西方用法，他指出：老子則要以「無」直指道之無上性相據以建立一套超本體論系統，其層級高於論「有」，亦即屬於變易現象界之動態本體論。但是「有」與「無」，同出而異名，且玄通為一體兩面。

　　方東美認為道家引領人類的精神升進於一嶄新天地，有著心遊於大虛，馳情於奇幻之境。他以象徵性的語言喻示：「道家所寄托者，乃是一大神奇夢幻之境，而構成其境界空間者，正是美妙音樂及浪漫抒情之『畫幅空間』兼『詩意空間』──所謂空靈意境也。」**23** 道家以高懷達引的形上智慧，超然觀照人間世千萬種迷惘情執而發啟迪人心的雋語。老子雖自稱其言易知，由於言簡易賅，指謂多重，致使知音者少。方東美有鑒於道家之亟需高明闡釋，乃將老子哲學系統中至高範疇的「道」所蘊含的豐富而深微之含義，就道體、道用、道相和道徵四面向來詮釋其要義。他說：「就道體而言，甚至根本上就超本體論之立場而言，

---

22 方東美，《中國哲學精神及其發展》上冊，頁3。
23 同上。頁238。

道，乃是無限眞實存在之「太一」或「元一」。老子嘗以種種不同之方式形容
之。」[24]他分別援引第四、三、三十九、五、三十五及十六章來解說，我們可取
其中三精義紹述。《老子‧六章》云：「谷神不死，是謂玄牝。玄牝之門，是謂
天地根。綿綿若存，用之不勤。」方東美詮釋爲：「道爲天地根，其性無窮，其
用無盡，視之不見，萬物之所由生。」[25]「道」爲天地的本根，萬物之宗，有無
窮的形上屬性及無盡的妙用。《老子‧二十二章》云：「曲則全，枉則直，窪則
盈，敝則新，少則多，多則惑。是以聖人抱一爲天下式。」方東美謂：「道爲一
切活動之唯一範型或法式」[26]由「曲」至「全」，由枉至直，由窪至盈，指活動
的歷程常由不完全狀態的一端，發展至較完全狀態的另一端，這是自然界物生於
反的現象中寓有一律動的範型，方東美並未說明這範型的內容爲何，我們似乎可
以《老子‧四十章》：「反者道之動」來理解量變的律則；至於「敝則新，少則
得，多則惑」的範型內容，我們或能由質的變化來作價值判斷，世俗性的價值判
斷以「多」爲貴，《老子‧十二章》說：「五色令人目盲；五音令人耳聾；五味
令人口爽。」這是感性刺激與滿足的質量互變法則，感性的滿足量化後易鈍化，
滿足度成反比，故「多則惑」。「少則得」指感性的滿足次數愈少，則吾人越能
珍惜而細嚐其眞味。「敝則新」指東西用舊壞了才有換新的機會，這是反向操
作的價值感之變化規律。《老子‧四十章》所謂：「弱者道之用」、〈三十八
章〉：「柔弱勝剛強」、〈七十六章〉：「柔弱者生之徒」，顯示出道以弱爲妙
用的「模式」。《老子‧十六章》曰：「致虛極，守靜篤。萬物並作，吾以觀
復。夫物芸芸，各復歸其根。歸根曰靜，靜曰復命。復命曰常。……知常容，容
乃公，公乃全，全乃天，天乃道，道乃久，沒身不殆。」方東美作了精闢的詮
釋，他說：

---

[24] 同上。頁242。
[25] 同上。
[26] 同上。

道為萬物之最後歸趨，萬物一切，其唐吉訶德英雄式之創造活動，精力揮發殆盡之後，莫不復歸於道，是謂「復根」，藉得安息。涵孕於永恆之法相中，成就於不朽之精神內。蓋自永恆面而觀照之，萬物一切最後莫不歸致大公、寧靜、崇高、自然，一是以道為依歸。道即不朽。[27]

「道」是萬物生命從「無」到「有」的原始起點，萬物秉受「道」所賦予的自然本性及內在生命動力後，自發性的依天性天律所涵的歷程，由潛質潛能而成長成熟，當其內在本質所涵的美善充分實現後，在「反者道之動」的道律下，回歸於「道」的根性或自身的終極目的，安息於「道」的永恆法相中。方東美看出老子以「玄之又玄」的重玄言「道」，是非語言概念表述的超本體與柏拉圖表述觀念世界的永恆本體用不同的方式。他認為柏拉圖：「太著重邏輯、太強調清晰明瞭的語言，結果反而不能把這個深入的思想表達出來。」[28]「道」是不可說的，是不能用概念的分解來界說的，而是整全觀照的「悟」道，亦即以玄智妙契道眞。他認為就一般而言西方文化與中國文化不同處，常在不可說處執意要說，他指出老子妙契道眞的「悟」：「這需要以最高智慧去把握，超越了一切相對價值，才能達到絕對價值（超本體論）。」[29]

就「道用」而言，「道」遍在萬物之中而顯發其無盡的功能。指「道」在動態歷程的現象界呈現雙迴向、雙軌式的發用方式。方東美說：

其顯發之方式有二：一曰「退藏於密，放之則瀰於六合」；二曰「反者，道之動」。蓋道一方面收斂之，隱然潛存於「無」之超越界，退藏於本體界玄之又玄，不可致詰之玄境；發散之，則瀰貫天地宇宙萬有。茲所謂有界者，實乃道之顯用，而呈現為現象界也，故可即道而觀察得知。[30]

---

[27] 方東美，《中國哲學精神及其發展》上冊，頁242。
[28] 方東美，《原始儒家道家哲學》，頁189。
[29] 同上。頁190。
[30] 方東美，《中國哲學精神及其發展》上冊，頁100。

「道用」指宇宙發生論及萬物原始要終的律動歷程。「道體」或「道用」的分別只是為理解的方便而做的權宜之分。「道」雙迴向、雙軌式的發用方式,可以順向和反向來解說,順向的道用指《老子‧四十二章》:「道生一,一生二,二生三,三生萬物」的由「無」至「有」,亦即道體顯用的作用歷程,成就自然萬象的現象界,道有「放之則瀰於六合」的順向道用,就必然蘊含「反者,道之動」的逆向道用。雙迴向的律動是道用的動態對比性的結構律則。同時,道用的雙迴向是往返於本體和現象之間,承體發用,即用顯體,表徵了道不離物,物不離道的有機之一體性關係,萬物出於「道」,發展到最高峰時盛極而衰,再返回其根源性的「道」,資取再度新生的力量,重新開始,構成由「無」至「有」,再由「有」返「無」,復由「無」至「有」的周行不殆之道用歷程。《老子‧六章》所謂:「谷神不死,是謂玄牝。玄牝之門,是謂天地根。綿綿若存,用之不勤(竭)。」

第三節　以「道相」、「道徵」闡發道化的人格典範

　　老子將存有與價值兼融爲一體。老子在《道德經》中雖使用了七十六個「道」字，綜觀全書對人的關懷卻多於對「道」的論述。換言之，人在有機的世界之變化中，也處處顯發了人與世界有機聯繫的意義結構、價值世界。衡諸《老子》文本中一些相應之言，例如：《老子・二十五章》云：「人法地，地法天，天法道，道法自然。」人所當效法的道生自然可見諸《老子・五章》：「天地不仁，以萬物爲芻狗；聖人不仁，以百姓爲芻狗。……多言數窮，不如守中（之中）。「不仁」指跳出儒家親疏遠近的等差之愛，亦即宗法倫理中的尊卑貴賤之別，而能以沖虛的心境平等對待一切人。《老子・四十九章》所謂：「聖人無常心，以百姓心爲心。善者，吾善之；不善者，吾亦善之；德善。……聖人在天下，歙歙焉（心不存偏好），爲天下渾其心（質樸其心，無分別心），百姓皆注其耳目，聖人皆孩之。」道性自然，天地不仁，故能無爲而無不爲，其平等對待整個存有界，稱爲玄德。《老子・五十一章》所謂：「道生之，德畜之，物形之，勢成之。是以萬物莫不尊道而貴德。道之尊，德之貴，夫莫之命而常自然。故道生之，德畜之，長之育之，亭之毒之，養之覆之。生而不有，爲而不恃，長而不宰，是謂玄德。」「玄德」的核心價值在於推崇以虛靜無執的大公心，兼容一切，持平等慧來長育、養覆一切存有者。「平等慧」是透過老子所突出「道」的妙用所顯的玄德，包容人與自然，人與人相容相涵，平等和諧的形上大智慧。

　　同情交感之中道是貫穿在中國文化中的核心價值，不方不隔，不滯不流，無偏無頗，無障無礙也是老子形上智慧所顯示之「道」的妙用。「平等慧」的慧相指一切存有者皆處在相待、相因、相應、相孚的有機聯繫及充量和諧狀態中。方東美在詮釋老子的道相，亦即道之性相時，予以分爲「天然本相」與「意然屬性」。他所謂「天然本相」指「道」涵蓋一切天德本相，無對待之間隔，應就道體永恆面觀照之，才能一一朗化透顯。他將天德本相，一一皆眞的主要特徵羅列

如下：**31**

一、道無乎不在，其全體大用，在「無」界中，即用顯體，在「有」界中，即體顯用，且體不離用，故道本一貫。

二、「無爲而無不爲」。

三、「爲而不恃」。

四、「以無事取天下」。

五、「長而不宰」。

六、「生而不有」。

七、「功成而弗居」。

他所謂道相中的「意然屬性」，係指依人的主觀觀點所臆測的道之屬性。他說：「老子認爲一般人只會就道之人爲屬性以意之、狀之、摹之，特妄加臆測耳。」**32**或許這就是《老子》前章開門見山所說的「道可道，非常道」，意指人以概念思辨，名言界說出來的諸般對「道」描述的屬性，皆非本眞性的道。換言之，「道」非界定語的對象。

方東美將道徵詮釋爲「高明至德顯發之」，效法「道」的天然本相立人道，將道體的形上屬性類比爲人格典範的美德。聖人超越人的一切固有限制，修養德配自然無爲的道體，使自己有虛靜無執，包容一切的大公心，亦即有容乃公的道性，他說：

常人往往作繭自縛，聖人則一本其高尚之精神，並憑藉其對價值理想之體認肯定，而層層提升，重重無盡，上超無止境，故能超越一切限制與弱點。常人冥頑不化，竟執著虛妄價值，趨於庸俗僵化，至誤視之爲真、美、善、義等；是以，恆不免陷於鄙陋、渺小與自私，而渾不自覺。……聖人有得於道真，故能超然觀世，廓然大公，化除我執，而了無自我中心之病。**33**

---

31 方東美，《中國哲學精神及其發展》上冊，頁244。

32 同上。

33 同上書，頁245。

聖人的人格典範來自取乎至上的道性，開拓一己的胸襟視域，不斷消解俗我的自私、鄙陋、狹礙，超越世俗化的習心習性，破妄顯眞，斷惑存眞不斷提升自己的心靈境界，豪獷超邁，修持如道般的廓然大公之玄德，「淑世濟人，而贏得舉世之尊敬與愛戴」。[34]方東美在天人合德的道徵上，特別看重《老子》書中的三章旨義。除前引的〈四十九章〉外，還有〈二十七章〉：「常善救人，故無棄人；常善救物，故無棄物。」最末章：「既以爲人，己愈有；既以與人，己愈多。」方東美心目中的老學聖人是能以人的靈智虛靜心對「道」有所愛、悟，歸眞返樸尙同自然，又能「爲天下渾其心」、「以百姓心爲心」，拯救世間一切苦難者以轉俗成眞，離苦得眞樂。

[34] 同上。

第三章　老子的生活智慧和政治管理智慧

第一節　老子的生活智慧

　　老子的形上智慧施用於人的生活與社群營運的管理，主要針對政治管理，有一至高無上的指導原則，那就是回歸於對「道」的悟修和實踐。《老子・二十五章》云：「人法地，地法天，天法道，道法自然。」道是順應萬物內在的自然本性以及自然界的總規律而運行，因此，「道」是無為的，但是從作用效果言又是無不為。人法道隨順自然的本性，順水推舟，因勢利導的生活和領導社群運作，應深刻了解和依循內在於事物客觀的自然本性和自然界的總規律。換言之，自我生活和社群領導宜為之於自然而然，為之於無形而又收無不為的效果。老子的形上智慧在體悟道「生而不為有，為而不恃，長而不宰」的玄德，其人生的生活智慧與社群生活的領導亦以道之「玄德」一以貫之。老子說：

> 修之於身，其德乃真。修之於家，其德乃餘。修之於鄉，其德乃長。修之於
> 國，其德乃豐。修之於天下，其德乃普。（〈五十四章〉）

　　在生活智慧方面，體道悟道者首先應了解人與道內在聯繫的關係在於中介性的「德」。蓋老子論人的本真不用「性」字，而用「德」字。「修之於身，其德乃真」的「德」字，係指人與萬物所秉受於「道」的命賦而成為自身內在的真性情及本有的自發性能力。質言之，「德」係存有者的存有（本體），其由道所分享到的存在活動力亦係「道」內化於己的深層生命中所有。因為，「道」內在萬物的方式是透過「樸散為器」的宇宙生成論過程，「道」的渾全在其生萬物而分殊化的部分臨在於每一物之中。換言之，「德」是道的分殊化結果。「德」，得也，係個別化的具體事物由「道」所獲致而成為自身本性之性質和特殊規律。「道」與「德」只有整全性和個體性之別，在本質上同質異屬，因此，就人而言人透過修養內在生命的「德」與「道」有相契合而融入於「道」的可能。人若能消解自我之偏執，則能復全於道而與自我和他者（他人、自然、超越界）產生充

量、廣大的和諧。老子所言的「絕仁棄義」、「絕聖棄智」不是在實有層上否定仁義、聖智，而是在作用層上化解「意、必、固、我」的執著，釋放淨空封閉的意識形態，反而可以作用的保存本真性的非徒具框架形式的仁義、聖智之實有。

　　「道」是素樸、簡約、清靜的，因此，悟道效行道者應反省和深刻覺解出老子所言「五色令人目盲，五音令人耳聾，五味令人口爽，馳騁畋獵，令人心發狂，難得之貨，令人行妨」（〈十二章〉）的人生至理，深刻認識「知足者富」（〈三十三章〉）、「知足不辱」（〈四十四章〉）及「禍莫大於不知足，咎莫大於欲得，故知足之足，常足矣」。老子明察人之禍患常來自人有無窮的生理和心理的欲望，人如夸父追日般的永無止境的追求層出不窮的欲望，不但身心俱疲，且與人樹敵結怨，禍害不斷。因此，老子感嘆的說：「吾所以有大患者，為吾有身，及吾無身，吾有（又）何患！」（〈十三章〉）老子視生命本身的價值恆優位於對身外名利財貨的盲目追逐，他提出身重於外物的人生基本價值判準，謂：「名與身孰親？身與貨孰多？得與亡孰病？是故甚愛必大費，多藏必厚亡，知足不辱，知止不殆，可以長久。」（〈四十四章〉）虛名榮華和財貨寶物的嗜求使人不自覺地畫地自限，而將自己局限在自我的成見與偏執中，也自陷於名韁利鎖的束縛中，不得解脫而痛苦萬分。因此，人若離開本然之德，任憑「心使氣」的意氣習氣去處理個人生活問題，將易招致人與人的對立、矛盾、智巧、偽詐和鬥爭，與人相忤、為情所累、為物所牽，患得患失，縱使有得也不償失，一切煩惱困苦源於自作自受。因此，在人的生活智慧上，老子教人「見素抱樸，少私寡欲」（〈十九章〉）；在消解外物之迷惑與吾身之大患上，老子提出「聖人去甚、去奢、去泰」的大原則，在這方面的人生實踐上，老子提出具體的操持項目，他說：「我有三寶，持而保之。一曰慈，二曰儉，三曰不敢為天下先。」（〈六十六章〉）能慈愛則對人一視同仁而無人我的衝突；能儉則減輕因外物的追求所帶給自己的身心負擔；不敢為天下先即與人無爭，不與人相忤，而能淡泊名利，自適自得，不但自己的身心和諧，同時自己與他人、社群、天地萬物都處在和諧幸福中。

第二節　老子的政治管理智慧

　　周代的封建政治是立基於有血有緣的宗法組織上，其政治組織與宗法社會的組織可謂一體的兩面。宗法倫理依親族血緣關係，特別講究親疏遠近之別，亦即儒家所謂孝悌爲仁之本的仁愛，一套有等差的愛。政治上的封建體制凝結成人與人之間依政治身分、社會地位的階級而成尊卑、貴賤的階級意識。禮樂刑政及種種禮數典制在別尊卑貴賤的位差上形成繁文縟節的形式規範。在人情與禮教不相對稱的失衡下，「情」與「禮」的關係失之於不是太過，就是不及而造成虛情矯飾、矯情做作而失眞實感。老子針對周文的弊端，提出其具改革性的政治智慧。

一、沖虛爲用、平等待人

　　老子有鑒於「道」對所化生萬物的大公無私性，在政治上要求主政者應對百姓有如道一般的沖虛爲用、平等對待一切人。《老子‧五章》云：「天地不仁，以萬物爲芻狗；聖人不仁，以百姓爲芻狗。」「芻狗」是古人在祭祀時以用草紮成的狗形盛飾奉上，用完後就丟棄，毫不留情。天地對待萬物也是無親疏遠近的差別情感，天無私覆，地無私載，以平等的方式養育萬物，保全其本性，萬物在天地間皆能和諧並育。老子教人效法道、本天道立人本的政治治道，應以如天地般的廓然大公態度平等對待百姓，不存愛憎的偏私之情。因此，「致虛極，守靜篤」的虛靜心不但得之體證道體之眞性，且據以施政治民。《老子‧四十四章》謂：「聖人無常心，以百姓心爲心。」蓋「道常無爲而無不爲，侯王若能守之，萬物將自化」（〈三十七章〉）。

二、倡不擾民的無為之治

老子提出無為之治主要是針對有為之治產生難治的現象，〈七十五章〉云：「民之難治，以其上之有為，是以難治。」居上位者之所以有作為，常因貪好權勢財富而苛稅暴斂、濫用民力大興土木以滿足一己之私，或好大喜功，欲廣土眾民而軍事侵略他國，不但勞民傷財、結怨敵國，且擾亂動盪天下。〈七十五章〉又說：「民之飢，以其上食稅之多，是以飢。」〈五十三章〉描述損人利己的大肆搜刮民財以供掌權勢者奢靡的腐化現象：「朝甚除（汙），田其蕪，倉甚虛；服文綵，帶利劍，厭（饜）飲食，財貨有餘，是謂盜夸。非道也哉！」意指朝廷奢侈汙亂，造成田地荒蕪，經濟不振，倉庫空虛，統治階層卻錦衣佩利劍、酒食豐盛、錢財不盡，行為可謂如同強盜頭目，太不合乎「道」。〈六十三章〉說：「為無為，事無事，味無味。大小多少，報怨以德，圖難於其易，為大於其細。」政治管理的智慧在於以無為做上綱，以不無事生非為施政的原則，能知足常樂的視小為大，以少為多，以德報怨。解決問題當在起初萌發而易解決時，而不要等到事態發展至嚴重時才出手。做大事當在事情細微處著手，以資發展成大事。〈六十四章〉云：「合抱之木，生於毫末；九層之臺，起於累土；千里之行，始於足下。為者敗之，執者失之。」「無為」不是無所作為，而是勿違背自然而妄為，應隨順自然的趨勢，乘時順勢而為，如「合抱之木，生於毫末」是順自然而為的結果。人若違逆自然的妄為則易成失敗。〈三十七章〉曰：「道常無為而無不為，侯王若能守之，乃物將自化。」無為之為旨在輔萬物之自然本性，因勢利導而不逆勢妄為。

三、常善救人，損有餘而補不足

〈二十七章〉云：「善行無轍迹。」善行者是能識時順勢自然而行，不造作，故能不著形跡的無為者。〈五十一章〉謂：「道生之，德蓄之，物形之，

勢成之，是以萬物莫不尊道貴德。道之尊，德之貴，夫莫之命而常自然。……生而不有，爲而不恃，長而不宰，是謂玄德。」「道」所以受人尊崇，「德」所以受人珍貴，係因道生德蓄萬物於無形跡的因任自然，因此，萬物也能自足於自然的生長。「道」雖生長萬物卻不據爲己有；養育萬物有功卻不自恃其能，長成了萬物卻不宰制萬物，道性自然，無形跡的順自然之理律而運行，卻滿全了萬物之遂其生，具有令人妙不可思議的深微玄理。因此，師法道性自然的爲政者應「常善救人，故無棄人；常善救物，故無棄物。是謂襲明」。「襲明」意指爲政者應承襲道養育萬物的玄德來行無爲之治，一方面師法「天之道，損有餘而補不足。……爲而不恃，功成而不處」（〈七十七章〉），在政治上爲而不爭，利天下而不害之。另方面，爲政者「治人，事天，莫若嗇」（〈五十九章〉），「嗇」就是愛惜、節儉之意，能愛惜精神，才能保持精神的飽滿，生發化繁爲簡，以簡御繁的深邃智慧，鞏固國本。此外，〈六十七章〉說：「治大國，若烹小鮮。」治大國雖事多且繁雜，應有若煎小魚，不要時時翻動而破碎，同理，治大國而秉持清靜無爲的最高指導原則，要以愛護百姓，不打擾百姓，若舉措太多，政令太過繁苛，人民不堪其擾而備受身心的傷害，則如何能過安詳自如的平靜生活呢？

第四章 《易傳》與《老子》的幸福觀比較

　　《周易》一書係由周文王時期所完成的六十四卦之卦爻符號系統、卦名與卦辭所形成的原經，以及在戰國中、晚期所建構的十翼，或稱以傳附經資以詮釋、補充、發展原經的《易傳》所合成的古書。班固《漢書‧藝文志》尊《周易》為五經之源、群經之首，將《老子》一書歸屬道家。據經學家屈萬里考證：《老子》書當成於孟子後、荀子前，《易傳》與《老子》可說同源於《易》的原經而分流。然而，兩書的論題及思想內涵有橫向交流情況，殊途中有同調部分，但是兩書經辨微析理後，也有可區分的各別特色。例如：《易傳》內具豐富的哲學多方面資源，它汲取了戰國中、後期的陰陽律動思想，本天道以明人事的天人關係論，以及天人合德且和諧的價值形上學，和由變識常，由常貞變的趨吉避凶之處世、人生智慧。

　　趨吉避凶、享福避苦，是《易》對當代人最具啟發性的人生智慧。例如：《易‧謙卦‧象》曰：「謙亨。……天道虧盈而益謙……鬼神害盈而福謙，人道惡盈而好謙。……君子之終也。」謙卦六項爻辭皆吉詞，涉及人生美滿的幸福價值論。《老子‧五十八章》說：「禍兮福兮之所倚，福兮禍兮之所伏。」〈四十六章〉說：「禍莫大於不知足，咎莫大於欲得。」這兩部經典都語重心長，滿懷憂患意識，指導和懇切期待天下人皆能對人生的禍害有所警惕，營造和實現幸福人生的價值理想。《尚書》還指出五福臨門是人生幸福的指標。在〈洪範〉篇謂：「五福：一曰壽，二曰富，三曰康寧，四曰攸好德，五曰考終命。」張載亦說：「富貴福澤，將厚吾之生也。」[35]幸福是人類共同的生命願景，「幸福」的哲學性概念含義，則可遠溯希臘哲學的界說，根據德人布魯格（W. Brugger）所編著的《西洋哲學辭典》（*Philosophisches Wörterbuch*）一書對何謂「幸福」（Happiness），有段精闢的論述：

　　幸福（希臘文eudaemonia）在希臘哲學中是人最後的目的和至善，它賦予人

---

[35] 《張載全書》卷一，〈西銘〉。

類生命以真正的意義。當然，希臘哲學所著眼之至善的實現，主要是指此世的不完整的實現。對於幸福的內容，意見也相當分歧：有的認為幸福即寓於快樂，有的說在有外界事物，另有人說幸福寓於德性或知識中；另外又有一個問題，即幸福是諸神的賜予，抑或個人努力的結果。亞里斯多德在這方面的見解，陳述於《尼可馬赫倫理學》（*Nicomachean Ethics*）中；他認為：幸福在於心靈按其本性活動而認識真理，快樂和愉快只是所獲得的完美之反響而已；再者，倫理的德性係造成現世幸福的重要成份。**36**

「幸福」不但在希臘哲學中被視為人生的終極目的，係在不完美的現實狀態超越凡俗，而活出人性生命的至善和真切的意義。返觀《易傳》與《老子》，也隱含這一向度，等待我們去深究和闡釋。至於幸福的實質內容有：人當下的快樂，對外在標的物如權力、地位、財富、榮輝……之占有，也有德福一致論，也涉及對宇宙人生真理的深刻認識和實踐等。若我們細讀、綜攝《易》、《老》兩書文本的深層蘊意，不難發現兩書分別述及諸幸福的不同內涵，其間有心同理同處，也有不同立場、視角和願景呈現的不同處。本章乃針對這些問題做一扼要的論述和對比，在內容上略分四面向：人與大自然和諧共生的幸福觀、個人安身立命的幸福觀、家庭的幸福觀以及公領域的公共幸福觀。

---

36 布魯格著，項退結編譯，《西洋哲學辭典》，臺北：國立編譯館出版，先知出版社印行，1976年，頁184-185。

第一節　人與大自然和諧共生的幸福觀

　　《易·說卦傳·第二章》說：「昔者聖人之作《易》也，將以順性命之理。是以立天之道，曰陰與陽；立地之道，曰柔與剛；立人之道，曰仁與義。兼三才而兩之，故《易》六畫而成卦；分陰分陽，迭用柔剛，故《易》六位而成章。」《易》之成書，係以統攝天、地、人三層存有系列，來建構「兼三才而兩之」的整全性視域的宇宙與人生觀。以一陰一陽的迭運不息代表天道，以一柔一剛的疊用表示地道，人居天地之中，配合天時與地利，參贊天地好生之德的化育，與天地萬物和諧共生，共享生生不息的美好大生命體所蘊藏無盡價值和幸福。同時，《易·說卦傳·第三章》接著說：「天地定位，山澤通氣，雷風相薄，水火不相射，八卦相錯。」表徵出一陰一陽交錯下的世界，是兩兩相對待的對立元，不是不相干的平行線，也不是相互否定排斥的，而是相互往來，相輔相成，「窮則變，變則通，通則久」的永續長存之機體和諧世界。例如：「山澤通氣」，高山與深淵是氣脈相通的，和諧互通，共構一生機不斷的氣韻生動之美好生態世界。

　　生命科學謂人若要延續生命，每天需飲水二公升，吸入清新的空氣十三公升。此外，天上的陽光和地上承載及畜養生息的食物及土壤，是不可或缺的必需元素。我們的生存環境若被汙染，生態系統被破壞，物種不斷地被滅絕，不但是天地萬物的不幸，也是人類幸福的最大危害。從工業革命和商品經濟交互作用以來，西方社會所形塑的思想信念、價值觀和行為規範，衍生一主流社會典範（Dominant Social Paradigm），可簡稱為「DSP」。其中有三個信念對後世影響深遠：一、人類有別於他所宰制的生物；二、廣大的世界提供人類無限的發展機會；三、人類歷史是進步的，在發展中所產生的問題，皆可獲致解決。「DSP」係以人類學為中心，隨著現代化之科技至上，商品經濟，個人消費享樂至上的歷史大潮流，終於遭受大自然的反撲。人無限制的發展工商業，造成對大自然的肆虐和掠奪，對當前世界性的能源枯竭，各種環境汙染，原生物種的逐漸滅絕，氣候變遷的異常，糧食生產的供需失衡……等等，造成人與大自然的衝突，和衍

生種種不幸福生活的惡果。生態危機的意識已逐漸普及化，有識之士對DSP要求「典範轉移」，「人類中心價值論」轉化成對大自然的敬畏、珍惜與和諧共生，才是人類趨吉避凶的幸福之路。

　　《易》、《老》的幸福觀從大視域大前提而言，顯然是立基在天人和諧共生的生態中心倫理觀上。《易·繫辭傳》由天地運行不已，生存在天地這一廣大生命場域的萬物，生生不息的事實，深刻反思，指出以生命價值至上的形上原理：「生生之謂易」、「天地之大德曰生」。《易》首出六十四卦的乾、坤兩卦，表徵出天地交感萬物得以大生、廣生的核心命題。乾卦〈彖〉曰：「大哉乾元，萬物資始，乃統天。……乾道變化，各正性命，保合大和，乃利貞。首出庶物，萬國咸寧。」坤卦〈彖〉曰：「至哉坤元，萬物資生，乃順承天。坤厚載物，德合无疆。含弘光大，品物咸亨。……安貞之吉，應地无疆。」六十四卦中，只有乾、坤稱「元」，且贊以至大、至上，可見乾、坤並建爲一元的二端，相依互賴，融合無間。乾道生成化育萬物，令萬物各得性命之正，和諧並育，「保合大和」；坤道厚德載物，滋養育成萬物，以成就「含弘光大，品物咸亨」。乾、坤並建合作，構成一具多樣性物種，不但並育而不相害，且相輔相成一渾全圓融的生命世界。人參與融入這「繼之者善，成之者性」的生命世界，天泰、地泰、人亦泰，天地人交泰，人得以在貞定物內在生命價值中「利貞」，享「安貞之吉」的天福，亦是人福。

　　至於《老子》一書所表述的「道」，係化生天地萬物的本根和共理共律。《老子·二十五章》說：「有物混成，先天地生，寂兮寥兮，獨立不改，周行而不殆，可以爲天下母。吾不知其名，字之曰道，強爲之名曰大，大曰逝，逝曰遠，遠曰反。故道大、天大、地大、王亦大。域中有四大，而王居其一焉。人法地，地法天，天法道，道法自然。」「道」不僅對人與萬物享有先在性、本根性、內在性，且具有運行萬物的客觀的、自然的常理常律。《老子·四十章》謂：「反（返）者道之動」與〈十六章〉所謂：「夫物芸芸，各復歸其根。歸根曰靜，是謂復命；復命曰常。」道在運行歷程中有大、逝、遠、反的常規常律，終回歸寂然至靜的原始狀態。

　　若對比《易》、《老》幸福論的宇宙觀向度，兩者皆注重天地萬物生成變化的根源性原理，亦即形上眞理，從而定位人在宇宙中的存在意義和價值取向。兩書皆具有機體的宇宙觀、生態的世界觀，都分別指出「生生不息」與「周行不殆」和「窮則變，變則通，通則久」（《易》）和「反者道之動」、「谷神不死，……綿綿若存，用之不勤」（《老子》）的生命恆在且恆動的共同特徵，但是兩者亦有不同的屬性。《易》以人文生命的靈覺，以生命的存有價值爲最高的價值意識，擇取尊生彰有的生命爲本的價值形上學，亦即天地有好生之德，係一應然的價值願景。《老子》的宇宙觀，係立基於客觀、獨立自在的大自然，以自然既已存在的常規常律爲取向的自然理序形上學，顯然於人之幸福所安頓的人文生命之精神價值取向形上學有所不同。換言之，《易》的宇宙觀不但表述太極易道的運行規律，且以形上的價值心靈，對這一實然性的運行法則，當下點化成意味深長之無限生命價值境域。再者，老子的「道」之形上特性，是歸根復命、寂然常靜的本體，以清靜無爲是尚。《易》不但言變，且深刻指出萬物生生不息的動態對比結構爲「一陰一陽之謂道」，謂陰陽相依互賴且富有對偶性的互感互動，來詮釋乾、坤交感及相互迭運，導致萬物所以生成變化，永續不息的形上動律。《老子》雖言「萬物負陰抱陽，沖氣以爲和」，且未如《易》書究明一陰一陽的律動功能和人文價值應學習之典範。儘管如此，《易》、《老》皆以形上學的高度，強調人類的整體幸福與和諧的機體宇宙，休戚與共，利害相關。

第二節　個人安身立命的幸福觀

　　趨吉避凶、轉禍趨福，是《易》引導人走向安身立命的幸福之路。《易·繫辭下傳·首章》有言：「吉凶悔吝者，生乎動者也。剛柔者，立本者也；變通者，趣時者也。吉凶者，貞勝者也。」在變化無窮的宇宙運行及社會變遷裡，人生的境遇在不同的時空環境中，有動態的吉凶禍福，不可不慎。《易》啟示人應有變通趣時順勢的智慧，以及貞定大中至正的價值原理，言行不可不適時變之宜而有所不及或太過，亦即人應自覺性的培養中正平和的美德，來回應一切際遇。總而言之，知德兼備才是人趨吉避凶、轉危為安，走向幸福人生的必要條件。對《易》書而言，「吉利」是幸福的積極要素，凡事若判斷其前景可能是吉利的，則勇敢去做。若是不吉利，則停止不做，且改弦易轍。吉凶、利或不利是價值判斷語。《易》卦爻辭是預判吉凶的占斷語，其中「吉」字凡一四五見，「利」字一一九見，「凶」字五十九見，占得吉利的卦爻辭固屬樂觀，但也得把握良機，謹言慎行，不能大意，甚至幼稚。若占到凶的卦爻辭，則以憂患意識，謀定而後動，步步為營，戒慎恐懼，縱使悲觀，但不絕望。《易》教人智德兼備，相輔相成，天佑自助之人，得道者多助，相信終能突破難關，遠離禍害而趨向福樂之途。

　　《易·繫辭下傳·第十二章》：「夫乾，天下之至健也，德行恆易以知險；夫坤，天下之至順也，德行恆簡以知阻。」意指人應效法剛健不息的乾道，廣大悉備，學習恆久平易的大智慧，周全地了解艱難之事。同時，也應學習坤道的順應事物所以然之理，恆久簡約的處理複雜事務，知曉困阻所在，統合乾坤的智能，深識時務的關鍵問題之原由，理勢交互為用，將危機迎刃而解。《易·繫辭下傳·第二章》說：「《易》，窮則變，變則通，通則久。是以『自天祐之，吉無不利』。」人遇到窮困之際，要能識時務者為俊傑，自主創新，要有變中求穩定，穩定中求變求新的原創性智慧。《易》啟發人培養變通以除害興利的眼界和高人一等的智慧，才能化危機為轉機，逢凶化吉，轉禍為福。《易·繫辭上傳·第十二章》說：「《易》曰：『自天祐之，吉無不利。』子曰：『祐者，助

也，天之所助者順也，人之所助者信也，履信思乎順，又以尚賢也。是以「自天祐之，吉無不利」也。」」是以「自天祐之，吉無不利」，教人以德行獲得他人的信賴和幫助，以順乎客觀的義理，效法賢人的智慧和經驗，才能因自助而天助。危機管理必得以知識智能「明於憂患與故」（《易·繫辭下傳·第八章》），進而與時偕行，與時俱進地革故鼎新，以創新獲得脫困的生機。《易·繫辭上傳·第四章》：「知周乎萬物而道濟天下，故不過。」《易·繫辭下傳·第五章》說：「知幾其神乎？……幾者，動之微，吉之先見者也。君子見幾而作，不俟終日。」《易》所標榜的智慧就在於未卜先知，彰往察來，見微知著，防微杜漸，以及配合天時、地利與人和，來造就自身和群體的幸福。

對《易》而言，追求人生的幸福，固然須智德兼備，但是全書中反覆論述善德處比智德多得很。坤卦〈文言傳〉說：「積善之家，必有餘慶；積不善之家，必有餘殃。」《易·繫辭下傳·第五章》更明確的說：「善不積不足以成名，惡不積不足以滅身。小人以小善爲無益而弗爲也，以小惡爲無傷而弗去也。故惡積而不可揜，罪大而不可解。」積善累德，修心養善德，是《易》德福一致論的核心命題。《易·繫辭下傳·第七章》說：「《易》之興也，其於中古乎？作《易》者，其有憂患乎？」憂患意識是道德意識，也是責任意識，該章精挑九個卦，反覆三次論述其要義（引原典第一重及第三重詮釋）：

> 是故〈履〉，德之基也；〈謙〉，德之柄也；〈復〉，德之本也；〈恆〉，德之固也；〈損〉，德之修也；〈益〉，德之裕也；〈困〉，德之辨也；〈井〉，德之地也；〈巽〉，德之制也。……〈履〉以和行，〈謙〉以制禮，〈復〉以自知，〈恆〉以一德，〈損〉以遠害，〈益〉以興利，〈困〉以寡怨，〈井〉以辯義，〈巽〉以行權。

綜觀這九卦乃智德兼備，修心養德之細目，且應相輔相成，融會貫通，實現飽滿的美德，體現人生精神性的幸福。其中值得一提的是：用智德以利仁德。例如：「〈井〉以辯義」，指人應以聰明之智辨明道義所在。「〈巽〉以行權」，即指

人應在不同的情境脈絡中，因時、地、人、事制宜，守經常達權變。「〈困〉，德之辨也」、「〈困〉以寡怨」，指人縱使身陷危困之境，也應貞定大中至正的道義，心安理得，不怨天尤人。乾卦〈文言傳〉最末句說：「知進退存亡而不失其正者，其唯聖人乎！」這九卦中最值得終身奉行的美德，莫過於六爻爻辭皆吉的謙卦。乾卦上九爻辭曰：「亢龍有悔。」乾卦〈文言傳〉解釋其義諦是「亢之為言也，知進而不知退，知存而不知亡，知得而不知喪。」人生處在高成就點時，常會驕矜自滿，甚至對他人傲慢失禮。不知時間的流變，世事無常，進與退，存與亡，得與喪，不是一成不變的。持盈保泰，取決於謙虛有禮的自重和尊敬他人人格的尊嚴，以及自我期許應自強不息的創新不已，才是正道。

《老子》在個人的幸福觀上，首先要有自知之明，自我了解每個人秉自於道的天性、個性，亦即個體性。〈五十四章〉說：「修之於身，其德乃真。」對人自身的天賦稟性深修厚養。〈五十五章〉謂：「含德之厚，比於赤子。……知和曰常，知常曰明，益生曰祥。」意指將人天然的精氣神涵養至和氣純厚的地步，能知「和」的道理，稱為「常」理；能通曉常道常理，稱為「明」；這才能獲致精氣神的持久性一體和諧。人在生活上若不識常道常理，不順應自然，自作主張的縱欲貪生，反而會產生痛苦和災禍，失去清靜無為、順應自然的幸福[37]。生理和心理的欲望，皆有待於外的獲得才會滿足，這也是世俗上的人之常情。但是老子反對縱欲，反對貪求身外的社會榮顯之名。〈六十四章〉說：「聖人欲不欲（貪婪的欲望），不貴難得之貨」。《老子》主張素樸的足以溫飽安身的基本物質生活，〈十九章〉說：「少私寡欲。」蓋聲色犬馬之享受，飲食男女的大欲，若盲目縱欲不知節度，反而造成過猶不及的感性鈍化之快感。〈十二章〉意味深長的指出「五色令人目盲，五音令人耳聾，五味令人口爽，馳騁畋獵令人心發狂，難得之貨令人行妨」。他以當時執政的當權者為範例，〈五十三章〉謂：「朝

---

[37] 「益生曰祥」的祥，《說文》謂：「祥，福也。」段玉裁注曰：「凡統言則災亦謂之祥，析言則善者謂之祥。」《左傳・僖公十六年》載曰：「是何祥也？」杜預注曰：「祥，吉凶之先見者。」因此，凡善惡禍福皆可統稱「祥」。王弼注《老子》說：「生不可益，益之則夭。」可見此處人為添加之「益生」是不祥的意思。

甚除，田甚蕪，倉甚虛。服文綵，帶利劍，厭（同饜，飽足口腹之欲）飲食，財貨有餘，是謂盜夸，非道也哉。」大道樸實無華，涵容一切，當權的權貴卻反其道而行，荒廢政事，以苛稅搜刮民財，所貪得的榮華富貴，真能安心享樂嗎？〈五十八章〉說：「禍兮福兮之所倚，福兮禍兮之所伏。」人間世事多變，禍福相依且相互反轉。〈九章〉指出：「金玉滿堂，莫之能守；富貴而驕，自遺其咎。」榮華富貴易遭人忌害，反而自招其禍，人所以貪奪無厭，就在於人有生理和心理的嗜欲。〈十三章〉說：「寵辱若驚，貴大患若身。何謂寵辱若驚？寵為下，得之若驚，失之若驚，是謂寵辱若驚。……吾所以有大患者，為吾有身。」因此，老子勸人禍害自招，若要遠離禍害自求多福，則應如〈二十九章〉所言：「聖人去甚、去奢、去泰。」轉向虛靜無為、清心寡欲的恬淡生活，不招惹是非怨隙，過知足常樂的簡樸生活。

　　對比《易》與《老》個人安身立命的幸福觀，都有豐富的人生禍福流變的閱歷，咸了解世事多變，人心險惡，人生路途多曲折和歧出。因此，在明哲保身，逢凶化吉，轉危為安的追求幸福路程上，都強調識時務、明察事變之幾微的重要性。《易》教人見微知著，預見吉凶，見幾而作，謹小慎微，戒慎恐懼不得有任何差錯的失誤，亦即「無咎」以立於不敗之地，進而趨吉避凶，崇德廣業，享受幸福的人生。《老子・六十四章》更是警醒人說：「其安易持，其未兆易謀，其脆易泮，其微易散。為之於未有，治之於未亂。合抱之木，生於毫末；九層之臺，起於累土；千里之行，始於足下。」同時，世事雖多變難料，但是仍有其生成變化的階段性歷程，如《易》以六爻示律動的六階段，《老子・四十章》說：「反者道之動，弱者道之用。」「反」有二含義：一為「周行不殆」的返回原點，即《老子・十六章》所謂「歸根」、「復命」；另一指一事的兩端，亦即對立元的兩面有互動往來，相反而相成的常律。〈二章〉說：「有無相生，難易相成，長短相較，高下相傾（帛書本作「盈」較通順），音聲相和，前後相隨。」指現象界事物的變化，是兩端而一致的互動相轉化，對「道」體認得周全的人，不但能從正面認識道的作用，且能從反面作用中，深微地察識「道」有「若昧」、「若退」的動相，亦即「道」的正反迭運中有「弱」的徵狀，「道」運所

以「周行不殆」，是能伸能屈的屈，以及以柔弱不爭的作用方式，所遇到的阻力較小。《老子》書以「水」名此狀和奧妙之理。《老子・七十八章》：「天下莫柔弱於水。」〈八章〉：「上善若水。水善利萬物而不爭，處眾人之所惡，故幾於道。」水盈科（地洞）而後進，有容乃大，身段柔軟且低調，但是水「利」萬物而不爭「功」自誇，例如工業上切割用的水刀，洪水氾濫，海嘯等現象，又呈現柔中的強勁道。因此，在明哲保身的玄理玄智上，《老子・三十六章》：「柔弱勝剛強」、〈五十二章〉：「守柔曰強」、〈七十六章〉：「堅強者（阻力更大）死之徒，柔弱者生之徒」的保生智慧，與《易》乾為本，坤為從，強調「天行健，君子以自強不息」（乾卦〈大象傳〉）的以剛健至動為尚有所異趣，但是兩者是可互補的。

在論及人生幸福的要件上，《易》與《老》亦有些差異。最根本的不同是：

《易》立基在倫理學上，論述德福一致論。《易・大象傳》有五十多卦都勉勵「君子以」的接頭辭，強調君子處在任何時地、順逆，皆應砥礪德性修養。例如乾卦〈文言傳〉載：「九三曰『君子終日乾乾，夕惕若，厲無咎』何謂也？子曰：『君子進德修業。忠信，所以進德也；修辭立其誠，所以居業也。……故乾乾因其時而惕，雖危無咎矣。』」末段總結地指出：「亢之為言也，知進而不知退，知存而不知亡，知得而不知喪。其唯聖人乎？知進退存亡而不失其正者，其唯聖人乎！」《繫辭上傳・第三章》云：「無咎者，善補過也。」〈第七章〉也說：「夫《易》，聖人所以崇德而廣業也。……成性存存，道義之門。」《易・繫辭下傳・第一章》說：「吉凶者，貞勝者也。」所貞者指不論任何時地，人在追求福澤，趨吉避凶時，應貞定大中至正的美德而無所流失。《老子・三十九章》云：「昔之得一者，天得一以清，地得一以寧，神得一以靈，谷得一以盈，萬物得一以生。侯王得一以為天下貞。」老子以存有論為立基點，論述人應法天道之正運，才能臻於天清、地寧。〈四十五章〉扼要舉出：「躁勝寒，靜勝熱。清靜為天下正。」人生的幸福應取法「道」的清靜無為，以「道」為師，以虛靜心來為人處世，清靜無為，恬淡寡欲，才是人生寧靜的至福。

　　至於兩書之異趣，相較之下，《易》激發人積極奮發大有爲的人生觀，
《易‧繫辭上傳‧第十一章》云：「夫《易》開物成務，冒（包容）天下之道，
如斯而已者也。」〈第五章〉有言：「富有之謂大業，日新之謂盛德。」〈第
十一章〉謂：「崇高莫大乎富貴。備物致用，立成器以爲天下利。」可見富貴人
生也是幸福的人生。《老子‧十三章》卻說：「寵辱若驚。」〈九章〉指出：
「金玉滿堂，莫之能守；富貴而驕，自遺其咎。功遂身退，天之道。」老子追求
的是淡泊名利，把榮華富貴視爲身外之物。〈四十四章〉說：「知足不辱，知止
不殆，可以長久。」〈四十六章〉謂「知足之足常足矣」，有自知之明，歸眞返
樸，知足常樂的形上精神意境，是老子超俗脫塵的精神幸福觀。老子既然把榮華
富貴視爲身外之物，視「知足之足」的自足之意爲高，當然不尚賢人之德、賢人
之業了。〈三章〉明言：「不尚賢，……不貴難得之貨，……不見可欲，使民心
不亂。」反觀《易‧繫辭上傳‧第十二章》卻說：「履信思乎順（中正之道），
又以尚賢也。」《易‧繫辭上傳‧首章》開宗明義的點出：「乾以易知，坤以簡
能。易則易知，簡則易從。易知則有親，易從則有功。有親則可久，有功則可
大。可久則賢人之德，可大則賢人之業。」足見《易》鼓勵人在人生的道路上，
效法賢人之德，取法賢人建立可久、可大的功業，與老子也有大異其趣之處。

第三節　家庭的幸福觀

　　周代社會係由氏族社會演進至由宗法血緣關係所建構的倫理社會，家庭倫理是社會倫理和政治倫理的基礎。《易‧序卦傳下》說：

> 有天地，然後有萬物；有萬物，然後有男女；有男女，然後有夫婦；有夫婦，然後有父子；有父子，然後有君臣；有君臣，然後有上下；有上下，然後禮義有所錯。夫婦之道不可以不久也，故受之以恆；恆者久也。

在中國以人倫道德爲核心的社會禮俗中，很重視婚禮，觀結婚典禮場合所掛上的喜幛中，常以「天作之合」、「琴瑟調和」、「白頭偕老」、「百年好合」爲祝福的賀辭。恆卦六五爻的小象辭曰：「婦人貞吉，從一而終；夫子制義，從婦凶也。」在古代男主外，女主內的家庭結構中，若婦人能恆守貞操的節度，不紅杏出牆，丈夫當家作主，應以合理性、正當性來裁定家中重大事宜，則家道正。《易》雖乾坤並建，卻以乾統率坤，對應在家庭夫婦關係上，則夫唱婦隨。當然，在兩性平權，教育普及，男女各憑實力而就業平等的今天，夫妻倫理已漸漸調整爲共同當家，家務事宜互爲主體，相互尊重和協商，分工合作，互敬互愛，才是家庭幸福之道。關鍵點在於夫妻雙方皆應有修心累德的美好品操，愛與義相輔相成，缺一不可。《孟子‧離婁上》曰：「人有恆言，皆曰『天下國家』，天下之本在國，國之本在家，家之本在身。」《孟子‧滕文公上》曰：「父子有親，君臣有義，夫婦有別，長幼有序，朋友有信。」的五倫說，影響後世的中國社會深遠。例如朱熹的〈白鹿洞書院學規〉就以孟子的五倫爲人倫綱紀。清代時在臺灣臺南所建的孔廟「全臺首學」中，就立有以孟子五倫爲教化重心的「明倫堂」。孟子所重視的五倫教育中，其中有「父子有親」、「夫婦有別（各有家庭角色）」、「長幼有序」這三倫屬家庭倫理，就德福一致論而言，家庭人倫是營造家庭幸福的基礎。

由《易》論述乾坤交感，「一陰一陽謂之道」的生生之德而言，經由婚禮而成家的主角，應爲一男一女之性別所締造的一夫一妻制，並不肯定一夫多妻制或二陰二陽的同志婚姻。在《易》生生不息，永續家族生命綿延不斷的哲學立場下，夫妻生養子女的目的，不但闡揚幸福美滿的家庭生活，爲人生重要的核心價值，也是善盡對家庭、家族生命世代永續的人文使命。換言之，「上事宗廟，下繼後世」，是以達成宗族生命及其文化香火生生不息爲崇高目的。《易》書中涉及家庭的卦爻甚多，其中以「家人」卦最爲重要。家人卦的象傳分別論述家庭倫理規範及其家教的內涵和意義。〈象〉曰：

> 家人，女正位乎內，男正位乎外，男女正，天地之大義也。家人有嚴君焉，父母之謂也。父父，子子，兄兄，弟弟，夫夫，婦婦，而家道正；正家而天下定矣。

這是立基於農業社會的家庭職能角色的分工，男人在外爲事業打拼，承當家庭經濟的支柱，妻子在家則堅守婦道，善盡相夫教子，做好家務事的責任。父嚴母慈，恩威並濟，有情有義，父子、兄弟、夫婦各自按名分，善盡家庭角色份際應盡的道德義務和責任。這樣運行不悖的家道，才能端正家風，家庭幸福才有圓滿和諧、樂融融的可能。

《老子》一書以尊道貴德爲主，〈二十一章〉謂：「孔德之容，惟道是從。」物物所秉受於「道」的大「德」，亦即內在天性是依「道」而行的。書中有少數論及家庭倫理和幸福者。例如〈十八章〉說：「六親不和，有孝慈。」他所指的「孝慈」，是可觀察、可操作、可據以判斷和賞罰的外在他律的公共規範，是言行標準化、規格化的制度性孝慈，具有形塑和約束作用。孟子謂「由仁義行，非行仁義」的行仁義。「六親」有不和諧的矛盾、衝突現象，且事態嚴重時，才會逼使實證性、經驗性的外在孝慈制度及規範的產生。這是道德源自於外，非源自於內在道德心靈的外在規範性道德，不自然，欠缺源源不絕的存有根源性力量。〈三十八章〉指出：「上禮爲之，而莫之應；則攘臂而扔之。故

失道而後德，失德而後仁，失仁而後義，失義而後禮。夫禮者，忠信之薄而亂之首。」在缺乏存有學（或形上學之本體論）的內在根源性存在及其自發性的動力下，制度化的外鑠性的仁義規範，只能治標而未能治本，很難長長久久。〈二十七章〉說：「善行無轍跡。」制度化的仁義孝慈規範，亦即道德禮法之治的名教，依名設教、定規，是經驗性的「轍跡」，形式有餘而內涵及自發性的動力不足。〈十九章〉說：「絕仁棄義，民復孝慈。」蓋〈十八章〉指出：「大道廢，有仁義；智慧出，有大偽。」若不能從道德形上根源處尊道貴德，從人內在自然的孝、慈出發，父慈子孝是由外而內的勉強爲之，不像出自人性內在眞性情的孝、慈那麼有張力。〈六十七章〉老子正面的提出：「我有三寶，持而保之：一曰慈，二曰儉，三曰不敢爲天下先。」寓意家庭幸福若要和祥安樂且持久，應效法天道所啟示的人文眞理，應保有出於內心自然的慈祥，節儉家庭經濟用度，家人應以辭讓之心相對待，勿爭先恐後，才是家庭幸福之道。因此，兩書有可互詮處。

　　對比《易》、《老》所論及的家庭幸福，基本上在同處在周代家本位的宗法血緣倫理之生活世界中。二書皆肯定仁義孝慈等家庭倫理，是營造維持幸福家庭的要件。不同的是：《易》對家庭倫理的論述，在質量上過於《老子》。《易》特別重視正家道，是獲致家庭幸福的不二法門。蓋《論語・微子》載孔子回應道家的隱者人物對他譏評，指出：「鳥獸不可與同群，吾非斯人之徒與而誰與？天下有道，丘不與易也。」道家教人歸眞返樸，明哲保身，清淨無爲。因此，在不可爲的濁世，道家人物常成爲「避世」之隱者，與自然和諧共存，享受個人飄逸的田園山水之樂，而與鳥獸同群。儒家重視人倫之樂，儒家的安身立命之道，落實在歷史文化之承先啟後的縱座標、及家國天下連屬於一身的橫座標上。儒家重視人文化成的豐富之文化生活，及與群倫共處的共樂樂。例如：孟子說人生有三樂中，父母俱在、兄弟俱存，就是其中一樂。道家的莊子「獨與天地精神相往來」的孤高，獨樂樂之意境，顯然與儒家，特別是《易》書「崇日新之盛德，開富有之大業」迥然有異趣。

第四節　公領域的公共幸福觀

　　《易》乃憂患之書，綜觀全書六十四卦三八四爻，充滿憂患意識。不但憂己之安身立命，且進而憂家人之安危與幸福，更憂國憂民，憂整個社會是否能實現正、理、平、治，安和樂利，和諧幸福，最後是憂心天下是否和平，人類世界是否能協和萬邦，共享互助互愛，共存共榮的人間福祉。《易·繫辭下傳·第十一章》云：「《易》之興也，其當殷之末世，周之盛德邪？當文王與紂之事邪？是故其辭危。危者使平，易者使傾，其道甚大。百物不廢，懼以終始，其要無咎。此之謂《易》之道也。」殷紂之際危機四伏，政治黑暗，社會動盪不安，人民普遍遭受無妄之災。因此觀六十四卦卦爻辭，多危懼疑慮的警戒之義。憂患意識是在危機意識中仍具道德意識、責任意識和理性自覺的理性意識，為政者應有道德勇氣與人民共赴時艱。《易·繫辭上傳·第十一章》所謂：「吉凶與民同患。」除了發仁心大願救時代之難、解人民之苦的道德感外，還必備《易·繫辭上傳·第四章》所說「知周乎萬物而道濟天下」的淑世能力。換言之，《易·繫辭下傳·第八章》所云「明於憂患與故」，明察所以形成憂患的來龍去脈、各種原因，還須具備如《易·繫辭下傳·第九章》所說「辯（分辨）是與非」的能力，在這些條件下，進行危機管理、損害管理，濟弱扶傾，務求「危者使平，易者（輕忽潛在危機，仍陷溺在驕奢淫逸者）使傾」（〈第十一章〉）。《易》教人在世變流轉中，物窮則變，變則通，重點在革故鼎新，革卦象曰：「天地革而四時成，湯武革命，順乎天而應乎人，革之時大矣哉！」扼要言之，《易》的憂患意識一方面在撥亂返治，從實踐因革損益中，來開富有的大業，以人文化成天下；另方面也應深識居安思危、持盈保泰之道。《易·繫辭下傳·第五章》所謂：「君子安而不忘危，存而不忘亡，治而不忘亂。是以身安而國家可保也。」安社稷保國家，以興天下之大利、除天下之大弊的改革力量和可長可久可大的優質公共政策，來謀天下人的公共幸福以及永續太平盛世。《易·繫辭下傳·第二章》密集地論述古者包犧氏、神農氏、黃帝、堯、舜如何效法《易》道，法象制器，法國理政而天下大治。《易·繫辭上傳·第十一章》總結地說：「子曰：

『夫《易》何爲者也？夫《易》開物成務，冒天下之道，如斯而已者也。』是故聖人以通天下之志，以定天下之業，以斷天下之疑。」爲政者以圓而神的睿智和德行，領導人民渡過難關趨吉避凶，共同創造和共享全民福祉。

老子做過周代守藏史，相當於國家圖書館館長，不但閱歷豐富，且由歷史文獻中，通曉政治治亂與國力榮枯、興衰的通則，有孤明獨發的政治智慧。他不但在形上智慧上指出聖人法道法自然，《老子·二十二章》謂「是以聖人抱一（道）爲天下式」，且將其政論散見於多章言論，基本上《老》與《易》有相通的政治觀，皆以天下百姓共同的福祉爲關注焦點。《老子·四十九章》明確地指出：「聖人無常心，以百姓心爲心。善者吾善之，不善者吾亦善之，德善。信者吾信之，不信者吾亦信之，德信。聖人在天下，歙歙爲天下渾其心。百姓皆注其耳目，聖人皆孩之。」蓋大道無爲而無不爲，且無所不涵容，這是「以百姓心爲心」的爲政者所當本天道立政道。在立己之道上，〈七十二章〉云：「聖人自知不自見，自愛不自貴。」在政治對象上，〈二十七章〉說：「是以聖人常善救人，故無棄人；常善救物，故無棄物；是謂襲明。」〈十六章〉和〈十七章〉皆有「知常曰明」，「襲」指承襲保存，「襲明」指充分領悟大道，且秉道精微玄奧之理。因此，老子的無爲之治與《易》之坤卦厚德載物，謙卦大象所言「君子以裒多益寡，稱物平施」互通其理。〈七十七章〉謂：「天之道，損有餘而補不足。……是以聖人爲而不恃，功成而不處，其不欲見賢。」在道化的政治操作方式上，〈十章〉說：「生而不有，爲而不恃，長而不宰，是謂玄德。」《易·繫辭下傳·第二章》亦有與老子會通互鑒之理，所謂：「黃帝、堯、舜垂衣裳而天下治，蓋取諸〈乾〉、〈坤〉。」可見《易》書也有效法《易》道，無爲而治天下之論點。

儘管如此，《易》的營造人民公共福祉上，仍鼓勵爲政者應積極的創制公共政策、制度◉器物，積極作爲的有爲之君。老子不同於《易》的地方：是以不擾民的無爲之治爲主軸。簡言之，《易》在全民謀福祉上，是採取大政府主張，應有所大作爲；老子則採小政府主張，因時順勢於百姓需求民意，順水操舟，事少而功多。

　　「幸福」的概念含義多樣而豐富，卻是人生、社群與人類共同嚮往的終極
價值。《易》與《老子》雖仁智互見，卻是殊途同歸，可以相資互補，使人類的
幸福觀更爲圓融和完美。二書皆本天道而立人極，且皆持萬物有機存在，有機互
動互補，形成機體和諧的宇宙觀與人類幸福觀，由本文的論述亦分別出二書同中
之異處。《易》是立基於道德的形上學「天地之大德曰生」，天地人三才交泰的
生命至上價值觀。在天人貫通的大中至正的核心價值觀上，採德福一致論，是倫
理學特色的幸福觀。至於《老子》一書，誠如《漢書‧藝文志》所言：「道家者
流，蓋出於史官，歷記成敗存亡禍福古今之道，然後知秉要執本，清虛以自守，
卑弱以自持，此君人南面之術也。」老子立基於存有學（形上學之本體論和宇宙
生成論），法天道「生而不有，爲而不恃，長而不宰」的玄德，較注重個人攝生
和天下人適性、適才、適所的幸福觀。相較之下，《易》較關注家庭生活的倫理
和幸福。

第五章　郭店及上海博物館出土
　　　　簡文之道家思想

第一節　當代道家出土文獻概況

　　在一九七三年發生了兩件道家出土文獻的盛事。其一是考古人員在河北省定州八角廊村的四十號漢墓中，出土了一批竹簡。墓葬年代學者們推定爲公元前五十五年，據定州竹簡整理小組的竹簡《文子》釋文，發現有部分殘文可對應今本〈道德〉篇的八章。但今本《文子》此八章的章句，與所能對應的簡文差異甚大。簡文的文體，全爲文子與平王的對談，而非文子與老子的對話。竹簡《文子》的出土，證實了《文子》一書的部分資料與文子其人，在道家哲學的發展過程中，有其重要地位。有些學者認爲文子很可能是對《老子》思想繼往開來的早期道家重要人物。另一件考古大事是在同一年，湖南省長沙馬王堆出土了帛書《老子》的兩種抄本，帛書整理小組分別稱之爲《帛書》甲本與乙本。考察帛書《老子》兩本皆未分章，且將今本第三十八章至第八十一章抄寫在其他章之前。乙本於今本第八十一章，與第三十七章之後，分別記了「德」字與「道」字。由於帛書《老子》甲乙兩種均是《德經》在前，《道經》在後，與《韓非子》的〈解老〉、〈喻老〉這兩篇史上首先詮釋《老子》的稱述法相同，反映出今本與古本確有不同。同時，帛書的出土也證實了墨子所謂「書之竹帛」的事實。換言之，戰國時期不僅有竹簡，而且有帛書。《老子》書中云：「夫甲兵者不祥之器」（〈三十一章〉），在帛書中亦有，推翻了以前有學者認爲此章係晚出的說法。再者，帛書《老子》甲本中有二十二處「邦」字，而乙本全改爲「國」字，可推證甲本係抄寫在劉邦稱帝之前，故沒有避劉邦的名諱，而乙本乃抄於劉邦稱帝之後，故因避諱而改「邦」爲「國」。綜觀甲乙本《老子》帛書的文字內容，基本上與今通行本《老子》之間的差異不大。帛書乙本，在篇末還各記有字數，《道經》有兩千四百二十六字，《德經》有三千零四十一字，共五千四百六十七字。

　　一九九三年十月，考古人員在湖北省荊門市郭店一號楚墓中，也出土了兩種道家的著作。其中可對應今通行本《老子》的資料，《郭店楚墓竹簡》一書分別

編定爲《老子・甲本》、《老子・乙本》與《老子・丙本》。在章序方面而言，竹簡《老子》與帛書本或今通行各本，完全不同。郭店竹簡《老子》未分章別，也不以「道經」、「德經」分篇。竹簡《老子》抄寫在三種不同形制的竹簡上：點校現存的簡文，也有殘失的部分。簡文《老子》所有字數，把可補足者算在內，共一千八百三十一字，約爲帛書〈乙本〉的百分之三十三。在所出土的郭店簡道家文獻中，還有一篇〈太一生水〉，最後是一九九四年由上海博物館從香港收購所得之戰國楚墓竹簡，唯墓葬年代不詳，估計與郭店簡相近，出土文獻內容有〈孔子詩論〉、〈緇衣〉、〈性情論〉、〈民之父母〉、〈恆先〉……等，目前已出版六冊，後續仍在處理出版中，就所公布的已整理出的文獻中，〈恆先〉屬道家文獻。郭店簡所發現的楚墓，依據參與發掘的考古專家鑑定，該楚墓的下葬年代可推測至戰國中期稍後，不會晚於公元前三百年。郭店簡本《老子》比帛書《老子》早了約一世紀左右。由這些道家文獻的陸續出土，使我們得知老子之後，《老子》一書的編定內容、版本、傳抄者，隨不同時間、地域、傳抄者有一多樣發展的歷程。同時，道家思想的發展和論題的開拓也是在時間的歷程及地域的不同而有後續性的拓展。道家思想在戰國時代的傳抄中，由於通假字的大量使用，改變了《老子》文本的原貌而有相異的理解，老子思想中的一些哲學觀念也隨版本的不同、詮釋者的前解不同，而經過了轉折性之演變。

第二節　郭店竹簡中的〈太一生水〉

　　老子之後，道家思想在戰國時代分途於兩大取向：一是回歸自我，以自我覺解爲核心，探討人的生命結構及性向、生命主體性、自由自在，與道冥合，可以楊朱、莊周爲代表。例如：楊朱言「全生葆眞，不以物累形」（《淮南子·氾論訓》），莊子的至人神遊於無何有之鄉，所謂「至於寥天一」爲齊物、逍遙的最高境界。另一取向是探討人生命的構成元素、養生、無爲之治的再拓展，以建構外在事功，可以齊國稷下學派的《管子》及《黃帝四經》、《鶡冠子》爲代表。雖然途分兩向，但是在形上學方面仍宗《老子》爲基礎。

　　在郭店楚簡《老子》版本中，未見到目前通行本《老子》書中明顯批判儒家仁義的文句，諸如：〈十九章〉「絕聖棄智」在簡文《老子》甲本作「絕知（智）棄辯」，同章「絕仁棄義」簡文作「絕僞去詐」；〈十八章〉「大道廢，有仁義」，簡文丙本作「大道廢，安有仁義」，同章「六親不和，有孝慈」，簡文丙本作「六親不和，安有孝慈」。因此，許多學者對楚簡《老子》思想的研究，都聚焦在戰國早期的學術發展是否援儒入道、援道入儒、儒道相謀、儒道互補或互濟等論題。事實上，「仁義」一辭雖常見於《孟子》，但是在孟子以前也有「仁義」連用的，不但簡本《老子》的丙本有之，《墨子》書中亦有多處有「仁義」連用的語用，得見「仁義」連用的用法是早於孟子的。儘管如此，在荊門郭店一號楚墓竹簡被發現後，特別引起學者們注意的是簡本《老子》丙增多〈太一生水〉的新內容。〈太一生水〉十四支簡，其「形制與書體均與《老子》丙相同，原來可能與《老子》丙合編一冊」。[38]〈太一生水〉竹簡雖已有殘缺部分，但其敘述宇宙生成的過程這一部分仍比較完整：

　　太一生水。水反輔太一，是以成天。天反輔太一，是以成地。天地（復相

---

[38] 荊門市博物館，《郭店楚墓竹簡》，北京：文物出版社，1998年，頁125。

輔）也，是以成神明。神明復相輔也，是以成陰陽。陰陽復相輔也，是以成四時。四時（復）相輔也，是以成寒熱。寒熱復相輔也，是以成溼燥。溼燥復相輔也，成歲而止。故歲者，溼燥之所生也。溼燥者，寒熱之所生也。寒熱者，（四時之所生也）。四時者，陰陽之所生（也）。陰陽者，神明之所生也。神明者，天地之所生也。天地者，太一之所生也。是故太一藏於水，行於時，周而又（始，爲）萬物母；一缺一盈，以己爲萬物經。**39**

《老子》書中並無「太一」的語法，此一詞在道家的起源當出自關尹一派。**40**此外，《莊子・列禦寇》有言「太一形虛」。就水與宇宙生成論的關係而言，道家起源於淮水流域的水鄉澤國。**41**《管子・水地》是先秦諸子中歌頌水德的最具代表性篇章，謂：「水者，地之血氣，如筋脈之通流者也」、「水者，萬物之準也……，集於天地，藏於萬物、集於諸生，故曰水神。」可見以「水」爲生成萬物的宇宙元素是先秦宇宙論具脈絡性的思潮，與希臘哲學之父泰利斯所持萬物源出於水的見解實有不謀而合處。「太一生水」的宇宙生成論屬於機體論型態。「太一」最先產生「水」，「水」又反饋於輔助「太一」產生「天」。「天」再依這種生成規律反饋太一而產生「地」。天地形成後，生成方式轉折，天地間相互輔助而步步生成神明、陰陽、四時、寒熱、溼燥，最後完成一年四時的運行週期。「太一」在生成水、天地之後，即內在於水（或可說藏於水）、天地以及由天地所產生的萬物中，且隨萬物的變化而依時運行。因此，「太一」既是萬物的生成本源，也是萬物變化歷程所依循的規律，所謂「以己爲萬物經」。「太一生水」對宇宙的生成論而言，顯然有較老子細緻且系統化的論述。據此，我們也可推測出道家的宇宙生成論，在莊子前已獲致相當且具體而完整的進展。「太一生水」不但突出了所生對能生的反饋反輔作用，也提出天地、神明、陰陽、四時、

---

39 文句意思不全，疑有缺字處，參考李零校補。見李零，《郭店楚簡校讀記》，北京：北京大學出版社，2002年，頁32-33。

40 李學勤，〈荊門郭店楚簡所見關尹遺說〉，刊於《中國文物報》，1998年4月29日。

41 莊萬壽，〈道家起源究探〉，刊於《國文學報》十七期，臺北：臺灣師大，1988年。

寒熱、溼燥等一系列相關且層次分明的宇宙論範疇，構作出一套系統化的宇宙生成圖式。其思想內涵淵遠流長，所舉出的四時成歲之框架，與中國上古長期發展、積累的天文、曆法、數術和農藝的知識成果密切相關。例如：簡文「太一藏於水，行於時」。「藏於水」是太一從五行屬水生木的北方位之水，言其常居於北極，「行於時」指太一的周行四時之規律。

究其與《老子》思想是否有內在聯繫？我們發現兩者間關係密切。例如：〈太一生水〉言太一「周而又始」，《老子‧二十五章》謂道「周行不殆」；〈太一生水〉把「太一」稱為「萬物之母」，《老子‧二十五章》謂「道」「可以為天下母」。《老子》對水的推崇備至，〈八章〉說：「上善若水。水善利萬物而不爭，居眾人之所惡，故幾於道矣。」老子謂「道」的性徵語：柔弱、不爭、處下等象徵語言與「水」神似。《老子‧三十四章》云：「大道氾兮，……可名為大，以其終不自為大，故能成其大。」兩者間若有差異的話，老子以「水」喻「道」，〈太一生水〉把「水」實體化，成為宇宙生成的原質。兩者間思想的內在相似處也可從〈太一生水〉的另一段話佐證：

> 天道貴弱，削成者以益生者，伐於強，責於……。下，土也，而謂之地。
> 上，氣也，而謂之天。道亦其字也，青昏其名。以道從事者必托其名，故事
> 成而身長。聖人之從事也，亦托其名，故功成而身不傷。

文中使用的語辭，如「天道貴弱」、「削成者以益生」、「功成而身不傷」、「道亦其字也」與《老子》書中皆能找到近似的用辭，如「字之曰道」、「柔弱者生之徒」、「弱者道之用」、「功成不名有」……等。

第三節　〈恆先〉

　　〈恆先〉也是上海博物館所藏之戰國楚竹簡道家資料。目前學界的研究多關注其簡序與字詞的意義，以及由之而生發的〈恆先〉所蘊含之思想。〈恆先〉作爲篇名，相參較於馬王堆帛書〈道原〉，可知戰國時期曾對「恆」進行哲學概念之探討。「恆先」的理源出於《老子·首章》：「道可道，非常道」，其問題關鍵在「道」處於言說之邊際的非對象性存在，同時又是可被人所取法的萬物始源。「可道之道」與「常（恆）道」之間的關係，可以理解爲「道法自然」中「道」與「自然」的關係。扼要言之，「常」、「恆」基本上指不被言說所確定與對象化的根源者之恆存狀態。「恆」不只指向「道」，可爲「道」的別名，饒富意義者，「恆」指向「道法自然」的「自然」。該簡文字晦奧艱澀難解，簡文的排序也眾說紛紜，目前學界較能認同不可更異的簡與簡之間的接續次序有四組，其他相關問題仍是仁智互見。例如：李零與龐樸皆重視「先」概念的重要性，李零所安排的簡序立基於「恆氣之生，因言名先」，注重「恆氣」與「先」的聯繫，對「先」的論述較可取。龐樸的排序則是聯繫了「凡言名，先者」與「恆氣之生，因復其所欲」，強調了「復」的觀念。若從老子道論觀之，道兼涵無與有，從「無」生「有」，再從「有」歸根返「無」，構成了往復相續，周行不殆的生生不息之無窮歷程。

　　在學者研究所得仁智互見的情況下，我們也得暫且出入其間，予以一綜合性的可理解的思路來勾勒出〈恆先〉的思想容貌。其思想可能的架構係植基於一系列的概念叢上，計有恆、先、或、氣、有、天地、復、一、明王等。就其周行不殆，往復生生的歷程，且與前節所述〈太一生水〉，以「太一」爲主，生「水」後，所生的「水」復返輔太一以生天的相輔相成，反覆周行的律動思想有內在的關聯性。〈恆先〉就宇宙生成論而言，天地萬物起源於「恆」之有「或」，「或」是不定的動狀描述辭，猶《老子》所云：「恍兮惚兮。」〈恆先〉首簡便展開宇宙生成歷程的律動說：

　　恆先無有，質、靜、虛。質，大質；靜，大靜；虛，大虛。自厭不自忍，或
　　作。有或焉有氣，有氣焉有有，有有焉有始，有始焉有往者。未有天地，未
　　[1]有作、行、出、生，虛靜為一。若寂寂、夢夢、靜同，而未或明，未或
　　滋生。

「恆先無有」簡文是藉對自然萬象的經驗世界之否定來肯定形上的、無形質性的
「恆先」。換言之，「恆」指常，亦即本體界，「恆先」係指先於自然萬象的宇
宙始源狀態，以「大質」、「大靜」、「大虛」來狀述「恆先」的形上屬性。
「或」校讀為「惑」，不但為恍惚不定的存有狀態，且具有本能的化生萬物之欲
望。龐樸說：「自厭：它安詳自足。不自忍：但不抑制自己。或作：忽有某個區
域在躁動。」[42]以質樸、虛靜形式存有的「恆」（道）具有無限的生物之欲望和
自發性的動力。「不自忍」指不壓抑而順其自然。
　　第二簡云：

　　氣是自生，恆莫生氣，氣是自生自作。恆、氣之[2]生，不獨，有與也。
　　或，恆焉；生或者同焉，昏昏不寧，求其所生：異生異……求欲自復，
　　復一[3]生之行。

道家的基本思想就在於尊重物物天生的個體性，為了保全物物個別的自性，主張
物所得以生的本原之氣，有「自生自作」的自主性和自發性。「氣是自生」卻未
釐清氣與恆先之相互關係，陳麗桂詮解「恆」、「或」、「氣」三者的關係，謂
此三者間：

　　有先後關係、相與關係，而沒有母子相生關係。作為空間概念的「或」與創

---

[42] 龐樸，〈〈恆先〉試讀〉，見簡帛網站，2004年4月26日。

生質素的「氣」，都是「自生自作」，都沒有外在動力，……自然而然的顯現與生。**43**

因此，「恆」、「或」、「氣」是在一個歷程上由一而二而三的時間先後呈現關係。「恆」內在於氣中，恆氣具有內在不安定的生物衝動，其所生者又因「欲」而有「自復」的方式，又生其所生的復生情況下之「生」，又有不斷的返歸於生而有生的反饋反輔「恆」之恆生作用。「昏昏不寧，求其所生」旨在描述天地萬物之生皆源於「欲求」和「自復」的生生動力，使宇宙萬物生生不息，生命綿延長存。

第三簡云：

濁氣生地，清氣生天，氣信伸裁！芸芸相生，信盈天地！同出而異生，因生其所欲。業業天地，紛紛而[4]多采物。先者多善，有治無亂。有人焉有不善，亂出於人，先有中，焉有外；先有小，焉有大；先有柔，焉[8]有剛；先有圓，焉有方；先有晦，焉有明；先有短，焉有長。

天道既載，唯一以猶一，唯復以猶復。恆、氣之生，因[9]復其所欲；明明天行，唯復以不廢。知既而荒思不殄。

宇宙中萬物的存在和活動源發自「恆」（道）泉湧不斷的化生欲望。天地萬物經氣化而生成，「恆」內在於「氣」，「氣」充盈與天地間。「氣」生天地，天地亦業業而生其所欲，求其所生，萬物亦復有再生之欲，芸芸相生，求生之意志乃生生之大用所在。總而言之，宇宙自「恆」起始，能生生所生，所生復能生，一切當返歸於「恆」始能「生之生行」。第二簡「復，生之生行」，指在生生意志的驅策力下所生復能生而更新再始。「同出而異生」指萬物雖同出於氣，由於氣

---

43 陳麗桂，〈從出土簡帛文獻看戰國楚道家的道論及其相關問題——以帛書《道原》、《太一生水》與《恆先》為核心〉，臺北：《中國文哲研究集刊》第29期，2006年9月，頁132。

稟有異而使萬物稟賦殊異之性，呈現出多采紛陳、多樣而豐富的亮麗世界。換言之，物類間之差異，在對比中又能互補而交相輝映，使世界充滿了美不勝收的活力和情趣。第三簡論及氣所化生的人，也因稟賦之異而有不亂和紛亂，也構成曲折起伏的人性張力。

　　簡文也論及自然與人文之關係，謂人文世界中指事、定名、發言旨在回應、辨識「恆」、「氣」所生出者。然而，在歸根復命的常道下，自然萬象與人文世界中的事、名、言最終返歸於恆先之無有，因此，簡文中雖云：「舉天下之名，無有廢者」，然而第四簡總結的說：「言非言，無謂言；名非名，無謂名；事非事，無謂事。」契悟「無」與「有」雙迴向作用歷程的是人文世界中的「明王」。簡文謂：「舉天下之明王、明君、明士，庸有求而不慮。」〈恆先〉所說的「明王」是深明「恆」、「生之生行」與「復」、「一」之玄理者，其最後在於「復」。因此，恆先的理論架構，概括了「恆先」的本根論。「氣」與「或」的天地萬物化生論、「生之生行」的萬物逐生奧義，人文世界之生成與明王道化政治論。明王的道化政治之核心概念在「一」與「復」之雙迴向律動。陳鼓應有一洞見可資為〈恆先〉的總結語，他說：

欲之復，則是說明欲望之生生不息。欲望乃是創造性生命的體現以及人類生存和文明發展的動力，為何欲望的推動力永不止息呢？這是因為生生不息的恆氣不斷的注入生命中，作為生命的原動力，所以生命本能的這股欲求力量是不停湧現的，自發地要求滿足生命的種種需求。由於「欲」不斷地更新再始，不停要求人要有所突破，以致人不斷地求進步，文明不斷地開展。因此，對於源源不斷「欲」並不需要作過分的壓抑，反而需要順從它以使生命能量適當地發揮。[44]

---

[44] 陳鼓應，《老莊新論》，臺北：五南圖書出版股份有限公司，2006年。

第六章　莊子的形上學

莊子名周，字子休，宋之蒙縣人，為蒙之漆園吏。與孟子梁惠王、齊宣王同時，與惠施為好友。約生於周烈王時，卒於周慎靚王時，約當公元前三百七十餘年至公元前三百一十年之間。《史記‧莊子傳》謂莊子：「其學無所不闚，然其要本歸於老子之言。」

《莊子》一書，舊題周莊周撰，《漢志》入〈諸子略‧道家〉有五十二篇，今存《郭象注》本三十三篇，〈內篇〉七篇，〈外篇〉十五篇，〈雜篇〉十一篇。〈內篇〉皆題義，多數學者認為是莊周本人所作，但唐蘭作〈老聃的姓名和時代考〉一文，涉及莊書，謂〈人間世〉、〈德充符〉、〈大宗師〉對孔子都稱仲尼，〈大宗師〉的子桑戶死一章，則稱孔子，可見此章係另一人所作。崔譔本把司馬彪本〈外篇〉、〈雜篇〉的章節移入〈內篇〉，郭象本則承崔本而來，可見今本〈內篇〉也有後人從〈外篇〉、〈雜篇〉中移入的資料。因此，唐氏的說法可採信。

《莊子》一書又稱《南華經》，自六朝以來幾乎家傳戶誦。舊時晉《郭象注》（十卷）「為世所貴」，最為風行，以致其他家本後來都失傳。其三十三篇本，就成為《莊子》的定本。由於唐宋以來大家都採用它，於是五十二篇本就失傳了。

〈外篇〉和〈雜篇〉多數人以為不盡出於莊周之手，最晚約為西漢初年的作品。這些晚期作品，是編輯《莊子》的人抄集起來者。編者只是把同類的作品集攏在一起，未說這些都是莊周所作。我們將可由〈內篇〉、〈外篇〉、〈雜篇〉所構成的《莊子》一書，視為莊子學派的代表作。因此我們可說《莊子》是先秦道家的一個論文總集。漢人著作有分〈內篇〉、〈外篇〉的習慣。郭象想把《莊子》編得完整些，故把其中所輯集的論文分成〈內篇〉、〈外篇〉、〈雜篇〉，而〈天下篇〉被置最後，因漢人著書最後一篇總是自序或稱〈自紀〉，郭象沿用之，因為〈天下篇〉評論先秦的學派而歸結於莊子，所以將之視為一篇自序。其〈內篇〉、〈外篇〉之分，似乎以題目為標準，把有題目、有意義的七篇作為〈內篇〉，一般學者較相信為莊子本人的思想。

第一節　道論：道樞與兩行

　　《莊子・大宗師》透過人與道的情境對比關係來精簡的表述「道」。「宗」指「道」是萬物的統宗，「師」指「道」為萬物所效法。〈大宗師〉指「道」自身，為道論內容所記寄，該文從兼知「天之所為」、「人之所為」的真人切入。蓋「有真人而後有真知」體證得真知之真人才足以論「道」，但是道不能化約為真人或真知，因為人有生死，道無生死。「道」既是萬物所依靠的存有力量，亦是託付其中的場域，是萬物的根源和所以能變化的原因。〈大宗師〉說：

> 夫道，有情有信，無為無形，可傳不可受，可得而不可見。自本自根，未有天地，自古以固存。神鬼神帝，生天生地。在太極之上而不為高，在六極之下而不為深；先天地生而不為久，長於上古而不為老。

　　「道」屬存有本身，不以存有者或形器物的形狀出現，故是無形的。道的無為屬於存有學含義的作為，亦即不著落於意識形態的生發萬物且在其中運行。萬物在「道」的運行中發生和活動，道在物物之間流行，相傳不息，卻無一物能獨占道，故曰：「可傳而不可受。」真人超越物理、人文及社會諸條件的限制而能體道、得道，卻不能因此而見得道。換言之，我們不能將「道」視為存有者形器物，亦即不能把「道」看作為亞里斯多德所謂的「實體」（substance）。道的「自本自根」意謂道本身即是所以存在的自足原因，不必訴諸己身之外的其他存有者資以為因果說明，「道」先天地而存在，意指「道」對任何存有者皆享有存在的優先性。「神鬼神帝」依章炳麟之研究，「神」與「生」同義，若然，則鬼神與上帝皆由「道」所生，同於《老子》「象帝之先」的說法。「在太極之上」、「長於上方」諸語，意指「道」所在之時間和空間的無限性，《莊子・秋水》所謂：「若四方之無窮，其無所畛域」、「道無終始」明示其含義。〈知北

遊〉：「東郭子問莊子曰：『所謂道，惡乎在？』莊子曰：『無所不在。』」肯切的說「道」可以遍在於「螻蟻」、「稊稗」、「瓦甓」、「屎溺」而無分貴賤。此義同於《老子》「天地不仁，以萬物爲芻狗」的一視同仁。《莊子‧齊物論》旨在闡明「道通爲一」的存有本眞至理。內篇〈德充符〉云：「自其同者視之，萬物皆一也。」外篇〈秋水〉謂：「萬物一齊，孰短孰長。」以及〈天地〉曰：「萬物一府，死生同狀。」皆有可相互詮解的通義。《莊子》的哲學旨趣在「究天人之際，窮變化之源，闡化生之理，推道術之本」。[45]若由本體論來解讀《莊子》，該學派係從萬物的現象中尋根探源，超越地觀省出「道」乃天地之宗，萬化之源，是內在於萬物且有機地聯繫萬物的超越統宗，「道」既是萬物所以存在和依據的終極性根源，則既內在萬物亦不局限於分殊化物類或個物的「道」，不但是萬象對道的開顯有不同差異相之來源，也是諸差異相中又具同一性的統合原理。

　　道既然有無限的內涵，則道的內涵及存在方式皆非名言概念所能界限，〈齊物論〉所謂：「夫大道不稱，大辯不言，大仁不仁，大廉不嗛，大勇不忮。」此五者渾然圓通。「道」原是超乎概念名言之界定，本是超言絕慮而無是非之別，亦即無是非相的。世俗之人爲爭一「是」字，而予以名言界說而割裂了道的渾全性。若「是」與「非」有待於世人偏執變化無常的特定現象來論斷，則永無了結，莊子提出「天倪」說，期能平息世俗之辯。〈齊物論〉：「何謂和之天倪？曰：是不是，然不然。是若果是也，則是之異乎不是也亦無辯。」無限的道涵融一切，轉化一切。因此，「是」與「不是」、「然」與「不然」的對待，在道的運化歷程中皆可相互流轉，皆可玄同於道的渾化中，事實上，「是」與「不是」、「然」與「不然」的對立元形式乃道在自身運轉中所開顯出來的具對待性及迭運性的「相」，從整體與部分不可分割的關係觀之，「是」與「不是」、「然」與「不然」皆係整體性的「道」在自身流轉中所呈現出來的兩個部

---

[45] 齊思合撰，《莊子引得‧序》，美國：哈佛燕京學社編纂，臺北：弘道文化事業有限公司，1974年。

分。因此，「是」與「不是」、「然」與「不然」與「道」的關係是一體的兩面，有著一而二，二而一的不可分裂關係。換言之，「彼」係出於與「此」對待而有的，「此」是出於與「彼」對待而有的。「彼」與「此」有結構性的一元兩面性，在辯證性的存在與互動關係中，互爲對方存在的條件。人若在「道」辯證性的動態歷程中，基於特定時點而偏執於所具開顯的「此」，「此」無視於一時之間所隱藏的「彼」，反之亦然。因此，「道」是涵融「彼」與「此」，「彼」與「此」在「道」的流轉中，「此」開顯則「彼」隱蔽，「彼」開顯時則「此」隱蔽。相互迭轉且統合於「道」的渾化之中。

　　若由統合性的「道」之存有與活動觀之，兩者形成動態的對比，〈齊物論〉點出「聖人和之以是非而體乎天鈞，是之謂兩行」。「兩行」是「道」在運行中所造成的物化原理，兩行原理在運行時均平「彼」與「此」，並行「是」與「非」。兩行原理的核心理論爲「道樞」，〈齊物論〉所謂：「樞始得其環中，以應無窮。是亦一無窮，非亦一無窮。故曰莫若以明。」吾人若能體悟出「道樞」的兩行原理，才能像掌握住環子居中的關鍵處般地應付世事無窮的變化，破除因對待的偏執而起的是非相之爭端，融通「彼」與「此」的對立只是道樞的兩行相罷了，從而化解其間的矛盾與衝突。牟宗三針對〈齊物論〉所謂「道未始有封」及「大道不稱」二命題曾做過一段精闢的詮解，他說：「凡事辯則落入概念分解的領域。……『道未始有封』，就是道之在其自己，未爲概念所規限；『大道不稱』則是聖人主觀修持所顯的無相境界，即不以定然的言稱謂此道，讓道保持其渾整性。」[46]莊子善於譬喻說理，他藉「天籟」比喻渾全之道猶自身無風的無限狀態，喻示最高原理係一自身不做有限展現，而有無限發展的可能性。「地籟」與「人籟」比喻紛紜擾攘的社會議論及由社會體制所建構的世俗價值觀，夾雜個人的及群體共同的成見，本質上是有限定之偏執相。「道」是無限的，不閉封在任何名言概念的界定中，也不封閉在任何人的主觀好惡中。

第二節　莊子的氣化論與形神說

一、氣化論

　　莊子〈齊物論〉的「物化」觀念，強調對待之相齊，亦即在對待之交參與互轉中，彼轉爲此，此轉爲彼，在這一意義的脈絡下，彼可認爲即是此，此即是彼，不必有人爲的相對之「知」與「言」將之分化而對立。莊子基於此理而舉莊周夢蝶之喻示，指出不論莊周或蝶，兩者之間既有所別，也有所通。所謂「道通爲一」、「通天下一氣耳」，意謂我們若能超越感官之知的分別與執著，則可在更高的形上視點下，知莊周與蝶或我與物皆同爲「道」之不同賦形，皆立根於「道」的本眞，故能同於大通（道）。

　　莊子對「道」如何生發萬物，亦即西方哲學中有關宇宙生發（cosmogenesie）的問題，採用老子的論述架構而突出了「氣」的介質。老子未交代「道」是如何來的，莊子則作了「自本自根」的解釋。《莊子》外篇多處言氣化的宇宙觀，〈至樂〉云：「雜乎芒芴之間，變而有氣，氣變而有形，形變而有生。」〈知北遊〉曰：「通天下一氣耳，故聖人貴一。」文中雖未明言究竟是何者變而有「氣」，卻明白地指出萬物皆由一氣的聚散而生成變化，這是古代最早的氣一元論。〈則陽〉解釋了形、氣、道三者的意義，所謂：「天地者，形之大者也；陰陽者，氣之大者也。」陰陽是「氣」所分別出來的兩種不同屬性，「天地」是氣所生成有形物之大者，「道」條理、規範「氣」之秩序，是「氣」的上屬概念，氣充塞天地之間，是道據以生成萬物的介質。「天地」是一切現象（萬物）出現、存在及活動之場域，「道」生發萬物，內在萬物之中，且係物所資以活動的無窮動力之根源。〈天地〉說：「夫道，覆載萬物者也，洋洋乎大哉！」道對萬物有普遍的包容力。莊子承老子道與德的宇宙生成論架構，創出「理」與「性」來闡明老子「道」在萬物層面中的內在性，亦即由「道」散殊爲萬物之德的分殊化之多樣性。換言之，由「一氣」分化爲陰陽二端，陰陽二氣交感而

生萬物，〈則陽〉所謂「萬物殊理」。「殊理」亦即老子所謂萬物分受於「道」
而成爲萬物本性之「德」。《莊子》〈養生主〉及〈天運〉兩篇首度以「天理」
來指謂「殊理」。〈知北遊〉還分別以「萬物有成理」及「萬物之理」來表述。
《莊子》內七篇的「德」字與「性」字同義，〈外〉、〈雜〉等篇則常把「性」
字與「德」字對舉。徐復觀認爲：「若勉強說性與德的分別，則在人與物的身上
內在化的道，稍微靠近抽象的方面來說時，便是德；貼近具體地『形』的方面
來說，便是性。」[47]「性」指形體化的個體本性，《莊子‧庚桑楚》說：「性者
生之質也。」〈天地〉說：「物成生理，謂之形，形體保神，各有儀則，謂之
性。」個別化的形體是「德」具體表現的通道，「德」所藉之表現出來的精神作
用，其有儀有則處就是「性」。換言之，莊子的「性」當指在宇宙生成歷程中
個體所以爲個體本質的個體性。「道」是一切個體性之差異的終極統合，〈齊物
論〉所謂：「其分也，成也；其成也，毀也。凡物無成無毀，復通爲一。」

二、道氣與形神

《老子‧四十二章》表述過「道」生成萬物之歷程，謂：「道生一，一生
二，二生三，三生萬物。萬物負陰而抱陽，沖氣以爲和。」指點出道是自然萬象
所以發生的根由或本根，也提出了陰陽和氣與宇宙發生之可能關聯。然而，《老
子》書中對「道」自身的形上描述較多，對「氣」的宇宙著墨甚少，[48]並未處理
「氣」如何來？「氣」與萬物的存在和活動，以及「道」與「氣」與萬物間的內
在聯繫關係爲何？人與氣以及與萬物間的關係爲何？均未及論述，《莊子》外篇
多處言氣化的宇宙觀，〈至樂〉說：「雜乎芒芴之間，變而有氣，氣變而有形，
形變而有生。」試圖解釋存在者的現實存在來自形變，形變來自氣變，氣又由

---

[47] 徐復觀，《中國人性論史》，臺北：臺灣商務印書館，1978年，頁373。

[48] 僅見出現於〈四十二章〉一次。

恍恍惚惚[49]中所變出來的，人的認識能力有限，莫得其詳。〈則陽〉說：「天地者，形之大者也；陰陽者，氣之大者也；道者爲之公。」「天地」是氣變中最大的形體，「陰陽」表徵出氣最顯著的兩種屬性。道涵融一切，〈則陽〉說：「萬物殊理，道不私，故無名。無名故無爲，無爲而無不爲。」又說：「道之爲名，所假而行，或使莫爲，在物一曲，夫胡爲於大方？……道物之極，言默不足以載；非言非默，議其有極。」「道」不受時空的限制，無處不在，無時不運行。「道」有無限的屬性和無窮的作用，不能用分殊化的名相予以封閉限定，人用來指稱「道」的語言，是有所依託的權用，其有所使或有所不使，皆偏於一曲，無法以偏概全，全然的認識「道」。「道」有人所無法窮盡的奧祕，誰人能盡知？誰人能盡言？因此，道和物的最高境界不是人的語言和沉默所能概括的，道既非言亦非默所能窮盡，那就是人的議論所面臨的極限處了。扼要言之，「道」是不能用經驗界對象化的方式來封限和界說的。因此，「道」不能用人所使用的語言來稱名化的，《老子・二十五章》謂：「吾不知其名，字之曰道，強爲之名曰大。」

　　莊子的氣化宇宙觀是構築在「道」、「氣」二核心概念上的。「道」是統攝一切的形上本體，「氣」是「道」所憑藉資以生成變化萬物的中介。「道」與「氣」相即不離，可辨而不可分割，渾然一體。「氣」是流行的存在，「道」內在於氣中，條理氣的秩序及氣化的規律，氣充塞於天地之間，道亦隨之而遍在自然萬象間。陰陽是一氣流行變化中所彰顯的兩大屬性，陰陽一氣流行的動態對比相，彼此密切相聯，相互往來。因此，〈齊物論〉的「物化」觀念強調現象界之對待相，在「道通爲一」中具一而二，二而一的相齊。換言之，萬象在對待中相互往來，變化無窮，彼此在交參與互補中，「彼」與「此」相互變化，在這一意義的立基點上，此即彼，彼即此，只是「時」不同罷了。因此，莊子認爲我們不必然要將相對之彼與此，用人自身「知」與「言」爲依據而將之分化而妄生

---

[49] 「芒芴」爲恍惚意，與《老子》所云：「道之爲物，惟恍惟惚」的恍惚意義相同。

對立。蓋「道通爲一」、「通天下一氣耳」，就莊子氣化宇宙論來理解「道」的意義，誠如杜保瑞所說：「道是存有的本身的意義是說，整體存在界的出現、發展、規律、目的等的說明，統攝在一個總體的概念範疇中來表述，而如果把它對象化來認識，可以給它一個名字來表述。」[50]莊子規創出「理」、「性」、「德」三概念來闡釋「道」在人與自然萬象中的內在性，「道」在氣化的宇宙生成中，散殊爲萬物之「德」的分殊化之多樣性。換言之，一氣分化爲陰陽，陰陽二氣交感而化生萬物，〈則陽〉所謂：「萬物殊理。」〈養生主〉及〈天運〉兩篇首度以「天理」來指謂「殊理」，〈知北遊〉兼用「萬物有成理」及「萬物之理」來表述之。有趣的是，《莊子》內篇將「德」字與「性」字使用爲同義字，外、雜篇則將兩字予以對舉。

徐復觀認爲：「若勉強說性與德的分別，則在人與物的身上內在化的道，稍微靠近抽象的方面來說時，便是德；貼近具體地「形」的方面來說時，便是性。」[51]若我們查對莊子文本，可見到〈庚桑楚〉說：「性者生之質也。」〈天地〉謂：「物成生理，謂之形，形體保神，各有儀則，謂之性。」「德」是個物稟自「道」的內在本眞，個別化的形體是「德」具體外顯的通道。「德」藉形體所內發出的精神作用，其有儀有則處就是個體化的本性，亦即個體性，「道」則係一切個體性之差異的終極統合。〈齊物論〉指出：「其分也，成也；其成也，毀也。凡物無成無毀，復通爲一。」莊子創氣化的自然流變說，以氣的聚散變化來詮解人的生與死，〈知北遊〉所謂：「人之生，氣之聚也；聚則爲生，散則爲死。」又云：「通天下一氣耳。」人的形體之生來自氣稟之聚合，形體自幼至老的變化是氣化流行所使然，形體的衰亡則是氣稟的散離。「氣」是屬於宇宙發生論的存有，「道」是本體論的存有。道氣之間相依互動，以「道」率「氣」，以「氣」順「道」。「道」深不可測的體性及玄奧的妙用稱爲「神」，人由「道」所稟受之「德」，是人的本眞之性，分享了「道」形上的精神特徵，構成了人

---

[50] 杜保瑞，《功夫理論與境界哲學》，北京：華文出版社，1999年，頁54-55。
[51] 徐復觀，《中國人性論史》，頁373。

的本體。因此，在人生命結構中的形神關係對應了宇宙論的道氣關係。〈知北遊〉：「精神生於道，形本生於精，而萬物以形相生。」人的精神與道，有同質的縱貫感通關係，人的正常生命及其活動體現了以道率氣，以氣順道的相依互動關係。若以形神關係來詮解，則以神導形，以形傳神，形神俱備，形神並茂。莊子深信，人之形體委之氣化之變，由幼而長，由長而老死，可是人的先驗精神主體與道俱在，享有超越性、恆存性、不變性，是人的同一性，謂之爲眞君或眞宰。因此，對莊子而言，形神之間，形殘而神全，形體與時俱化，人的先驗的精神自我則恆存而不遷化。天（道）人不是對立相隔的，而是一本同根，上下流通爲一的。人與天地萬物既溯源於一氣之流行變化，人在形神相親，以神導形時，與萬物感通無礙。在形神交融下，莊子借「氣」的虛靈活潑義來喻說人之神與物遊的精神境界，〈逍遙遊〉所謂：「若夫乘天地之正，而御六氣之變，以遊無窮者，彼且惡乎待哉！」莊子的存有學是爲價值論奠基的，他的境界哲學是立基在存有學上的。

第七章　莊子的逍遙說及其美感人生

第一節　煩惱與痛苦之肇因：以形役神的「成心」

　　《莊子・應帝王》最後一段陳述「鑿破渾沌」的寓言性故事，假借「南海之帝名曰儵」與「北海之帝爲忽」象徵南北兩極端，亦即在見解上明顯對立分化的兩個人。這兩個在認知差距上呈現兩極化的人來訪「中央之帝名曰渾沌」，「渾沌」指無分別、無執著、無心計的原始本眞狀態。渾沌以無分別心，純眞親切的對南北海之帝「待之甚善」。南海之帝與北海之帝爲了回報渾沌善待之恩，忽然想到渾沌沒有分別現象之知及感覺事物美醜、眞假、善惡的感官，於是說：「人皆有七竅以視聽食息，此獨無有，嘗試鑿之。」因此，兩帝爲渾沌每天鑿開一竅使它有感官的識別及欲望作用，等到了第七天，當七竅都鑿開完成了。結果，渾沌原始純眞的生命也死亡了。這一則寓言的隱喻之理可藉《老子・十二章》來詮解，所謂：「五色令人目盲，五音令人耳聾，五味令人口爽，馳騁畋獵，令人心發狂；難得之貨，令人行妨。」五色、五音、五味的感覺之知及嗜好之沉溺，是人感性生命盲目的追逐，有如夸父追日，在意亂心迷中人被欲望所奴役而造成目盲、耳聾、口爽、人心發狂的迷失和痛苦。

　　渾沌在未開出七竅，產生主客對立分化的意識之前，對道乘氣化流行所呈現的天地萬象，是無執著分別地整全的觀照，在心境亦即心靈境界上無分主客，與萬物渾然一體，這種物我一體之和諧狀態是原始生命的和諧。可是，當開出七竅後，則感官經驗對現象分化所執定的概念知識及個人本位的好惡欲望，形成不自覺的自我意識。當人以主客對立的自我意識來認識氣化所呈現的表象世界時，在時空條件的制約下，常執定特定的現象系列予以分別化的概念認知，再以語言符號來貼標籤。這種以經驗性的語言概念來認知且一成不變的執定，對莊子而言是片面的現象之知，有很大的局限性。以認知主體爲中心所攝取的現象之知，只是有制約性的語言名相之產物，停滯在分殊化的現象上，無法對化生及統攝氣化現象的「道」，亦即萬象背後的眞相，予以整全觀照，在深層體驗中來妙契道眞。因此，以主客對立分化的概念思辨方式來認知紛然萬象，終究只是執取氣化片面

之相的所以然之理，未能滲透進「道」的層次，亦即對運行氣化的本體，超越的所以然之「理」有所觀照。因此，認知主體透過在時空條件制約下，主觀的感覺及概念思辨、語言界說所構成的知識世界或名相世界有無法窮盡一切可能的現象之苦惱。這是莊子在〈養生主〉開門見山的指出：「吾生也有涯，而知也無涯，以有涯隨無涯，殆已；已而為知者，殆而已矣。」意思是人的生命有限，將現象對立分化的概念知識是無窮無盡的。我們若一味的以有限生命來追求無窮的現象知識，則筋疲力竭。既然如此，我們還要執著的去汲汲追求表象之知，那就只好終身勞神而疲困了。

因此，莊子認為一般世俗大眾與真正的學者又不同，他們不但在知識的專精度和寬廣度都不足，且在名利薰心下，隨主觀愛好及需求掇拾對自己有利的片面知識，自以為是的自我誇耀，與人強辯以求一己之快樂來滿足勝心的虛榮。在知識的取向上既然又牽涉到一己主觀的好惡及需求，則在自我意識的執取和強化下，心態上更顯得主觀獨斷及貪婪無厭。因此，由人之形體所產生無限的生理和心理欲望不斷的有待於所執求的外物，如名、利、權位等，像夸父追日般的欲壑難填。於是，在此情境下的世俗之人，充滿了心知執著的痴迷，與人為造作的狂熱，不計後果的一頭栽進欲望街車中，倏忽虛妄的假相幻境中，患得患失，形勞神疲，煩惱不斷，痛苦越深而難以自拔。

〈齊物論〉對形體的變化毀亡，心為形役，疲累痛苦一生，有很生動的論述，所謂：

一受其成形，不亡以待盡，與物相刃相靡，其行盡如馳，而莫之能止，不亦悲乎！終身役役而不見其功，苶然疲役而不知其所歸，可不哀耶！

人的形體與生命俱生，由於有切身的形體便執著於自我的存在，處處以自我為中心而偏狹的自私自利以成全形體。可是形體是承隨自然的變化，終將趨於耗損而衰亡的。形體不得不與外物相交，如被刀刃所加，與萬物同歸披靡，如風馳一般，無法以人的力量來阻止。因此，人的營生汲汲於名利，一生勞苦忙碌，不見

得能在名利上成功，縱使求名逐利有所成，其最後的命運仍隨形體之亡而名利俱空。人不知形體生命的最後終結，白白的疲困終生，煩惱與痛苦相隨，這不是很悲哀的事情嗎？《莊子・天地》云：「物成生理，謂之形。」人的形體感性以最敏銳的「耳目」與外物相交接，〈逍遙遊〉認爲耳目逐物不返，功能太過，終陷入「聾盲」的困限而喪失原有的耳聰目明。〈外物〉謂：「目徹爲明，耳徹爲聰。」人縱使有聰明的耳目反應，若心殉於物，耳目的聰明終將鈍化而殆矣，人也因此而有傷生害性的危險，〈徐無鬼〉謂：「目之於明也殆，耳之於聰也殆，心之於殉也殆。」

　　心殉於物的關鍵因素在於形體的嗜欲太深，心失去清明之智而無法超越於感性欲望的糾纏和束縛。人在此情境下，心爲形體所驅策役使，治生反而害生。因此，人之所以不能全眞保性，在於形體感性欲望之氾濫，莊子深以爲戒惕，而常要人「墮肢體，黜聰明」。[52] 若逐步追究人一生逐物不返而招致形勞神累的元兇，當歸咎於「心」。《莊子・田子方》指出：「吾聞中國之君子，明乎禮義而陋於知人心。」我們剖析人心何以有造成人煩惱與痛苦的困陷，如前已述，人心在行使對現象界的概念認知時，有著非我與我之對立，在逐名利之欲望時又有自我執著及與他人對立且排斥之衝突和糾纏。〈庚桑楚〉所謂：「知者，接也；知者，謀也。」這是人們由於時空、心知的限制及自我中心的利己取向所產生的分別意識。〈逍遙遊〉認爲世人勾心鬥角，亂象不停，其根本原因在心勞形役所使然，所謂：「之人也，之德也，將磅礴萬物，以爲一世蘄乎亂，孰弊弊焉以天下爲事！」[53]

　　由於個人有限的經驗及概念化知識，以及利欲薰心的貪執心，在長期不自覺的積習下，形成〈逍遙遊〉中所謂的「有蓬之心」，亦即心如俗名蓬蒿的植物般短曲不暢直，見解迂曲且狹隘。世俗之人不但對「有蓬之心」缺乏反省能力，

---

[52] 這句話分別出現在〈大宗師〉與〈在宥〉。〈達生〉也說：「外其形骸」。

[53] 「世蘄乎亂」歷來注家多解說，作世人祈求治天，陳啟天、陳鼓應等人在語脈含義上若要與下句的「孰弊弊焉，以天下爲事」通順，則宜採爭亂不已的「亂」字含義解。

且日浸於封閉的意識形態中自以爲是，形成獨斷而自大的「自賢之心」（〈山木〉）。世俗之心貪執庸俗化的世俗價值，在一昧的與他人追求有限的名、利獵物時，以個人偏執的經驗及片面的現象之知爲武器，〈人間世〉所謂：「知也者，爭之器也」，〈齊物論〉描述他們的社會行爲反應是「與接爲構，日以心鬥」。但是，長期觀察他們的下場，〈在宥〉總結的說：「多知爲敗。」〈天地〉指出世俗之人在感性欲望的貪婪與執求中，用「知」之心乃「機心在於胸中」，「機心」非善心，詭詐多變，城府甚深，在刻意的算計他人以滿足一己的欲望中，「機心」的所作所爲，〈人間世〉稱爲可令人生畏的「厲心」、「不肖之心」、「怒心」。莊子在〈胠篋〉感嘆的說：「故天下每每大亂，罪在於好知。」特別是在時空條件制約，及個人狹窄的心胸下所獲得的「小知」，人常因受限於「小知」卻狂妄的自以爲是，造成主觀意識的區分、偏執和與他人鬥爭。這就是莊子所說的「小知」積累得越多，越是我素我行，結果是「多知爲敗」。莊子對造成世俗不安以及世俗之人所以多煩惱與痛苦的亂源和病因，提出尖銳而深刻的批判，〈在宥〉謂：「僨驕而不可係（憤戾驕矜而不可禁制）者，其唯人心乎？天下脊脊（混亂貌）大亂，罪在攖人心（鼓動人的小知之心和機心）。」這是一針見血之見。

第二節　形役神勞的治療：心齋坐忘

　　煩惱與痛苦多源自「心」的現象之知及形體不適當的感性欲望以及機心的競求。莊子的這一看法與老子相近似，《老子·十二章》論及人感官欲望在五色、五音、五味上造成的迷亂與疲困。《老子·十三章》結論出：「吾所以有大患者，爲吾有身。及吾無身，吾有何患？」因此，莊子針對人勞形累神之苦因，反覆的勸人離形去智，〈大宗師〉所謂：「墮肢體，黜聰明」、「外其形骸」，〈山木〉教人去除禍患的方法在「刳形去皮，洒心（去智）去欲（戒貪婪），而游於無人之野」，根本的修持方法在破戒知識在生命安頓上所造成的障蔽，努力在〈人間世〉所謂「心齋」、「坐忘」的實踐功夫中「吾喪我」，越「形」而任「道」。

　　「心齋」、「坐忘」旨在消解在人的經驗世界中，既已形成的知識執和欲望執。莊子在〈人間世〉假托顏回與孔子的對話：

回曰：「敢問心齋。」

仲尼曰：「若一志，無聽之以耳而聽之以心，無聽之以心而聽之以氣！耳止於聽，心止於符。氣也者，虛而待物者也。唯道集虛。虛者，心齋也。」

人的形體有感官物欲，現象世界物象紛然，誘惑多端且不停，世俗之人很難抗拒外在誘惑力的召喚。於是，人的生命在隨從物象流轉，與他人在物欲競逐中有所陷溺而迷失精神的自主性。可欲之物象要進入人的形神中，首先要通過感官。老子曾說：「不見可欲，使民心不亂。」但是，人不可能與物象世界隔離而孤立。莊子的「心齋」功夫針對人與感性物象交接時，不要用感性的耳朵去聽，而要用較具超越性的「心」去聽。然而，心之知採符應對象且予以分別的界說，因此，莊子提出更高的層次，那就是不以認知心去對應現象界的物象，宜以虛靜無執的心，聽之以氣。莊子的心齋功夫就人交接感性世界而言，由生理感官的耳，提升

至心理機制的「心」，再由「心」進階於虛靜、無執地因應順從氣的變化流行，隨遇而安。換言之，心齋的功夫歷程是由外而內，由內在的有心而提升至無執的心境，這是步步超拔消解的功夫歷程。氣爲流行的有機的存在，是「心」與「道」的中介。陳鼓應解釋說：「氣和心事實上並非截然不同的兩樣東西，心靈活動到達極純精的境地就稱爲氣。換言之，『氣』即是高度修養境界的空靈明覺之心。」[54]莊子此處借「氣」之虛靈不限定之性格來彰顯其精神境界，予精神界的逍遙解脫留下餘地。心齋的功夫成果在修養出空靈明覺，而能順應氣的流行變化，臻於心氣合一之境，也是心與「道」冥合的密契之境。當心靈步步提升至虛靜明照的境界時，才足以作爲〈天道〉所云的「天地之鑑也，萬物之鏡也」，這是用心若鏡的「以明」作用，破解小知與大知之封限，亦即由現象之知超越至本體之知。

　　莊子的〈齊物論〉提出「吾喪我」的命題，涉及本體、現象、功夫與境界的範疇。「吾」是順大化通大道的精神我，超越有我之境而能體證本體（道）。「我」是形體的層級，囿於小知及大知的現象之知，而執於相對之知和感性欲望之貪。〈齊物論〉以「大塊噫氣」喻示「道」乘「氣」所吹起的宇宙長風，氣化流行所形成的化生力量（風）本身是無聲之聲的「天籟」。風吹至大地的紛然萬竅，則發出萬種不同的聲音，這是自然之聲的「地籟」，由喻示氣化萬殊的存在者，分別以千姿萬態表現出「道」與「氣」所蘊含的種種特徵。「人籟」，當喻示人在不同的時空條件及主觀意識下所攝取的現象之知和所構成的是非美善之價值觀，亦即「物論」。不同的人、不同的學派在物論上多樣化而具差異性，因此，不同的人籟或物論只是執取地籟亦即自然萬象所構成一套套的現象界知識和所建立之價值系統。天籟才是地籟和人籟終極性的根源，人應由人籟持不同物論的「我」層層自我轉化及提升至與「道」密契的天籟之境，才能明覺「道通爲一」、「通天地一氣」的本體之知。對現象界「彼」與「此」相連互轉化的對待

[54] 陳鼓應，《老莊新論》，臺北：五南圖書出版股份有限公司，2006年，頁305。

性現象及差異，若人能立足於道氣的最高的統攝者、終極性的存有對萬象紛然的物象（地籟）與人世間眾說紛紜的物論（地籟），總覽觀照而予以不齊之齊，化解落在現象界的小知及大知之執，消弭其間由差異之名相所衍生出的人間種種紛擾和煩惱。〈齊物論〉說：「樞始得其環中，以應無窮。」「環」是乘托門樞以便開門和關門之用的圓洞，門樞安置環中後，便可旋轉自如，因應往來活動於無窮。這句話是用來喻示道樞宛若在圓環的中虛處，不執著於是或非的邊見，在氣化流行的萬物活動中能圓應而無窮。道雖超越是非卻仍作用於現象界，來去自如，無滯無礙，人也應辯證的統合是非，不著邊見，廓然大公，物來順應，才能不捲入是非的旋渦而隨之煩惱與痛苦。

第三節　神與物遊的逍遙之樂

　　〈齊物論〉旨在破解人與人對立分化，衝突迭起，煩惱痛苦所由生之人與人思想、情感與價值觀差異的偏執。〈齊物論〉以「道通爲一」及「通天下一氣耳」的形上學，對物我之間的差異同體肯定，以不齊之齊包容及涵攝一切人間之分歧，再由人「心齋」、「坐忘」的修持功夫，正本清源地消解了煩惱與痛苦的根由。〈逍遙遊〉則是引導人超越形體生命種種限制下的不自由，覺醒人的精神生命，在邁向妙契道眞，與天地精神相往來的心靈境界中，先驗的精神「吾」超拔飛躍於形體「我」，神與物遊而享受逍遙的無限樂趣。在《莊子》書中，「逍遙」一詞分別在〈逍遙遊〉、〈大宗師〉、〈天運〉、〈達生〉、〈讓王〉五篇出現一次，共計五見。吳怡認爲其間蘊含兩項共同特色：一是都作動詞和形容詞使用，意指逍遙係一體驗的功夫；二是和「無爲」相關聯，「無爲」是主體心境的修爲功夫和化境。**55**

　　該文藉水際無涯的北冥之大魚爲寓言，謂大鯤魚順時運而變成大鵬鳥，生命力勃發，聲勢浩大地奮力飛向南冥。其蘊義喻示在人生命的意義和價值取向上，人可開拓形上的境域，透過內在生命對形神的開發，啟動道心之明而能「見獨」與「朝徹」（照明一切的形上智慧），以人的先驗精神「吾」超越形體「我」之局限，以「神」釋「形」，在心境上「妙道之行」（〈齊物論〉）悠遊於無限的天地境界中，享受天地間無限的審美欣趣。〈知北遊〉云：「精神生於道，形本生於精，而萬物以形相生。」「遊」涵具了豐富而深刻的概念內容，首先「遊」的主體是人內在先驗的精神。其次，人與天地精神相往來，意指「神」與「物」遊，在道氣相涵融爲一，及旁通統貫天地萬物爲一的形上境域中，「遊」於天地萬物是超越現象之知及感性欲望的束縛，展現出「無待」和「順應」的精神。從而衍生了第三項意義，那就是逍遙遊是人內在精神享有無待的絕對自由，對天地萬物進行不計較世俗利害算計的純美感趣味之體驗。

---

55 吳怡，《新譯莊子內篇解義》，臺北：三民書局，2001年，頁12。

　　至於人如何可由形體我的拘執中突破，轉向內在精神富源之開發，在精神世界上與萬物爲一，與「道」冥合同遊，其關鍵在「心」。在莊子書中「心」有兩層作用面向，儘管前面述及「心」的種種負面作用，特別是外、雜篇側重於描述世俗之人的私心，特別稱之爲「人心」**56**，可是逍遙遊的心靈是遊心，「心齋」是在「心」上下修持功夫，離形去智以凝神聚氣。人在體「道」功夫精熟焠煉後，心密契於「道」且化於「道」，莊子對冥合於道的「心」，在〈德充符〉稱爲「常心」，在〈庚桑楚〉稱爲「靈臺」，在〈德充符〉也稱爲「靈府」。質言之，就是「眞心」或先驗的「本心」。因此，常心或靈府心才是以神導形，轉俗成眞，化於「道」，與「道」同遊於天地萬物的價值轉化之樞紐。在逍遙遊中以「遊心」看待世界時，不再以狹窄的現象之知及有限的個人經驗來理解世界，也不再以偏執的成心欲望心來算計他人及此物對個人有何可利用的功用價值。

　　逍遙心在神與物遊時「以道觀物」、「以天合天」、「照之以天光」，這是吾以審美觀照作用的神遊。關於審美觀照的神遊萬物，莊子對這種審美活動有許多生動的描述，〈天下〉說：「判天地之美，析萬物之理，察古人之全，寡能備之謂也。」〈知北遊〉說：「天地有大美而不言，四時有明法而不議，萬物有成理而不說，聖人者，原天地之美而達萬物之理，是故至人無爲，大聖不作。」「道」的渾全性及無限豐富性和運化萬物的神妙性，透過氣化流行所呈現的天地萬物彰顯。對莊子而言，我們的形體可感覺到這五彩繽紛的世界，我們的心靈將之昇華到精神性的感受和玄賞，「天地之美」是立足存有學之上的美學詮解。莊子在形神交養、形神並茂，以神與物之遊中，不但體證了「道」及「氣」所化生的天地與萬物皆有純眞之本性，且實存性的體驗到天地萬物本性之眞有難以言喻的無限之美。

56　〈列禦寇〉說：「凡人心險於山川，難於知天，……人者原貌深情。」人心之險在於有心術、心機，知人知面難知心。

第四節　依道製器的藝術實踐

　　莊子〈達生〉藉一位把鐘架製作得鬼斧神工的木匠梓慶之精神專一的心境做了隱喻。大意是他在雕造鐘架時，為了能全程聚精會神的發揮其高超的技藝，而有一心境的提煉歷程。他為了不耗損元氣，自覺的齋戒，使心靈徹底的淨化而不存雜念。他用了三天齋戒的功夫而消解了想獲得慶賞爵祿的俗念，這是三天功夫所修成的心境，等他用了五天齋戒的功夫，則超越了批評是非巧拙的算計意念，等他齋戒的功夫修持了七天時，連自己的四肢形體都在心中了無掛礙了。在完成離形去知的吾喪我之後，進入山林選擇合適的木材，這就是「聽之以氣」。木匠自述此時的心境為：「入山林，觀天性，形軀至矣，然後成見鐻，然後加手焉；不然則已。則以天合天。器之所以疑神者，其是與！」質言之，他的鬼斧神工之創作藝術在於他能凝神聚氣，超然物外，通順天理，「以天合天」，這是技進於道的一項例證。

　　為析論的方便起見，我們將文中的這一段載錄於下：

> 梓慶削木為鐻，鐻成，見者驚猶鬼神。魯侯見而問焉，曰：「子何術以為焉？」對曰：「臣工人，何術之有。雖然，有一焉。臣將為鐻，未嘗敢以耗氣也，必齊以靜心，齊三日，不敢懷慶賞爵祿；齊五日，不敢懷非譽巧拙；齊七日，輒然忘吾有四枝（肢）形體也。當是時也，無公朝，其巧專而外骨（滑）消；然後入山林，觀天性，形軀至矣，然後成見鐻，然後加手焉；不然則已，則以天合天，器之所以疑神者。其是與！（〈達生〉）

　　「器」是經過人為創製所完成的器物。依莊子之意，人所以要製作器物，從動機和目的來分，可略分為具工具價值的產品及自身具美感價值的作品。所謂工具價值的產品，意指製造者在意於其產品的市場價值，那就是說，製造者在製造的過程中處處心存介意，能否迎合買主的喜好？能否在交易市場中換取較高的商

品價格。因此，製作者在這一動機和交換獲利的目的驅使下，他在製作產品的過程中，其心理狀態是時時算計著此產品可換取的慶賞爵祿，處處顧及所生產的器物將招致怎樣的非譽巧拙。當他以利害算計的機心來製造此器物時，心有掛礙而心神不定。因此，他所製造的器物只局限於市場價值的商品意義，不能昇華爲在創作的過程中體現神與物遊於「道」中的藝術實踐之至樂的價值。莊子藉一位圃者告訴子貢的話，指出：「有機械者必有機事，有機事者必有機心。機心存於胸中，則純白不備；純白不備，則神生不定，神生不定者，道之所不載也。吾非不知，羞而不爲也。」[57]對莊子而言，若造器物者心懷慶賞爵祿、非譽巧拙，則人的精神受制於患得患失的機心，內心不自由則純白不備，神氣渙散不定，難臻技進於道，感受與道冥合俱化的藝術實踐之眞樂眞趣。然而，梓慶削木創製具雕刻藝術價值的鐘架，眞切的感受到藝術實踐歷程上精神的絕對自由，以及沉醉在此一心境歷程上所生發的美感享受。

　　因爲梓慶以靜心齊平受名利欲望牽引，隨境流轉的機心。當他步步消解機心，自我淨化心靈至純白周備，輒然忘我的精神狀態時，則生於「道」的精神，因純粹純白而復契合於「道」。此際，冥合於「道」的心爲常心或爲「靈臺」或爲「靈府」，梓慶本此常心，不再役於物，填於欲，質言之，他的心懷已不再是智巧造作的機心。因此，他能凝神致意於出神入化的創作出令人驚爲鬼神的鐘架來。讓我們進一步分析他藝術創作時的心境或精神狀態之前，首先，我們得確定他雖超然於機心之上，卻必備創製具藝術美感價值的鐘架，所需的機事素養。所謂「機事」，係指製作或操作機械時所需要的工藝技術，可姑且稱之爲「技」，因爲身爲藝術作品的器物必須透過「技」巧來對材料施工才得以完成，「技」巧是靈臺心與製作維妙維肖之鐘架的必備條件。木材也是他在鐘架的藝術創作實踐上，不可或缺的客觀條件。因此，梓慶得先入山林選出最佳的材料來，所謂最佳的材質，應該是最順應鐘架造型和質感的木材。他把握這一要旨，入山林中

遍「觀天性」，若在木材質地的天性中契合所需求的造型與質感者，才取料施技。在造鐘架的形式及質料上都合乎木料的天性，在隨順天性或自然紋理這一施技的法則下，則在鐘架的藝術實踐上，「以天合天，器之所以疑（凝）神者，其是與！」對莊子而言，「道」藉「氣」生成自然萬物，「道」皆賦予分殊化的本眞之性，亦即天理或天性。藝術家在從事創作性的藝術實踐時應先充分理解質料上及造型之形式要件上的天性或天理。莊子說：「陶者曰：『我善治埴。圓者中規，方者中矩。』匠人曰：『我善治木。』曲者中鉤，直者應繩。夫埴木之性，豈欲中規矩鉤繩哉？」[58]陶者及木匠具備方圓規矩的專門技術，然而所選的陶木或木料有其天生的物性或眞性，若不順物料的眞性來施技藝，則只能是製造工藝品的工匠，而不能算是神乎其技的藝術創作家。因此，若能受到藝術與美感之價值肯定的陶者或工匠，其關鍵在於其技巧的運作在能夠順物料之天性來施展。

「器」字的普通意義，按《說文》「器，皿也」所言，泛指人們日常所使用的一般用器，例如：兼指具實用價值及其亦具美感價值的鐘架。木匠若不考察木料的天性而妄用爲製鐘架的木料，則不堪長期使用而易毀壞，例如《莊子・人間世》說：「以爲器則速毀，……是不材之木也。」所謂「不材之木」意指不能製作堪使用之器皿的散木。莊子認爲工匠若逞強或無知地以不完整的散木來製造器皿，是工匠有失專業倫理的罪過，所謂：「夫殘樸以爲器，工匠之罪也。」[59]然而，能細審木料之天性，且能因循木料之形貌、紋理及質感來造鐘架之形構的木匠是否就是藝術實踐的藝術家呢？對莊子而言未必，若是藝術家的話，則當具備審木料之天性、質感，順從自然本性來創造藝術品器之能力。一般木匠雖也有順木材之自然本性來製造鐘架的能力，但其缺乏藝術家凝神成器的創作心境，因此不能創作出合「道」之「器」，只能製造不合道卻合乎世俗實用價值的器物。至此，我們得探討何謂凝神之器這一概念含義了。

---

[58] 《莊子・馬蹄》。
[59] 同上。

　　成復旺曾以「神」爲審美主體，「物」是審美客體，闡釋審美主、客體的關
係問題，他所說的「神」指審美主體對「美」感受、體驗的能力，審美活動是審
美主體意向於散放出美感信息的物之神，與之交流融會。他說：

> 神與物遊貫穿在中國古代的全部審美活動之中，又貫穿在中國古代的各派美
> 學思想之中，那麼是否可以認爲：中國傳統的審美活動，就是神與物遊的活
> 動；中國傳統的審美過程，就是神與物遊的過程；一句話，中國傳統審美方
> 式就是神與物遊。[60]

　　扼要言之，「神與物遊」不僅是中國傳統的審美方式，也是藝術實踐的創
作活動所蘊含的美學原理。「神」指藝術家具審美靈感的神思、巧思，「物」指
以創作靈感運用藝術技巧所進行的創作品，如鐘架即爲一作品性的器物。在莊子
「梓慶削木爲鐻」的範例中，梓慶觀木料的天性，由其煥發的藝術才情，迸發出
審美直觀，在神思中隱然浮見鐻之形。因此，他在審美直觀中，物我兩不執，渾
化物我順木性鐻形，以靈巧的技藝完成「凝神之器」。質言之，凝神之器之藝術
實踐係由神遊物外「以天合天」地完成的。在凝神悠遊於藝術品的創作過程中，
梓慶與其圓熟的機事一齊俱化爲神氣的流行，亦即以神思靈感統帥木料，悠遊於
木料的紋理天性及鐻之形成的玄同統合中。換言之，梓慶係以合天之技順木之天
性，亦即由合道之技完成此一具大美的「凝神之器」。《莊子‧知北遊》謂：

> 天地有大美而不言，四時有明法而不議，萬物有成理而不說。聖人者，原天
> 地之美而達萬物之理。

　　《莊子‧田子方》亦藉老聃之言曰：

---

[60] 成復旺，〈引論：「神與物遊」〉，《神與物遊——論中國傳統審美方式》，臺北：商鼎文化出版社，1992年，頁617。

「吾遊心於物之初。」……「夫得是，至美至樂也。得至美而遊乎至樂，謂
之至人。」

「遊」是藝術實踐者的心境之悠遊。這是在精神絕對自由下才能徜徉於「至美、
至樂」的美感享受。梓慶就是處在精神完全自由的解放狀態，順木料的天性而
在形塑鐘架的技法運行上與木料天性所從出的「道」進入冥合狀態。他是在以
「技」合「道」的心靈境界上，藉「技」妙契於「道」而完成令人驚爲鬼神的
「凝神之器」──鐘架。楊儒賓詮釋其中蘊理說：「只有意識的作用散布到全
身，全身精神化以後，技藝才可以有質的飛躍，由匠藝昇華至道的展現。精神化
的身體即是身心合一的身體主體，在技藝的創造中，它的重心可以在指、在手、
在腳、在腹、在呼吸，但不管在哪一部位，身體其他的部位也要共襄盛舉。」[61]
就莊子對人的生命構成論精─氣─形─神而言，以神氣統攝稱謂爲神氣，以神率
氣，浹洽悠遊於物道之間。藝術家的神氣交滲融貫爲一體，與萬物深層結構中的
神氣，交融共化爲相互流通無間的渾全神氣。

　　對莊子而言，萬物係由道在運行中藉氣之聚而生，在「道通爲一」及「通
天下一氣耳」的形上預設下，「氣」是萬物能夠互相感通之關鍵。萬物在道的
涵容下，出入咸由「道」，藝術實踐中所創作出的作品──「器」組成元素固然
是氣，在以技成道，創作出凝神之器的歷程中，「氣」是聯繫「道」與「器」的
關鍵性環節。基於此一論述，在莊子的理論上「器」可通於大道而成就「合道
之器」。其中猶有一問題尚未處理，那就是山林中可做藝術作品之木料的樹木是
道與氣結合所化生成的自然萬物之一。但是，梓慶憑藉木料所創作出來的鐘架，
並非氣聚所生的自然物，而是他在藝術實踐上所形塑出來的創意。換言之，他在
醞釀靈感的過程中凝神思創發出來的心中肖像，再以技巧表現在木料上。他心中
的鐘架肖像是無中生有的創造物，木料只是具象化心中肖像的憑藉。因此，梓慶

---

[61] 楊儒賓，〈技藝與道──道家的思考〉，《王叔岷先生學術成就與薪傳研討會論文集》，臺北：臺大中文系，
2001年，頁180。

源出於其內在藝術心靈的創意或鐘架的肖像，當有別於道與氣所化生的自然物，從藝術實踐所成就的作品而言，具有獨特品味與風格的創造性是藝術創造高於自然創造的特質所在。這是莊子在道器關係中所忽略的課題，這會是他的美學盲點所在。

第八章　莊子〈天下〉篇與〈齊物論〉
之道術觀

　　《莊子》的哲學旨趣在「究天人之際，窮變化之原，闡化生之理，推道術之本」。[62]「齊物論」三字讀法，唐以前大都「齊物」連讀，例如：《文心雕龍》之「莊周齊物，以論名篇」。宋代以後分成兩派：一爲「齊物」連讀，另一以爲「物論」連讀。前者的理由在莊子倡「天地與我並生，而萬物與我爲一」。後者的理由在於齊者一也，欲合眾論爲一也。蓋戰國時代諸子競論，是非不一，莊子認爲不若是非兩忘而歸之自然。就含義而言，「齊物」連讀可包括「物論」，「物論」連讀未必涵蓋到「齊物」。然而，若「物論」連讀可與〈天下〉篇對照，蓋〈天下〉言道術之分裂而有不齊之物論，〈齊物論〉言「道通爲一」的全幅生命融通境界，與〈天下〉「獨與天地精神往來而不傲倪於萬物，不譴是非，以與世俗處」的玄妙之境相貫通。

[62] 齊思合撰，《莊子引得‧序》，美國：哈佛燕京學社編纂，臺北：弘道文化事業有限公司，1974年。

第一節　〈天下〉篇對諸子析評所展示的道術觀

　　〈天下〉篇被學者公認爲先秦的學術思想史文獻，述評了墨學、稷下黃老學、宋鈃、尹文、彭蒙、田駢和愼到，道家人物老聃、關尹子、莊周，名家的代表者惠施及儒學。本篇大旨在論述古今道術之內涵及淵源所自，接著即析論墨家學派及上述列名的六位學者（五位稷下黃老學者，一位名家學者），藉以襯托三位道家人物。〈天下〉一開始就指明天下之治的各種方術（道術）皆源遠自古道術，謂：

> 古之所謂道術者，果惡乎在？曰：「無乎不在。」曰：「神何由降？明何由出？」「聖有所生，王有所成，皆原於一。」不離於宗，謂之天人。不離於精，謂之神人。不離於真，謂之至人。以天為宗，以德為本，以道為門，兆於變化，謂之聖人。以仁為恩，以義為理，以禮為行，以樂為和，薰然慈仁，謂之君子。以法為分，以名為表，以參為驗，以稽為決，其數一、二、三、四是也，百官以此相齒；以事為常，以衣食為主，蕃息畜藏，老弱孤寡為意，皆有以養，[63]民之理也。古之人其備乎！配神明，醇[64]天地；育萬物，和天下，澤及百姓，明於本數，係於末度，六通四辟，小大精粗，其運無乎不在。其明而在數度者，舊法世傳之史尚多有之。

道體存在哪裡呢？按《莊子・知北遊》：「東郭子問於莊子曰：『所謂道，惡乎在？』莊子曰：『無所不在。』」該篇又云：「道在螻蟻、在稊稗、在瓦壁、在屎溺。」「道」是內在於天地萬物之中，無處不在。作爲人間菁英的聖與王皆源發於一，即《莊子・天下》：「一之所起」之一，所謂「太初有無，無有無名，一之所起，有一而未形。且然無間謂之命。」「一」指宇宙生成所根由的終極實

---

[63] 梁啟超說：「疑『爲意』兩字當在養字下。」
[64] 章太炎說：「醇爲準的假借字。」

在。「天人」指不離萬化之宗（道）者。「神人」指不疏離道之精微者。「至人」指不離本眞之道者。「聖人」指以形上天爲存有界的本根，以稟受道而內在於生命中的性情爲自然本性，能以「道」爲生活出入必經之門戶，能以考察道在存有者（載道者）所顯發之微妙現象爲「兆」者。郭象於「謂之聖人」下出注云：「凡此四名，一人耳，所自言之異。」又於「謂之君子」下出注云：「此四名之粗跡，而賢人君子之所服膺也。」郭象總結其意涵爲聖賢的道術之治，最基本的原則是不逆養民之理。文中所言仁義禮樂之治的君子當指儒家的道術之治。文中所言名分法度之教，以實證性的參驗稽決的道術之治，當指稷下崇尙形名法術之治的黃老學，使老弱孤寡者皆得善養其生活，是治民之普遍原理。郭象注以「皆有以養」連讀，林希逸云：「凡其分官列職，爲政爲教，皆是養民之理」爲由，主張以「皆有以養民之理也」連讀，不如郭象句讀暢理。〈天下〉的道術以形上的第一因爲「道」，所衍生的禮法刑名爲「術」，「道」爲根本，「術」乃從「道」所出的末度。道與術乃體與用，本與末的關係。「道」是道體，「術」是本道體而立的術用。

道術之運用針對空間之不同，事物的大小或精粗而隨機運行，無處不在。依道術而設計的典章法度，猶大部分載於古代流傳下來的歷史中。這些載於詩、書、禮、樂中的典章法度，鄒魯的儒生及任過官職之縉紳多能通曉。〈天下〉分別論述典章中的詩、書、禮、樂、易、春秋之人文要旨，係諸子百家學說常引述者。天下大亂後，聖賢隱匿，人與道德（道家的本體義）疏離，對道術之理解偏而不全，卻以偏概全。然而，道術有整全的配套，猶五官各有其功能不能相互替代。此理類似百家眾技有不同的專長，係欠缺周備性或統整性的「一曲之士」。持片面性的一偏之見，不自覺地割裂了道術的整全性，鮮能備天下之純美，古人之「大體」。由推知「道」有涵蓋一切之美的渾全性，準「道」而立的典章制度亦分享道的完美性。

〈天下〉描述了道術的統整性完全後，接著使以此爲準據，檢驗諸子學說，先具體的剖析了墨翟、禽滑釐、宋鈃、尹文、彭蒙、田駢和慎到等一曲之士，再以之對比的襯托出關尹、老聃、莊周之較貼近道的大體，最後又再批駁惠

施這位一曲之士的片面之見。縱觀〈天下〉的後半部對諸子百家的分別述評中，提舉了六組思想家。第一組是墨翟、禽滑釐，第二組是宋鈃、尹文，第三組是彭蒙、田駢、慎到，第四組是關尹、老聃，第五組是莊周，第六組是惠施。茲扼要略述如下。

對第一組的主要論述是：「不侈於後世，不靡於萬物，不暉於數度，以繩墨自矯而備世之急，古之道術有在於是者。墨翟、禽滑釐聞其風而說之。爲之大過，已之大循。作爲《非樂》，命之曰《節用》。生不歌，死無服。墨子汎愛兼利而非鬥，其道不怒。又好學而博，不異，不與先王同，毀古之禮樂。」班固《漢書·藝文志》云：「墨家之流，蓋出於清廟之守。」且指出其優點是貴儉、兼愛、尚賢、右鬼、非命、上同，缺點則是「及蔽者爲之，見儉之利，因以非禮，推兼愛之意而不知別親疏」。〈天下〉也肯定其符合古代道術之愛物力，不尚虛文，以規矩自律，切合世務，然而他們偏執己見，行爲過當，破壞古禮所蘊含的人倫理序，對人生死的禮儀太刻薄，悖反人之常情常理，他們矯枉過正的言行，強人所難，偏離了古聖王大道，雖高唱兼愛，實際上的操作，反而對己對人都是嚴苛酷苦。墨家流傳至相里勤的弟子五侯，及南方的苦獲、鄧陵子之輩背馳了墨家原創性的學說，還相互抨擊對方是別墨。[65]《荀子·解蔽》評曰：「墨子蔽於用而不知文，由用謂之，道盡利矣。」由儒家義利之辨觀之，墨家於整全之道有所偏頗。

〈天下〉對第二組的宋鈃、尹文[66]所繼承的道術偏於「不累於俗，不飾於物，不苟[67]於人，不忮於眾，願天下之安寧以活民命，人我之養畢足而止，以此白心」。[68]意指不被世俗繫累，不藉外物來矯飾自我，不苛刻待人，不嫉妒他人，以天下安寧，人民安居樂業爲心願，這派古代的道術頗契合宋鈃、尹文的心

---

[65] 「別墨」指墨子的別派而非正統。《韓非子·顯學》指墨家分裂爲「相里氏之墨，相夫氏之墨，鄧陵氏之墨」三派。〈天下〉之作晚於《韓非子·顯學》。

[66] 馬敘倫考辨宋鈃即宋榮子，見其〈莊子天下篇述義〉一文，收入《莊子研究論集》，臺北：木鐸出版社，1983年，頁302。《呂氏春秋正名》高注云：「尹文，齊人，作《名書》一篇，在公孫龍前，公孫龍稱之。」

[67] 章太炎說：「苟是苛的誤字。」

[68] 《釋文》云：「『白心』，崔云：明白其心也。」

意。此兩人本寬大的胸懷處世，親和待人，對天下情欲採調和態度。他們忍辱負重，竭力化解世間的戰爭，周遊天下，勸說國君，教育百姓。他們謀天下人的幸福勝於謀自己的幸福。扼要言之，他們以和平止戰爲對外主張，以淡薄自己情欲爲內在修養，[69]這是他們的學說要旨。

　　第三組彭蒙[70]、田駢、愼到[71]繼承古代道術之「公而不黨，易而無私，決然無主，趣物而不兩，不顧於慮，不謀於知，於物無擇，與之俱往」這一面向。《釋文》云：「『當』，崔本作『黨』。云至公無黨也。」馬敘倫謂：「『不兩』，謂與物爲一。『趣物而不兩』，謂隨物而往，不持己意。」[72]他們無私秉持「齊萬物以爲首」的治世原則，大小如一；不妄起分別，隨順萬物的自然性向，所謂：「大道能包之而不能辯之，知萬物皆有所可，有所不可。」「辯」假借爲「平」。《尙書・堯典》「平章百姓」、「平秩東作」，《大傳》作「辯章」、「辯秩」是其例。萬物依各自的性向，皆各有其所可及所不可及者，不能等平矣。彭蒙、田駢、愼到理解萬物不能皆可，也不可使之皆不可，連大道亦只能包容萬物而不能齊平之。因此，此三人以等齊萬物爲首務，乃以隨適萬物本性之可和不可來齊之。「齊」萬物的眞諦在理解萬物之不同本性，全然的尊重和包容，賦予萬物同等之自由去適性順情的自然發展。因此，愼到主張「棄知去己」，消解自己的主觀意識，順著不得不然的自然之道理，任物順性爲奉行之法則。〈天下〉謂愼到「與物宛轉，舍是與非，苟可以免，不師知慮，不知前後，魏然而已矣」。「魏」即「巍」之省。〈繕性〉云：「危然處其所而反（返）其性已。」義同此句所涵。田駢亦然，從彭蒙學得不言之教。彭蒙之曰：「古之道

---

[69] 《漢書・藝文志》小說家〈宋子〉十八篇，班固注云：「孫卿道宋子，其言黃老意」，而書不入道家。「其言黃老意」，可能就是指情欲寡而不欲多。

[70] 彭蒙姓氏遺說，獨存僞《尹文子》載：「田子讀書曰：『堯時太平。』宋子曰：『聖人之志以致此興？』彭蒙在側，越次答曰：『聖人之法以至此，非聖人之治也。』」胡應麟謂《莊子》所舉墨翟禽滑釐之倫，皆一師一弟子。此下云：「田駢亦然，學於彭蒙，得不教焉。」田駢爲彭蒙弟子，可備一說。

[71] 《史記・孟荀列傳》云：「愼到，趙人；田駢、接子，齊人；環淵，楚人；皆學黃老道德之術，因發明序其旨意。故愼到著十二論，環淵著上、下篇，而田駢、接子皆有所論焉。」《漢書・藝文志》云：「法家：《愼子》四十二篇。」

[72] 馬敘倫，〈莊子天下篇述義〉，《莊子研究論集》，頁312。

人至於莫之是，莫之非而已矣。」〈天下〉對這三人超離是非價值判斷，雖不被人認同，卻仍隨順物情宛轉的評價是「其所謂道非道，而所言之韙不免於非。彭蒙、田駢、慎到不知道。雖然，概乎皆嘗有聞者也」。他們對大道的理解仍有局限性，儘管如此，仍可謂對道術有概略性的認識了。

第四組的關尹、老聃，[73]欣聞上古道術之「以本爲精，以物爲粗，以有積爲不足，淡然獨與神明居」，意指天地的本源是精微的（形而上的），外物是有形跡之粗者，有淡泊清虛的心境才足以獨自與天地的玄妙者共處。此二人「建之以常無有，主之以太一，以濡弱謙下爲表，以空虛不毀萬物爲實」，意指「有」、「無」統攝於太一（道），是太一的二重屬性，以柔和荏弱的謙虛姿態爲表德，不挫折萬物爲眞性。〈天下〉謂關尹曰：「在己無居，形物自著。其動若水，其靜若鏡，其應若響。……未嘗先人而常隨人。」意指自己無定執的心態，讓物性自然彰顯，行動如流水似的自然，心靜若明鏡，感應萬物如響聲般的迅速。不與他人爭先而常隨後於人。老聃說：「知其雄，守其雌，爲天下谿，知其白，守其辱，爲天下谷。」意指謙退自牧如天下的溪谷般地包容萬物。知道榮耀所在，卻甘心處卑下之心懷，使自己像萬物歸附的大谷般地容納萬物。〈天下〉評論他們知足自處常有餘地，行事從容安適而能免受災害，所謂：「以深爲根，以約爲紀……，常寬容於物，不削於人，可謂至極。關尹老聃乎！古之博大眞人哉！」意指能有體悟道的形上智慧爲指南，生活儉約，寬容爲懷，不侵害他人。他們雖尚未達到至極的境界，[74]卻堪謂爲古代的博大眞人了。

第五組謂莊周繼承了古之道術「芴漠無形，變化無常，死與生與，天地並與，神明往與！芒乎何之，忽乎何適，萬物畢羅，莫足以歸」的要旨。其含義指有道術者任道體自然的變化，將人融入天地與之同體，精神與大自然和諧，返

---

[73] 《釋文》云：「關尹，令尹喜也。或云：尹喜字公度。老聃，即老子也。爲喜著書十九篇。」關尹之於老聃，猶如禽滑釐之於墨翟，田駢、慎到之於彭蒙。

[74] 馬敘倫說：「此即《老經》『貴慈』之旨也。」陳景元《莊子闕誤》據本作「雖未至極」，陳云：「江南李氏文本同舊作可謂至極」，案亦得通。姚鼐云：「莊子以關尹老聃不過如篇首所云『不離於眞』，云『至人』猶未至極。」參見馬敘倫，〈莊子天下篇述義〉，《莊子研究論集》，頁334。

回太虛的本眞狀態，渾然忘我。莊周藉謬悠荒唐的言說，放曠無邊的文辭，凝執一端之見而黨同伐異。〈天下〉說莊周在精神上是「獨與天地精神往來而不敖倪於萬物，不譴是非，以與世俗處」、「上與造物者遊，而下與外死生無終始者爲友。其於本也弘大而辟，深閎而肆，其於宗也，可謂調適而上遂矣。」莊周以虛靜無執的心靈，層層自我轉化與提升，將自我調適至與「道」冥合的化境。與「道」冥合的莊周開拓出無限豐富的人生資源與境界，玄同是非、貴賤、生死，與人融洽，與大自然和諧。〈天下〉雖讚賞莊周已臻於「調適上遂」的境界，然而，語言有其局限不能窮盡所意謂。因此，莊周雖「以巵言爲曼衍，以重言爲眞，以寓言爲廣」，可是他在順應自然的大化流行時，仍不能把其中的奧理說清楚，講明白，猶「芒乎昧乎，未之盡者」。

第六組的惠施方術很多，著作豐富，可惜的是〈天下〉評斷其所言的道理駁雜不純，不合大道的本眞，所謂「其道舛駁，其言也不中」。「舛，乖也」，「駁」，色雜不同也。《氾論》：「見聞舛馳於外。」〈天下〉列舉許多惠施的論題，諸如「至大無外，謂之大一；至小無內，謂之小一」、「無厚，不可積也，其大千里」、「天與地卑」、「山與澤平」等等。〈天下〉認爲像惠施、桓團、公孫龍這些辯者之徒，用詭辯來困惑人心，改變人的思想，其影響力只在令人口服而心不服。惠施自認辯才無礙已是最高明了，就深層意義而言，他只想求言辭論辯的勝利滋味，沒有眞正的道術，所謂「存雄而無術」。若由渾全的天地之道品評惠施的才能，「其猶一蚊一蟲之勞者也。」惠施不能靜修冥契大道的渾厚全眞，反而徒勞心神詭辯不息，最後只局限在「以善辯爲名」。〈天下〉總結惠施的才能放蕩無歸，向外追逐萬物現象的粗跡，而不能內返精妙的大道，猶若以聲止響，以形逐影，徒勞無益，所謂：「逐萬物而不反，是窮響以聲，形與影競走也。悲夫！」

第二節 〈齊物論〉的道術觀

　　〈天下〉在論衡六組人物中，以關尹、老聃及莊周較貼近道術而受推崇。文中推關尹、老聃爲「古之博大眞人」，然而，其立說較側重人事，尚有形跡可尋。至論莊周的道術則「芴漠無形，變化無常，死與生與，天地並與，神明往與！……萬物畢羅，莫足以歸」。可見莊子所淵源的古之道術，較關尹、老聃更博大深微，大而化之，無形跡可效。王叔岷先生認爲：「莊子之學，空靈超脫，不可究極。與天地精神往來，又能包容萬物，亦即『應於化而解於物。』論人事而超人事，入俗而超俗。……岷常謂莊子之學不能歸入任何一家，任何一學派。蓋亦所謂『無家可歸』者邪！」[75]王叔岷在莊子「無家可歸」的幽默語中也透顯了莊子的化境眞諦，蓋有「家」可歸者，源於天下道術的分裂，「無家可歸」者乃因莊子由人間世返歸大道，與道冥合，渾合了大道分裂後的間隙。〈齊物論〉的旨要有二：一在闡明「道通爲一」的存有本眞至理，另方面則導引吾人如何妙契道眞的功夫入路，亦即修證道眞的功夫方法。如果〈天下〉的道術之「術」側重在外在的處世之方的話，則〈齊物論〉若可稱「術」處乃在人內在體證及修成眞人至人的方法，質言之，〈天下〉由道生術之「術」的義蘊側重在外王之術，〈齊物論〉因「道」而有的「術」之義蘊側重在證道與物化的內聖之術，亦即內證玄智之術。

　　首先，我們應處理前言所提〈齊物論〉的論題，究竟是「齊物」連讀成題呢？還是「物論」連讀成題？歷來學者各有所見，且言之有故，持之有理，這確實是仁智互見的提法。王叔岷的辨析，或可暫時停息爭議，他說：

實則兩讀皆通，所謂物，包括情、事、理而言，非專指有形之物。〈齊物論〉之主旨在篇中「天地與我並生，萬物與我爲一」二句，是莊子本意以

---

[75] 王叔岷，《先秦道法家與儒家的關係》，臺北：中央研究院中國文哲研究所，1992年，頁88-89。

「齊物」連讀。外篇，〈秋水〉發揮〈齊物論〉，其主旨在「萬物一齊，孰短孰長！」亦正「齊物」之義。他如內篇〈德充符〉「自其同者視之，萬物皆一也」，外篇〈天地〉「萬物一府，死生同狀。」亦皆「齊物」之義也。莊子本意，固非「物論」連讀矣。**76**

莊子以「萬物一齊」、「萬物皆一」、「萬物一府」來齊萬物之不齊。他是從萬物的現象中尋根探源，超越地觀省出道乃天地之宗，萬化之源，是內在於萬物且有機地聯繫萬物的超越之統宗。換言之，莊子採形上的進路，從有形有限的事物中溯源出無形的無限的根源「道」。「道」既是萬物所以存在和依據的終極性根源，則既內在萬物亦不局限於個物而具超越性的「道」，係萬象所以具差異相的來源，也是差異相中又富有同一性的統合原理。

　　「道通爲一」的「道」既是齊萬物萬象的本體，試問莊子對本體之知所採取的進路爲何呢？唐君毅認爲莊子的本體之知係「道」的境界形態在人純粹心靈中的體現。他說：「莊子思想的精義，亦可無待於先生一形而上之道體。故吾人不可即以釋老者釋莊。然莊子全書所言之至人、天人、眞人，皆是就其人之心境及人格狀態所具之道相上說，而即此人之道之所在，以爲體之所存。」**77**若唐先生所言契合莊子哲學諦義，則莊子對本體之知所採的進路，當屬中國天人性命貫通哲學的「本體」—「功夫」—「境界」這一主軸性的路數。這一路數不僅是據以體證出「萬物一齊」、「萬物皆一」、「萬物一府」的路數，亦係體證「存有」與「價值」一如的路數。依牟宗三先生的說法，則是「主觀境界形態」的形上學這一進路。牟先生說：

所謂有昇進有異趣的世界則都屬於價值層的，屬於實踐方面之精神價值的；而若在此實踐方面的精神價值之最後歸趣總是定在自由自在，則有昇進

76 同上書。頁100。
77 唐君毅，〈導論篇〉，《中國哲學原論》上冊，香港：人生出版社，1966年，頁365。

有異趣的世界終歸是一，雖有昇進而亦有終極之定，雖有異趣而亦有同歸之同。……依此，普通所謂定者實是不定，而依上說的觀看或知見而來的普通視之爲主觀而不定者，終極的言之，實最定者，最客觀者，絕對的客觀者——亦是絕對的主觀者——主客觀是一者。[78]

　　牟宗三對老子「無」的詮解傾向於主觀心境的體證，[79]莊子的形上思想承老子「無」的觀念而來，且進展至「創造性的轉化」。他將老子的「道」消融成純粹的「境界形態」[80]。牟先生主觀境界形態的形上學或許用來詮解莊子比詮解老子可更爲貼切。在本體、功夫、境界的進路中，「功夫」爲體證本體及提升境界的樞紐。就莊子而言，萬物流轉變化，如何使「心」不隨物轉而外馳，確實有賴於虛、靜、止的功夫。徐復觀認爲莊子扣緊老子「致虛極，守靜篤」的功夫路數，標舉「虛靜」爲道家功夫的總持，且以之爲道家思想的命脈，[81]這一論述是值得肯定的。

　　〈齊物論〉論述了由主觀境界所體證的形上實有「道」，謂「夫道未始有封，言未始有常，爲是而有畛（界限）也請言其畛：有左，有右，有倫，有義，有分，有辯，有競，有爭，此之謂八德。」「道」有無限的內涵且無所不在，因此，「道」的內涵及存在方式皆不能界限，所謂「夫大道不稱，大辯不言，大仁不仁，大廉不嗛，大勇不忮」，此五者渾然圓通，若予以概念思辨分別，則強行追逐形跡予以分別界定則背離大道而無法予以整全的觀照。「道」是超乎概念名言之界定；「本」是超言絕慮而無是非之別的。世俗之人爲爭一個「是」字，而予以名言界說以致割裂了大道，所謂：「眾人辯之以相示也。故曰辯也者也不見也。」爭辯之因，往往肇起於世俗大眾偏執片面之見，且與其他亦持一偏成見者

[78] 牟宗三，《中國哲學十九講》，臺北：臺灣學生書局，1983年，頁130-131。
[79] 牟宗三說：「『無』不是個存有論的概念（ontological concept），而是個實踐生活上的概念；這是個人生的問題，不是知解的形而上學之問題。」同上，頁91。
[80] 牟宗三，《才性與玄理》，臺北：臺灣學生書局，1975年，頁176-180。
[81] 徐復觀，《中國人性論史》，臺北：臺灣商務印書館，1984年，頁383-385。

爭辯以相誇示。若是非係有待於變化無常的特定現象來論斷，則永無了結，因此有待於「天倪」來平息世俗之辯。「何謂和之以天倪？曰：是不是，然不然。是若果是也，則是之異乎不是也亦無辯。……忘年忘義，振於無竟（境），故寓諸無竟（境）。」「是」與「不是」、「然」與「不然」在道的運化歷程中可相互流轉，無限的道涵融一切，轉化一切，因此，「是」與「不是」、「然」與「不然」的對待皆可玄同於道的渾化中，與道冥合的聖人契悟「妙道之心」而「遊乎塵垢之外」，〈齊物論〉云：「眾人役役，聖人愚芚，參萬歲而一成純。萬物盡然，而以是相蘊。」意指聖人相較於眾人熙熙攘攘，看似愚昧無知，然而，聖人從時間的綿延所展示之無窮變化中，參悟出純粹至一的「道」。聖人徹悟到萬物在變化流轉中皆出入於至一的「道」。「是」與「不是」的變化是無窮的，且在道的渾化中可互相轉化。「彼」係出於與「此」對待而有的，「此」是出於與「彼」對待而有的。凡物象常是以彼物的「彼」，作爲自身的「此」而存在。因此，人若偏執於「此」則無見於「彼」，若定執於「彼」則無見於「此」。因此，〈齊物論〉點出：「聖人和之以是非而休乎天鈞，是之謂兩行。」意指聖人深刻地體驗「道」在運行中所造成的物化原理，而均平「彼」與「此」，並行「是」與「非」，這是以「兩行」來破除因分化而有的彼與此的對待，亦即因對待的偏執而起的是非，兩行的核心理論在「道樞」，〈齊物論〉所謂：「樞始得其環中，以應無窮。是亦一無窮，非亦一無窮。故曰莫若以明。」明於道樞才懂得消除彼與此的互相對立性。吾人若能體悟「道樞」之理，才能像掌握住環子中間的關鍵般地應付世事無窮的變化。

第三節 對比〈天下〉篇與〈齊物論〉的道術論

自北宋時代的蘇洵和南宋時代的林希逸以來，學者們多認爲〈天下〉是附於《莊子》的莊周自筆之後序。然而，由文本視之，〈天下〉雖不全出自於莊周思想，卻可代表莊子學派後學綜論式的大作。日本學者池田知久，認爲此篇所撰寫的諸子百家論具備構想中國思想史的三條件。他指出：「即超越站在舊的護教主義立場上的破邪論，與此成爲表裡一致的不特別對待自己客觀化，對諸子百家否定和肯定交相混雜的對應，可以認爲在中國古代同類文章中也是非常少見的規模宏大的中國思想史的構想。」[82]透過本節將〈天下〉所分別述評六組學派的思想內容觀之，可以認同池田知久先生的說法。〈天下〉對諸子百家的得失論評有其哲學史上的公允性，其準據在上古整全的道術觀。其所評論的諸子學說係根據諸子的重要言論與行爲，較傾向於外王的治世之術。文中對「道」的內涵特徵及如何契合「道」的問題論述不足，對各家所偏執的道術有較具體而詳實的述評。換言之，〈天下〉對各家道術的論述較落實在諸子的言行，亦即外在之跡。同時，〈天下〉較傾向於客觀化的實存義的「道」，比較近於黃老之學。蓋〈齊物論〉主觀境界形態的「道」不易確認，若訴諸於主觀心境，則隨個人的功夫與境界之不同而難有一客觀化的論衡諸子之學之判準。因爲，不同的體道者，境界高下不一，在評論時，不是失之過輕，便是失之過重。不可諱言的是，〈天下〉對最高準據的「道」語焉不詳，失之籠統，因此，〈天下〉對讀者而言有助於明瞭「術」的方面及其得失，遺憾的是見樹而不見林。

同時，〈天下〉對道的描述亦兼具〈齊物論〉的根源義、遍在義及渾全義。但〈天下〉對「道」的實有描述及境界描述相互混雜不清。〈齊物論〉對道的這兩面義蘊雖有兼述，確較能釐清兩者的分際，同時，〈齊物論〉對聖人依實踐而開展出的立體形上境界，使人皆能明白聖人所以齊生死、貴賤、是非的原

---

[82] 池田知久著，黃華珍譯，《莊子——「道」的思想及其演變》，臺北：國立編譯館，2001年，頁613。

因，在於聖人上契道的玄妙後所獲致的先驗自由。〈齊物論〉對〈天下〉所未能充分解說的「道」之無限性及超越性，有深刻的析論。茲借用牟宗三的詮釋：「凡有辯則必落入概念分解的領域。……『道未始有封』，就是道之在其自己，未爲概念所規限；『大道不稱』則是聖人主觀修持所顯的無相境界，即不以定然的言謂稱此道，讓道保持其渾整性。」[83]

此外，〈齊物論〉對主觀境界形上學進路下所體證之「道」的無相境界，有較深入而清楚的解說。牟宗三說該篇是「透過具體的人格典範，顯示道家式聖人的修養境界。道家以『知止其所不知』稱爲天府。天府就是『注焉而不滿，酌焉而不竭，而不知其所由來，此之謂葆光』。天府喻其修持深不可測，像大藏庫中有無盡功德，總是注不滿，傾不竭。深不可測則其作用亦非定用、利用，乃潛德之幽光，即平淡中見高明」。[84]因此，〈齊物論〉可補足〈天下〉所不見之「林」。但是〈齊物論〉對物論不齊之實質內涵語焉不詳，〈天下〉可補充〈齊物論〉所未詳的「樹」。

[83] 牟宗三講述，陶國璋整理，《莊子齊物論義理演析》，香港：中華書局，1998年，頁162。
[84] 同上。頁173。

第九章　莊子與孟子「內聖外王」
##　　　　思想之比較

　　「內聖外王」的辭源推本於《莊子·天下》，表面上資以點評儒家的旨要，實際上是折射莊子學派（莊學）理想的道術旨趣。不同的是儒家的內聖體現儒家心性之學的道德特徵，可謂「儒聖」。玄通有、無（本體與現象）的老、莊道家，則體現「莫若以明」的虛靜靈敏的道心，既有「配神明，享天地」的天地境界，亦有「育萬物，和天下，澤及百姓」的大道通同和諧的外王理想。因此，相較於儒家，老、莊的「內聖」，可以「玄聖」來標示其特徵。〈天下〉雖非莊子所自作，猶如《孟子》一書亦未必是孟子所自作，但是該篇所揭示的「內聖外王」，殊途同歸於由個人的安身立命，推擴至務天下之安治的理論模式。因此，我們以「內聖外王」這一命題來兼容並蓄儒、道，進行莊子與孟子可能的對話，當有某種深刻的哲學史意義。雖然莊子與孟子生活在同一時代，不但未相遇，也未提及對方，在哲學史文獻上的這一空白，令人遺憾之至。但是，我們就這一可共通的哲學命題，以評比方式試作莊子與孟子的對話，或可視爲兩人跨越時空藩籬的一場哲學高峰論壇。

第一節　莊、孟的時代困境和問題意識

　　春秋末期已是禮崩樂壞、周文疲弊的衰亂世，生活在前期的墨子針對周代貴族封建血緣政治，尖銳地指出其弊害為：「王公大人骨肉之親，無故富貴。」（《墨子·尚賢下》）貪婪、腐化的貴族統治階級「虧奪民衣食之財」（《墨子·非樂上》），導致「上不厭其樂，下不堪其苦」（《墨子·七患》）的不公不義現象。他針對當時民不聊生的三患，所謂：「飢者不得食，寒者不得衣，勞者不得息。」（《墨子·非樂上》）提出公共政策應「興天下之利，除天下之害」[85]。他針對以強凌弱的霸權，「入其國家邊境。……墮其城郭，……勁殺其萬民，覆其老弱」（〈非攻下〉），提倡「兼愛」、「非攻」、「尚賢」，以實現全民公義福祉的公義。

　　生活在戰國中期的孟子和莊子，政治、經濟、社會的情況更是惡化，《孟子·滕文公下》有段令人驚心動魄的陳述，所謂：

> 世衰道微，邪說暴行有作。臣弒其君者有之，子弒其父者有之。……聖王不作，諸侯放恣，處士橫議。……公明儀曰：『庖有肥肉，廄有肥馬，民有飢色，野有餓莩，此率獸而食人也。』

彼時，大規模的戰爭令人觸目驚心。《孟子·離婁上》描述說：「爭地以戰，殺人盈野；爭城以戰，殺人盈城。」孟子立基時代的考察，回顧歷史的聖賢典範，展望人類未來的希望，由飽滿的憂患意識，迸發出浩然正氣。他當下承擔歷史的責任，以捨我其誰的道德感，以遠承大禹、周公、孔子三聖的志業自許，私淑孔學，宏揚孔子之道以正人心，倡導王道王政以匡世濟人。他由時代的問題意識提出其人禽之辨的人性論，義利之辨的道德價值觀和在外王經世功業上提出王霸之

---

[85] 這一訴求，見於墨書多處，如：〈尚同中〉、〈非攻下〉、〈節葬下〉、〈明鬼下〉、〈非樂上〉、〈兼愛中〉、〈兼愛下〉等篇的文本中。

辨的政治學說，作爲其內聖外王的核心課題。

　　莊子所面對的戰國時代，統治階層的貪婪偏執、虛僞詐民的惡行已使人民淪於「倒懸」之苦。〈胠篋〉篇揭發當時當權派所標榜勵行的禮義法度已蒙上「盜積」、「盜守」現象。《莊子·盜跖》批評當時已異化的儒者「縫衣淺帶，矯言僞行」，敗壞的風氣由上而下，使民「離實學僞」（《莊子·列禦寇》）。莊子後學在〈在宥〉篇指責當時統治階級所倡導的繁文縟節的禮教禮規「攖人心」，已變質爲箝制人心的刑具，激越地指責當時的儒家「明乎禮義而陋知人心」[86]。呈現在列國間的殘酷戰爭，〈則陽〉篇描述爲：「時相與爭地而戰，伏尸數萬。」、〈在宥〉篇謂：「今世殊死者相枕也。」這些悽慘的寫照，已非莊子後學所見的一時景象。我們透過戰國前期的墨子和戰國中期的莊子、孟子時代歷史敘述，可歸納成戰國時代的普遍困境和險難。

　　在莊子的問題意識上，基於對個體生命的人文關懷，相較於老子，他更注重養生治身的問題。因此，在人生課題上，莊子關注道與萬物間一多相攝的關係，探索人與天地萬物相往來的生命安頓問題。他覺解生命成素和結構，上溯至道、氣的生命根源，建構形神論。他層層剖析之所以造成人現實生命種種苦難的原因，透視人種種世俗性的情欲生命之作繭自縛，成心的偏執及吾喪我的解脫途徑，指出「見獨」的「靈臺」心之「莫若以明」。《莊子》書中的〈知北遊〉、〈養生主〉、〈大宗師〉、〈德充符〉、〈逍遙遊〉……等篇構成了他如何論述、嚮往眞人、神人、聖人的內聖典範人格。另一方面，他對衰亂世中，陷於苦難的普羅大眾命運之感同身受，與針對黑暗政治、社會的尖銳批判，以及在世與人共處的政治運作提出了質重於量的外王經世見解。〈外物〉篇、〈應帝王〉篇……等從不同側面以不同方式，做了外王經世的實然解構和理想性的建構。

---

[86] 此句在《莊子·田子方》中凡兩見。

第二節　莊子與孟子的人性論

一、莊子人性論

　　莊子有別於孟子心性道德存有論之進路，透視人性所以然之理，他採取氣化宇宙論的高度，從天地萬物存在的根由，由〈齊物論〉所云：「道通爲一。」及〈知北遊〉所謂「通天下一氣耳」的渾全視角，來論述人性的成素，進而論人與天地萬物具有機的相互隸屬性、轉化性、交融性。道是氣的本體，氣是道的載體，道內在於氣且條理化氣和運轉氣。氣是一切生命的有機元素，其流行轉化依從道，彰顯深不可測、妙不可言的道之形上屬性。換言之，莊子創氣化生成說，以氣自然流變的聚散活動，詮釋人與萬物的生成變化與衰老死亡。〈知北遊〉所謂：「人之生，氣之聚也；聚則爲生，散則爲死。」萬物的生發、成長、歷程性的規律，所歸趨的目的，其解說皆統攝在一總體性的概念範疇中來表述「道」率「氣」，「氣」顯「道」，這是道氣之間相依互動的關係。莊子原創性地提出「理」、「德」、「性」三個互聯性的概念，解釋人與萬物內在的同根性、統攝性，「德」是道與萬物縱貫橫攝的形上網絡之中介。萬物所得於道的自然本性，有分殊化的多樣性呈現。〈則陽〉篇謂「萬物殊理」，〈知北遊〉篇以「萬物有成理」及「萬物之理」來表述。〈養生主〉篇及〈天運〉篇以「天理」來指謂「殊理」，「道」與「理」透過氣化流行轉變，來呈現天地間一多相攝的大美和「成理」。

　　〈知北遊〉謂：「人之生，氣之聚也；聚則爲生，散則爲死。」又說：「精神生於道，形本生於精，而萬物以形相生。」人生命成素的形神，就其來路對應了宇宙之道與氣。人的精神與道，具有同質的縱貫感通關係。人之形體委之於氣化流變，貫穿人由幼而長，由長而老死的歷程。生與死及一氣之聚散，形成了莊子宇宙大命限的命運觀。〈知北遊〉云：

　　吾身非吾有也，孰有之哉？曰：是天地之委形也；生非汝有，是天地之委和
　　也；性命非汝有，是天地之委順也。

當我們理解了道與氣、道與德、道與理的形上學論述後，那麼人性與道賦予萬物
分殊化的存在理據「德」，又有何關係呢？徐復觀說：

　　若勉強說性與德的分別，則在人與物的身上內在化的道，稍微靠近抽象的方
　　面來說時，便是德；貼近具體地「形」的方面來說時，便是性。[87]

換言之，「德」是人稟受於「道」的形上本體，就人之為經驗世界具體的存在而
言，人抽象的精神與形質化的氣，聚結成整全的生命時，「性」當指形神所共構
的人之生命本質。〈庚桑楚〉說：「性者，生之質也。」意指人「性」是構成人
整全生命的本質，亦即形神有機地結合的素樸全真之生命。對莊子而言，道透過
「氣」為資具，賦予萬物多樣化的不同形體。萬物間既分享「道」的同一性或共
通性，也各自擁有與他者不可化約的殊別性、個體性。〈則陽〉篇所謂：「萬物
殊理」、「道者為之公」。因此，不同的萬物間有相通同的本根性之道，也有形
神結合，而各有儀則的「成理」及其所蘊含的性命之情。

　　對莊子而言，純樸自然的天生和外鑠的人為，是一組相對立的概念。前者是
非人為的，亦即無為的自然本性，後者是人為加工形塑而成的特質，是有為的。
《莊子‧天地》篇對萬物藉「形」所稟受於「道」所命賦的存在理據，亦即所謂
「德」（性），文中有段精闢的論述，所謂：

　　泰初有「無」，無有無名；一之所起，有一而未形。物得以生，謂之德；未
　　形者有分，且然無閒，謂之命；流動而生物，物成生理，謂之形；形體保
　　神，各有儀則，謂之性。

[87] 徐復觀，《中國人性論史‧先秦篇》，臺北：臺灣商務印書館，1979年，頁373。

「道」是統攝天地萬物所以生的根源性原理，就具體存在的個物所稟得的殊別性，亦即個體性（或個性）謂之「德」。「形體保神，各有儀則，謂之性」，涉及到形與神連結而成的性命問題，特別是人生命所表現出來的形體、容貌和精神風貌的特徵。《莊子》外篇多處言及氣化的宇宙觀，〈至樂〉篇說：「雜乎芒芴之間，變而有氣，氣變而有形，形變而有生。」然而氣變成爲人之氣，以及與氣變成其他物類之氣有何差異和相互關係？莊子似乎基於人認識的侷限，而未細緻的強爲解說。不過，他對人精神生命的來源，卻明確地說：「精神生於道。」（〈知北遊〉）在人的本性，亦即與道縱貫相通的性命之德性上，人殊別於其他物類的特質，在於人的精神主體性，從〈養生主〉所論述的形神正常關係來說，形神相親，以神導形，以形傳神，形神並茂，精神爲人的第一性，氣性爲人的第二性。相較之下，人的形體雖委之氣化之變，可是人的先驗精神主體，同通於「道」，是人之所以爲人的同一性。相較於「形」而言，「精神」享有超越性、不變性，是人的靈臺、眞君、眞宰或眞心。莊子稱清明無俗見習染的初心爲「虛室生白」（〈人間世〉）的本眞心，亦是無偏見偏執，無癡心妄爲的「無心」（〈知北遊〉）。相反的，閃神的心役於形氣的嗜欲，偏執妄爲，逐物不返，隨俗沉浮，稱爲「戒心」（〈齊物論〉）、「師心」、「不肖之心」（〈人間世〉）等，欲令智昏，徒生煩惱。

二、孟子人性論

人生在世，離不開自我意識，有自我探索和理解的能力。我是誰？是既予存在的「人」，那麼人之所以爲人的特質是什麼？人性的尊嚴爲何？如何活出人的超越特質，實現人生的崇高意義和深刻價值？這是凡涉及自我之探索及存在意義之安頓的哲學家所必須面對的問題。孟子和莊子亦不例外，且視之爲人生在世的本根性問題。

孟子在人性論上倡言性善論。重返《孟子》文本，在辭源上，「性善」出現的章句有兩處。其一是〈滕文公上〉篇載曰：「孟子道性善，言必稱堯舜。」另一則是〈告子上〉篇公都子提出當時有三種和孟子不同之人性論，而問及「今曰『性善』，然則彼皆非歟？」由是而觀，孟子言性善之立場，出於對治彼時不同之人性論，而非基於純理論性的問題意識。就〈告子上〉篇孟子與告子對人性論辨之內容觀之，據〈告子上〉篇所載：

> 告子曰：「生之謂性。」孟子曰：「生之謂性也，猶白之謂白與？」曰：
> 「然。」「白羽之白也，猶白雪之白，白雪之白，猶白玉之白歟？」曰：
> 「然。」「然則犬之性猶牛之性，牛之性猶人之性歟？」

告子言「生之謂性」，係以基本而寬泛的概念含義立論，亦即以「天生本有」來辨識天性的然和不然。孟子 認為以這一取向來論究人之所以為人的特質，不具嚴格意、精確性。因此，孟子認為告子以「生之謂性」言人的「食色性也」有其理據，但是這只有見於人類與禽獸的共性，未究明人禽之別的深層人性。

孟子人性論的立基點和論述脈絡，是就人禽之別的人性尊嚴和人之所以為人的道德心性存有學為其進路。《孟子‧盡心下》曰：

> 口之於味也，目之於色也，耳之於聲也，鼻之於臭也，四肢之於安佚也；性
> 也，有命焉，君子不謂性也。仁之於父子也，義之於君臣也，禮之於賓主
> 也，知之於賢者也，聖人之於天道也；命也，有性焉，君子不謂命也。

可見孟子的人性論是立基於人禽之辨，亦即性命之共性與殊別性來論述，他認為就人之口、目、耳、鼻、四肢感官欲望本身之追求而言，不具思辨力和自主性，常蔽於盲目的感官欲求而不能自拔，稱之為「小體之官」（《孟子‧告子上》）。「小體之官」的盲目欲求不但有待外求，可求而未必可得，非全操之在己。孟子以界限概念的「命」來表述其屬性特徵。至於涉及人倫道德的父子之

仁，君臣之義，賓主之禮，賢者治政之智和聖人之行天道，雖也有客觀際遇之限制，卻全操之在人自身的道德意向，縱使知其不可成全，也能勉力盡心而為。孟子將這種道德生命之自覺及自主屬性特徵，不以「命」來界說，而以人之所以為人，殊別於禽獸的種差來界說人性，亦即人之道德本性的表述。

　　孟子謂人在道德的本心上，有形上的同一性。他說：

> 聖人與我同類者。……口之於味也，有同嗜焉；耳之於聲也，有同聽焉；目
> 之於色也，有同美焉。至於心，獨無所同然乎？心之所同然者，何也？謂
> 理也，義也。聖人先得我心之所同然耳。故理義之悅我心，猶芻豢之悅我
> 口。（〈告子上〉）

人類在官能欲望的享受追求上雖有類同性，卻因不同政治社會的分配制度、個人資質、機遇的差異，各人只能盡人事的努力，而聽任天命安排，就其得失而言，非全可操之在己，而有力所未逮之處。這是人各異殊的「福命」、「運命」。至於仁義的道德本性，孟子從道德形上學的高度說：「君子所性，仁義禮智根於心。」（《孟子・盡心上》）仁義禮智的道德種性根植於人的道德心靈，這是「德命」。人先天的道德種性是人性的尊嚴及生命正向意義和價值所在，具有先驗的同一性。人若能自覺自主自發的操作四端之性（仁、義、禮、智），則將獲致精神性的幸福和悅樂。換言之，人不但同具先驗的道德種性，且透過心靈的感通生發而湧現「善」的意向性，及其自我實踐時的悅樂感。對孟子而言，積善累德的實踐動力，就內在於道德本心的召喚性、自覺性和愛慕傾向。成就美德應然的自我要求和實踐，與油然而生的悅樂感之間，存在著密不可分的道德因果關係。

　　孟子從人的生命世界中四端之心自發性的呈顯，即用顯體，且自覺性地證成四端之性，乃實存的道德形上實體。他據此而進一步指證：這是人之所以為人的本真之性。所謂：

今人乍見孺子將入於井，皆有怵惕惻隱之心：非所以內交於孺子之父母也，非所以要譽於鄉黨朋友也，非惡其聲而然也。由是觀之，無惻隱之心非人也，無羞惡之心非人也，無辭讓之心非人也，無是非之心非人也。（〈公孫丑上〉）

四端之性是四端之心作用呈顯的所以然之理據，孟子的人性論係以道德價值為關注處的價值人性論。四端之心與四端之性在生活世界中，既是實然之性亦是應然的價值之性。價值與事實乃一而二、二而一的關係，我們可以說孟子的人性論是心性道德存有學的進路。

第三節　人性的墮落，提升功夫和境界

一、莊子的修為功夫及境界理想

　　〈田子方〉有言：「吾聞中國之君子，明乎禮義而陋於知人心。」相關的陳述也出現在〈列禦寇〉所言：「凡人心險於山川，難於知天。」蓋〈大宗師〉說：「嗜欲深者天機淺。」世俗之人在面對人生不同際遇的生死、存亡、窮達、榮辱、得失、成敗……，常以成心偏執於概念分化之知與喜怒、哀樂、的偏情之牢籠中，不由自主地陷溺在被外物所役中，苦多樂少，備受外物之炘傷。被嗜欲束縛的世人，對外物的貪欲和爭奪的智巧，常擾亂了原是平靜的心靈，蔽塞了心的虛靈明覺。〈齊物論〉提出了消解成心，解放被偏見和嗜欲所束縛的身心，釋放出原本精神自由的眞我-亦即「吾」、「眞君」、「眞宰」，開展出「吾喪我」的境界。在天機自張的超脫物執、我執後，獨與天地精神相往來，在「與天地並生，與萬物爲一」的交融互攝中，物我兩忘，與天地萬物相融爲一有機的整全性存在。

　　莊子提出邁向超塵脫俗的精神性逍遙自在的功夫入路，在「心齋」與「坐忘」的蕩相遣執功夫，亦即物執、我執雙遣的去障功夫。〈德充符〉說：「道與之貌，天與之形，無以好惡內傷其身。」莊子主張修性返歸稟受於「道」的「德」，應當以「心齋」消解我執，以「坐忘」消解物執。消解功夫是「吾喪我」的「喪我」功夫，亦即法天貴眞的返其本眞的復性功夫。〈秋水〉云：「無以人滅天，無以故滅命，無以得殉名。謹守而勿失，是謂反其眞。」意指人勿以後天人爲的方式，刻意作爲，習染物執、我執之習性，導致天然的本眞之性蒙垢變質，這是〈養生主〉所指責的「遁天倍性」。對治人逃遁本眞之性，淪爲流俗之性的修爲功夫之「心齋」、「坐忘」有何含義呢？莊子分別界說爲：

　　若一志，無聽之以耳而聽之以心，無聽之以心而聽之以氣！聽止於耳，心止
　　於符。氣也者，虛而待物者也。唯道集虛。虛者，心齋也。〈（人間世）〉

「心齋」是淨化心靈的洗滌功夫，跳脫概念分化之知的執取，停止碎片化的現象之知的營求。「心齋」的正向功夫在修與養的歷程中，回到虛靜之氣，在氣靜神閒的狀態中，對道獲致整全的觀照。換言之，虛靜心是以大清明心，朗照道的無限屬性和妙不可言的生成萬物作用。此際的心境，是「吾喪我」的轉俗成眞心境，此時執片面現象強分是非對錯、以及機巧辯詐之「機心」（〈天地〉），已消解轉化出清靜無爲的「無心」（〈知北遊〉），亦即屛除被世俗汙染的俗心，提升轉化出清暢的「靈臺」（〈達生〉）心。轉俗成眞的靈臺心，才能清澈的見「朝徹」明暢的「見獨」（〈大宗師〉）。

至於「坐忘」，〈大宗師〉說：「墮肢體，黜聰明，離形去知，同於大通，此謂坐忘。」離形去知，意指解脫由感覺和概念知識切割所造成的一切差別和對立的執定。換言之，「離形去知」的「坐忘」功夫，消解了知識上的偏見及對外物好惡的偏情，澈底走出「成心」的生命束縛，獲致精神性的自由，妙契道眞，心氣平靜地「乘物以遊心」（〈人間世〉）、「遊心於淡，合氣於漠」（〈應帝王〉），不但保全性命而不被俗物所傷，安其性命之情，且在「同於大通」，以「道」觀物，與「道」同遊於萬物的原始風貌中，獲得與人和諧之樂以及與天和諧之樂，生命渾然沉浸在審美觀照的采眞之遊中。〈天道〉曰：「夫明白於天地之德者，此之謂大本大宗，與天和者也；所以均調天下，與人和者也。與人和者，謂之人樂；與天和者，謂之天樂。」由自我的形神調和，進階到與人的和諧，再提升到均調天下與天和諧。自我的和諧與人和、天和，皆植根於大本大宗的「道」。

二、孟子大體與小體之官的人性辯解及其尊德樂道的功夫境界說

孟子雖不贊同告子以食色之性界說人性，但是未否定人具有與其他動物同樣的食性之性。他只是以人、禽之辨的立基點，在存有的價值層級上，人享有較其

他動物更高層的四端之心、四端之性。他還以具道德價值意識的大體之官來界說人性的道德尊嚴，以區別食色之性的小體之官。「大」與「小」為判價值高下的價值判斷語辭。換言之，人有高尚之志於積善累德外，人也有貪求食色之欲的俗常之心、通俗之性。因此，對孟子而言，除了從其大體以修養成君子、大人外，社會上充斥著利欲薰心的小人：

> 孟子曰：「從其大體為大人，從其小體為小人。」⋯⋯耳目之官不思，而蔽於物。物交物，則引之而已矣。心之官則思；思則得之，不思則不得也。此天之所與我者，先立乎其大者，則其小者不能奪也。此為大人而已矣。」
> （〈告子上〉）

食色等感性欲望有待於外物，當可欲求之外物呈現，誘惑貪婪追逐的欲念心，人也有陷溺物欲之中而逐物不返的可能，除非道德的精神價值能對大體之官的道德本心本性，產生崇高的吸引提升作用。孟子對人性之墮落，除了歸咎情欲主體的俗常心外，更重視外在不良環境的誘惑和陷溺。他說：

> 富歲，子弟多賴；凶歲，子弟多暴。非天之降才爾殊也，其所以陷溺其心者然也。今夫麰麥，播種而耰之，其地同，樹之時又同，浡然而生，至於日至之時，皆熟矣。雖有不同，則地有肥磽，雨露之養、人事之不齊也。
> （〈告子上〉）

「富歲」、「凶歲」指外在環境際遇，對人有感染雕塑作用。猶如大麥的種子間有同一性，但是所種植的外在環境之不同，對其生長的品質也常隨之不同。所影響其生長品質的外在因素，諸如土地的肥瘠，雨露的多寡，農夫耕作的勤惰，皆是後天不良的環境因素。孟子以此設譬來詮釋人雖有道德的種性，在大體之官不立，而被小體之官取得主宰能量，再加上外在環境的惡化影響，內外交集，使人逐漸疏離道德本心，導致人性之異化而陷溺其心，淪於衣冠禽獸。他說：

牛山之木嘗美矣。……斧斤伐之，……人見其濯濯也，以為未嘗有材焉，此
豈山之性也哉？雖存乎人者，豈無仁義之心哉？其所以放其良心者，亦猶
斧斤之於木也。旦旦而伐之，可以為美乎？……則其違禽獸不遠矣。……
故苟得其養，無物不長；苟失其養，無物不消。孔子曰：操則存，舍則
亡。……惟心之謂與！（〈告子上〉）

操存舍亡，意指道德自覺及自發性修養功夫，是行善去惡的重要關鍵。在修養功
夫上，應聚焦於大體之官與小體之官的互動關係上。因為人是有機的整全性生
命，大體之官與小體之官皆為人生命所涵攝。兩者皆有機的存在，在生命的意欲
和活動取向上，相依並存而有主從關係。孟子指出「先立乎其大者，則其小者不
能奪也」、「從其大體為大人，從其小體為小人」。根據《孟子·公孫丑上》的
〈知言養氣〉章，孟子謂「夫志，氣之帥也；氣，體之充也。夫志至焉，氣次
焉」、「志壹則動氣；氣壹則動志」。孟子自稱：「我善養吾浩然之氣。」浩然
之氣的存養在「配義與道」，所謂：「是集義所生者，非義襲而取之也。」那麼
他又如何採取集義養氣的進路呢？觀《孟子》書，有兩次提到「居仁由義」[88]。
在「志」與「氣」的關係中，孟子所尚的「志」為「居仁由義」的高尚志向，亦
即先立其大體之官。他所說的「居仁由義」，當為德行倫理學所說的道德主體之
內在道德自覺，由內在的仁義本心本性發動出外在的仁風義舉。他明確地肯認
「由仁義行，非行仁義」（〈離婁下〉）。他所說的「氣，體之充也」，可能指
的是小體之官，亦即生理和心理所迸發的綜合力量。大體之官為主，小體之官為
從，則仁義的生命力下貫，主導小體之官的肌理，所謂「仁義禮智根於心。其生
色也，睟然見於面、盎於背。施於四體」（〈盡心上〉）。此際，道德主體內在
發動的意欲力洋溢在面容，聲波及眉宇之間，有若「塞於天地間」之「至大至
剛」的浩然正氣。

---

[88] 見〈盡心上〉及〈離婁上〉。

總而言之，孟子所言的成德功夫，是存心養氣，沛然莫之能禦的「由仁義行」功夫。其功夫總綱可謂「盡其心者，知其性也。知其性，則知天矣。存其心，養其性，所以事天也。殀壽不貳，修身以俟之，所以立命也。」（〈盡心上〉）他修身以立的道德使命所臻的人生境界，就個人生命情操而言，係「居天下之廣居，立天下之正位，行天下之大道；得志與民由之，不得志，獨行其道；富貴不能淫，貧賤不能移，威武不能屈——此之謂大丈夫」（滕文公下）。頂天立地的大丈夫，是由終身持之有恆的道德情操和勇往直前的道德使命，才能實現的人生最高道德境界。

三、對莊孟論人性、功夫及境界的評比

莊子和孟子有相同的大時代處境，且皆以關懷生命的苦難及安頓為焦點問題。雖然，他們的人文關懷不約而同的探討人性與人心之特質，以及由心性為安身立命的著眼點，卻各自提出了不同的心性觀、修心養性的功夫論和人生意義典範性的境界說。就人生終極價值的境界而言，莊子的由心和至人和，由人和至天和，及其所臻的「人樂」、「天樂」，立基於人形神的天性，歸根於萬化之源的大本大宗之「道」。〈天道〉曰：「知天樂者，其生也天行，其死也物化。靜而與陰同德，動而與陽同波。」「天樂」是人與天交融合一的境界。〈齊物論〉將這種天人合一的至境生動的描述為「天地與我並生，而萬物與我為一」，萬物生於天行，死於物化，天地為道的載體，陽與陰是氣化流行的作用歷程。莊子把人的生命歸宗至源於天地且與萬化同流，同於大通（道）的天人不相勝的圓融和諧境界。

孟子就人生最高境界的形式特徵而言，與莊子有異曲同歸處。《孟子‧盡心上》說：「盡其心者，知其性也；知其性，則知天也。」彰顯出其道德形上學中的心、性、天有著天人性命縱貫的一脈相通性，與莊子的「同於大通」，在形上意境方面有可類比的同一性。〈盡心上〉又說：「萬物皆備於我矣，反身而誠，

樂莫大焉。強恕而行，求仁莫近焉。」蓋仁義禮智四性德根於心，是人之天爵，
人之良貴，與莊子安性命之情的靈臺心，皆根源於天且可同通於天，孟子認爲若
人不能反身而誠，返本歸根於萬化之天，則我與人、萬物相隔離相對立，自我封
閉成與萬物不能感通、不能同流共融的小我私我之生命格局。北宋程明道〈識仁
篇〉詮釋說：「孟子言萬物皆備於我，須反身而誠，乃爲大樂。若反身未誠，則
猶是二物有對，以己合彼，終未有之，又安得樂？」因此，孟子天人合一的大樂
與莊子與天合的天樂有同調之處。孟子不論言內聖或外王的最高境界，皆有天人
合一的特徵。就內聖之崇高品格言，〈盡心下〉曰：「可欲之謂善。有諸己之謂
信。充實之謂美。充實而有光輝之謂大。大而化之之謂聖。聖而不可知之之謂
神。」聖人的美德其作爲有若天地的運行，大自然的生成變化，令人高深莫測
而謂之「神」。孟子外王之治的境界，亦表徵著天人合一的情景。〈盡心上〉所
謂：「王者之民，……民日遷善而不知爲之者。夫君子所過者化，所存者神，上
下與天地同流，豈曰小補之哉！」

　　不過孟子所嚮往的人生悅樂之境界，與莊子所企求的人生悅樂境界，同中
仍有異。〈盡心上〉說：「君子有三樂，而王天下不與存焉。父母俱存，兄弟
無故，一樂也。仰不愧於天，俯不怍於人，二樂也。得天下英才而教育之，三樂
也。」第一樂屬骨肉親情的天倫摯愛之樂，第二樂屬積善累德、沒做愧心事的心
安理得之樂，第三樂則屬儒家承傳歷史文化、人文化成天下的教化之樂。孟子的
三樂，皆屬人文世界之樂。莊子的〈天運〉篇言天樂，是用寓言的方式，陳述黃
帝在廣漠的「洞庭之野」演奏《咸池》自然之聲樂。陳鼓應將之詮釋爲大自然的
三部曲樂章：

第一部曲是以人事爲主題，並依自然規律來演奏；第二部曲是以陰陽之和爲
主題，用「日月之明」來燭照而進行演奏；第三部曲是以「無怠之聲」爲主
題，用奔流不已的音調來演奏。**89**

---

89 見陳鼓應，《道家的人文精神》，臺北：臺灣商務印書館，2013年，頁44。

莊子對天樂的描述，是借著曲調變化多端的旋律，來呈現大自然萬物「所常無窮」、「不主故常」（〈天運〉）的神奇動態和不可思議的變化，大自然萬物的流行變化，宛如一首變化多端、壯闊亮麗的原野交響曲，所謂：「此之謂天樂，無言而心說（悅）。」這是「天地有大美而不言」的天籟交響曲，美得令人嘆為觀止。總而言之，莊子的天和天樂，是人與自然交融得像一首令人沉醉不已的天人交融曲。《漢書‧禮樂志》云：「六經之道同歸，而禮樂之用為急。」禮樂文化是周代文化的核心價值，禮樂文化的製作，旨在建構一套人尊卑貴賤、秩序分明的制度性規範。孔子生逢禮崩樂壞，而有「人而不仁，如禮何？人而不仁，如樂何？」（《論語‧八佾》）的感嘆。老子也尖銳地批判說：「夫禮者忠信之薄而亂之首。」莊子將音樂由禮樂一體的封建框架中，脫胎換骨地轉化為天籟、地籟、人籟相互聯繫為天地之道的聲符，賦予音樂自然美學的特質，有別於孔孟仍保守地肯定禮樂的教化功能，為德治服務的地位。

在修養功夫方面，孟莊皆重視心為形役、物役，而放失本心、真心，因而重視養心存性的功夫。《孟子‧告子上》說：「學問之道無他，求其放心而已矣。」蓋經驗層的實然之心，易受不了外在種種俗物的誘惑，逐物不返而放失了道德本心。因此，《孟子》書中描述梁惠王有好利之心，齊宣王有好色貪財之心。〈滕文公下〉所謂「作於其心」，「害於其政」，「我亦欲正人心」。孟子不但主張「養心莫善於寡欲」（〈盡心下〉），且勇於「格君心之非」（〈離婁上〉），更提出養氣以存養推擴道德生命力的功夫論。〈公孫丑上〉說：「我知言，我善養吾浩然之氣。」蓋「志壹則動氣，氣壹則動志也」，人的道德心志可主導血氣之勇，血氣沛然之勇可回饋道德心志的壯大，兩者相輔相成於以道義來存養推擴實踐道德的浩然之氣。〈公孫丑上〉續曰：「其為氣也至大至剛，以直養而無害，則塞於天地之間。其為氣也配義與道，無是餒也。是集義所生者，非義襲而取之也。」能集道義的內在動力，才是自發自主性的「由仁義行」，才有源源不絕的道德意志力。〈盡心上〉謂：「存其心，養其性，所以事天也。殀壽不貳，修身以俟之，所以立命也。」殀壽與否繫於我的命運命限，存心養性，盡心盡性是操之在我的使命，孟子以善盡仁義的使命來立命安命。對孟子而言，存

心養性，推擴仁心義性是操之在我的自由意志的抉擇。人若順仁心義性爲善則心安，若違逆仁心義性而爲惡則心不安。孟子將道德修養及成聖成賢的境界落實在心，且以心的義利之辨和自由抉擇，來面對人的命運。〈萬章上〉曰：「孔子進以禮，退以義，得之不得曰：『有命』。」「義」是道德判斷的價值範疇，「命」是客觀際遇的事實和限制範疇。孟子反對爲求「利」而捨棄「義」，在義命合一、即命即義的浩然之氣的抉擇中，孟子提出人生道德境界之極致，在〈盡心上〉所言「窮則獨善其身；達則兼善天下」。

　　相較於莊子，孟子顯得有高蹈其志的道德生命力和克盡人道責任的自我使命。莊子也肯定人的心靈自由，但是他認爲人若自不量力地違逆大自然運行的外力，勉強自己做超出自己性命之情所能承擔的行爲，是自討苦吃的。《莊子·山木》主張審時任運，處於和諧狀態。在安時處順、逆來順受的知命認命從命的生存法則下，〈在宥〉主張安情適性。〈天道〉謂：「虛靜恬淡寂漠無爲者，天地之平而道德之至。」莊子將道德落實於人的性命之情，呈現在靈臺心上。他分析人心的活動有兩面性：一方面是負面向度的「成心」、「蓬心」、「機心」、「賊心」，這是意識形態的封閉心靈，偏執不悟的人生態度，煩惱和痛苦的根由。心的另一面向是正面的「虛室」、「靈臺」、「靈府」、「以明」、「宇泰」狀態。這是開放的心靈，能隨遇而安地保持「和順」、「豫悅」、「暢通」的自由自適之心境。陳鼓應指出莊子的心學要旨是：

　　心靈的開放與審美心境的培養，需要一番「內聖」的功夫，通過「聚精」、「養氣」、「凝神」、「靜定」，才可使心靈呈現出「虛」、「通」的開豁狀態，……莊子認爲心靈通徹能開顯智慧，心靈與自然共遊，才能體會天地之美，……能品味至美而遊於至樂的人，被莊子稱爲「至人」。[90]

---

[90] 同上書，頁226-227。

因此，對比孟子與莊子的生命修養與人生境界，他們都反求諸己於性命之常情，落實於心。其間的不同是孟子爲心性的道德存有論，側重道德人格的存養。莊子則法天貴眞，歸眞返樸於人的各種天性之原始狀態。孟子的人生修養具有強烈的道德意識和使命感，其境界爲超凡入聖的道德完人境界。莊子則以開放的心靈，以審美觀照，與「道」同遊，品賞天地萬物之至美，所成就的境界是天人合一的天地境界，轉俗成眞的至樂至人境界。

第四節　理想的外王世界

一、莊子外王之治的理想

〈應帝王〉篇是《莊子》內篇的最後一篇，藉不同人物的為政方式，來評比出莊子所傾向的外王之世理念。他舉例說：

> 有虞氏不及泰氏。有虞氏，其猶藏仁以要人；亦得人矣，而未始出於非人。泰氏……一以己為馬，一以己為牛；其知情信，其德甚真，而未始入於非人。

有虞氏崇尚儒家以仁義規範，來建立社群秩序，其「藏仁以要人」，落入有所執著、懸念的地步。蓋儒家講仁心，而不自覺地侷限在自己道德意識的框架中，透過禮規、道德禮法，來分別出親疏、遠近、內外、貴賤、榮辱等種種人為規定的差異和不同對待態度。對莊子而言，表徵隨順自然的泰氏，以萬物齊同的心態，平視自己與牛馬。這是以「道」的本體高度，來看人與非「人」，而不從人禽之辨，來標舉人是獨特的一類存有者。換言之，泰氏認為治世的最高境界在於人與天地萬物有機的結合成一渾全的整體。因此，泰氏為政的範圍，不僅止於人，而能推擴至萬有，較有虞氏只以仁義來關照人類，益顯視域廣泛周備。

「內聖外王」一詞的含義，可溯源於《莊子・天下》，所謂：

> 天下之治方術者多矣，……古之所謂道術者，果惡乎在？曰：「無乎不在。」……「聖有所生，王有所成，皆原於一。」……古之人其備乎！……其在於《詩》、《書》、《禮》、《樂》者，鄒、魯之士搢紳先生多能明之。……天下大亂，賢聖不明，道德不一，天下多得一察焉以自好。……不該不遍，一曲之士也。……是故內聖外王之道，闇而不明，鬱而

不發，天下之人各為其所欲焉以自為方。……後世之學者，不幸不見天地之
純，古人之大體，道術將為天下裂。

文中所謂「道術」是「聖有所生，王有所成」之根據。彼時，「道術」所以分裂
的原因，莊子歸因於當時諸子百家各偏持己見，自持「方術」為己是，導致眾說
紛紜，對「道術」流於片面之知，而非整全性的光照。「內聖外王」的含義，究
竟要如何界說，綜合學界論述，至少有三種值得注意的講法，其一，是儒家及諸
子百家共同信奉的學說架構[91]，其二，道術既然在「六經」中可見到，則可視為
「儒家之道」[92]。其三，「介於儒家和老莊之間的」[93]。當前多數學者認為主要
是針對「聖王」來論述的[94]。本文採程潮的基本意義界說：「內修聖人之德，外
行王者之政。」[95]然而，聖人之德及其王政，在學派屬性上是儒家？還是道家？
其判斷隨學者們對〈天下〉篇的理解和詮釋而有不同見解。總而言之，其基本含
義是指有聖德之君王，本著其人格修養推擴至政治領域。莊子與孟子分別以人
之德行表現的內、外這套概念來表述。例如：《孟子·告子下》引淳于髡之言說
「有諸內必形諸外」，〈告子上〉載告子所說「仁內義外」。《莊子》在〈德充
符〉謂「內保之而外不蕩」、〈達生〉曰「凡外重者內拙」、〈知北遊〉云「外
不觀乎宇宙，內不知乎太初」，各有其語脈下的含義。大致而言，莊學以「內」
指人內在的性命之情、精神主體。「外」指外在生命活動、外物、宇宙……等。
這是以生命活動的形跡，來分別內外，與孟子有所不同。

　　我們可以說「內聖外王」之道，是儒、道兩家的人文價值理想。「內聖」著

---

[91] 見吳震，〈「內聖外王」的一種新詮釋——就余英時《朱熹的歷史世界》而說〉，《國學季刊》第二期，2010年6月，頁76。

[92] 如蘇軾、焦竑、吳坤等人的見解。參閱程潮，《儒家內聖外王之道通論》，長沙：湖南人民出版社，2005年，頁10-13。熊十力謂：「以內聖外王言儒者之道。」見《十力語要·答牟宗三》，臺北：明文書局，1989年，頁412。

[93] 見朱義祿，《儒家理想人格與中國文化》，上海：復旦大學出版社，2006年，頁24。

[94] 例如：吳震認為「內聖外王」「是針對『聖有所生，王有所成』的聖王而言」。出處見前注。

[95] 見程潮，《儒家內聖外王之道通論》，頁10。

重人自覺性的身、心、靈之修養，期能轉化提升人生的精神價值，實現典範型的人格境界。儒家「外王」，旨在自覺地善盡人對所聯屬的外在客觀世界之淑世責任，亦即為和諧安樂的社群生活建功立業。莊子學派以統攝宇宙人生本原及安頓其所衍生的社會、國家的學問，稱為「道術」。「道術」是莊學內聖外王之道的根基。由「道術」所衍生的治道，當為其外王之道。當代學者陳鼓應指出：「莊子的人文世界深具『宇宙公民』的意識，莊子所宣導的『齊物』思想中所蘊含的開放心靈和多邊思考的觀點，也極富現代意義。」[96]〈齊物論〉兼陳萬物之間的殊別性與同一性，所謂：

> 故為是舉莛與楹，厲與西施，恢詭憰怪，道通為一。……唯達者知通為一，為是不用而寓諸庸。

「恢詭憰怪，道通為一」，意指眾多差異性的個體在宇宙大化流行的大生命聲息相同，相互聯繫融貫為一有機的圓融整體。「而寓諸庸」意指殊別性的萬物在道的涵化統整下，物物各適其適，各遂其生。如是，在道物關係中，呈現一多相攝，同中有異的密切關係。換言之，天地萬物在大齊中含攝不齊的存有者，不齊中又有內具道的同一性。只有至人通達道的共性與萬物的殊別性，相攝共融為一有機整體，才足以體悟「道通為一」的宇宙觀。萬物間的同一性與殊別性，形成整體圓融和諧的多彩繽紛世界。〈齊物論〉論證出萬物「相尊」、「相蘊」的自然和諧關係。

　　莊子以道物的多樣多彩而和諧圓通的世界觀論外王之治，確立尊重個別差異，亦著眼於交融互攝的整體性。接受萬物自然不齊的差異性，尊重個體抒發其個體性的自由，是為政者應有的認識和胸襟。英國哲學家羅素（Bertrand Arthur Willian Russell，1872-1970）在所著的《中國問題》（*The Problem of China*）一書中，特別推崇老莊「道法自然」的自由觀，他說：

---

[96] 陳鼓應，《道家的人文精神》，臺北：臺灣商務印書館，2013年，頁223-224。

中國最早的聖人是老子，……他認為每個人、每個動物，乃至世間萬物，都
有其自身特定的、自然的方式方法。……莊子比他的老師更讓人感興趣，他
們所提倡的哲學是自由的哲學。**97**

但是自由有兩種：一是充分發展個體性格、才華、情感，亦即抒發個人天性的
自由。另一為在社群生活公共領域的自由人權。顯然，莊子兩者皆重視，特別
是外王之治的個體自由權，在尊重萬物天性和自由的前提下，為政者應以虛靜
的靈臺心實踐無為之治，勿自以為是的以個人的成見偏情，實踐強勢干預的有為
之治。〈應帝王〉曰：「鳥高飛以避矰弋之害，鼷鼠深穴乎神丘之下，以避熏鑿
之患。」身為萬物之靈的人更有能力適應生存環境的挑戰，而磨合到自適之適，
不必由掌政權者制定外鑠性的道德禮法來束縛百姓，勉強於適他之適。明王順應
自然性向的無為之治，縱使以無為之為，順水推舟地使百姓各得其所，各遂其
生，也不邀功自恃。〈應帝王〉所謂：「功蓋天下而似不自己，化貸萬物而民
弗恃。」

二、孟子王道政治理想

我們從《孟子》書中不難覺察到孟子有歷史文化的深情實感，以及其殷憂啟
聖的時代憂患感和責任心。無疑的，孟子的王霸之辨，對其安治天下的外王理想
最具理論張力，也最能掌握其精義。《孟子》書開篇載述孟子與梁惠王的義利之
辨的對話，已突顯孟子係以義利之辨為立基點，來論述其王霸之辨的政治理想和
觀念。《孟子·公孫丑上》載曰：

---

97 羅素著，秦悅譯，《中國問題》，上海：學林出版社，1996年，頁149。

> 以力假仁者霸，霸必有大國；以德行仁者王，王不待大，……以力服人
> 者，非心服也，力不贍也；以德服人者，中心悅而誠服也。

霸道是以強權壓制力逼迫他人屈服，只能收一時之效。王道是以仁義之德感化他人而獲致心悅誠服的擁戴，其融洽和諧的互動關係，較能長治久安。值得注意者，春秋五霸以「尊王攘夷」爲訴求。例如：齊桓公「摟諸侯以伐諸侯」（《孟子・告子下》），以「五禁」來維持諸夏的人文禮教。孟子評戰國時代的列強逐霸，乃「辟草萊、任土地者」（《孟子・離婁上》）、「民之憔悴於虐政，未有甚於此時者也」（《孟子・公孫丑上》）。因此，孟子表彰古代聖王垂立的以德化民之典範，再立基於其仁心仁性的人性論，在外王理論上主張「尊王黜霸」說。

　　孟子評比三代政治興亡的判準說：「三代之得天下也以仁，其失天下也以不仁。國之所以廢興存亡者亦然。」（《孟子・離婁上》）王道以仁民愛物爲準據，亦即爲政者應以不忍人之心，體現在不忍人之仁政上。其治民之出發點和基本態度，在於由內在之仁心仁性發出對廣大人民的人文關懷之愛上，處處以人民之安危苦樂爲懸念。《孟子・盡心上》曰：「民爲貴，社稷次之，君爲輕。」理想王道政治之基調是以民爲貴的民本政治，施政重點除了仁民愛物的養民，安保人民生命財產的安全而外，基於人禽之辨，孟子更強調人倫道德的教育。他精闢地指出：「善政，不如善教之得民也。善政民畏之；善教民愛之。善政得民財；善教得民心。」（《孟子・盡心上》）他還具體地提出推行教育的機制和人倫道德教育的核心德目，所謂：「謹庠序之教，申之以孝悌之義。」（《孟子・梁惠王上》）周代社會結構係立基於血緣親疏遠近的宗法倫理上，家庭倫理是社會國家的大倫理，孝悌爲仁之本。這點與西方公民社會以公共領域的社會正義爲大倫理，家庭倫理劃分爲私人領域的小倫理大爲不同。親情倫理、家庭天倫之樂，歷來都是中華民族文化的傳統特色。黃俊傑指出：

在孟子思想中，政治領域並不是一個諸般社群、團體或階級的利益相互衝突、折衷以及妥協的場所；相反地，孟子認為政治領域是一個道德的社區，它的道德性質依靠人心的價值自覺的普遍必然性來保證。[98]

對孟子而言，政治領域不僅是「道德的社區」，亦是人倫教育的場域。《孟子·滕文公上》所謂：「父子有親，君臣有義，夫婦有別，長幼有序，朋友有信。」孝悌為人倫之首務，個人在道德上的存養擴充，可延伸到倫理化社會之推廣和普及化。《孟子·梁惠王上》載曰：「老吾老以及人之老，幼吾幼以及人之幼，天下可運於掌。《詩》云：『刑于寡妻，至于兄弟，以御于家邦』，言舉斯心加諸彼而已。故推恩足以保四海，不推恩無以保妻子。」

　　王道政治不但重視人文教養，在民貴民本的價值原則上，還要關注妥善養民的民生經濟幸福。孟子在王道的公共政策上，務必要求能做到「黎民不飢不寒」（《孟子·梁惠王上》）、「養生喪死無憾」（同上）的基本德政。民生經濟的基本準則在保障百姓「仰足以事父母，俯足以畜妻子；樂歲終身飽，凶年免於死亡」（《孟子·梁惠王上》）。王道政治的施政程序既然是先富後教，則在統治階層的君臣關係上，理當有所要求，為君者應「尊賢使能」使「天下之士皆悅而願立於其朝矣」（《孟子·公孫丑上》）。在君道上，孟子說：「故將大有為之君，必有所不召之臣；欲有謀焉則就之。其尊德樂道，不如是不足以有為也。」（《孟子·公孫丑下》）在臣道上，為臣者有引君於正道的政治責任，所謂：「君子之事君也，務引其君以當道，志於仁而已。」（《孟子·告子下》）並且應有格君心之非的諫君勇氣，孟子說：「惟大人為能格君心之非。君仁莫不仁，君義莫不義，君正莫不正，一正君而國定矣。」（《孟子·離婁上》）在君臣和人民的正當關係上，王道政治的核心價值原則在「樂民之樂者，民亦樂其樂；憂民之憂者，民亦憂其憂。樂以天下，憂以天下」（《孟子·梁惠王下》）。孟子

---

[98] 黃俊傑，《孟子思想史論》卷一，臺北：東大圖書公司，1991年。

不但始終堅持王道政治的理想，〈盡心上〉所謂：「霸者之民，驩虞如也；王者之民，皥皥如也。……民日遷善而不知爲之者。夫君子所過者化，所存者神，上下與天地同流。」同時，他也是崇實務本者。例如：針對當時民生經濟的缺失，分別從經濟制度、土地政策上，提出爲民置產，取民有制的論述，所謂：「仁政必自經界始」（《孟子·滕文公上》）。稅制上，論述「請野九一而助，國中什一使自賦」（同上）……等具體政策建言。當然，由於歷史的盲點，孟子的王道政治理想始終不能走出封建世襲制政權的宿命，沒走上當代民主憲政的路途。李瑞全對此有一公允的評論，他說：

> 從西方的經驗來看，民主的理念與實現，都是一個不斷改進的歷程，沒有一蹴即至的途徑。理念與實踐的互相促進，才能使民主的構想完善起來。……孟子於客觀體制構想處不能突破，亦顯示出民主體制之構造，必須經過實踐經驗的步步開展，在不斷改進中方可言合理的構想。[99]

三、對兩人外王之治的評比

　　莊子和孟子根本的不同處，其立基點是涵蓋整全性存有的「道術」。孟子立基於作爲道德主體性的人之道德意識，《孟子·盡心上》曰：「人之所不學而能者，其良能也。所不慮而知者，其良知也。孩提之童，無不知愛其親者，及其長也，無不知敬其兄也。親親，仁也。敬長，義也。無他，達之天下也。」相對比之下，莊子從道術觀天下萬物皆有其生存的本性本能，無爲之治，旨在尊重人民與萬物的個體性和發展其天性的生命自由權，一切以因循自然本性爲施政前提。孟子則站在人倫世界中，確認人爲道德的存有。他根據宗法社會所釋放的

[99] 李瑞全，〈孟子政治哲學之定位：民本與民主之論〉，《鵝湖月刊》第185期，臺北：1990年11月，頁16。

血親倫理現象，見證了愛親之仁及敬兄長之義。他認為若能將根於心的仁義，從血親倫理自發性開顯的孝悌之道，予以存養推擴，則可「達之天下」而保安世界。孟子在外王之治上，強調人君應大有為的五種教化，〈盡心上〉說：「有如時雨化之者，有成德者，有達財者，有答問者，有私淑艾（治也）者。」強調庠序之教以培養孝悌美德為核心價值，他申論「居仁由義，大人之事備矣」（〈盡心上〉），為政者以尊德樂義的心態來「致敬盡禮」（同上）。孟子頗強調崇仁用賢、禮義教化及富民裕財的有為之治。〈盡心下〉所謂：「孟子曰：『不信仁賢，則國空虛。無禮義，則上下亂。無政事，則財用不足。』」

同時代的莊子顯然有與孟子不同調處。〈知北遊〉批評彼時代的禮制及禮教說：「禮者，道之華而亂之首也。」蓋周代的禮樂刑政制度和教化，係以血緣的親疏遠近關係為紐帶，締結出封建的宗法社會，且隨之而衍生別貴賤尊卑的世襲貴族階級制度，社會階層間的不流動，思想的封閉性，以及政治權位和個人才學德性不符應的不合理現象，導致春秋末期的禮崩樂壞。孟子崇信的王道德治，把人治的典範，舜的孝行宣揚過度，過分強調私領域的孝德絕對化，成為外王公領域的至善準據。莊子在強烈的質疑下，於〈逍遙遊〉批為「塵垢粃糠，將猶陶鑄堯、舜者也」。孟子認為居仁由義的推擴，可導引人由老吾老而能以及人之老，幼吾幼可以推及人之幼，對莊子而言，是以己度人，未必可產生道德因果關係的必然連結性。莊子認為若不能尊重個別差異及個體性的殊別性向，則出於善意的推己及人，也可能產生愛之反而害之的反效果。莊書中〈應帝王〉表述的渾沌之死，〈至樂〉所解說的魯侯養鳥，〈人間世〉生動地描述枊馬不時；都警惕了孟子似的道德自我中心，以己度人，推己及人，反而造成他者可能承載的不自由負擔，或出乎意表的愛之傷害。〈齊物論〉深刻地指出「物無非彼，物無非是。自彼則不見」，孟子存養推擴的外王之治，會有不排斥莊子寓言中「北海之帝」、「南海之帝」出於善意，對有個別差異的他者，推己及人地「日鑿一竅」，而造成渾沌之死的可能悲劇。這是為政者基於「成心」，所可能推行大有為之治的悲劇，但是，不可諱言者，孟子也認識到實然世界物類之不齊，在政治上，他也強調聖之時者執中權變的重要性，何況他也重視人的不忍人之心。莊子主張得其環

中道樞的兩行哲學，這是兩人在理論上有可資相通處。不過以重視人物殊別之個性（自性）的莊子，在任自然律則的無爲之治上，相較於孟子，既能消解束縛人自由的外在制度規約，亦即使人物有自我保存的消極自由，也有讓一切個體享有自主自發地實現自己潛在性份的自由，這是莊子較孟子重視個體自由及相互平等的人格權地位。

　　相較於莊子，孟子較重視道德自我充分實現的自由。例如《孟子・離婁下》謂：「由仁義行，非行仁義。」〈滕文公下〉曰：「不得志，獨行其道；富貴不能淫，貧賤不能移，威武不能屈，此之謂大丈夫。」兩人相通同處，皆肯定人有意志的自由，且以實現內在於生命的天性爲貴。不過，莊子的自由在於開放的心靈，較有全方位性，孟子則具深刻的道德感。就自由涵蓋的範圍而言，莊子的宇宙意識較孟子爲開闊，孟子立基於人、禽之辨，較能顯出人性的道德尊嚴，性靈生命的超越價值。就生死觀而言，莊子重視形神並茂的養生論，性命雙修，全性保眞。孟子崇尙「舍生而取義」（〈告子上〉）的殉道精神，這是兩人同中之異。就養民、保民、教化人民的政治目標和責任，孟子提出許多民生經濟構想，莊子的大國民小政府，較不如孟子王道政治爲廣大人民謀福利的大作爲。〈梁惠王上〉曰：「明君制民之產，必使仰足以事父母，俯足以畜妻子；樂歲終身飽，凶年免於死亡。」〈盡心上〉曰：「孟子曰：『易其田疇，薄其稅斂，民可使富也。食之以時，用之以禮，財不可勝用也。』」孟子的王道政治的大原則，在保養人民養生送死而無憾，其王道仁政是發自於不忍人之仁心，他在養民和教化人民上的有所作爲，比莊子無所作爲，較能承擔政治責任和使命。徐復觀評論說：「在先秦諸子百家的政治思想中，以孟子最注重經濟問題，最注重經濟制度。」[100]這是公允之論，相較之下，及莊子在這方面顯然有所不及孟子處。

　　孟子與莊子有共同時代背景和問題出發點，卻有不同哲學立場和論述脈絡。他們都著眼於人間世，不但有個人安身立命的終極價值關懷，也有濃厚的社

---

[100] 徐復觀，《儒家政治思想與民主自由人權》，臺北：學生書局，1988年，頁129。

會關懷。換言之，個人內聖成德與外王治世的憧憬，形成了他們共同的內聖外王
哲學論述架構和課題。他們不約而同的形成了自我的存在理解，人與社群的和諧
關係，人與自然的相互關係。然而，兩者間也存在著異質區別。孟子立基於道德
存有論，其內聖外王成就了人間世親親、仁民而愛物的人倫道德世界。莊子立基
於道與萬物關係的形上學路數，其內聖外王成就了人間世歸真返樸，在個人精神
自由中品賞天地至美的美感世界。在外王之治上，則企求尊重萬物自然本性，勿
以人養鳥，宜以鳥養鳥的天機自張，萬物並育，不但不相害且能自適其適，活出
天性的真趣世界為價值取向。天人合一的和諧價值觀可說是兩人殊途同歸處。其
間的不同在：孟子是具有道德意識的天地境界，在莊子則是宇宙意識的天人境
界，兩人的內聖外王思想雖有不同調處，但是異中有同，未必不能譜出更具張力
瑰麗的哲學交響樂出來。

第十章　《管子》與《黃帝四經》的天道與治道

　　《管子》及《黃帝四經》被大多數學者考定為成書於戰國中期至晚期的黃老思想主要代表作。本章針對《管子》、《黃帝四經》這兩本托天道以明治道的戰國時期之黃老學代表作進行天道、治道之分述及比較，同時，本章也藉此機會將同被視為黃老思想的《管子》與《黃帝四經》在天道與人道的論述上進行比對以究明其同與異。

第一節 《管子》書中「道」之形上屬性及其與人之關係

　　《管子》一書[101]非一時一地一人之作，其內容出入先秦多方重要學說，時間自陳齊稷下學士持續累積至戰國末期，約三、四百年之間。後人多謂該書爲稷下學者們的集體著作，托管仲之名，爲漢代劉向所編輯而成之者。劉向校理之《管子》，班固著錄之《管子》均題爲管子所作。然而細究龐雜的內容，啓人疑竇甚多，有關該書的著錄與亡佚、古代版本、歷代校釋、學派歸屬……等問題，徐漢昌《管子思想研究》有較周詳的論述。[102]《漢書‧藝文志》著錄管子於道家，自《隋書‧經籍志》著錄《管子》於法家之後，公私著錄，絕大多數從之，或者這與有人視管子爲法家之祖有關。今人陳鼓應論證管子四篇：〈內業〉、〈心術〉上下、〈白心〉爲稷下道家代表作，[103]本書暫從之。

　　《管子》書中「道」字共四百九十六見，對「道」的稱呼有時稱爲「大道」。[104]就文本的意義脈絡觀之，《管子》書中「道」一辭的概念含義頗爲豐富，主要含義有六項：（一）作爲萬物本原的大道；（二）事物發展的規律；（三）大自然運行的規律（天地之道）；（四）人道（聖人之道、君道、臣道）；（五）道路；（六）導引等等。[105]至於《管子》四篇道論之特點，陳鼓應認爲具突破性發展處有兩方面。他說：「一是援法入道，二是以心受道。後者爲道與主體之關係，前者爲道落實於政治社會之運作。從這兩個方面，都可以看出老學齊學化的特色。」[106]齊文化的傳統精神是因循自然與務求事功。《管子》書兼重「法」與「禮」，皆源出且統攝於天道。〈樞言〉云：「法出於禮，禮出於治，治、禮、道也。」

---

[101] 本文採用臺灣中華書局出版，四部備要本，子部，據明吳邵趙氏本校刊。趙本之註者依傳統的說法是房玄齡。徐漢昌，《管子思想研究》，推論爲尹知章注，亦可備爲一說。臺北：臺灣學生書局，1990年，頁45-46。

[102] 同上書，〈第二篇管子書考〉，頁31-69。

[103] 陳鼓應，〈稷下學宮與稷下道家〉，《管子四篇詮釋》，臺北：三民書局，2003年，頁6-12。

[104] 在〈心術上〉、〈任法〉兩篇共出現三次。

[105] 參考李居洋，〈《管子》在道家〉，《管子與齊文化》，北京：北京經濟學院出版，1990年，頁88-96。

[106] 陳鼓應，《管子四篇詮釋》，頁34。

　　管子持禮法一元論的立場，禮法皆是治國安民的人為機制，上因乎天道天理，下順乎人的情性欲求。〈心術上〉云：

> 禮者，因人之情，緣義之理，而為之節文者也。故禮者謂有理也。理也者，明分以諭義之意也。故禮出乎義，義出乎理，理因乎宜者也。法者所以同出。不得不然者也。

　　管子的禮法一元說，將天道、人性與事物三者予以有機的聯繫。他把情、理、法三者相互結合，以超越的天道為普遍依據，因應人性生活的內在及外在需求，針對經驗世界的事物予以調和而制宜，具體化出成文的禮法之治。其中「禮」出於人性內在實質的情義，情義源於道所賦予的人之自然本性與道德本性。這是齊、魯文化交流下的儒道兼綜文化，同時，齊文化講求事功追求富國強兵的傳統精神，有其務實的明法重刑之面向，亦即「援法入道」的道法兼綜。因此，除了陳鼓應將《管子四篇》界定為稷下道家的學派屬性外，另有胡家聰針對《管子》兼融明法重刑與宗法道德禮教之複合思想，稱之為「齊法家」。[107]

　　《管子》思想內容多樣而豐富，就先秦儒、墨、道、法四大顯學而言，實已涵融了儒道法三家。由於道家形上思想的滲入，因此，管子的「法」是有其超越的、深遠的形上依據。〈心術上〉吸收了《老子》「道」與「德」賦予萬物生生不息的原動力，所謂「虛無無形謂之道，化育萬物謂之德」、「徧流萬物」、「物得以生生」。不僅如此，〈心術上〉也論述了「道」與「德」的本體學內在理論，所謂：

> 德者，道之舍，物得以生生，知得以職道之精（張文虎云：「職」、「識」古通假字，「知」字似衍），故德者得也。得也者，其謂所得以然也

---

[107] 胡家聰，《管子新探》，北京：中國社會科學出版社，1995年。

（丁士涵云：「其謂」當作「謂其」，「以」與「已」同）。以無為之謂道
（俞樾云：「以」，衍字），舍之之謂德。故道之與德無間，故言之者不別
也。間之理者（郭沫若云：「間」上脫「人」字），謂其所以舍也。

無形無象，不可捉摸的形上道體，遍在萬物之中而永恆不變，萬物秉受「道」而
得以生生之存在處，亦係「道」所駐住處，稱為「德」。換言之，「德」是存有
者由「道」所稟得的本質，亦即存有者形上的所以然之理。「道」與「德」同質
異層，前者是存有的自身，後者為宇宙生成論脈絡下的事物之本質。因此，道運
行於萬物之中，因循萬物的本性也是因循道所賦予萬物的性律。「德」具有人對
「道」體認的切入處意義。

　　「法」既針對人情與事理來設計，有其經驗內容，然而「法」的統整性則應
立基於「道」所賦予萬物的森然秩序及萬物相互間運行的共同規律中。因此，管
子書中常「道」、「法」並舉，〈法法〉云：「憲律制度必法道。」〈君臣上〉
謂：「此道法之所從來，是治本也。」值得注意者，〈心術上〉提出近乎《黃帝
四經》首篇〈經法・道法〉第一句「道生法」的論述。〈心術上〉云：「君臣、
父子、人間之事，謂之義。登降揖讓、貴賤有等、親疏之體，謂之禮。簡物小未
一道，殺僇禁誅，謂之法。」「故事督乎法，法出乎權，權出乎道。」於是，
「道」、「德」、「禮」、「事」構成了層層涵攝的相因關係，「道」為第一
因，也是層層涵攝之整體存在界的終極原理。因此，「道」是「法」據以成立的
最高依據，是「法」所以享有普遍性、公正性、恆常性的根本原因。

　　李增指出：「春秋管子時代尚未有道論，而管子後學之道論在戰國即有
之。另外所謂〈心術〉上下、〈內業〉、〈白心〉四篇有很豐富的道論。……
這些或是戰國稷下學派所作。」[108]「道」化生萬物，四篇中的〈內業〉從宇宙
發生論表述了人的生成，來自天地之精氣與形氣的和合。所謂：「凡人之生也，

---

[108] 李增，《先秦法家哲學思想》，臺北：國立編譯館，2001年，頁34。

天出其精，地出其形，合此以爲人。」且指出天、地、人的正常之道在於「天主正，地主平，人主安靜」。其中「人主安靜」的原因在於人當以處靜專一的心境修養來超越地靜觀「道」體之本眞實相。這裡涉及到四篇論及的宇宙精氣與人之復性的理論。

〈內業〉說：「精也者，氣之精者也。氣，道乃生，生乃思，思乃知。」又云：「靈氣在心，一來一逝。其細無內，其大無外，……心能執靜，道將自定。」氣由道生，氣之精純靈秀者能思能知，亦即對「道」能起體證之知的作用。因此，人若能以虛明之心境執守靜定，存養涵蓄，則精氣可留存心中。精氣「其細無內，其大無外」無所不在地瀰漫在宇宙中。「一來一逝」指精氣有運行流動的動態作用。陳鼓應認爲精氣、道與靈氣是同義字，〈內業〉所言之「鬼神」乃精氣之流動。[109]這一說法有助於我們對道、精氣、靈氣三者間的同質性、可貫通性及相互往來性的理解。〈內業〉認爲能把萬有本源的精氣常駐在心中者乃是聖人，所謂：「凡物之精，此則爲生，下生五穀，上爲列星。流於天地之間，謂之鬼神；藏於胸中，謂之聖人。」「聖人」當指人中最精粹者，也就是菁英之最。

聖人是藏精氣於身心中而能玄通道體者，一般人所以不如聖人而需待修成聖人的功夫實踐，四篇有一曲折的解釋。〈內業〉云：

> 形不正，德不來；中不靜，心不治。正形攝德，天仁地義，則淫（隱）然而自至神明之極，照乎知萬物。中守不忒，不以物亂官，不以官亂心，是謂中得。

又〈心術上〉云：

[109] 陳鼓應，《管子四篇詮釋》，頁50。

虛其欲，神將入舍；掃除不潔，神乃留處。……潔其宮，開其門，去私毋言，神明若存。紛乎其若亂，靜之而自治。……是以君子不休乎好，不迫乎惡，恬愉無為，去智與故。

世俗之人的官能惑於外物的種種欲望，撩動了原是平靜的心境，以致心神外馳逐物。當人的內心執著太多且太深的欲念時，不但心神浮燥不寧，且心術不正地不擇手段，導致莊子所說的嗜欲深者天機淺。若是，人處在身心被情欲攪動不寧之狀況，失去純潔與天真，則「德不來」而形成與「道」的中斷關係狀態，人與道的往來互通之作用受阻，造成人與道的疏離及自身的異化困境，何能依道立法呢？蓋心所制者「竅」，即是耳目等感官知覺與欲望。〈心術上〉云：「凡心之刑（形也），自充自盈、自生自成，其所以失之必以憂、樂、喜、怒、欲、利，能去憂、樂、喜、怒、欲、利，心乃反濟，彼此之情，利安以寧，勿煩勿亂，和乃自成。」人能否安頓憂、樂、喜、怒、欲、利，將心返復其精靈能思，通道明理而不被情緒欲念所蒙蔽而爽失其悟道之靈明，關鍵在人能否發揮形上本心之自主性，端視人能否淨化心靈的治心功夫，〈內業〉有一套縝密的治心論，謂：「我心治，官乃治；我心安，官乃安。治之者，心也；安之者，心也。心以藏心，心之中又有心焉。」「心以藏心」前一「心」字指待治的官能之心。後一「心」字指形上的超越本心（悟道之心，可謂道心）。〈內業〉中有兩段精闢的論述可資說明治心之方針和修證成悟道之心的原理。所謂：

蔽除其舍（精氣駐留所），精將自來，精想思之，寧念治之。嚴容畏敬，精將至定，得之而勿捨，耳目不淫，心無他圖，正心在中，萬物得度。
精存自生，其外安榮，內藏以為泉原，浩然和平以為氣淵，淵之不涸，四體乃固，泉之不竭，九竅遂通，乃能窮天地，被四海，中無惑意，外無邪菑，心全於中，形全於外。……謂之聖人。

人若能在治心時清除心舍，則乾淨純潔的精氣自生，如活水源頭般地生生不息。

心在雜念盡除後，「道……牽乎乃在於心」（〈內業〉）。綜觀此四篇，〈心術上〉以心之在身體猶如君主之於國家，來論述心與其他知覺官能間的關係與地位。〈內業〉與〈心術下〉聚焦於內心的修養，專注於修心養形，聚精氣以開顯道爲主旨。「白心」意在潔白其心，以及聖人於此際契應道德來修身和治國。〈內業〉對心形兼修、形德交養至精純境界的聖人之人格氣象，有著生動的描述：「大心而敢，寬氣而廣，獨樂其身，意行似天。」同時，值得注意者，〈內業〉且在虛靜專一的治心原則下，吸納了儒家詩教、禮教和樂教的學說內容，所謂：「凡人之生也，必以平正；所以失之，必以喜怒憂患。是故止怒莫若詩，去憂莫若樂，節樂莫若禮，守禮莫若敬，守敬莫若靜；內靜外敬，能反（返）其性，性將大定。」

第二節 《黃帝四經》的天道論

一九七三年末，湖南長沙馬王堆三號漢墓古籍的出土，見隸篆雙體《老子》甲、乙本，並在其前後附抄古文佚書，學者們認為是黃老合卷。在乙本隸體《老子》文前的四部分附抄卷，依篇名所見依序是〈經法〉、〈十大經〉、〈稱〉、〈道原〉。大陸學者唐蘭認為〈經法〉等四篇，思想有一致性，宜為一書，即《漢志》所列《黃帝四經》。[110]在戰國中、後期乃有益流行的黃帝傳說，出現「百家言黃帝」[111]之現象，諸子百家爭鳴了一段時間後，彼此橫向交流而有相互吸收的合流趨勢，在取人之長補己之短、改造舊思想建立新理論的學術潮流下，《莊子・天下》反映了當時天下採取以道家為主，兼採儒、墨、名、法的思想傾向。如此，則戰國時期以道家為主軸的思想家出入各家，兼採並收，而有博雜的傾向，乃成為黃老道家了。

「道」字意指宇宙與人生的最高原理及活動規律，在哲學上為表述存在與活動之本體的範疇。「道」字見於《黃帝四經》者約八十六次。《黃帝四經》言天道之最具哲學意涵者有〈道原〉一篇，論「道」之體用，就天道推明人道中之治道者，首推〈經法〉所云：「道生法。」〈道原〉開宗明義地表述「道」之情狀為「恆先之初，迵同大（太）虛。虛同為一，恆一而止。濕濕夢夢，未有明晦。神微周盈，精靜不熙」。魏啟鵬說：「帛書整理小組一九七四年線裝大字本，一九八〇年布面精裝本皆作『无』，帛書『無』字多作『无』，與『先』字字形近而易混淆。今據李學勤先生《帛書〈道原〉研究》所釋，應以『先』為是。」[112]若作「恆無之初」指「道」對所化生的萬物享有先在性，這是就「道」的始源狀態之描述。「大」與「太」通，「太」字在《說文》與「泰」為同一字。《周易・序卦傳》云：「泰者，通也。」「迵同太虛」意指「道」的原

---

[110] 唐蘭，〈黃帝四經初探〉，《文物》，1973年10期，頁48。

[111] 見《史記・五帝本紀》。

[112] 魏啟鵬，〈帛書〈道原〉注釋〉，《楚簡《老子》柬釋・附錄一》，臺北：萬卷樓，1999年。

始狀態係一處在通達遍在，可資運化不已的「虛」之通達狀態。下文云：「虛同爲一，恆一而止」，據《老子·三十九章》有言：「萬物得一以生，侯王得一以爲天下正。」「一」係本根或終極性的統攝者，含統一及通達圓滿性之義，爲「道」的稱號或別名。下文「濕濕夢夢，未有名晦，神微周盈，精靜不熙」，文句涵意指由道所化生的萬物，因「道」的運行而有所作用時，可折射出道的作用力，明顯而宏大。換言之，「道」內在天地萬物中，其發用可充滿至極限，在幽微冥冥中無所無時不發其運作力。「濕濕夢夢，未有明晦」乃藉深邃情狀描述道在渾沌的狀態中以無限的運行力不分明晦，不息無間地運行萬物的生化，所謂「神微周盈」指高深莫測，妙運深微的周全貌。「精靜不熙」之「不熙」指道之運行恆處在渾沌不顯的狀態。「一」表徵著「道」的渾全混沌性。萬物由道所化生，則「一」亦表徵萬物共根共源的同一性和本根性，則整全渾一的「道」與所化生之萬物有何內在關係呢？〈道原〉說：

> 故未有以，萬物莫以。故無有刑（形），大迵（同）無名。天弗能覆，地弗能載。小以成小，大以成大，盈四海之內，又包其外。在陰不腐，在陽不焦。一度不變，能適蚑蟯。鳥得而飛，魚得而游，獸得而走；萬物得之以生，百事得之以成。人皆以之，莫知其名。人皆用之，莫見其形。

渾沌未分狀態的「道」，神祕而盈於萬物，精微而不顯明，故未能以定限的概念之知來界說其確切的內涵特徵。文中從「天弗能覆，地弗能載」之普在性、整體性的「道」徵，陳述到「一度不變，能適蚑蟯」的個性體，亦即個物的生命情狀。渾全且遍在的「道」不是天地所能限制的，「道」成就一切大小的對待者，充斥寰宇。陰陽是萬物形構的素材及促成萬物變化的內在力量，「陰陽」一詞在《皇帝內經》書中出現四十七次。「道」運行於陰陽之間，卻不會因陰陽的對

反性而產生質變。[113]「一」兼涵「道」對萬物發揮有機的統整協調功能，使萬物相輔相成，並育而不害，且能輔助個物各得其所、各遂其生，所謂：「鳥得而飛，魚得而游，獸得而走，萬物得之以生，百事得之以成。」〈道原〉第二段文字如下：

> 一者其號也，虛其舍也，無為其素也，和其用也。是故上道高而不可察也，深而不可測也。顯明弗能為名，廣大弗能為形。獨立不偶，萬物莫之能令。天地陰陽，[四時]日月，星辰雲氣，規（蚑）行（蟯）重動，（指動物之類）戴根之徒，皆取生，道弗為益少；皆反焉，道弗為益多。堅強而不撌（匱），柔弱而不可化。精微之所不能至，稽極之所不能過。

觀此段全文，從「一者其號也」到「精微之所不能至，稽極之所不能過」一段文脈，係以道的始原狀態與道的整全性及與所化生的個體之互聯關係，交叉地解說道自身的體性及其發用運行時與個物的互動關係。例如：從「上道高而不可察」到「萬物莫之能令」係一機體的整全性觀點；由「天地陰陽」到「稽極之所不能過」，則又轉至道與物相互關係的論述。「一者其號」意指統攝萬物之至極本體，亦即道，是「獨立不偶」的絕對者、至上者，「恆一」指「道」是形上實在有其永恆不變性及至精至一的純粹性，「虛」兼表徵著「道」的居所及狀相。「無為」是道發用的方式，「和」是「道」作用的統合性特徵。

---

[113] 楊超說：「陰陽二器是對抗的，相反相成的，有一定次序的，他們代表兩種及巨大的自然力。陰陽的對抗性主要是在於陰氣之性沉滯，陽氣之性超越，這種對抗性又導引出它們之間的相反相成與互相流轉。」見其所著〈先秦陰陽五行說〉一文，收入於《中國古代哲學論叢》，1957年。

第三節　《管子》與《黃帝四經》天道論之比較

　　兩書皆採取本天道行治道的理論模式，且所認識及效法的天道，是指具體可觀察、抽繹、符應的天地四時之自然規律。兩書皆兼容道與法，以道爲體以法爲治世之用。他們對形上的「道」之理解與效法，注重將自然界之四時、四方與政治上的文武、生殺予以結合，兩者同重視依四時運行，萬物的變化所蘊含的自然法，類比推論及制定治道所必須建構和因循的刑（形）名之治。刑名之治表徵了天地秩序與人間規範是相符應的，落實了《老子》法自然之道的無爲政治。其不同處有數點，首先《管子》雖然對宇宙的時空條件、萬物生存的場域有著高度的興趣，且透過「水」、「地」、「精」、「氣」等概念試圖探求萬物所生成之本原，然而，這些概念相互間的關係及互動的功能爲何？仍是語焉未詳的，其論述的傾向是本體論較弱，宇宙生成論的傾向較濃，卻未構作出一套較成熟而有理論系統的學說系統來。儘管如此，《管子》的精氣說、貫通天人、感通萬物，對以後的《呂氏春秋》及《淮南子》而言，具有重要的啟發性思想資源。此外，在人與道的互動中，《管子》突出了心靈淨化的修養功夫與精氣的往來、留駐及產生靈氣的神明作用，是《黃帝四經》所不及之處。

　　《黃帝四經》雖不具五行思想，卻較《管子》有豐富的陰陽思想。該書關注於「道原」及「道用」的相互關係之探索和理解，衍生出「道」、「一」、「神明」、「陰陽」與「氣」等一系列核心概念範疇，將老子的道傾向創生實體的詮釋路數，構作出較《管子》有系統性的宇宙生成理論之雛形。值得注意者，在《黃帝四經》中「氣」概念尚未充分而深刻的發展，這點不及《管子》。同時，「陰陽」亦尚未與「氣」結合成複合概念，但是已提出「地氣」、「夜氣」說，已將「氣」概念發展至與萬物之化生息息相關了。《經法・名理》：「道者，神明之原也。」一命題雖未將「神明」在人心中如何修持及發揮悟「道」作用的含義開展出來，卻與《管子》中人作爲道的中介環節有相呼應的類同性。《黃帝四經》所提及的「一」有貫通道物爲渾然一體義，以及縱貫的通暢了「道」與「萬

物」的緊密關係，這是《管子》所欠缺處，也是吾人得以更進一步理解萬物化生之理及宇宙生成之源的關鍵性概念所在。同時，「天道」一詞在《黃帝四經》書中的使用較《管子》爲普遍，得見天道思想在《黃帝四經》的核心地位。

第四節　《管子》書中的治道論

　　治道的範圍界定在人與人藉一套套架構形式所構作的社群團體及其活動，其主要對象可分爲經濟社群、政治社群及整體的社會生活。《管子》在治道上立基於爲政者「心」之能力的發展取向，對受治者人性需求和心理趨避法則之認識，以及針對長治久安的政治目標所擬的管理機制之設計。天道統攝一切存在與活動之規律，則治道當本於天道。爲政者應認識天道和普遍化的人性，才足以安治天下。《管子》吸收了《老子》書中虛靜心之修持法，亦是治道功能之所繫於權力主體處。〈內業〉所謂：「靈氣在心⋯⋯，以躁爲害，心能執靜，道將自定。」陳鼓應詮釋說：「靈氣：指精氣在心，已生爲智慧者。」[114] 換言之，心在虛靜的功夫及狀態下能上達對天道的認識。同時《管子》也繼承了《老子》「無爲而無不爲」的政治道術，善妙用天道來順應其所深刻認識的人民之情性所向。在對官僚的領導統御上，《管子》將老子的「無爲」既務實地理解成君當知人善任，充分利用百官之智力而導出君無爲、臣有爲，亦即君逸臣勞的運作法則。這是由人身之「心」與「九竅」之主從關係類比到「君」與臣僚的功能結構之關係上。君當設計出一套健全合理的職能分工機制，充分授權，課以責任和公平的獎懲制度。質言之，他以一套具理性化的法治來代替人治，這是將老學的「無爲」心境客觀化而創造一套刑名法治論。茲將《管子》的治道區分爲經濟、政治、社會三大項目來論述。

　　首先，宇宙論意義的「氣」獨立於人的意識而客觀存在於大自然界中。就大自然四時變化的氣而言，其感覺性質是一般人所能感受到的冷、暖、溼、熱。這是季節轉換歷程中氣候義的自然性質之氣，與農業經濟中農作物蓄養生息有著密切的利害關係。因此，農業上所需求的客觀化之自然法則，促進了古代天文學、氣象學、農藝學的知識發展。這類對大自然理解的知識叢提升轉化出氣化的宇宙

---

[114] 陳鼓應，《管子四篇詮釋》，頁121-123。

觀，成為哲學性的萬物生成論之基礎。因此，農作物的生成法則與寒暑的往來，四時時令的變化規律產生了對應符合之關係。於是，農業經濟活動的規律奠基於對相關的大自然運行規律之精確認知和周密的配合行動，亦即在天時、地利及人之農作上應配合得和諧一致。換言之，在農業經濟上，欲國泰民安，就得五穀豐收，欲五穀豐收，就得農耕時風調雨順，其條件又取於為政者是否具備精密且周全的天文、曆法及農業方面的客觀知識，衡之於《管子》書，已有細緻的論述。所謂：

> 春者，陽氣始上，故萬物生，夏者，陽氣畢上，故萬物長。秋者，陰氣始下，故萬物收。冬者，陰氣畢下，故萬物藏；故春夏生長，秋冬收藏，四時之節。（〈形勢解〉）

又云：

> 農事且作，請以什伍農夫賦耟鐵，此之謂春之秋。……五穀之所會，此之謂秋之秋。（〈輕重乙〉）

農作物生命歷程所依循的規律是隨從節氣變化的自然律則的，因此，為政者在治理國家社稷時，應認識和遵循節氣運行的自然規律來頒布政令。人為法以自然法為準據，因此，為政者在農業政策上不但不能違背農時，且應理性地順應農時，因時令循天道的自然法則而完成天生人成的農業經濟目標。〈幼官〉詳實地陳述了為政者在施政時，應依循時節之氣候的變化規律來頒定人民所應遵行的公共政策及社會規範。

　　《管子》上承《易》之八卦、《書》之五行、《春秋左氏》之陰陽說，歸納為一元論，傾向於「歷時性」之發展，其「共時性」之呈現色彩較弱。地─水─氣─精氣─理─道，層層相因，始於具體之「土」（地），終於抽象之「道」，天道在循環不已的歷程中，隱具循行不已的天地度數。〈心術上〉：「虛無無

形之謂道，化育萬物之謂德。」「道在天地間，其大無外，其小無內，故曰：『不遠而難極也。』」著眼於自然界所呈現的「天之道」與「地之道」。〈形勢解〉：「天之道，滿而不溢，盛而不衰，明主法象天道，故貴而不驕，富而不奢。」〈白心〉：「日極則仄，月滿則虧；極之徒仄，滿之徒虧，巨之徒滅。孰能己無己乎？效夫天地之紀。」學者研究「天之道」的目的，正是要君主「法象天道」、「效天地之紀」以施政而造福人民。

《管子》書中出現「宙合」一詞，在宇宙論上指空間最大形式，是所有細微空間的集合。將聖人道的討論擴及無限之宇宙、時空的思路，是戰國中期之後，黃老道家之一大特色。齊楚道家承莊子把人放在無窮性的宇宙，在大化之流的時空中來思考人類的處境，其思想視野更形開闊，具有共通的時代特色。〈宙合〉云：「宙合之意，上通於天之上，下泉於地之下，外出於四海之外，合絡天地以為一裡。……是大之無外，小之無內。……聖人之道，貴富以當。奚為當？本乎無妄之治，運乎無方之事，應變不失之謂當。」《管子》論述「天地」時多著重在生育萬物、覆載萬物的功能，〈形勢解〉：「天生四時，地生萬材，以養萬物，而無取焉。」「天地」是覆載萬物的最大場域，也是人們對自身生存環境之概括。又云：「天覆萬物，制寒暑，行日月，次星辰，天之常也，治之以理，終而復始。」天道有其自身客觀的理序和運行的規律。〈明法解〉說：「……者，法天地之位，象四時之行，以治天下。……天地之位，有前有後，有左有右，聖人法之，以建經紀。春生於左，秋殺於右，夏長於前，冬藏於後。生長之事，文也；收藏之事，武也。」《管子》本天道行治道，因此，務求修養大清明之精神，期能將自然界之四時、四方與人事界之文武、生殺加以結合，由於對「道用」的強調，對治道的需求，〈輕重乙〉曰：「清神生心，心生規，規生矩，矩生方，方生正，正生曆，曆生四時，四時生萬物，聖人因而理之，道遍矣。」表述天道運行之客觀規律的曆法係四時之運行，萬物之變化所歸納而成的，其所理出的「規矩」與「方正」也就是作者所強調的「天地秩序」之象徵，對秩序之認識歸源於聖人之心神唯有靜心體察萬物，方能得知自然秩序。同時，也確立了人間理法的合理性與權威性。此外，《管子》在宇宙生成論上特別重視了「水」元

素，〈水地〉：「水者，地之血氣，如筋脈之通流者也。」水與精氣同時是人類生成之根源，亦即人類生成之最早型態，水不僅生成了事物的外在型態，更決定了事物的內在精神或德性。蓋水是人與其化一切生物所不可或缺的必要成素，〈水地〉：「水者何也？萬物之本原也，諸生之宗室也，美、惡、賢、不肖、愚、俊之所產生也。」

　　第二，在政治社群生活上，《管子》主張為政者在治道上以依據天道制定刑名法制系統來導引人民因循天道，兌現老學中的無為而治。〈心術上〉扼要地指出：「無為之道，因也。因也者，無益無損。以其形，因為之名，此因之術也。」在刑名制度之建構上，為政者只依據客觀對象的自然可徵實之特徵，按具體的形狀等來約定俗成一共同使用的名稱。要言之，刑名之治是立基於名實對應符合的認識論上，依「形」定「名」，針對對象物的實然特徵，做主觀上的損改增益。《管子》論述了知識理性的心靈，有能力「因」循著感官對外界所傳達而來的訊息，如實地對應，而約定俗成地予以命「名」。〈心術上〉說：「以形務名，⋯⋯執其名，務其應。所以成之，應之道也。」以客觀的刑名制度來確立所資因循的成文法、經驗法、實證法來實踐無為之治。質言之，以刑（形）務名所建構的刑名法就是體現天道的治道，也即是因循術。「心」在治道上的作用，在建立名實符應的機制上「因」與「應」，這是《管子》在本天道行治道的無為之治。〈心術上〉所謂：「無為之道，因也。」「因也者，舍己而以物為法者也。」〈法法〉云：「憲律制度必法道。」〈宙合〉扼要地說：「因以盡天地之道」。

　　《管子》重視君臣關係，主張君尊臣卑，〈霸言〉所謂：「主尊臣卑，上威下敬，令行人服，理之至也。」君對臣握有發號施令的權柄，〈法法〉言：「令者，人主之大寶也。」君所發的號令有至高的權威，亦即君掌嚴罰臣僚的權威，使臣僚知所畏懼，才能對君所下達的號令有堅定的執行力。若君權削弱則由尊貴轉成卑下，號令不能貫徹於臣僚，這是政治的危機所在，〈重令〉說：「凡君國之重器，莫重於令。令重則君尊，君尊則國安；令輕則君卑，君卑則國危。故安國在乎尊君，尊君在乎行令，行令在乎嚴罰。罰嚴令行，則百吏皆恐；罰不嚴，

令不行，則百吏皆喜。」臣僚的政治人性普遍趨於名利而避開懲罰禍害，臣僚遂行名利之貪求，而不擇手段地欺下瞞上。《管子》透視臣僚趨利避害的心理法則，認為君人者當握有權威，憑懲罰手段才能使臣僚服從法令。〈明法解〉說：「明主在上位，有必治之勢，則群臣不敢為非。是故群臣之不敢欺主者，非愛主也，以畏主之威勢也。」〈任法〉更進一步具體地指出，營造尊君的君權當握有對臣僚們生、殺、富、貧、貴、賤六項權柄，亦即「六柄」。然而，「六柄」不是尊君的充分條件，君主制定的法律是否公正，所下的命令是否考慮得周全，也是不可或缺的條件。「六柄」是君主的特權也是其治術，不可以「藉人」，或與臣下分享，否則，將易受制於臣僚。〈明法解〉云：「威勢獨在於主，則群臣畏敬；法政獨出於主，則天下服德。故威勢分於臣，則令不行，法政出於臣，則民不聽。」

　　第三，人民的社會生活，何以需要建立一具管理機能的政府，〈君臣下〉提出國家有必要成立的理據。其主要論點是：「古者未有君臣上下之別，未有夫婦婚匹之合，……於是智者詐愚，強者凌弱，老幼孤獨不得其所。故智者假眾力以禁強虐，而暴人止；為民興利除害，正民之德，而民師之。」至於如何「正民之德」？該篇提出君主應效法古代聖王，提升民生經濟，審知社會禍福產生的關鍵原因，謹小慎微，防微杜漸。然而，單靠禮治仍有所不足，《管子》認為刑法之治有其不可或缺的必要功能。〈樞言〉云：「凡萬物陰陽兩生而參偫，先王因其參而偫所入所出。」《管子》書中也具有「陰陽」一概念，對該書而言，「陰陽」已不只是自然變化原理，也是治國之理，陽主德，陰主刑，成為刑德之事的準則與依據。《管子》書中既有「重陽輕陰」說，也有「重陰輕陽」說。〈樞言〉謂：「先王用一陰二陽者，霸；盡以陽者，王；以一陽二陰者，削；盡以陰者，亡。」以德治與刑治判別王道和霸道之別。〈心術上〉說：「人主者立於陰，陰者靜，故曰：『動則失位』。陰則能制陽矣，靜則能制動矣，故曰：『靜乃自得』。」陰陽相濟，可交互為用。另方面視陽為厚生之德政，把陰視為暴虐之刑戮，要人主實行仁政，去除暴行，肯定德治為治道之本。但是刑治也不可缺，〈四時〉：「陰陽者，天地之大理也，四時者，陰陽之大經也。刑德者，四

時之合也。刑德合於時則生福，詭則生禍。」「陰陽」消長促成「四時」變化，而「刑德」必須合於「四時」，按四時時序以施政，「刑德」須與「陰陽」相符，兩者之間因此產生了比附關係。重德慎刑的治道論也出現在《黃帝四經》一書中，〈姓爭〉：「刑德皇皇，日月相望，……刑晦而德明，刑陰而德陽，刑微而德彰。」治者應「以德爲主，以行爲輔」行德政者，可以稱王；盡用刑罰者，則自取滅亡。

此外，《管子》認爲施惠於民的安治是一時的，難以持久，在安定社會且能持久者是依法治國的法治。〈法法〉論證著說：「惠者，多赦者也，先易而後難，久而不勝其禍；法者，先難而後易，久而不勝其福。故惠者，民之仇讎也；法者，民之父母也。」蓋一味地施惠於民，民心易不知足，習以爲常後，淡化了感恩惜福之心，一旦對所受的惠澤不滿意，反而怨聲載道，仇視君主。因此，客觀化的刑名法治較有持久的安定社會之力量。因此，〈法法〉明確地主張：「社稷先於親戚，法重於民，威權貴於爵祿。」在較量峻「法」與仁「惠」的價值位階上，「法」享有優位性，〈法法〉提出「不爲愛民虧其法」的貴刑名法治之原則，其根本原因在於「憲律制度必法道」。因此，《管子》法治的深層本質是「道治」。〈任法〉申明其蘊義說：「聖君任法而不任智，任數而不任說，任公而不任私，任大道而不任小物，然後身佚而天下治。」質言之，立基於道治精神的刑名法治才是君無爲、臣僚及法律有爲的無爲而無不爲之要義所在。

第五節　《黃帝四經》的治道論

「天地有恆常」以及「道生法」是《經法・道法》論證治道本於天道的核心理論所在，從而推證出執道守度爲《黃帝四經》治道的總綱要。〈道原〉扼要的以「抱道執度，天下可一也」的命題來概括，統攝天、地、人作爲萬物生成變化，原始要終之至上原理的「道」，有其客觀的、普遍的、恆常的規律和本性。因此，人生之道的人道與家庭、社會、政治、經濟社群生活的治道亦當統屬於絕對的、終極性的天道，必須理解和遵循天道的大自然律《經法・論約》云：

> 四時有度，天地之李[理]也日月星晨[辰]有數，天地之紀也。三時成功，一
> 時刑殺，天地之道立也。……四時代正，冬[終]而復始。

《黃帝四經》反映了當時天文、曆算的高度科學研究成果，認識到自然法則的客觀性、必然性，藉長期觀察、記錄、歸納和精密演算所獲致的一套度、數、紀系統已能精確的掌握和預測大自然運行的客觀規律，就人類賴以生存的農事上之蓄、養、生、息與四時之迭運密切互動配合中，認識到一年四季中的春、夏、冬三季係農事生養休息時節，僅秋季的收割爲「刑殺」。四時的輪替，終而復始，周行不殆。因此，負治道最高責任的聖人當以虛靜的神明靈智來審時、循理，依「道」生「法」來制定公正無私的客觀的法度，亦即人爲法，公正的「守度」也意味著代天執道以治政安民。這該是爲政者「抱道執度，天下可一也」的治道所依據的治理。《經法・君正》所謂：「法度者，正[政]之至也。而[能]以法度治者，不可亂也。而[能]生法度者，不可亂也。精公無私而賞罰信，所以治也。」

然而，對《黃帝四經》而言，自然法不僅止於天地萬物形成的自然界，也涉及人文社會的社群之道。因此，其作者以形上的類比推理效天地間的自然理序爲準，建構與之具對應和象徵意義的政治社會位階層級機制。《經法・道法》云：

天地有恆常，萬民有恆事，貴賤有恆立[位]，畜臣有恆道，使民有恆度。天地之恆常，四時、晦明、生殺，輮[柔]剛。萬民之恆事，男農，女工。貴賤之恆立[位]，賢不宵[肖]不相放[妨]。畜臣之恆道，任能毋過其所長。使民之恆度，去私而立公。

在治道上所確立的經濟機制之「萬民之恆事」、社會位階的「貴賤之恆立」，政治人事上，「畜臣有恆道」及對民力徵用的「使民之恆度」，皆以「天地有恆常」的「道」爲最高準則。扼要言之，在治道上，本天道立治道，人爲法以自然法爲準據。若悖反天道及本天道而生的治理治法，則《經法・論約》斷言：「不循天常，不節民力，周遷而無功。養死伐生，命曰逆成。不有人戮，必有天刑。」結局是難逃天災或人禍的懲罰。那麼「天常」的具體內容有哪些呢？《經法・論》有較詳實的表述，所謂「天執一以明三，日信出信入南北有極，[度之稽也。月信生信]死，進退有常，數之稽也。列星有數，而不失其行，信之稽也。天明三以定二，天定二以建八正，則四時有度，動靜有立（位），而外內有處。」重點在天執一、明三、正二、建八正。「一」指道，「三」指日、月、星辰。「二」指陰陽，太陽依天時升落，其運行的度數決定了大自然的客觀規律，亦即「度之稽」。陳鼓應提要說：「本篇論述天道和取法天道的人理。天道就是『八政』、『七法』，人理就是『六柄』、『三名』。主張君主應該取法天道所建立、推行的『八政』、『七法』來『執六柄』、『審三名』，以此來治理國家、平定天下」，[115]「八正」、「七法」由明三定二的天道天常所派生的術用。「八正」指春、夏、秋、冬、外、內、動、靜等八種政令。[116]「七法」指天道所化生的事物具有明瞭確定、適當、信實、極而反、必然、順正即有常等七種特色。[117]這些特性係由「天之所以爲物命」（〈論〉），在天道的運行下，

[115] 見所著，《黃帝四經今註今譯》，頁177。
[116] 同上書。頁179。
[117] 同上書。頁186。

事物各循其性而存在與活動。爲政者應理解和順應天所賦予命的性律常規，因此有「執六柄」、「審三名」的治術。〈論〉所謂：「執六枋（柄）以令天下，審三名以爲萬事[稽]，察逆順以觀於朝（霸），知虛實動靜之所爲，達於名實相應，盡知情僞而不惑，然後帝王之道成」、「六枋（柄）：一曰觀，二曰論，三曰僮（動），四曰榑（專），五曰變，六曰化」、「三名：一曰正名立而偃，二曰倚名法而亂，三曰無名而強主滅：三名察則事有應矣。」六柄指治國的六種道術。

　　我們分別解讀含義，「觀」指國家的興衰可觀察幾微，見得徵兆；「論」是對關係國勢的客觀因素而綜合分析且予以評估，三僮（動）指順時應變，四「榑」（專）指依法決定不混淆是非的界線，與《經法・名理》「是非有分，以法斷之」同義，五「變」指順時應變，除舊布新，六「化」指賞罰交替使用，處事靈活變化以興善除惡。三名分別有三含義：「正名立而偃」，指端正形名，名實相符，則依此法度以安定國家；「倚名廢而亂」，意謂形名不正，則名實不符，法度荒廢，國家陷入混亂；「強主滅而無名」，意指專制獨裁目無形名，則國勢雖強也難逃滅亡之危險。陳鼓應闡釋其哲理說：「三名言本分，六柄言道術，三名爲『正』，六柄爲『奇』。『審三名』爲『執六柄』的基礎。審三名可以自安，執六柄可以平天下。」[118]王霸非對立的而是相連續的，若能因道生法且秉公執法，則可使國家富強，進而臻於王道的理想，而成就帝王之道。

　　〈道法〉開宗明義地點出「道生法」、「執道者，生法而弗敢犯也，法立而弗敢廢也」，不但在法理學上確立了人爲法的形上基礎在天道，同時，也由立法者自身的尊重法律而樹立起法律律令的尊嚴。然而，觀一年四時的運行有三季爲生養萬物，只一季秋收爲「刑殺」體證出天道有好生之德，因此，推導出《黃帝四經》刑德並用，德主刑輔的價值原則，以及王霸兼行的帝王之道。《黃帝四經》將刑德剛柔，雌雄相配的概念皆納入陰陽大義的範疇。在陰陽屬性的對比中，陽爲先、高、上、尊。《稱》云：「凡論必以陰陽大義；天陽地陰；春陽秋

陰。」「制人者陽，制於人者陰」、「諸陽者法天，天貴正……諸陰者法地，地[之]德安徐正靜，柔節先定，善予不爭，此地之度而雌之節也。」這是將人道人事歸本於法天的一貫思想。《十大經‧果童》亦言「失德后刑順于天」，德治爲王道政治，《十大經‧立命》明確的表白了王道向度的理念，所謂：「吾畏天、愛地、親民……吾苟能親親而興賢，吾不遺亦至矣。」霸道重視信賞有度的法治思想。《黃帝四經》尤具這一特色，由「道生法」可得知。法度是政治安危成敗的關鍵，爲了制定公正合理的法度，《稱》提示君人者當審時度勢，見幾而作，所謂：「明明至微，時反以爲幾。」「幾」指事情在發展中有轉折的契機，亦即動靜變化的關鍵點所在。人在動靜的得時或失時，關係到人是否要能認識客觀規律而與時偕行，掌握主導性。因此，因道制法後的守度至爲重要。《經法‧四度》特別申論此一概念，不但天依時運行，地利之宜有節度，而且，在治國理政上，賦斂要「有度」，使民要有「恆度」，若「變恆過度」、「過極失當」，則失度，錯亂了天、地、人良性互動的契機，則政治不易順利成功。爲了審時循理乘勢而獲致成功《十大經‧雌雄》非常重視在策略運用上，承襲老子貴柔思想，認爲善用雌節者，乃因雌節具「吉節」意義。若局限在偏執雄節者，反而運作僵硬而失敗。此際，雄節有「凶節」之意義。文中還提出警人之語：「辯[辨]雌雄之節乃分禍福之鄉[向]。」《經法‧名理》亦說：「以剛爲柔者栝[活]，以柔爲剛者伐。重柔者吉，重剛者滅。」至於雌節與雄節的具體特徵，陳麗桂指出：「所謂『雄節』是指『□□恭儉』，而把『慈惠』、『仁』、『愛』、『正靜』諸德都納入其中。」[119]以雌雄、剛柔的視角來審查吉凶禍福的因素，是取成敗的功利價值觀，是霸道的重術理念。

---

[119] 陳麗桂，《戰國時期的黃老思想》，臺北：聯經出版事業公司，1991年，頁84。

第六節　《管子》與《黃帝四經》治道論之比較

　　《管子》在理解客觀事物的變化規律是把握天極、天數的關鍵，順從陰陽的變化，依天地常道而行，一切順因於天地之道與《黃帝四經》同，甚至〈勢〉有言：「成功之道，嬴縮爲寶。毋亡天極，究數而止。事若未成，毋改其形，毋失其始，靜民觀時，待令而起。故曰：修陰陽之從，而道天地之常。嬴嬴縮縮，因而爲當。死死生生，因天地之形。」其中「嬴縮」、「天極」、「（天）數」、「（天）當」等概念與黃帝四經完全相同，甚而「毋亡天極，究數而止」一語亦出現於《黃帝四經・稱》中。而〈形勢〉亦有言：「失天之度，雖滿必涸；上下不和，雖安必危。欲王天下，而失天之道，天下不可得而王也。得天之道，其事若自然；失天之道，雖立不安。」該書論述了「道之用」在如何治國理民、置物平天下之道。因此，〈白心〉云：「道者，一人用之，不聞有餘；天下行之，不聞不足，此謂道矣。」該書所理解的老子之「道」即是「天之度」、「天之道」。既然「天不變其常，地不易其則，春秋冬夏，不更其（時）節，古今一也」（〈形勢〉）。治者只要能掌握人道運行的度數，也就能控制人間事物的運作了。這是由知性去把握治道與老子無爲復返的體證功夫以證現「道」不同。《管子》以理性客觀了解的道，只能是一種規律，《黃帝四經》在對《老子》的繼承和改造上，與《管子》頗有異曲同工之妙。

　　兩書皆繼承《老子》法天道以行無爲之治的思想，且側重天道在自然運行所蘊含的客觀規律，亦即自然律。同時，兩書皆在本天道立治道的思維方向上，推天道所賦於經驗世界之存在秩序和可徵知的有形特徵，具體地建構出一套套刑名法度。因此，他們在實踐老學中「無爲而無不爲」之理念時，是設計了依自然法而衍生的刑名法度之人爲法做機制。質言之，他們的無爲而治之所以可能是因循了一套合理化、客觀化、人性化的法治軌道。兩者皆刑治的同時也兼採德治，使德治與刑治相資爲用，彼此互補而構成了較完備的治道理論。

　　但是，兩書所呈的治道，仍有差異。《管子》是在齊魯文化交流下，仍重視禮治，《黃帝四經》的禮治思想不及《管子》的濃厚。但是，《黃帝四經》在「道」與「法」的關係上「道生法」一命題簡明扼要且深刻有力，勝過《管子》所論的道法關係。《管子》中的「五政」乃是配合時令之規律、特色所發布的五種政令，與鄒衍「金、火、木、水、土」的「五行」說無甚關聯，但是《管子》的五政與春秋以來的五方、五色、五章、五味已程式化的治道理論相聯繫，顯然與不具此特色的《黃帝四經》有差異。就操作而言，《黃帝四經》對刑名法度的運作顯然在經驗上及理論架構的形成上，較《管子》豐富而深刻。我們從《黃帝四經》書中所提及的「五正（政）」、「五逆」、「六逆」、「八正」以及「四度」、「三名」、「六柄」、「七法法」、「三凶」、「六危」等可證成其在治道的道術學說上遠勝過《管子》。我們再由《黃帝四經》書中力黑與黃帝的對話中，雖也有與《管子》一樣的刑德並用、德主刑輔說，可是在懲奸治惡和戰爭克敵上，《黃帝四經》較《管子》強調用刑殺的必要性及正當性。此外，兩書最大的治道差異在於《黃帝四經》主張王霸並行的帝王之道，這是《管子》所未逮之處。

第十一章　鶡冠子

第一節　《鶡冠子》的成書及作者

　　《鶡冠子》一書，在唐代被柳宗元判爲僞書後，研究者鮮少。一九七三年長沙馬王堆漢墓帛書出土後，學者們發現《鶡冠子》的思想內容與所出土的《黃帝四經》有相當的相似關係，[120]不能排除該書必然不是先秦古籍，於是引起中外學者的重視而湧現出研究風潮。目前學界在經過對《鶡冠子》的多方研究後，大抵認爲《鶡冠子》不能再斷定是僞書，其主要思想與戰國晚期的鶡冠子有關。雖然有些學者認爲《鶡冠子》一書的作者不只一人，若視鶡冠子爲作者之一則有高度的可信性。東漢班固（公元三二年－九二年）將《鶡冠子》歸於《漢書・藝文志》的「道家」類名下，謂鶡冠子爲「楚人，居深山，以鶡爲冠」。由於信史所載述不多，使該書和鶡冠子其人都成了謎。不過，今人孫福喜對《鶡冠子》一書的流傳版本，經考證後，作出較完整的說明。[121]古代注本以宋代陸佃爲代表，現代注疏本則以黃懷信《鶡冠子彙校集注》所彙集之前的注疏最爲完整。孫福喜認爲唐代之前徵引資料已涉今本共十五篇的資料，也大抵與《黃帝四經》有相類文句。他認爲《鶡冠子》三篇、十九卷是同出於一人，屬同一書籍，[122]推測成書年代在公元前二三六年－前二二一年之間。黃懷信認爲《鶡冠子》總結鶡冠子一生的學術結晶，成書於公元前二四三年－前二三六年。比利時學者戴卡琳認爲：「《鶡冠子》相對確定的核心部分可能寫於公元前三世紀最後二十五年，在楚國、趙國或者這兩個國家，更爲具體來說，則是在公元前二〇九年到公元前二〇二年之間。」[123]綜合這些看法，可得知此書的主體思想成書於戰國晚期。

---

[120] 唐蘭整理《黃帝四經》發現其與《鶡冠子》相關、相類之文，計有二十多條。此外，李學勤在〈《鶡冠子》與兩種帛書〉也論及其間的相關性。請參閱李學勤，《簡帛佚籍與學術史》，臺北：時報文化出版社，1994年，頁91-92。

[121] 孫福喜，《鶡冠子研究》，西安：陝西人民出版社，2000年，頁1-16。

[122] 同上。頁168。

[123] 戴卡琳著，楊民譯，《解讀《鶡冠子》──從論辯學的角度》，瀋陽：遼寧教育出版社，2000年，頁32-33。

據熊鐵基的研究，《鶡冠子》是漢以前的一部古書，其思想、語言和出土的《黃帝四經》以及郭店竹簡中的古佚書，皆有不少相似處。今本《鶡冠子》是否完本？或是否原本？皆難以做最後論定，有後人改編或增刪的可能。就現存的十九篇文字而言，也很難看出篇與篇之間內在聯繫的關係。他認爲該書的主要思想是「道法」，在思想特點而言，與申、韓和黃老新道家皆有區別。[124]歷來對《鶡冠子》學派歸屬的看法也有不同，《漢書・藝文志》大抵歸爲道家，《隋書・經籍志》納入道家，至《四庫全書》時則歸於雜家，但是在說明道藏時也提及《鶡冠子》。可是清代宋恕說：「鶡冠宗旨與黃老異，與刑名尤異，實儒者之杰、帝佐之才。」[125]當代學者多視爲道家的黃老學，所依據的是司馬談〈論六家要旨〉中對道家的論點。該書的論述內容確係兼綜各家思想，可視爲黃老學的一支派。蓋司馬談謂道家主要注重天文星象、四時規律與人之關係，其內容以星占災異之陰陽家、道家和易學家爲主。黃老道家乃承繼此說，而運用於人文、社會、政治、兵法和養生醫學中。例如，杜寶元說：「這部著作的最大特點是融合各家學派的思想而聚成一書，做到了兼而不悖。具體說，便是道、法間雜儒學，陰陽五行說爲之統領，縱橫、兵法間插其間。」[126]

[124] 熊鐵基，〈論《鶡冠子》的「道法」思想——兼論道法、黃老及其他〉，《華中師範大學學報》（人文社會科學版），2001年1月。

[125] 見胡珠主編，《宋恕集》上冊，北京：中華書局，1993年，頁81。

[126] 杜保元，《鶡冠子研究》（5），《中國歷史文獻研究集刊》（5），長沙：岳麓書社，1984年。

第二節　《鶡冠子》的「道」與「法」

　　《鶡冠子》的旨要在以《老子》道論爲基礎，延伸於人倫、社會、政治和兵法中，與《黃帝四經》中所關注的天道與治道之思維取向相類。該書透過「道」運行天地萬物時所表顯的大化之迹，予以觀察、度量出其律動的歷程和數紀，統攝成「道紀」。從表徵「道紀」的天時、天律予以配合而制定運作社會、政治及經濟的制度法令，形成一套政治菁英——「聖人」的政治管理之道。〈著希〉謂：「道有稽」、〈世兵〉曰：「道有度數」，其蘊義爲「道」是萬物、萬事所以存在的依據，以及所以活動的依循規律。以客觀經驗世界而言，「道」即是大自然運行以及四時變化的根源，亦即人與天地萬物所應依循的法則、規律的根源所在。我們從現象來返識本體，稽考研究「道」所賦予自然萬象存在和活動的總根源、總規律，而謂爲「一」。「一」不是有形可數的現象界具體存在的單位，而是在形上學立場上，將萬事萬物視爲有共同根源性、規律性、機體的整全性，亦即「一」代表「道」或「天」，統攝人與天地萬物的有機一體性，有通達圓滿的蘊義。〈博選〉對可稽、可度的「道」做了更進一步的具體分疏，謂「道凡四稽」，意指人可分從天、地、人、命四個面向獲致對「道」的徵驗之知，只有聖人（政治菁英）才有獲知此天命、天數的「道紀」，亦即「道」運行於萬物萬象的常規、常律，以常數的度數來表徵和讓人普遍認知。〈環流〉云：「故生法者命也，生於法者亦命也。命者，自然者也。」意指天行有常的常規、常律、常數。在《黃帝四經》〈十大經‧立命〉中有言：「吾受命於天，定位於地，成名於人。」將「命」從大自然運行的曆數上來理解爲自然的賦予，爲大自然對人與萬物的定數或定命。例如，〈環流〉視「物極則反」之「環流」、「美惡相飾」之「復周」爲天命、天數，亦即人所不能違反而必得共同遵守的天律、天命，從中形成了遵守天時的時命觀。

　　《鶡冠子》在道與法的關係上與《黃帝四經》的〈經法〉、〈十大經〉等頗多相同處。裘錫圭對《黃帝四經》提出「道法家」一詞。[127]《管子・法法》有「聖人能生法」說。《黃帝四經・道法》更是簡明扼要的說：「道生法。……執道者，生法而弗敢犯也。」《鶡冠子・兵政》承襲這以「道」縱貫「法」的思潮，謂：「賢生聖，聖生道，道生法，法生神，神生明。」賢能的人才能進而培養聖明之智慧，成為聖人。「道」先於聖人而存在，「聖生道」意指聖人能妙契道真，對道及其透過天地萬物所顯示的由始而終、由終復始的常規常則獲致整全之知。〈天則〉將天人參相結連為一機體的整全性之「一」，謂「彼天地之以無極者，以守度量而不可濫。……天之不違以不離一，天若離一反還為物，不創不作，與天地合德。」能統合人與天地萬物的統合者乃是「道」，或表徵道物合一、天人一貫一本的「一」（至一）。由「道」而「法」是一以貫之的，道、法、令之間有層層的蘊含關係。〈度萬〉云：「散無方化萬物者令也，守一道制萬物者法也。法也者，守內者也，令也者，出制者也。」「道」從運行萬物中顯示出規律性，「法」是人觀照「道」，了解其規律而定「法」，資以遵循「道」之機制。因此，「法」是「道」規律性運行的規範體現，「令」是「法」規範的制約下結果。〈環流〉將天文星象與四時結合，謂「斗柄」所指決定了方位（空間）和所運行的四季之時令，所謂：「此道之用法也。……一為之法，以成其業，故莫不道。一之法立，而萬物皆來屬。」〈道端〉還將四時之運行，結合了人文價值中之仁、忠、義、聖，比配四方和四時，為政者若在施政上將政治、社會、經濟和人文價值旁通統貫的配合天道天律，則可「安而不亡」。因此，「道生法」實質上是「法」本於「道」而制定，「法」的作用在明分知度數，去「私」從「公」，垂為典範以安治天下，是「法」之目的。英國漢學家葛瑞漢在分析了「一」與「道」的內涵之異同後，指出「一」到公元前三世紀末已取代

---

[127] 裘錫圭說：「在漢代人的詞彙裡，『黃老』與『道家』是同義的。雖然當時道家的主流是道法家，『黃老』卻並不專指道法家。事實上，不但老子不是道法家，就是假托黃帝的道家作品也不一定是屬於道法家。」見裘錫圭，〈馬王堆老子甲乙本卷前後佚書與道法家〉，《中國哲學》（2），北京：三聯書店，1980年。

「道」，而成爲形上學核心概念。他還簡介了天道、地道、聖王之道及神、明等概念。[128]這一研究成果頗有助於我們對《鶡冠子》的理解。

　　《鶡冠子·泰洪》謂「天」乃神明之所根，「地」承天之演，備載萬物使之安寧。聖人得道之常，且是「愛精養神內端者，所以希天」。又說：「聖人之道與神明相得，故曰道德。」聖人之所以能與天地相參，與天合德，在於其能得天的神明而「神明之極，天地人事三者復一也」。換言之，「聖人」的才能在於能「與天」、「與地」而制定一套法制以引領人之道，將「道」實踐於政教中，在現實世界中開展。黃老道家的核心特質，在於以人法天道之度數而行之於人事，《鶡冠子》中的聖人也在於能學得與天文曆數之終始相關的「九道」。「九道」說見於〈學問〉，李學勤將它視爲《鶡冠子》學派的學術綱領。[129]學術的立基點在於將國家的體制與大自然所包含的天文、地理與四時之曆數相結合。李學勤稱爲「以黃老刑名爲本，又重視陰陽術數、兵家等學」。[130]這「九道」的具體分殊化內容，計有道德、陰陽、法令、天官、神徵、技藝、人情、械器、處兵等九種。在道德與人情的相互關係上，〈王鈇〉[131]指出天道運行規律的特質爲「誠、信、明、因、一」，治國的要旨在掌握天道的特質制定國家制度。不僅如此，治國者還應把「禮、樂、仁、義、忠、信」這六種人情基本價值與天文曆數配合起來，而有一整全性的人與自然世界觀。鶡冠子學派認爲依據這六種人情基本價值，可據以觀人事的得失逆順，其分別的含義是：「禮」係眾人不得違犯的普遍規範；「樂」是喜樂之情；「仁」是人與人之間相親愛，好相爲善的美德；「義」是合宜性及究明不宜之惡；「忠」指人和人共處關係的持久性；「信」指對所負責的事務能專一不二的執行。最後，值得一提者，《漢書·藝文志》雖將《鶡冠子》的學派歸屬劃入道家，且也認爲其與兵權謀家相關，這是因爲書中有

---

[128] A.C Graham, A Neglected Pre-Han Philosophical text: Ho-Kuan -Tzu, in *Bulletin* of the School of Oriental and African Studies, 1989, V52, no 3.

[129] 李學勤，〈馬王堆帛書與《鶡冠子》〉，《江漢考古》第二期，1983年，頁56。

[130] 同上。

[131] 鈇者，釜也。鐵鈇之類，乃刑具的象徵，是「法」的形象性之講法。「王鈇」就是王法。《鶡冠子》首篇〈博選〉的開篇，就提出「王鈇」問題，篇末也以「王鈇在此，孰能使營」收尾。

〈兵政〉論，「用兵之法」除了掌握天時、地利、人和及賞罰二柄外，尚須通達自然法則，亦即了解不同事物的自然屬性及其相互間的相勝法則。若能通達物性，則用兵的窮達也就能善加把握權（權衡）與勢（物勢），因物的性向，配合用兵之義與用兵之法，才能取勝。換言之，鶡冠子學派將天道、地道、人道和物性結合，發展出在黃老道家中別開生面的「兵道」。

第三篇
墨家學派

第一章　墨子及《墨子》一書

　　司馬談〈論六家要旨〉開了為中國先秦哲學以學派意識分家派的先河，其中墨家被列入六大家派之一；不僅如此，在孟子時代曾喧騰一時，使孟子產生危機感。就中國哲學史而言，先秦哲學最具原創性的四大顯學：儒、墨、道、法，墨家仍具顯赫的代表性地位。儒、墨在先秦時代是並稱的，孔、墨是並舉的。《淮南子・要略訓》曰：「墨子學儒者之業，受孔子之術，以其禮煩擾而不悅，厚葬靡財而貧民，久服喪生而害事，故背周道而用夏政。」在《淮南子》之前的《呂氏春秋・當染》云：「魯惠公使宰讓請郊廟之禮於天子，桓王使史角往，惠公止（留）之。其後（人）在魯，墨子學焉。」可見墨子拜儒者為老師。墨子雖從學儒家，卻具有獨立思辨、判斷的能力，不人云亦云，具強烈的正義感、同情心，處處都表現出明辨是非的精神。他有鑒於周代的傳統文化到他的時代正衍生「其禮煩擾」、「厚葬靡財」以及「久服喪生而害事」的負面現象，而提出「節葬」、「節用」、「非樂」的批判性主張，這些主張甚至與墨守成規的儒者相左。他勇於以理性超越傳統和流俗，提出了尖銳而深刻的時代批判，成就了其具批判性和創新性的思想特質，享譽於哲學史。《韓非子・顯學》指出：「世之顯學，儒、墨也。儒之所至，孔丘也。墨之所至，墨翟也。」令人困惑的是《史記》並未給他立傳，只是在孟子荀卿傳的後面，為他附加了二十四個字：「蓋墨翟宋之大夫，善守禦，為節用，或曰並孔子之時，或曰在其後。」我們綜合孫詒讓《墨子閒詁》、梁啟超《墨子學案》、方授楚《墨學源流》、胡適和錢穆的考證，推測出墨子生卒年的最大區間範圍為公元前五百年至公元前三八一年，最小區間範圍為公元前四六八年至公元前三八六年。雖然有很大的差距，在事實上，礙於目前史料的不足徵，也只能大略的假定。

　　墨家學派的顯著特色是類似宗教團體，組織嚴密、紀律強。其學派的成員間，負有互動的義務，且必須服從鉅子的領導，切實奉行「墨者之法」。在哲學史上，通常把戰國前期的墨家稱為「前期墨家」，戰國中、後期內部發生分裂的墨家稱為「後期墨家」。《墨子》一書，現存五十三篇，是墨家的一部著作總集。該書分成三組：第一組有〈經上〉、〈經下〉、〈經說上〉、〈經說下〉、〈大取〉和〈小取〉六篇，主要論及邏輯和科學問題，屬後期墨家作品；第二組

的範圍為〈備城門〉以下十一篇，主要載述墨家對城池的防禦技術和守城器械；第三組為其餘三十六篇，內容直接與墨子本人的言論和活動有關，是研究墨子思想的主要材料。

墨子屬平民身分，代表庶民社會，普羅大眾的心聲。他具有質樸厚實，刻苦而滿懷救世熱忱的人格特質。觀其著作言及堯、舜、禹、湯、文、武者六次；言及禹、湯、文、武者四次；言及文王者三次。書中並未曾專門提到禹，也不自謂其學出於禹。他對時代的痛苦有敏銳的感受，針對時弊而提出針砭性的學說，頗具特立獨行的言行。《莊子・天下》謂墨學源於夏禹，《淮南子・要略訓》從之。《韓非子・顯學》、《史記・自序》載司馬談〈論六家要旨〉謂墨者源於堯舜，皆缺乏可靠的歷史文獻支持，可能是墨子刻苦自勵的淑世精神與堯舜、夏禹神似，導致後人所見略同。

第二章 「天」的超越特徵及其與人的關係

　　周朝人對自然萬象，如：日、月、山、川、星、辰都認爲各有神靈主宰，而眾神之上的主宰，是「天」或「上帝」。「天」監視人間的行爲是合乎道德規範而予以賞善罰惡。周天子祀上帝的典禮稱爲「郊祀」，張蔭麟在〈周代的封建社會〉一文中較具體的述說了周人的神靈信仰。他說：

> 除了各家的祖先外，有日月星辰的神，他們是主使雪霜風雨合時或不合時的；有山川的神，他們是水旱癘疫的原因，但最重要的人們生存所賴的，還是土神和穀神。前者關係土壤的肥瘠，後者關係五穀的豐歉。土神叫做社或后土。穀神叫做稷或后稷，供奉社稷的土地也叫做社稷。[1]

殷、周長期以來的神靈信仰及宗教生活已深入民心，積澱在廣大人民的潛意識中。墨子及其弟子們出身於平民社會，他們樸實的心靈中篤信神靈的存在，同時，殷、周以來的神靈信仰也有賴於像他們這一社會階層的承傳而維持不墜。墨子所信仰的兼愛及貴義，不出於時君及貴族，而出於對天志的虔誠信仰，根植於眞摯的宗教心理。他的忠誠信仰，對兼愛及貴義的堅持，使他超越了現實世界，而與超越的神靈界有著千絲萬縷的聯繫。兼愛和公義是源自天志的超越本性，是宗教倫理的兩大支柱。墨家主張人們若能篤信鬼神，則足以致吉祥，若不信鬼神而悖反兼愛和公義兩大宗教倫理，則終將遭禍害。〈明鬼〉斷言：「當若鬼神之能賞賢而罰暴也。蓋本施之國家，施之萬民，實所以治國家利萬民之道也。」因此，墨家與儒家、法家的不同在於尊天而非尊君，墨家與道家的不同在於法天而非法自然。《墨子‧法儀》以百工在作業時須用規矩爲喻，主張人間治天下和治大國必須以法儀爲規矩，法儀就是以崇尚兼愛及公義的天志爲準據，〈天志〉上、中、下三篇的論述都歸結到以天志爲法儀。法儀是人類社會所共同信奉的宗教倫理。這種具超越性、普遍性的兼愛及公義倫理是出於天意的兼愛兼利、大公

---

[1]　參考張蔭麟，〈周代的封建社會〉，《中國上古史論文選輯》第二冊，臺北：國風出版社，1966年，頁1-34。

無私的光明普照美德。〈法儀〉所謂：「天之行廣而無私，其施厚而不德（自誇有德），其明久而不衰，故聖王法之。」質言之，兼愛及公義兩大宗教倫理是不分大國、小國，不論強弱，無眾寡之別、智愚之差、貴賤之等，爲人類所應共同信奉的普世性之宗教倫理。

《墨子》一書總計約九萬兩千字，其中「天」字出現了八百九十三次；「天下」共出現四百八十九次；「天子」一辭使用了九十三次；「天鬼」二十五次；「天意」十一次；「天地」八次；「尊天」八次、「天之志」五次、「天志」兩次、「天壤」兩次。其餘的兩百六十次都是單用「天」字。從這些語用，可推知「天」在墨學中居至高的、核心的地位，同時，天與天下、天子、天鬼有密切的關係，天能顯示天意、天之志，人不但可測知天志、天意，且應「尊天」。

在墨學中，「天」在宗教、政治、倫理上的含義多樣而豐富，至少我們可舉出在墨學中「天」自身有四大特徵：（一）天是萬事萬物最高的主宰，享有至上的權威，尊貴於天子，是天子政權的來源處。天有賞善罰惡之能力，〈法儀〉云：「昔之聖王禹、湯、文、武，兼愛天下之百姓，率以尊天事鬼，其利人多，故天福之，使立爲天子，天下諸侯皆賓事之。」能實踐兼愛百姓，造福人群且能尊天事鬼者，天命賦政權予他而立爲天子，且賜福於有美德之君。相反的，若天子悖反倫理，失去公道時，天明察後降災難以示譴告和懲罰。天子應知所警惕，齊備祭品，按祭禮祈福於天。〈天志下〉曰：

> 天子賞罰不當，聽獄不中，天下疾病禍福，霜露不時，天子必且犓豢其牛羊犬豕，絜爲粢盛酒醴，以禱祠福於天。我未嘗聞天之禱祈福於天子也。吾以此知天之重且貴於天子也。

若天子的施政不符合天的意旨，天降下各種災害以示懲戒。此時，天子必須以祭禮向天認錯且表示尊敬之意，並且向天禱告以求免除天災人禍。天的權威高於天子，天子應體察天意，服從天意。（二）天有意志，有好惡且對人民有期望。

〈法儀〉云：「天必欲人之相愛相利，而不欲人之相惡相賊也。奚以知天之欲人之相愛相利，而不欲人之相惡相賊也？以其兼而愛之，兼而利之也。」（三）與天前兩項特徵相關而衍生出第三種特徵：天具有遍察萬事萬物及考核人之品德的全知全能。（四）天不但賦予客觀世界的自然法則，也建立人文世界的倫理規範，共同的是非善惡之準據。〈尚同中〉云：「察天子之所以治天下者，何故之以也？曰：唯以其能一同天下之義，是以天下治。」〈尚同下〉曰：「天子又總天下之義，以尚同於天。」天是人間公義的最高準據。在知識程度與社會階層相對應的前提下，墨子認為庶民的義德標準與其上屬的官吏應一致化。官吏的義德標準應上同於國君，諸侯國之君的義德當依據天子，天子的義德準據上同於天的絕對公義之自身。人的義德基於人的有限性而呈現相對的是非，天則為相對是非的至上之、絕對之是非所在。

第三章　兼愛之德的含義

第一節　文王為體現天之兼愛的「法儀」

　　在墨家的天人關係中，天對人有兩大核心倫理：兼愛之德與公義之德。先就天的兼愛之德而言，天對世人不分男女、尊賤、尊卑、貧富，施予人類整全的、普遍的愛，天對人的普全大愛表現在愛惜人類的生命，賦予人類生命所賴以維繫的一切自然條件和資料。《墨子‧天志中》云：

> 且吾所以知天之愛民之厚者有矣。曰以磨為日月星辰，以昭道之；制為四
> 時春秋冬夏，以紀綱之；雷降雪霜雨露，以長遂五穀麻絲，使民得而財利
> 之；列為山川谿谷，播賦百事，以臨司民之善否。

天運行四時之序，賦予風霜雨露，使人得以在大地上配合時令，蓄養生息人類生存所需的糧食及其他相關之民生資料。因此，天的愛人、利人、生養萬民是天遍愛人類的兼愛表現。能實踐兼愛的天德者是尊天法天的聖王，如：文王所修成的美德，故得到天命的託付及福佑，而享有替天行道的周代國祚。〈法儀〉謂：「天之行，廣而無私，其施厚而不德，其明久而不衰，故聖王法之。」其所認可的聖王中，舉文王爲一體現上天兼愛之德的典範。〈兼愛下〉云：「〈泰誓〉曰：『文王若日若月，乍照，光於四方於西土。』即此言文王之兼愛天下之博大也。譬之日月兼照天下之無有私也。」

第二節　兼愛與別愛之異

　　在《墨子》全書五十三篇之中，論及「愛」之含義處達兩百五十次以上。在墨書中「兼」與「別」的概念不同，「兼」指沒有歧視、排他的周遍義、整全涵攝義，係一全稱語辭。「兼愛」指沒有排他性的普遍之愛，亦即無所不愛地愛一切人。「別」指有分別心，「別愛」指有所愛、有所不愛，或是雖也泛愛人類，卻是有差等的愛。能兼愛一切人的士、君子稱為兼士兼君，對人類施以差等之愛的士、君子，稱為別士、別君。梁啟超指出：「墨子所謂別士別君者，蓋指儒教所倡之倫理，其所謂兼士、兼君者，則指其所倡之倫理也，即有差等與無差等之兩大爭點也。」[2]這是墨家兼愛說與儒家仁愛說的不同處。筆者認為儒家仁愛說的語境立基於周代有血有緣的宗法社會結構上，以倫理親情的家族本位立論。墨家則是立基於公共領域的政治、社會、經濟團體的社群生活立論。兩方立論的範圍不同，各有其背景、立論點和論述的脈絡。因此，我們若只執一論點來論斷不同立基點的兩方是有欠公平的。試觀墨家的語言使用「天下」一辭多達四百八十九次，遠過於「家」一詞的使用。例如：〈節葬下〉云：「興天下之利，除天下之害，令國家百姓之不治也，自古及今，未嘗之有也。」〈天志中〉：「兼者，處大國不改小國，處大家不亂小家，強不劫弱，眾不暴寡，詐不謀愚，貴不傲賤。」其語境皆為不具宗法血緣關係的公共倫理。

---

[2]　見梁啟超，《子墨子學說》，臺北：臺灣中華書局，1956年，頁34。

第四章　貴義之德的含義

　　墨子針對當時民不聊生的「三患」，提出了爲政者當爲天下人興利除害的「三務」：國家之富，人民之眾，刑政之治。[3]國富、民眾、政通人和的實踐原理一爲發展經濟，二爲「兼相愛」與「交相利」。〈兼愛下〉引《詩經·大雅》：「投我以桃，報之以李」，意指互惠交利的愛才能使人際之間的互動、社會、國家的機能維持長久。兼相愛交相利的互惠互利性旨在兼顧人與人之間彼此的需求，合理的滿足雙方的利益。其中又涉及正義、公道的問題，也就是政府司法機構的公正問題。墨家認爲能建立公正原則的政治稱爲「善刑政」。公義能客觀的保障兼相愛而交相利長期正常的運作，其前提在於人人皆有貴義之德行。公義的先天基礎仍然是立基於天志。〈天志中〉云：「觀其刑政，順天之意，謂之善刑政；反天之意，謂之不善刑政，故置此以爲法，立此以爲儀。」公義的含義見於〈尚同〉所云：「一同天下之義」，此「義」進一步追究則溯源於「天欲義而惡不義」的「義」。〈天志中〉、〈天志下〉指出「義，果是天出」的「義」亦即〈法儀〉篇所謂「以天爲法」。〈尚同下〉認爲天子的施政「又總天下之義，以尚同於天」。至於天子如何與「天」進行雙向溝通，凝聚公義的共識，則未明白交代，或許這是難以言喻的宗教神祕領域吧！然而「貴義」是人應培養的倫理觀念和處事態度。

　　至於墨書中的「義」字的含義，則是我們所能求解的。〈經上〉云：「義，利也。」〈經說上〉謂：「義，志以天下爲芬而能利之，不必用。」就墨子所關注的公共事務而言之，「三患」、「三務」的語境觀之，墨家的「義」當指合乎社會正義的公共利益或權益。兼愛與貴義這兩大宗教倫理皆屬實踐社會公利的社群公德。孟子評墨子「摩頂、放踵，利天下爲之」。[4]「利天下」當指創造有利於社會公益的事功。「義」爲社會公益或全民福祉，爲墨家決定行爲進退及取與之際的判準。〈尚賢下〉云：「有力者疾以助人，有財者勉以分人，有道者勸以人教人。」我們據此可言墨家以公「利」釋公「義」的「利」，係指一切

---

[3]　《墨子·尚賢上》、《墨子·節葬下》。
[4]　《孟子·盡心上》。

公益之利的總稱。墨家的貴義貴在追求合乎公益的公義，不求不合乎公義的公利。〈天志上〉指出：「天欲義而惡不義。」墨書〈非攻上〉設一譬喻來詮釋貴義之「義」的含義。〈非攻上〉曰：

> 今有一人，入人園圃，竊其桃李，眾聞則非之，上為政者，得則罪之，此何也？以虧人自利也。……苟虧人愈多，其不仁愈甚，罪益厚。至殺不辜人也，……其不義，又甚入人欄廄，取人馬牛，此何故也？以其虧人愈多，……其不仁茲甚矣，罪益厚。當此天下之君子，皆知而非之，謂之不義。今至大為攻國，則弗知非，從而譽之，謂之義。此可謂知義與不義之別乎？

由這段譬喻，墨子很清楚地告訴我們，損人利己之行為是不合理、不公正的不義之行為，天與人共厭之。能助人利人以至成全最大多數人者為合理的義行。〈經上〉云：「功，利民也。」能以正當的手段造福社會的行為是積極屬性的「義行」，不做損害他人的行為，稱為消極屬性的「義行」。墨家相信，崇尚公義的天以鬼來執行賞罰，賞義而罰不義，而有論證鬼存在的〈明鬼〉篇之作。

第五章　墨學的政治、社會實踐

第一節　尚同於政治菁英和天志

　　廣義而言，「墨學十論」[5]皆可視爲墨學貴義行義的十種實踐法則。然而，若以「義」爲最高統一的規律義言，則尚賢及尚同爲墨學所提出的實踐方法中最爲主要者。蓋兼相愛交相利的貴義說既爲墨學救治世亂的核心，則人與人之間相愛相利的義知義行如何推展而成爲整個社會能普遍化的確認，如何形成全社會共同信奉的價值，亦即發展成廣大的社會共識呢？顯然的，墨子提出的尚同說旨在觀察、蒐集天下人在認知上及價值觀上呈現分歧紛亂者，則透過理論上智能德性較高的居上位者，亦即貴義的賢者，予以辯證地化異求同，期能建立一能統合天下之義知的公理，形成一具理性的、客觀性的社會共識而由上推行於下。

　　蓋〈貴義〉篇認爲人與人之間常因認知的差異及價值觀的歧異，導致在現實生活中產生利害衝突，這也就是人與人何以相別相殘而不能相兼相利的原因。因此之故，墨子較具體地提出一同化天下之義的方法，要求整個社會組織由基層單位層層向上提升擴大，進行凝結整體的社會共識過程。他要求一里之人將所知所聞的言論告知於里長，再層層向上流動至鄉長、國君、天子。同時，在凝結社會共識的過程中，一里之人與里長相溝通而達成對里長義知義行，而於里長處建立公是公非。同此類推至天子，天子則尚同於天志，爲鼓勵人民能知無不告及改變人民知情不報的冷漠，墨家甚至主張採行賞罰的刺激手段。同時，再根據從層層尚同歷程中所建立的公理公道行相兼相利的公共政策，輔之以賞罰爲手段。這也是墨家三表法中「有用之者」、「廢（同發）以爲刑政，觀其中國家百姓人民之利」的運用。這是針對當時教育不普及，民智未開的實然社會狀況所採取的對治策略。

　　然而，據吾人的省察，天志天意難測，天子如何在義知義行方面上同於天呢？天的賞罰若不明顯或不具立即性的話，不但不能收正面效果，且有可能流於

讓人君假神權鞏固和膨脹君權，形成專權獨裁，又如何是天下人之福呢？再者，公理公道或公是公非不是一時所能盡知。因此，墨家一同天下之義的理想，立意雖佳，值得警惕的是在實施的過程中，在主其事者的心態上不宜居心先強求其同，宜以開放兼容的心胸，使不同的持論者能盡言盡意，讓公眾的理性透過時間檢驗的歷程，自然的去蕪存菁。爲達成這一理想，主政者應當務實的建立一個言論自由的健全制度，以容人人表露其對一事一物的是非之辭。同時，墨家也不宜設賞罰以促成居下位者對居上位者傳報所知，蓋利害與得失常易扭曲眞相及制度的原意，係一歷史的明鑑。諸如此類，皆爲吾人今日研究墨學而可補充、豐富於墨學者。

第二節　尚賢使能

　　不過，在墨家貴義尚同的社會、政治實踐法中，尚賢說的賢能政治頗有可觀之處。蓋主導社會與國家者必須是一批優秀的人才，亦即知識的菁英，該社會與國家才有趨於正理平治的希望，這是一簡單易明的基本原理，墨子有鑒於周制的貴族專政，產生尸位素餐及損民利己的不義行為，以及習用親戚、故舊，或容色姣好者，於國計民生既無益，且又妨礙進賢之路。故於〈尚賢中〉曰：「自貴且智者為政乎愚且賤者則治，自愚且賤者為政乎貴且智者則亂，是以知尚賢之為政本也。」墨家站在愛民利民的公義立場，力言：「興天下之利，除天下之害。」[6]且一針見血的提出「官無常貴，民無終賤」[7]的人事改革要求。換言之，整個封建的官僚體系要扭轉成唯才是用的公開、公平及上下流動的新局面。

　　面對墨家尚賢使能的改革要求，吾人有必要一探墨家所謂的賢者之資格。按《說文》釋「賢」為：「多才也。」〈玉篇〉曰：「有善行也。」合而言之，才能及德性兼備者方可稱為賢者。吾人試觀墨家所形塑的賢者特質，〈尚賢上〉曰：「況又有賢良之士，厚乎德行，辯乎言談，博乎道術者乎！此固國家之珍，社稷之佐也。」可見墨家以其務實客觀的理性態度，他們認為治國僅靠德性是不具充要條件的，還必須能談善辯以闡明政見，駁斥邪說，說服百姓，獲致社會大眾的共識與支持。此外，猶能具器識與勇氣以取中用弘於道術，揚賢善抑暴惡。

　　墨家在任賢使能的政策上，不但要廣開渠道以吸納賢良之士，且須量化成一普遍性的使用，以發揮菁英政治的預設功能。在人才配置方面，務必量材器使，達成適才適所，人盡其才、才盡其用的理境。[8]同時，墨家為了能吸收人才，且使人才能發揮其能力，在制度上提出高爵、厚祿及斷令之三本。〈尚賢中〉曰：

---

[6]　這一原則見於墨書多處，如〈尚同中〉、〈非攻下〉、〈節葬下〉、〈明鬼下〉、〈非樂上〉、〈兼愛中〉、〈兼愛下〉等篇中。

[7]　《墨子‧尚賢上》。

[8]　〈尚賢中〉云：「然後聖人聽其言，跡其行，察其所能而慎予官，此謂事能。」又云：「可使治國者使治國，可使長官者使長官，可使治邑者使治邑。凡所使治國家、官府、邑里，此皆國之賢良也。」

何謂三本？曰：爵位不高，則民不敬也；蓄祿不厚，則民不信也；政令不
斷，則民不畏也。故古聖王高予之爵，重予之祿，任之以事，斷予之令。

除了爵位、厚祿及任事的權力外，賢者也是人，人有人性的諸般弱點，人的德性
和學問不是一成不變的。墨家也議擬需建制一套考核人事升降的客觀辦法，〈尚
賢上〉謂：「故當是時，以德就列，以官服事，以勞殿賞，量功而分祿；故官無
常貴，而民無終賤，有能則舉之，無能則下之，舉公義，避私怨。」至此，吾人
不但了解墨家的義概念不僅主要是人與人共同開發資源及合理分配社會資源的分
配正義，亦係一種人格所當具的德性，同時，墨家的義概念也隱含了報償的正義
及程序正義的含義。

第六章　墨學的知識原理與方法

　　先秦諸子中學說內涵較具知識論向度的墨學，其論理及辯說的法則，是墨辯的理論核心。《墨子‧非命》反覆強調「聞之見之，則必以爲有；莫聞莫見，則必以爲無」。先秦哲學史發展至墨家後，論知識的方法與原理才逐漸具有獨立自主的學術領域。

第一節　墨學論認知的條件、途徑與表述方式

　　認知的條件由能知（認知主體）、所知（認知客體）及能知意向於所知的認識活動等三要素所構成。認知主體所以能知的條件在「五官」與「心」。〈經上〉第三條謂：「知，材也。」〈經說上〉解釋為：「知也者，所以知也。而必知，若明。」〈經下〉：「知而不以五路，說在久。」〈經說下〉解釋說：「知：以目見，而目以火見，而火不見，惟以五路知。」「五路」指對感覺與料（sense data）所感覺而接納感性刺激者。然而，五種感官只是由視、聽、嗅、味、觸等對外通路獲致知識的原料，這些原料必經知識的心靈予以知覺、記憶、想像、分辨、綜合判斷，賦予一抽象化的概念解釋，才能產生知識。例如：〈經上〉云：「聞，耳之聰也。」又云：「循所聞，而得其意，心之察也。」、「執所言，而意得見，心之辯也。」（九十三條）心在認知活動上具有察識與論辯的功能，以究明所以然之理。同時，認知心在知識活動中具有主動營求和思慮的作用特徵。〈經上〉云：「慮，求也。」〈經說上〉釋曰：「慮：慮也者，以其能知有求所知也。」

　　至於認知主體主動意向於認知客體（所知）的理性意識活動，謂之「接」。〈經上〉云：「知，接也。」〈經說上〉釋曰：「知：知也者，以其知過物，而能貌之，若見。」感官先於對象物行感覺接觸，認知心才能據以留下印象後再進行認識的加工程序。認知心歷經一套認識的步驟或程序而獲得推論的明確知識後，稱為「智」。〈經上〉云：「恕，明也。」〈經說上〉釋曰：「恕：智也者，以其知論物，而其知之也著，若明。」「智」是認知心對感官所獲致的感性素材予以辨析、統合論斷所得出的明確之知識。認知心所獲致的理性知識涉及經驗對象存在的所以然之理及其活動的規律或法則。孫中原闡釋其蘊義說：「理性認識的特點是間接性、概括性、抽象性和明確性。《墨經》此條恰如其分

地講清了這些特點，耐人品味。」[9]理性知識顯然較細緻深刻，有其融貫性和普遍性，有別於片面的、表層的、乏明確性的感覺之知。孫中原對「恕」字的形構和含義賦予了有意思的詮釋，所謂：「他們把感性認識叫『知』，而給理性認識單造了一個字，即在『知』下加一個『心』，而成為『恕』。這是古往今來的字書上所沒有的字，完全是墨者苦心孤詣的獨創。」[10]

墨學依據知識所獲取的途徑為知識分類。

〈經上〉：「知：聞、說、親。」

〈經說上〉：「知：傳受之，聞也。方不障，說也。身觀焉，親也。所以謂，名也。所謂，實也。名實耦，合也。志行，為也。」

「聞、說、親」是求知的三種途徑，聞知是透過別人傳授的管道所獲得的傳聞知識，類似間接知識。「說知」係由推論而得足以說服人的知識。親知是透過自身的觀察與思慮所獲致的知識，相當於直接知識。蔡仁厚《墨子哲學》對〈經說〉的解釋做了更進一步的詮釋。

「名、實、合、為」，則是緊接「聞、說、親」的補充說明。1.由傳授而得的知識，謂之「聞」。又〈經上〉八十二條曾說到「聞」有傳聞、親聞兩種。2.方不障，是類比推論而無礙之意。3.身親焉，是指人的直接經驗，由直接經驗而得到的知識，謂之「親」。[11]

就取得知識的來源而言，知識有來自直接經驗的親身之知者，有來自間接得自他人的轉述或自己直接聽聞者，亦有來自理性的類比推論而自獲者。

墨學也表達了對知識的表述方式，〈經上〉有「名實合為」說。「實」指可徵驗的經驗對象，亦即經驗界的所知。「名」是當認知主體對所認知之經驗

---

[9]　孫中原，《墨者的智慧》，北京：三聯書店，1995年，頁79。

[10]　同上書，頁79。參見譚戒甫編著，《墨經分類譯註》，北京：中華書局，1918年，頁88云：「經文恕字，顧廣圻據道藏本，孫詒讓據吳鈔本作恕，謂即智字；近世治此經的皆從其說，實則各本概作恕」可備一說。

[11]　蔡仁厚，《墨子哲學》，臺北：東大圖書公司，1983年，頁160-161。

對象求得一抽象化的概念知識時，藉語言系統中的語詞來為此概念所認知的對象物定「名」。知識之有效性，亦即真知識的判斷，也在於「名」所表述的概念內涵與表述的對象物之實際特徵進行驗證，視表述端與被表述端之間是否符合一致。如若合符節，則名實相契，「名」所表述之概念知識乃真知識。〈小取〉「以名舉實」、〈經上〉「舉，擬實也。」、〈經說上〉「舉：告以之，名舉彼實故也。」「擬實」指藉「名」將認知者對實在界所認知的「實（所知：認知客體）」予以表述。「名」因內包與外涵的不同，因此，對表述對象之涵蓋範圍亦不同而有不同的類型，計有達名、類名、私名。如〈經上〉：「名，物，達也；有實必待文多也命之。馬，類也；若實也者，必以是名也命之。臧，私也：是名也止於是實也。聲出口，俱有名，若姓字儷。」[12]「達名」是內包最小，外延最大之「名」；「私名」指內包較大，外延指特定個別對象之名；「類名」指介於前二者，即「達名」與「私名」之間的各類事物之名。

然而，墨子的知識論有其具價值理想的目的。孟子評墨子「摩頂、放踵利天下為之」。《孟子‧盡心上》墨子的核心思想是兼愛，常言「興天下之利，除天下之害」。[13]這是墨家以知識服務人類，貢獻社會的價值目的，因此，在這一總體目標的引導下，墨家知識論之所知對象很多樣化，諸如生產活動、軍事防備、建築工程、交通工具、器械設備等各方面的利民實務需求上，皆為墨家研究知識的對象，可名為技藝取自實用性知識。譚家健評論說：「《墨經》把『名』、『實』、『合』、『為』四者相聯繫，作為認識的統一過程來理解，並把『為』一行為作為認識活動的總結，這是很高明的認識論。」[14]「為」指對知識的運用，有其目的性和活動歷程，統貫於墨學為天下除惡興利的學派宗旨上。

---

[12] 「字儷」原作「字灑」，校改據高晉生，《墨經校詮》，臺北：世界書局，1981年，頁79。
[13] 這句話見於墨書多處，如〈尚同中〉、〈非攻下〉、〈兼愛中〉、〈兼愛下〉、〈明鬼下〉等。
[14] 譚家健，《墨子研究》，貴陽：貴州教育出版社，1996年，頁26。

第二節　辯論之推理方法

　　墨家形塑的賢者特質中有善於辯論的能力。〈尚賢上〉曰：「況又有賢良之士，厚乎德行，辯乎言談，博乎道術者乎！此固國家之珍，社稷之佐也。」墨家認為治國只靠德性是不具充要條件的。從事公共事物的執政官僚需具備能談善辯的能力以闡明政見，駁斥邪說，說服百姓，獲致社會大眾的共識與支持。俗言真理愈辯愈明，〈經上〉第七十五條云：「辯，爭彼也。辯勝，當也。」〈經說上〉釋曰：「辯：或謂之牛，或謂之非牛，是爭彼也。是不俱當，不俱當，必或不當，不當若犬。」「辯」的目的在明是非，爭取勝辯。蓋辯論的形成在於對主題有正、反兩方的論述同時並存，彼此矛盾，不可同時為真或偽。兩方立場雖異，但得同遵守思想的三項基本規律：1.同一律，〈經說下〉第一〇四條：「有之實也，而後謂之，無之實也，則無謂也。」2.矛盾律：〈經下〉第一八三條：「不是與是同，說在不州。」「不州」為沒有不同，意指若「不是」與「是」等同，二者就沒有不同，如此則形成矛盾了。3.排中律：〈經上〉第一三六條：「或謂之是，或謂之非，當者勝也。」「是」與「非」既是相矛盾而互排斥，則兩者間只能選其中一項能成立者，不允許有第三種情況出現。

　　在論談中欲說服對方，須分辨清楚必要條件、充分條件與充要條件的不同。論辯能否勝利，基本上應言之有理據，〈經上〉第一條：「故，所得而後成也。」「故」指成就事物所以然之因或理由。〈經說〉解釋說：「故，小故，有之不必然，無之必不然。體也，若有端。大故，有之必然，若見之成見也。」孫詒讓校定為：「小故，有之不必然，無之必不然，體也。若有端。大故，有之必然，若見之成見也。」[15]「小故」類似必要條件，「大故」類似充要條件。茲分別以論式表述：必要條件的論式為：若 $\overline{P}$ 則 $\overline{Q}$，P 成立，Q 未必成立，則 P 是 Q 的必要條件。充分條件論式為：當 Q 之成立有待 P 成立，但 $\overline{P}$ 未必得出 $\overline{Q}$，則 P

[15] 清・孫詒讓，《墨子閒詁・兼愛上》，臺北：華正書局，1987年，頁279。

是 Q 的充分條件或充足條件（sufficient condition），充要條件論式爲：P 成立，Q 亦隨之必成立，P 不成立，Q 亦隨之不成立，則 P 爲 Q 的充要條件。

此外，墨辯還提出七種論辯的推理法或技巧。〈小取〉扼要的述及此七種推理法則：

一、或也者，不盡也。

二、假者，今不然也。

三、效者，爲之法也；所效者，所以爲之法也。故中效，則是也；不中效，則非也；此效也。

四、辟也者，舉也（他）物而以明之也。

五、侔也者，比辭而俱行也。

六、援也者，曰子然，我奚獨不可以然也。

七、推也者，以其所不取之同於其所取者，予之也。是猶謂他者同也，吾實謂他者異也。

「或」與「假」是命題性質之不同，涉及特稱命題、選言命題與假設性命題。「效」乃仿效意，辯論與推論時如能依循墨辯中名、辭、說、類取、類予的法式循序漸進，則合乎有效的論證形式，反之則否。「辟」、「侔」、「援」是述及類比思考法。「辟」通譬，這是藉大家所熟知的某事，關聯到吾人所欲解釋之事，亦即譬喻法。墨書〈公孟〉：「執無鬼而祭祀，是猶無客而學客禮，是猶無魚而爲魚罟也。」即爲一例。「侔」指二命題所表徵二事件間的類比關係，如〈小取〉：「白馬，馬也；乘白馬，乘馬也。」「援」係兩種論證間的類比性說明，即援用他人的同一論證來以同理說明自己的論證，如〈兼愛上〉：「聖人以治天下爲事者也，必知亂之所自起，焉能治之，不知亂之所自起，則不能治。譬之如醫之攻人之疾者然，必知疾之所自起，焉能攻之；不知疾之所自起，則弗能攻。治亂者何獨不然，必知亂之所自起，焉能治之，不知亂之所自起，則弗起治。聖人以治天下爲事者也，不可不察亂所自起，當察亂何自起？」茲以論式來陳述。

一、分析造成問題的原因：天下之亂起因於人與人不兼愛：猶如「必知疾之所自起」～P（不兼愛）～Q（天下亂）

二、對症下藥以解決問題：人與人能兼愛則天下治→猶察明病因對症下藥乃能藥到病除 P（兼愛）→Q（天下治）

此外，兩難論證之推論形式亦是墨辯中「援」式推理的一種。

最後，「推」是由已知的知識推斷待知的知識，援彼例此，推論出新知，蔡仁厚藉〈非攻〉篇所舉之例予以解說：

所謂「推」，就是：以其「所不取者」（攻國之不義），墨書舉史載為據，謂昔三代聖王，堯、舜、禹、湯、文、武等人能行兼愛以愛人利人，結果因順天之意，修得天德而得天之賞。又舉三代暴王，桀、紂、幽、厲等人，行偏私之別愛而悖反兼愛，以大國攻小國、以強劫弱，以詐謀愚，以貴傲賤，不仁不義而逆反天志，成為天賊而遭致天之罰。這就是「三表法」中的「有本之者」。「原之者」是以觀察百姓所見聞之經驗事實作為判斷認知之真與偽。例如：〈非命中〉：「今天下之士君子或以命為亡，我所以知命之有與亡者，以眾人耳目之情知有與亡。有聞之，有見之，謂之有；莫之聞，莫之見，謂之亡。」我們依這段話的意含可推衍「原之者」的涵意是：凡合乎大眾所觀察到的經驗之知是真的，反之，就是偽的。「用之者」是對公共政策的效益評估，凡是據以實行有績效者即是有用的知識，反之，即是無用的偽知識。

墨學中也運用同類事件之不同經驗個案中，尋出共同的因果關係而推導出因果法則，這是歸納法的操作。例如：〈非命下〉曰：「故昔者三代聖王，禹、湯、文、武，方為政乎天下時，曰：必務舉孝子而勸之事親，尊賢良之人，而教之為善。是故出政施教，賞善罰暴，且以為若此，則天下之亂也，將屬可得而治也。」這段話旨在指出天下安治之果，係出於禹、湯、文、武等聖人執政的原因。又舉出桀、紂、幽王、厲王執政，均產生亂象，從中提出一因果法則，那就是無德的暴君執政是導致天下混亂這一惡果的原因。

同於「所取者」（竊桃李之不義）而「予之」。──予之，是把「虧人自利即為不義」之理推予世之君子，以使世之君子能以此理轉用到攻國之事上，而亦承認「攻國之不義」。他（世之君子）本所不取的「攻國之不義」，之所以能「同於」他所取的竊桃子之不義，是因為把「虧人自利即為不義」之辭說給「予」了他，使他亦終於「取」此辭說。**16**

〈小取〉故曰：「推也者，以其所不取者同於所取者，予之也。」

大抵而言，墨學的論辯法則以定義的方式講求概念之清晰明確、推論的嚴謹、類比推理之相關切確，使辯論所論證之理益明而得以說服他人。其勝者乃以理勝人，非僅止於以言辭取勝耳。

---

16 蔡仁厚，《墨子哲學》，臺北：東大圖書公司，1983年，頁178-179。

第七章　評論

　　墨家立基於天志的公義及兼愛說，將天人關係再度走向開放的人文精神，具有向超越神靈世界開放的態度。「天」為一根源性存在的符號。公義與兼愛是人間意義世界的兩大美德，墨子把這兩大人文價值的根源立基於天，使天再度成為意義和價值的根源。《墨子・備梯》載：「禽滑釐子事子墨子三年，手足胼胝，面目黧黑，役身給使，不敢問欲。」其刻苦自勵，摩頂放踵的憂世救世熱忱，頗有宗教家的使命感和為拯救人類痛苦而捨己為人的偉大精神，為後世立下了不朽的典範人格，頗有警惕和激勵人心向善行善的精神力量。

　　墨子入於儒家又出於儒，因為他務實的認識到立基於宗法血緣社會，講究親、疏、遠、近之別的宗族倫理已失去了歷史、社會的條件，已無法成為普遍性的社會規範。有鑒於此，他將視域開拓到公共領域的社群生活，在公領域的群己關係改弦易轍於公義社會、全民福祉，兼相愛與交相利的公共意識，特別注重公共理性與集體意志和全民共同的社會生活目標。因此，孟子以「無父」、「無君」批評墨子，顯然是因雙方立論的立基點不同，孟子仍眷戀著宗法倫理，導致彼此的論述脈絡大異其趣。《荀子・天論》的批判是「墨子有見於齊，無見於畸」，顯然未相應的理解到墨子的時代是宗法社會的結構逐漸解體，宗族本位已轉為個人本位，這已經是個人各異其心、唯己利是圖，導致社會逐漸瓦解的危機時代，墨子的尚賢、尚同、天志、兼愛說的意向在重構一有共識及共同的社會規範倫理，以挽救分崩離析的交征利社會。墨家為了重建一良序的理性社會，乃著力在知識的方法及原理之探索，企求共建一在認知上有一致性、普遍性的公共社會。此外，與此相關的發展上，《墨經》在知識方法學上所建立的體系定義法、相對取捨法、分合併用法、分類例證法、擴充觀察法[17]等多方運用，而獲得許多科學研究和科技研發的成果。例如：在光學的實驗研究中，已從較簡單的光、影關係，進展到對物、光、影、重影及凹凸面對光影反射之影響和變化的深刻認識，露出了中國科學研究的光芒，是一重大貢獻。

---

[17] 李賢中，〈墨經中自然科學的思想方法〉，《哲學雜誌》28期，1999年5月，頁47-52。

　　不諱言的，其近乎苦行的尚儉要求，未認識到人也有追求物質享受的世俗幸福權利，貴族的貪腐固然不足取，但是〈非樂〉的要求，也是矯枉過正之論。再者，墨家強調的尚同於天志，卻未創造出一套成熟的宗教經典和靈修的門徑，頗令人遺憾。同時，他對君主只是抱持理想的道德期許，未能針對其專制濫權所造成的政治惡，在人性論及監督、制衡的客觀制度面上，未深入研究，顯然，在管理哲學上未意識到制度理性或工具理性的必要性。此外，他在社群生活上較重視經濟社群、政治社群以及墨家本身的宗教性社群，卻偏忽了豐富而多采的社會文化生活的經營，發展社會生活的人文精神向度，這也是墨學的局限處。墨家雖主張兼愛和尚賢，可是在兼愛的人格教育及國家各類賢才的需求分析資格之鑑定、制度化的培訓、任免、賞罰等諸般問題，也乏系統化的細緻之研究。國防軍事有保障人民生命財產的必要性，墨家〈非攻〉論，有其值得令人喝采處，但是如何正面的論述軍事國防學，也是墨家所疏略的地方。

第四篇
法家學派

第一章　法家的源流與特色

第一節　法家的源起、分流和前驅人物——管仲

　　「法家」一詞雖首出於《孟子·告子下》[1]，然其意涵僅指遵行先王之禮法者。[2]我們在中國哲學史所慣稱的法家，係指春秋戰國時代，由於時代變遷致使周代宗法、封建、井田等制度失去安治的功能，因而產生一些主張變革先王禮法，亦即變古法立新法的政治家或學者。最先將「法家」一詞指謂這些政治家或學者的人是西漢司馬談。[3]至於法家之起源，歷來訾義頗多，或謂出於三晉之官術，[4]或謂政治專家之所自出，[5]或溯其源謂出於周制尚刑之使然。[6]各家說法雖有據亦有理，然審諸以「力」為尚之春秋戰國時代，則知認識變法的重要性而漸次演進成一派學說者，為法家形成之方式。司馬談〈論六家要旨〉：「法家，不別親疏，不疏貴賤，一斷於法。」

　　關於法家的源起問題，據《史記·齊世家》說：「周、西伯之脫羑里而歸也。與呂尚共陰謀修德，以傾商政，其事多兵權與奇計，故後世之言兵及陰謀者，皆崇太公以為本謀。」[7]呂尚就是齊國建國之祖太公望，亦即姜太公。前書謂：「太公至國修政，因其俗，簡其禮，通商工之業，便魚鹽之利，而人民多歸之。」據《漢書·藝文志·太公書》有謀八十一篇，言七十一篇，兵八十五篇。這樣看來，呂尚和齊文化成為法家之淵藪。其後，管仲任齊桓公相，變法有成，致使齊成為春秋五霸之首，《管子》一書卷帙浩繁，是否係管子所作，在考證上

---

[1]　《孟子·告子下》曰：「入則無法家拂士……國恆亡。」所謂「法家拂士」，即公正之人輔弼之士。「法」字有公正義。此處「法家」與學派無關。

[2]　《孟子》中的「法家」一詞據《孟子》趙注指「法度大臣之家」與「輔拂（弼）之士」對比。朱熹《孟子集註》云：「法家，法度之世臣也。」今考察《孟子·離婁上》載：「今有仁心仁聞而民六被其澤，不可法於後世者，不行先王之道也。故曰：『徒善不足以為政，徒法不能以自行。』詩云：『不愆不忘，率由舊章。』遵先王之法而過者，未之有也。」可見孟子的「法家」指遵行先王之法，亦即古法的人。

[3]　司馬談〈論六家要旨〉云：「法家嚴而少恩；然其正君臣上下之分，不可改矣。」

[4]　傅斯年，〈戰國子家敘論〉，《中國通史論文選輯》。

[5]　見陳啟天，〈法家述要〉，收於《中央研究院歷史語言研究所集刊四十》下。

[6]　見沈剛伯，〈法家的淵源、演變及其影響〉。

[7]　見《史記》卷三十二，〈齊太公世家〉語。

爭議最繁，然文獻不足咸難定論。事實上，我們很難斷定該書與管子本人的思想全無關係。假如該書思想源出管子，則進觀其書，主要包含了道家和法家思想。饒富意義者，其中有關治術之言，與管仲的生平治績有相合處。我們就他的治齊方法而觀，有三項特色可視爲法家的先驅者，係春秋初期的法家。他施政的三大法家特色爲：一、他的兵制改革成功地結合社會力量與軍事力量爲一戰鬥體制。二、他教齊桓公「修舊法，擇其善者而業用之」的變法主張及教他「愼用其六柄」，強化了君權，開展了君主集權的趨勢。[8]三、他的經濟政策實行了統治鹽鐵及平衡糧價的「準平」政策。同時，其「準平」制不但承認了農民自由買賣糧食的權利及自由私田的合法性，且保障了私田農的生產利潤，創造了私田制度的形成條件。[9]

---

[8]　此兩語出於《國語・齊語》。所謂「六柄」指生、殺、貧、富、貴、賤的君權，可約化爲賞（生、富、貴）和罰（殺、貧、賤）二柄。《韓非子》書有〈二柄〉篇。

[9]　這三點參考王曉波，〈先秦法家發展及韓非的政治哲學〉，《儒法思想論集》，臺北：時報出版公司，1983年，頁220-222。

第二節　子產

　　子產（公元前？年—前五一八年）代表春秋中期的法家。彼時鄭國的商業興盛，社會關係日益複雜，爲了確保財富和處理商務，立法迫切需要。再者，子產在正式承認私有田制及「作丘賦」後，保護農民私有田產及規定農民與政府間的關係亦亟需立法。就政治而言，由於經濟結構的改變，國君政權的社會政權由公族轉爲商人和私田農。公族大夫則由原係諸侯的支持者轉變成權力的衝突者，爲了削弱公族大夫，促成中央集權，新的法制成爲迫切需要。基於這些因素的交互激發，子產誕生了中國第一部公布法，亦即《刑書》。自此，法由君出，君藉之取得了對人民的直接治權和對公族大夫們的中央集權。君王的政治地位之確認根據，由封建禮法轉爲君王自己所公布的法。

第三節　李悝

　　李悝（公元前四五五年─前三九五年）任魏文侯的相，推行土地重新分配，正式承認私田制度。在糧政上，他實行「糴糶法」，以政府的力量制衡糧食和糧價，在這種干涉性的經濟體制中形成了國君的經濟集權。據史書記載，李悝著《法經》。[10]該書雖已失傳，卻為後世法家提供了法典的依據和深遠的影響。李悝堪稱代表中國戰國初期的法家。

---

[10]　《晉書・刑法志》載：「（李悝）撰次諸國法典，著法經。」

第二章 法家的三大派

第一節　重法派的商鞅

　　與李悝同時的商鞅（公元前？年－前三三八年）[11]至秦國提出「三代不同禮而王，王伯不同法而霸」之變古的歷史觀，說服了秦孝公變法。他實施的變法有下面幾個要點：全面實施私田制度；實行連坐告姦法，將「親親」的宗法關係轉向由法律規範的政治君臣關係；在「宗室非有軍功，不得爲屬籍」的原則下，破壞「封建親戚」的宗法制，換以有功績者取代親者，重建社會新階級。如此，在扶持私田地主發展，削弱公族勢力的統制下，使秦國走上國君集權。商鞅死後，出現其治秦的書籍《商君書》。《史記・商君傳》曰：「鞅少好刑名之學。」刑（形）名之學的特質在循名責實及信賞必罰的經驗法之實踐。

　　該書認爲法治所以可能，係建築在人性的行爲原理上。人天生具備好利惡害的情欲。君王所好的利是國富兵強，所惡的是臣下侵犯其權力和利益，百姓作亂。臣民所好的是爵祿，亦即名利，所惡的是貧苦死亡。因此，統治的可行性在於根據臣民所好的名利來設賞，考察臣民所惡之傷害來制定刑罰。君主所以能統御臣下，不但要究明臣民所關心的利害，而且要掌握乘權之勢，所謂：「權制斷於君則威。」[12]至於「法」是齊一萬民萬事的客觀標準，所謂「先王縣權衡，立尺寸，而至今法之，其分明也。夫釋權衡而斷輕重，廢尺寸而意長短，雖察，商賈不用，爲其必也。」[13]然而立法不但要周密，更需諒察民情實況，「度俗而爲之」，蓋「法不察民之情而立之則不成」。[14]此外，《商君書》爲了達到求治去姦的目的，雖然主張嚴刑峻法，但是不在殘民以逞，而旨在嚇阻臣民不蹈刑，所謂：「以戰去戰，雖戰可也；以殺去殺，雖殺可也；以刑去刑，雖重刑可

---

[11] 據《史記・秦本紀》及〈六國年表〉，商鞅車裂於秦孝公二十四年，時爲周顯王三十一年，公元前三三八年。生年不詳。

[12] 《商君書・修權》。

[13] 同上。

[14] 《商君書・壹言》。

也。」[15]這是「法」治亂除弊的消極功用，「法」的積極功用在以名利之誘因，激發臣民努力的動機，不但滿足自身的欲求，亦滿足君王富國強兵的願望。「利出於地，則民盡力；名出於戰，則民致死，入使民盡力，則草不荒，出使民致死，則勝敵。勝敵而草不荒，富強之功可坐而致也。」[16]因此，賞罰之「賞」建築在君民爲了各求所好而共同合作上，合則兩利，「罰」則建築在君民各別之所惡上，好惡是賞罰的根據，人君當細察人之好惡。

　　《史記・商君傳》對商鞅如何變法、行法及其法效和法敝有詳實的陳述。我們綜觀〈商君傳〉、〈李斯傳〉及〈新序〉佚文，得知商鞅爲了富國強兵，乃針對秦國政治、經濟、軍事、社會各方面的缺失，立了十四項革新的法令。這十四項法令如下：設連坐法、除姦邪（不告姦者腰斬，告姦者與斬敵首同賞，匿姦者與降敵同罰）、增戶口（民有兩男以上，不分異者倍其賦）、重軍功、禁私鬥、重農業、輕工商、抑貴族（宗室非有軍功考績，不得爲屬籍）、戒僭侈（明尊卑爵秩等級各以差次；名田宅臣妾衣服以家次）、抑富豪（有功者顯榮、無功者雖富不得奢華）、立大縣（集諸小鄉、邑、聚爲縣，置令、丞，凡三十一縣）、平賦稅（爲田開阡陌封疆，而賦稅平）、平度量衡等。至於這十四項法令的推行和貫徹，則必得配合權勢之勢和對官僚體系領導統御的術。據《漢書・藝文志》所載兵權謀家有公孫鞅（商鞅）二十七篇。所謂權謀係指爲達目的不擇手段的陰謀權詐。王叔岷評比道家和法家的區別處，指出：「道家重權，法家重術。權是隨機應變，並無惡意。術是不擇手段，亦即陰謀權詐。陰謀爲道家之所忌，老子之言本無惡意，而足以啓陰謀權詐之術，商鞅之欺虜魏公子卬，正用此術也。」[17]這一評斷甚爲公允，也釐清了歷來疑老子爲權謀家之疑。商鞅曾經以德化取向的帝道、重視仁義的王道，以及以權智企求霸道的三術向秦孝公遊說。結果，他對秦孝公的寵臣景監說：「吾以強國之術說君，君大悅之耳。然亦難以比德於殷、

---

[15] 《商君書・畫策》。

[16] 《商君書・算地》。

[17] 參見王叔岷撰，《先秦道法思想講稿》，臺北：中央研究院中國文哲研究所，1992年，頁214。

周矣。」殷、周的政權所以維持較久，大體上係採取仁義的王道之治。商鞅本人有刑名之治可速於強國，卻不如德治之可久可遠可大的遠見。在歷史的際遇上，他受秦孝公的重用，在於戰國時代的政治主流價值趨向在企求霸業，因此，商鞅的變法圖強有其歷史命運的限制，有其不得不然的選擇。

第二節 重術派的申不害

據學者的考證，申不害生於周威烈王二十二年的鄭國，卒於韓昭侯二十二年的韓國。[18]《史記‧申不害傳》云：「申子之學，本於黃、老，而主刑名。」得知申不害出入黃老道家、法家、名家，以法家為主。《淮南子‧要略》未提及申子之學與黃、老的關係，卻也言及申子著「刑名之書」。清代王鳴盛《史記商榷》卷五刑名條云：「申不害學本於黃、老，而主刑名。韓非喜刑名法術之學。」刑非刑罰之刑，與形同，古字通用，刑名猶言名實。王叔岷進一步考察提出較深刻的析辨，謂：「刑名有二義。一為循名責實，簡言之即名實，此申子之刑名也。一為信賞必罰，此商君之刑名也。二者之義迥別。申子之刑名，刑與形通。商鞅之刑名，應是刑罰之刑，不當與形通，至於韓非之刑名，乃兼循名責實與信賞必罰而言。」[19]

申不害相韓昭侯十五年，「內修政教，外應諸侯」、「終申子之身，國治兵彊，無侵韓者。」[20]《漢志》雖記「申子六篇」，惟今皆已亡。清有輯佚本數種。學者對申子之評論，始見於《荀子‧解蔽》：「申子蔽於勢而不知知。」其後《韓非子‧定法》評曰：「申子徒術而無法，故用韓七十年而不至於霸王者，法不勤飾於官之患也。」荀、韓之評，有一勢一術之差別，梁啟超解釋說：「用術者，即憑勢力以為治也。」[21]今觀其佚文所謂「術」之含義，得知術乃陰鷙之計算。「術」的出發點在於對臣下的不信任，及君主的才智未賢於人的情況下。因此，人君在臣下前儘量不露聲色以隱藏內心的情感與見識，使臣下無從窺伺和算計而反制或利用君主以逐臣下之私。所謂「上明見，人備之；其不明見，人惑之。其知見，人惑之；不知見，人匿之。其無欲見，人司之；其有欲見，人

---

[18] 見前揭書，頁194。

[19] 見前揭書，頁197-198。

[20] 《史記‧老子韓非列傳》。

[21] 梁啟超，《諸子考釋》，頁32。

餌之。故曰：吾無從知之，惟無爲可以規之。」[22]綜觀申子其他佚文及其治韓國之策，得知申子亦重法治，非盡如韓非所評。然而申子之主「術」且成其特色，或許係因他是鄭人，鄭國首先實行公布法，卻終亡於韓，足見徒「法」是不充足的。因此，如何運用「法」和「勢」的「術」，被他所重視和強調，猶《商君書‧算地》云：「主操名利之柄，而能致功名者，數（術）也。……數者，臣主之術，而國之要也。」

　　申不害與商鞅、韓非立酷法有別。《太平御覽》卷六三八引申子曰：「黃帝之治天下，置法而不變，使民安樂其法也。」不但如此，申不害也肯定賢者對治國的價值，亦即不苟同不任賢。《呂氏春秋‧任數》引申子曰：「君道無知無爲，而賢於有知有爲，則得之矣。」爲君者不應有主觀性的知與行，而應客觀化的「明法正義」，[23]因此，申不害所謂的「法」要有公正合理性。[24]申不害雖學本黃老且主刑名，由於他在任法用術上皆崇尚公正客觀而能靈活順應，因此，任法而不流於殘刻寡恩，用術而不易於陰謀權變。由於申不害守正不阿，所以他相韓十五年而得全身。再者，也因爲他一生未遭遇禍害，得保其天年，西漢很多學者慕其名而名不害或無害。我們可以總結地品評申不害的法家思想，其價值理想在建立安和樂利的人民生活，而非商鞅、韓非般地爲時君謀霸主之業。

[22] 《韓非子‧外儲說》。

[23] 《藝文類聚》卷五四引申子曰：「君必有明法正義，若懸權衡以稱輕重。」

[24] 《北堂書鈔》卷一四九引申子曰：「天道無私，是以恆正。天常正，是以清明；地道常靜，是以方正。」他將法之公正類比於天道、地道。《黃老帛書‧經法》謂：「惟執道能虛靜公正」，與申不害同調。

第三節 重勢派的慎到

　　慎到被漢志列為法家，著錄四十二篇，然皆已佚。清錢熙祚依《群書治要》校有《慎子》七篇，只是由殘篇所節錄之佚文，非全貌。慎子係戰國稷下學者。[25]稷下學的特徵，是集歷來地域性所分化的思想，互相影響，趨於合流，議論紛雜。《莊子‧天下》紹述慎到棄私智私己而任萬物的自然，所謂「齊萬物以為道」。〈天下〉曰：「公而不黨，易而無私，決然無主，趣（取）物而不兩。不顧於慮，不謀於知，於物無擇，與之俱往。古之道術有在於是者，彭蒙、田駢、慎到聞其風而悅之。」這種棄智齊物的思想在政治上轉化成不尚賢而崇尚刑名。日人武內義雄謂慎到係立足於列子貴虛說而倡齊物說，再轉成尚法主義，係道家轉折成法家的轉換期人物。[26]

　　在法家，慎到屬主勢派，見於《韓非子‧難勢》。但據慎子遺文卻以法論居多。《荀子》〈解蔽〉及〈非十二子〉，皆評慎子「尚法而無法，下脩而好作。」吾人細察慎子棄私智齊事物的政治主張，則崇法及主勢兩者間不必然衝突。在崇法上，慎子主張法治起於因情，因情之不齊則必須達到公正平等。一切因法論人，不因人論法，如是「定分」係稷下學者的共識。慎到主張法治之必要在於公人心，定分而息爭。他說：「大君在法而弗躬，則事斷於法矣。法之所加，各以其分，蒙其賞罰，而無望於君也。是以怨不生，而上下和矣。」[27]蓋君主若捨法而裁以個己之心，則部屬同功而殊賞，同罪而殊罰，怨尤生，向心力失。因此，任法不任私智是慎子棄智齊物在政治事務的處置上採客觀態度的結果。法的齊物源於外在客觀的道之齊物，蓋「道」係不因人的主觀意志所能改變

---

[25] 戰國時代，齊威王、宣王在位的五十七年間（公元前三五七年─前三○一年）是齊國最繁榮的時代。當時齊國的都城，即今山東臨淄，其南門隔淄水對著稷山。齊威王、宣王招聘天下學人約七十多人集聚都城，使齊都蔚為文化中心。史家謂之為稷下之士，且綜括其學說為稷下之學。這點可參考武內義雄，《中國哲學思想史》，新竹：仰哲出版社，1982年，頁57-58。

[26] 武內義雄，《中國哲學思想史》，頁70-73。

[27] 《慎子‧君人》。

的客觀之存在與規律。眾民依法而行，猶萬物因「道」而運化，所謂：「天道因則大，化則細。因也者，因人之情也，人莫不自爲也。化而使之爲我，則莫不可得而用矣。」[28]因此，對愼子而言「法雖不善，猶愈於無法」。[29]

　　萬物因循天道，亦即順乎自然。愼子棄智齊物在這方面的政治觀，則講究治理天下當依順客觀的情勢，亦即因勢利導，可得事半功倍之效。因勢是隨事之勢來主導發展方向的自然主義，這是愼子對道家無爲而治的了解。在現實政治上，愼子以人君所憑賴的「權位」就是「勢」，徒法而無勢則不能行法。愼到特別重勢，而成爲法家三派中重勢派的代表人物。蓋有客觀設置的人君之位，則享有公權力，自然有人君之勢，他舉例解釋：「堯爲匹夫，不能使其鄰家，至南面而王，則令行禁止。由此觀之，賢不足以服不肖，而勢位足以屈賢矣。」[30]權勢有助於人君令出可行。人君若得勢則得助，失勢則失助。「得勢」在現實政治來說就是指人君必須集中權力。韓非認爲只靠「勢」，雖便於治，亦可能產生大亂，因此，應該「抱法處勢」，然後「勢」才能遂其用。我們若觀《群書治要》所載愼到遺著的論述，則可得知愼到係以法家爲主軸，且兼通道、儒、名三家之學。《意林》二引愼子曰：「《詩》，往志也。《書》，往誥也。《春秋》，往事也。」可見他對儒典的肯定。《愼子・威德》云：「聖人有德，而不憂人之危也。」、「明君動事必由惠，定罪分財必由法，行德（惠）制（折）必由禮。」愼子主張依禮制來實現德惠才可避免偏差之失。司馬遷批評商鞅、韓非殘刻，一般而言，法家即使言賞亦少言德惠。愼到兼顧儒、法而重德、禮。不只如此，他還汲取名家論名實符應關係，強調依法定名分的法治社會。《呂氏春秋・愼勢》引愼子曰：「今一兔走，百人逐之，非一兔足爲百人分也，分未定也。……積兔滿市，行者不顧，非不欲兔也，分已定矣。……故治天下及國，在乎定分而已矣。」法律保障個人依法取得私產的所有權。法律雖然非完善自足的，但是有法

---

[28]　《愼子・因循》。
[29]　《愼子・威德》。
[30]　同上。

治勝於無法治。慎到在〈臣人〉說：「君舍法而以心裁輕重，則是同功而殊罰也，怨之所由生也。」爲政之要在能秉公道而行。因此，慎到在〈君臣〉說：「爲人君者，不多聽，據法倚數，以觀得失。」慎到和其他法家所說的「法」乃屬實證性的經驗法，兼具循名責實及信賞必罰兩要點的刑（形）名之學。慎到較其他法家不同處，在於重勢而不排除賢者。他在〈知忠〉說：「治國之君，非一人之力也，將治亂在乎賢使任職。」

第三章　集法、術、勢三派之大成的韓非子

第一節　時代、思想背景及問題關注所在

　　韓非生年，文獻不足，主要有四種說法，[31]於韓王安六年（公元前二三三年）因使秦而被李斯譖殺，死後第三年韓國被滅亡，可推知韓非生當韓國末世。《史記・老莊申韓列傳》對韓非生平事蹟有詳述，謂韓非是韓之諸公子，好刑名法術之學，歸本於黃老。茲節錄一段陳述以資紹述其時代及學說背景。

　　非見韓之削弱，數以書諫韓王，韓王不能用。於是韓非疾治國不務修明其法制，執勢以御其臣下，富國強兵。……以為儒者用文亂法，而俠者以武犯禁，寬則寵名譽之人，急則用介冑之士，今者所養非所用，所用非所養。悲廉直不容於邪枉之臣。觀往者得失之變，故作〈孤憤〉、〈五蠹〉、〈內外儲〉、〈說林〉、〈說難〉十餘萬言。

　　韓國自昭侯以後，即積弱不振，與其西方接壤的強秦在商鞅變法後，勵行軍國主義，極力擴張領土期兼併天下。《史記・蘇秦列傳》指秦乃「虎狼之國，有吞天下之心」。韓非生前至少經歷了七次韓國敗於秦軍之禍害，其中六次失陷了土地，國運坎坷，百姓悽慘。《史記・春申君列傳》載曰：「夫韓魏父子兄弟接踵而死於秦者將十世矣。本國殘，社稷壞，宗廟毀。……人民不聊生，族類離散流亡爲僕妾者，盈滿海內矣。」韓國爲避秦害，三度遷都。韓國雖屢遭強秦侵襲，國難連年，可是政治腐化，黑暗重重。韓非自幼長大於宮廷，目睹且蒐羅種種政治負面現象，他針對國君姦臣之弊端有具體的指控。盧瑞鍾《韓非子政治思想新探》一書有具體詳實的歸納。[32]茲概略紹述國君之弊端有七項：一、「不

---

[31] 韓非生年有四說：一、韓襄王之末，約在韓襄王十四年左右，見陳奇猷《韓非子集釋》一書；二、韓釐王初年，見陳千鈞〈韓非新傳〉一文，刊於《學術世界》一卷二期；三、韓釐王十五年前後，見錢穆《先秦諸子繫年》，陳啟天《增訂韓非子校釋》一書從之，確定爲韓釐王十六年；四、桓惠王初年，即周赧王四十年前後，見梁啟超〈先秦學術年表〉。
[32] 該書對韓非子所揭發的君臣之弊端請參考第一章〈背景五論〉，臺北：三民書局，1989年，頁19-33。

明」，因昏庸而誤判；二、「慢法」，指缺乏守法精神；三、「寡斷」，指怯懦
誤國；四、「賞罰不明」；五、「師心自用」，指過於自負不肯納諫；六、「荒
淫廢弛」；七、「暴虐」，指有的國君刑殺役民過度，侵害人權。姦臣之大弊端
有十一項：「專權」、「蔽主」、「犯上」、「劫君」、「弒君」、「陷害」、
「廢法」、「徇私」、「朋黨比周」、結交外國勢力以牟私利、貪汙等等。

　　在時代思想的背景方面，韓非針對儒、道、墨、名、兵等家皆有所批判地
揚棄或吸收，歸宗於法術之士。韓非承繼荀子的性惡論，駁儒家尚賢隆禮重德
可救亡圖存，他主張重勢、任法、用術。他採重勢尊君，嚴明君臣名位的上下分
際，有別於儒家以禮來正名。墨家和名家的正名理論傾向於學理上對名實關係的
思辯，偏邏輯、形上學或詭辯的意義。韓非對名實關係的考核立基於政治運作的
脈絡，君主按官職循名責實，嚴明職權與責任之歸屬判定，不同於墨家或名家。
墨家主尚同，旨在令天下人的視聽、思慮、言動，皆能上同於最高的為政者。韓
非主張的法治旨在齊一人民的是非，規範人民的言行。韓非與墨家雷同者在求
臣民上同於國君，但是墨子的國君猶得上同於天志，韓非則無此向度。司馬遷謂
韓非「喜刑名法術之學，而其歸本於黃老。」司馬遷所謂的「黃老」之學係指他
所看到的西漢黃老之學，非先秦的老莊之學。《韓非子》書中有〈解老〉、〈喻
老〉兩篇，這是先秦最早註解《老子》的著作。他依據時代的思想需求及自己的
學說立場，將《老子》予以創造性的解釋。例如：他吸收老子的「道」為宇宙生
成的第一因，據以論述「法」的超越依據，落實於法政的現實實踐。他將老子體
證「道」的虛靜心靈，轉化成對群臣的領導統御之「術」。老子的無為之治旨在
消解人對現象之知的對立與執著，以及主觀欲望的貪執，期能返歸純樸無心機的
自然本真狀態之生活。韓非則將之創造性的轉化成立「法」的機制來治國，期能
臻於君無為，法律及臣僚有為的政治文化。他較能肯定和吸取的是管仲、商鞅和
孫臏、吳起的思想。《韓非子》**33** 〈五蠹〉有云：「今境內民皆言治，藏管商之

---

33 本文所據的《韓非子》版本為：《四部備要》，臺灣中華書局據吳氏影宋乾道本校刊，與參考清代王先慎撰
《韓非子集解》及陳奇猷校注《韓非子集釋》。

法者家有之，而國愈貧，言耕者眾，執耒者寡也。境內皆言兵，藏孫吳之書者家有之，而兵愈弱，言戰者多，被甲者少也。」他將管、商言治之法與孫、吳言戰之書並陳，可見他也對兵家軍戰之事的重視。兵家治軍要求紀律嚴明，信賞必罰的公正作爲與法家同調。韓非處在戰爭頻繁，主客觀形勢對韓國極爲不利的處境下，急思以非常之手段圖富強之計以振興國家命脈，這是他關注的主要問題，以及所以趨於強調耕戰一體和統整法、術、勢成爲集先秦法家大成的原因。

第二節　「法」的含義及其超越依據——「道」之屬性

　　《韓非子》書中有〈解老〉、〈喻老〉兩篇，是目前所知在先秦諸子中註解《老子（道德經）》之最早者。[34]此外，〈揚權〉、〈主道〉兩篇對「道」有深刻的論述，係出於韓非之作。〈大體〉之「大體」意指一全盤事物的主體、原則、總綱或意旨。該篇據天理人情論究了「法」之依據，雖然此篇亦見於《愼子》，然而既入於《韓非子》，亦可認爲是與韓非思想相容而可納入韓非子學派的內涵。我們先析辨韓非論道的要旨。〈解老〉有段精闢的言論，謂：

> 道者，萬物之所然也，萬理之所稽也。理者，成物爲文也；道者，萬物之所
> 以成也。故曰：『道』，理之者也。」物有理不可以相薄（迫也），物有理
> 不可以相薄，故理之爲物之制。

　　「道」是萬物存在和活動的總原因或本根性的原理。道自本自根爲「萬理之所稽」，「稽」兼指稽察、督責、契合、根據等含義。總之，道爲萬物之根據（稽）。萬物與人所稟受自道而成爲自身內在本眞者稱爲「德」。〈揚權〉云：「夫道者，弘大而無形，德者，覈理而普至，……道者，下周於事，因稽而命。」道化生萬物，以「理」命賦於存在者。韓非提出「理」亦即性命之理或自然本性來拓展《老子》書中「德」的概念。蓋《老子》書中無「理」字，黃老學派使用「理」這一概念，韓非承襲之而以「理」詮釋「道」爲其道法論之特色，道賦萬物以性分之「理」，且因循「理」來運行萬物而有條不紊於無形中。道、德、理、物爲一縱貫的形上理脈，奠定人君據道理立法以治分殊萬物的理據。〈主道〉曰：「道者，萬物之始，是非之紀也。是以君主守始以知萬物之源，治紀以知善敗之端。」蓋「道」與理相應，爲萬物所以成的始因。

---

[34] 《韓非子》書中對《道德經》之註解，是以德經在前，道經在後，與王弼注本相反。

　　《慎子‧威德》云：「法制禮藉者，所以立公義也。凡立公所以棄私也。」法律在公共生活與事務上，旨在確立公義的價值，超越主觀的私見，亦即勿用個人一己的是非判斷來進行公共事務之是非判斷，韓非子繼承且發展慎子這以「立公義」以去私見的法治理念。他認爲法治較人治具客觀性、公是公非性。《韓非子‧用人》云：

　　釋法術而任心治，堯不能正一國；去規矩而妄臆度，奚仲不能成一輪；廢尺
　　寸而差短長……。使中主守法術，拙匠守規矩、尺寸，則萬不失矣。

韓非的立法以政治上能公正而有效率地制事爲著眼點，因此，他認爲任主觀的心來治國而無法律，縱使有堯般的賢能也難達成治國的績效。若能確立一套客觀的法制，則普通智能的「中主」也能依法治國而不失於亂亡。這層道理猶如拙匠按標準化的規矩施工，其工藝成就可能勝過缺乏規矩依據下施工的巧匠奚仲，韓非在〈定法〉中較細緻的論證這一道理。對他而言，一套客觀化、標準化的法律終須是成文法、公布法、實證法。〈難三〉所謂：「法者，編著之圖籍，設之於官府而布之於百姓者也。」

　　韓非認爲具客觀效力的法，必須符合法之普遍性及平等性，〈外儲說右下〉云：「聖人之爲法也，所以平不夷，矯不直也。」凡公共事務應當依公法斷事而不任憑個人一己的智能，〈五蠹〉所謂：「一法而不求智」。韓非堅信符合平等性、普遍性的法才具客觀效力，一具有客觀效力的法之所以有正常性，關鍵在於它具有實質的公義性。他認爲主政者應能公私分明，依據公共的法制治人治事以杜絕私情私恩。韓非基於政治所追求的效益在興利除害，撥亂返治，他強調治理公眾事務之公義與否，對人心及所引發的治亂後果有密切的相關性，〈飾邪〉論斷出：「私義行則亂，公義行則治，故公私有分。」

　　韓非企盼韓國能振衰起敝而邁向富國強兵之前途，其關鍵在於韓國能否立公義之法，遂行公義之治。基於「道者，萬物之治，是非之紀」的信念，他訴求因道立法的道法之治。《韓非子・大體》云：

> 古之全大體者，望天地，觀江海，因山谷；日月所照，四時所行，雲布風動，不以智累心，不以私累己。寄治亂於法術，託是非於賞罰，屬輕重於權衡。不逆天理，不傷情性。……禍福生乎道法，而不出乎愛惡。榮辱之責在乎己而不在乎人。

所謂「全大體」意指周全而合乎公義的治世之大體，亦即是因道立法的法體系。治國安民需建構一套完備而有公義性的法體系。這整套法體系係依據天道而建構的規則條文。「道」是先驗的形上理律，「法」是循天理而立之法。韓非採取道家的立場，認為天理對人而言是「不傷情性」的天理。合乎公義的法「既」是「因自然」而得，「守成理」而立，則可分享道的超越性、普遍性及客觀性。換言之，合乎公義的法乃是符合人情事理而不偏私的。「法」之所以能擺脫個人的好惡及偏見，就法與道的關係而言，韓非的「法」因「道」而全，法為施政之歸宗，「道」則是法之形上理據。就人與道法的上下關係而言，人是隸屬於法的管轄範圍，法的上位概念則是「道」。面對人間事務之繁雜，若治者能因道立法而處治，則將可以簡馭繁而不失條理了，法的公義性不但要能分享天道的超越性、客觀性、普遍性，也要能參照天道運行萬物的整體平衡性，亦即立法時要對所有相關的因素皆能面面俱到，思慮要周徧，才能制訂出不失整體考量性、均衡性的公義之法。《韓非子・大體》有云：

> 不逆天理，不傷情性，不吹毛而求小疵，不洗垢而察難知，不引繩之外，不推繩之內，不急法之外，不緩法之內。

不逆天理的法，雖有嚴苛處卻不傷人的情性，其要旨在大處著眼，求效果而不計較細小處來苛責，這種「法」有顧全大局性、均衡性、整體安定性，而不流於偏向重督責、小節的法。因此，法雖嚴，然所求者可謂寬厚；雖所求有所寬厚，但是其中有節度，有可守的繩墨規矩。在天理人情之內，公義之法不容寬緩，繩墨之外，不多牽引，繩墨之內不稍推移，一切應尊重法律，維護法律的尊嚴。當然，道的運行與時推移，因「道」所立的「法」也當與時俱進而予以合理的革新。

第三節　人與道的互動關係

　　從《管子》四篇[35]觀《韓非子》，也有黃老學脈絡下的人與道之宇宙論的表述，就四篇而言，人的身心有容納留駐「道」、「德」、「精」之「舍」，《韓非子》亦有這類思想，他書中與《管子》四篇同調地論斷人當以虛靜無妄執的態度接納「德」。《韓非子・解老》云：「德者，內也；得者，外也。」意指人可從外在的現象中獲得涵於現象內的本質。又云：「德也者，人之所以建生也。」此處與《老子》及黃老學有一貫相承處。〈解老〉有段話較豐富地解釋了人與天德之互動消長關係，所謂：

> 知事天者，其孔竅虛，思慮靜，則故德不去；孔竅虛，則和氣日入。故曰：「重積德」。積德而後神靜，神靜而後和多，和多而後計得。

　　能虛靜而無欲念之執，不但本然的「故德」仍能蓄保，還可攝入和氣入人後所增加的新德，衍生「重積德」致使神靜和多增進對道內化於人生命中的「德」。此外，人還可以秉受的先驗之聰明睿智來返識道理。〈解老〉云：

> 聖人之用神也靜，靜則少費，少費之謂嗇。嗇之謂術也，生於道理。夫能嗇也，是從於道而服於理者也。……聖人雖未見禍患之形，虛無服從於道理。

　　「嗇」意指自己自覺地虛靜掉主觀之知，才能容受復見客觀的道理。「靜」指保存「故德」而不淪喪。「虛」指清除心中的雜念成見，空出餘地「舍」，讓「和氣」所生的外在之「德」或「道理」（存有學意含），進駐舍中。聖人所以能服

---

[35] 《管子》四篇指〈內業〉、〈心術〉上下及〈白心〉。當代學者咸認為這四篇代表稷下黃老思想的核心。

從「道理」乃在於能虛其心，靜養其神。聖人所服從的「道理」在《韓非子・大體》表述爲「守成理，因自然」。所以強調人與道之契合須虛靜其心，是因「道」的形上特徵有虛靜性質，故人當以心之虛靜來對應契合虛靜的道理。〈揚權〉解釋說：「虛靜無爲，道之情也」、「故去喜去惡，虛心以爲道舍。」人主觀的動靜思慮及所從出的好惡之情是屬於個人之私領域，天道是超越人之私而具公正的、清明的聰明睿智性或道理之實存性。人若沉淪於人之私而不能提升至超越之道理，則無法玄覽形上的道理。〈解老〉辨析其中的原因後說：「精神不亂之謂有德」、「聰明睿智，天也。動靜思慮，人也者。人也者乘於天明以視，寄於天聰以聽，託於天智以思慮，故視強則目不明，聽甚則耳不聰，思慮過度則智識亂。」「乘」、「寄」、「託」是執主觀的思慮而陷於其中，在人陷於「智識亂」之狀況中而導致以人蔽天。超脫困境之途在〈解老〉所言：「嗇之者，愛其精神，嗇其智識也。」「嗇」指消解主觀的智識以蓄養生命中至寶貴的精神。《韓非子》書中舉出一系列的消解性的修養功夫，如「去好惡」（〈二柄〉），「去甚、去泰」（〈揚權〉）、「去智與巧」（同前）。

第四節　趨利避害的社會人性論

韓非從客觀的經驗世界觀察、分析、歸納出社會人性的實然法則，謂：

> 醫善吮人之傷，含人之血，非骨肉之親也，利所加也。輿人成輿，則欲人之
> 富貴；匠人成棺，則欲人之夭死也。非輿人仁而匠人賊也，人不貴，則輿不
> 售；人不死，則棺不買。情非憎人也，利在人之死也。（〈備內〉）
> 好利惡害，夫人之所有也。……喜利畏罪，人莫不然。（〈難三〉）
> 利之所在，民歸之；名之所彰，士死之。（〈外儲說左上〉）

就行爲科學而言，世俗大眾的社會行爲大致上係以趨利避害爲客觀化的法
則，這是事實眞理，實然性的經驗法則。因此，政治管理者應深刻認識世俗人
性，掌握賞罰二柄，針對世人「皆挾自爲心」以「好利惡害」的性向，以「利」
的誘因導引世人在社群生活中能多做利人亦利己之事，促進政治、社會、經濟
的進步。同理，爲政者應針對世人「好利惡害」的人性法則，設嚴刑峻法，嚇阻
世人少做損人利己，甚至損人不利己的負面行爲。爲政者應理性的明辨公、利之
別，利、害之異，善持二柄，設計安、貴、佚名、祿、賞等獎賞的誘因以及設置
危、賤、刑、罰、死等罪名以嚇阻人對諸般社群生活的危害。

韓非雖紹承荀卿的性惡說，斷言人「皆挾自爲心」以「好利惡害」，然
而，遍觀其書並未用「性惡」的人性善惡價值判斷語。蓋好利惡害是人性較普遍
化的經驗事實。水可覆舟亦可載舟，好利惡害及自爲心亦然，可危害社會，也可
造福社會。在群己共處的社群生活，亦即公共領域或大眾生活中，韓非務實的、
理性化的認知世俗人性這一客觀化的行爲趨避法則，若予以因循乘勢，則可以將
世人導引於促成社會的善，避免社會的惡。因此，韓非法術權勢的運用乃針對實
然人性的趨避法則，因勢利導於促進社會的安定進步，嚇阻、重罰對社會的危
害。韓非的人性論非形上學的人性本善或本惡，而是立基於社會、政治、經濟社
群生活而實證出來的社會人性論。

第五節　法、術、勢交互為用的集大成者

　　韓非不但因道稽理而立法，他在〈定法〉還兼論法、術的要旨，謂：

> 術者，因任而授官，循名而責實，操殺生之柄，課群臣之能者也。此人主之
> 所執也。法者，憲令著於官府，賞罰必於民心，賞存乎慎法，而罰加乎姦
> 令者也，此人臣之所師也。君無術則弊於上，臣無法則亂於下。此不可一
> 無，皆帝王之具也。

　　「術」與「法」交互為用，將君王的政治權力「勢」充分發揮到最高效能。
「術」與「法」的區別在於「法」既是依據天道而制訂的規則條文，也是透明
性的公布法，人皆可普遍且一致性的了解法之具體內容及其規範，能有所依循
而行。「術」則隱藏在當權者的心中，令臣僚無從捉摸，無隙可乘。〈難三〉
云：「術者，藏之於胸中，以偶眾端而潛御群臣者也。故法莫如顯，而術不欲
見。」臣僚集團若無明確的公布法則難以制約百姓，然而，君主若無駕御群臣的
「術」，亦即宰制性的工具理性，則難以掌握臣僚。君主若能執「術」以制約臣
僚，臣僚若能公正的執行法令，對百姓賞罰分明，才足以層層有效控管而政治有
條不亂，井然有序。這是「君無術則弊於上，臣無法則亂於下」所蘊含的深層道
理。「術」對「法」的補充功能在於當權者要有一套循名責實的參伍之術以防八
種可能的姦情。〈難三〉說：「不察參伍之政，不明度量，恃盡聰明，勞智慮，
而以知姦，不亦無術乎？」行政主管應對所任用的部屬細予考察和參驗，以明屬
下是否有作姦犯科的舞弊事端。參驗指「驗之以物，參之以人」。在預防部屬的
非法弊端，韓非提出嚴防「八姦」的要點。**36**

---

36 「八姦」指「同床」、「在旁」、「父兄」、「養殃」、「民萌」、「流行」、「威強」、「四方」等八項作
姦犯科的不法事情。例如「同床」者，指合妃夫人「託於燕處之虞，乘醉飽之時，而求其所欲」這類可能會
迷惑當權者的行為。「在旁」指「優笑侏儒，左右近習」這類常親近之人「先意承旨，觀貌察色以先主心者
也。」

在「法」與「勢」的關係上，「法」是主體（主角），「勢」是推動「法」的實踐力（配角）。韓非確立「抱法處勢」的操作原則。韓非在〈難勢〉說：「吾所以言勢者，中也。中者，上不及堯舜，而下亦不爲桀紂。抱法處勢則治，背法去勢則亂。」對韓非而言，賢者若得權位勢力則可促成治世。反之，若不肖者得勢濫權，則淪爲亂世。但是，由實然面考察，賢者在人口比例中究竟是少數，因此，對韓非而言威勢易立，嚴法易定，但是賢者亦即政治菁英可遇不可求。因此，韓非子認爲在賢者難求的實際情況下，只要立威勢，制定出健全的法制，縱使任用中智之才，只要能夠「抱法處勢」則仍可獲致治世之用。總而言之，在韓非論述架構裡，「法」係發揮治能的主體，客觀力量的權「勢」與操之於主觀智慧的領導統御術是左右護「法」，三者交互爲用，構成政治結構力的鐵三角，才得以獲致政治管理績效的最大值。

第六節　韓非政治管理哲學的局限

　　在人性論的基礎上，韓非只認識到世俗大眾「皆挾自爲心」以「好利惡害」爲行爲法則，而無視於人性中也有好善疾惡的道德本性，也具有同情心、正義感，這些是構成人爲萬物之靈的靈智與人性無比的尊嚴。人不僅只是政治、社會的存有，人也是道德的存有。人除了挾自爲心以好利惡害外，人也追求眞、善、美、聖的超世俗幸福，亦即能開創精神文明和營造精神幸福。

　　再檢驗其中主抱法處勢的理論有效性，亦有值得疑慮處。中才之士縱可抱法處勢，但依韓非法、術、勢三位一體的充要條件觀之，領導統御的「術」有賴於人君的高度智慧和深厚心性修養。中才之智恐難具備高深的智慧和靈活運用的領導統御術，又如何能駕馭群臣，防姦犯科，而不被聰明但心懷不軌的臣僚所利用呢？明智之君必知臣之所姦，致使官不敢枉法，吏不敢營私。〈八說〉曰：「無術以用人，任智則君欺，任修則事亂，此無術之患也。」、「是以有道之主，不求清潔之吏，而務必知之術也。」韓非既認爲人皆挾自利之心以求利避害，則姦臣亦然而求其最大的私利。中主之才遇智慧犯罪型的奸臣，如何能不受欺瞞而亂政敗國呢？

　　此外，韓非的「法」既是可參驗的實證法，則必需與實然的社會、經濟狀況及其需要配合，因道不必然能全法，「法」若只具公正性、普遍性的形式意義而不能反映社會、經濟、政治的實質情況，則未必能發揮其維持社會秩序、安定人民生活的工具價值。同時，韓非的「息文學而明法度」（〈八說〉）使「法」缺乏人文精神的基礎。中人之君不具高度的政治智慧，在君臣異利的張力下，是否能勝任刑賞、任官、出令、課功責的任務，對「法」的理解和執行力是否充足？又如何能避免朝夕令改而維持法的一致性和司法的尊嚴，這些問題皆有待再深入而更周備的研究。

第五篇
析名辨實的名家邏輯學

第一章　對名家的概述

　　名家是先秦學者研究邏輯基本的名實符應問題，以及辨名析理的思辨性形上學問題的哲學學派。其主要代表人物有鄧析、尹文、惠施、公孫龍等人。胡適認爲先秦無名家，香港學者馮耀明提出幾點辯駁的理由，謂胡適「一方面混淆了『爲學的方法』與『論辯或邏輯的方法』；另一方面混淆了『運用方法』與『研究方法』。家家都運用名詞、概念來建構學說，並與別人辯爭；但不是家家都研究這些名詞、概念的理論性質和關係，以及研究論辯是否成立的方法論問題」。[1]就文獻所見，「形名之家」的稱法最早見於《戰國策・趙策》：「夫形名之家，皆曰白馬非馬也。」漢武帝建元、元封年間（約公元前一四〇年—前一一〇年），司馬談在〈論六家要旨〉中首次使用「名家」一詞，謂：

　　名家苛察繳繞，使人不得反其意，專決於名，而失人情；故曰：使人儉而善
　　失真。若夫控名責實，參伍不失，此不可不察也。

司馬談評名家對名言概念的內涵與外延行詭辭之辯，確有助於釐清名實相符的關係，對人的社群身分有「按名責實」，使人安於群己關係中的本分。可是對一般邏輯思考不嚴密的百姓，不能確切理解其名實之辯的所以然之理，造成思想上的困惑，對人們常識性的經驗知識造成混淆，衍生了社會的負面現象。《莊子・天下》將惠施、公孫龍等人稱爲「辯者」。《荀子・非十二子》評爲：「不法先王，不是禮義，而好治怪說，玩奇辭；甚察而不惠，辯而無用，多事而寡功，不可以爲治國綱紀。然而其持之有故，其言之成理，足以欺惑愚眾；是惠施、鄧析也。」可見，先秦人視惠施、鄧析、公孫龍等人屬「辯者」學派。東漢班固《漢書・藝文志》將「名家」列爲九流之一，謂：

　　名家者流，蓋出於禮官。古者名位不同，禮亦異教。孔子曰：「必也正名

---

[1]　胡適認爲「古代沒有什麼『名家』」。見其所著，《中國古代哲學史》，臺北：遠流出版公司，1994年，頁166。馮耀明反駁的說法見其所著，《公孫龍子》，臺北：東大圖書公司，2000年，頁28-29。

乎！名不正則言不順，言不順則事不成。」此其所長也。及警者為之，則苟鉤鈲析亂而已。

「鉤鈲析亂」與荀子謂「好治怪說，玩奇辭」、司馬談所言「苛察繳繞」等觀感語，不難理解名家何以被先秦人稱爲「辯者」。蓋名家將一般人在常識上所使用的語言對實在的表述，於習以爲常的不成問題處，提出特殊的語言哲學問題。一般而言，對缺乏這方面研究和興趣者，難免有標新立異、語不驚人誓不休的負面印象，而予以「辯者」之稱號。勞思光認爲名家之立場係純作認知探究，而指出其三點理論特性：

其一，在課題方面，「名家」只探索邏輯問題及形上學問題；而非政治及道德問題。其二，在立說之依據及歸宿方面，「名家」只依據純粹思考，歸於邏輯理論或思辯形上學理論之建構；既不依於傳統，亦不落在歷史文化之方向問題上。其三，就名家已有之理論觀之，其思想成熟程度實在早期形上學之階段，故多用詭辯。此點亦是最爲當時及後世評論者所注意之特性。**2**

「名家」在先秦最先以「形名家」（《戰國策・趙策・秦攻趙》）載，蘇秦對秦王說：「夫刑（形）名之家，皆曰『白馬非馬』也。」西漢劉向稱鄧析「析好形名」，質言之，鄧析乃形名家。西晉魯勝**3**曾著《墨辯》、《刑名》，已遺失。僅存所注《墨辯》的序文一篇，載於《晉書・隱逸傳》，謂：「施、龍皆以正形名顯於世。」因此，「形名」與「名」乃異名同義，並非「形名家」之外另有所謂「名家」。名家之「名」，考諸歷史文獻，《論語・子路》曰：「名不正，則言不順；言不順，則事不成」；《春秋傳》曰：「古者名位不同，節文異數」；《周官・宗伯》曰：「以九儀之命，正邦國之位，辯其名物之類」；《隋

2　勞思光，《新編中國哲學史》，臺北：三民書局，2000年。
3　魯勝，字叔時，代郡（今山西陽高西南）人，西晉學者。

書・經籍志》亦云：「名者，所以正百物，敘尊卑，列貴賤，各控名而責實，無相僭濫者也。」可推知，社群團體之運行，應先有社會共同約定的語言符號系統，以及其所表述的對客觀世界不同物類及社會機制的共識。因此，形名學有其社群團體內相互溝通及傳遞知識、歷史文化不可或缺的溝通功能，也是在社會建制中界定群己關係，確定身分及其社會責任、權利和義務，訂定社會秩序的必要學問。

第二章　鄧析的名實論

　　《漢書・藝文志》把鄧析（公元前？年—前五○一年）列爲名家第一人。
他是春秋末期鄭國人，約與子產、老子、孔子同時期，比惠施、尹文、公孫龍子
早些。據《漢志》所載，鄧析的著作有兩篇。《荀子》、《韓非子》、《呂氏春
秋》對他的論述有些記載或評論。唐人李善注《文選》引用今本《鄧析子》多達
十餘條。《荀子・非十二子》肯定他「其持之有故，言之成理」。禮崩樂壞的春
秋時代，至末期諸子皆不約而同的關注名實問題。被視爲名家首位代表的鄧析提
出了「按實定名」、「循名責實」的名家核心命題。他說：

> 循名責實，實之極也；按實定名，名之極也。參以相平，轉而相成，故得之
> 形名。[4]

定名以實物爲前提，先據實物來約定名稱，再按照名稱之所指來考核實物，就可
判斷名實之間是否對應符合。若名與實之間能相互參驗，能指的「名」與所指的
「實」可以相互印證，則名能符其實，實能應其名，名實之間符應而一致，語言
符號指涉事物及表述所認知的概念含義才能準確的傳達，而能有效的與他人溝通
交流。孔子的正名著眼於政治上的禮樂刑政之既有功能，鄧析的名實論立基於
客觀化地辨識自然界之萬物萬象。《鄧析子・無厚》曰：「明君審一，萬物自
定。」這一論點對惠施、尹文子和公孫龍子影響深刻，不但如此，鄧析也細緻的
以多樣的名稱狀述人際間主、客、己、他在情感反應上的細微差別。《鄧析子・
轉辭》云：

> 世間悲、哀、喜、樂、嗔、怒、憂、愁，久感於此，今轉之：在己爲哀，在
> 他爲悲；在己爲樂，在他爲喜；在己爲嗔，在他爲怒；在己爲愁，在他爲
> 憂；在己若扶之與攜，謝之與讓，故之與先，諾之與已，相去千里也。

不只是人我之間在類似的情緒反應上，如悲哀、嗔怒、喜樂、憂愁有辨析入微的差別，即便是同一主體，在不同的時、地，面對不同的對象，其情緒、口氣的變化多端，如：扶、攜、謝、讓、故、先、諾、己差異繁多。鄧析名實論的理論核心在陳述「名」對「實」的指稱作用，確定功能以及名實符應一致關係的普遍性、持久性。

饒宗頤曾經根據符號的形態及用法的演進，論及符號與語言的區別和關係。他指出，符號「實際本於物象，其次發展為特定符號，乃是初文，由此再孳乳為文字及文書。符號可派生為字母，字母可能即由陶符加以組合。符號的推進可有兩條道路：（一）是符號之語言化，於是有字母產生。（二）是文字形象化，不與語言結合。漢字不與語言結合，即走向第二條路」。[5] 我們可藉這一理路來了解鄧析對「名」的制定方法。《鄧析子·無厚》曰：「見其象，致其形，循其理，正其名，得其端，知其情。」名的制定，其方法上的依據乃是見象、致形以循理。見象以致形符合漢語之語言文字依賴象形的法則。「理」是事物存在的所以然之理，或特徵、本質，構成事物之間能辨識和區別的依據。《鄧析子·無厚》曰：「有物者，意也。」「意」指符號使用者對所指稱事物所理解到的含義。李敏生說：「漢字以形表意的奧妙存在於字形之中，不見其字只聞其聲是不會理解這一奧妙的。」[6] 這與歐美表音文字符號的「標示」作用有根本的差異。[7] 因此，對鄧析而言，我們對事物的區別，體現在符號所標示事物含義的區別上。在漢語中，符號具有標示所指稱事物含義或理據的功能。對經驗界事物之認知上，正名必先循理，循理必先見象、致形。若事物之象異，則所描摹出來的形也不同。

此外，在劉向《鄧析子校敘》和《列子·力命》、《呂氏春秋·離謂》中載有鄧析的「兩可說」。《呂氏春秋·離謂》記載為：

---

[5] 饒宗頤，《符號·初文與字母——漢字樹》，香港：商務印書館，1998年，頁28。

[6] 李敏生，《漢字哲學初探》，頁10。

[7] 奧地利學者維根斯坦（Wittgenstein）認為語言符號所標示的對象與概念所指涉的含義沒有內在聯繫。

淯水甚大，鄭之富人有溺者，人得其死者，富人贖之，其人求金甚多，以告
鄧析。鄧析曰：「安之，人必莫之賣矣。」得死者患之，以告鄧析。鄧析又
答之曰：「安之，此必無所更買矣。」

鄧析針對所提問的兩個截然不同之問題，同樣的回答以「安之」，係「兩可說」
的範例。其中原因在於其間的時間不同，對象不同，針對性不同，使語境發生了
前後的變化。因此，這同樣的兩個回答都是合理的答案。朱前鴻針對鄧析的「兩
可說」提出語用學的理據來詮釋。他說：「1.指出同一事態可以有不同的觀察角
度，或者說在普遍的通則下，會有特例的出現；2.指出了語言符號含義的可變
性，也就是『同名異謂』，在『兩可』中，此可和彼可雖同名爲『可』，但具體
使用者的解釋（含義）是不同的。」[8]這兩種論點有助於我們對鄧析「兩可說」
的理解。

8　朱前鴻，《名家四子研究》，北京：中央編譯出版社，2005年，頁77。

第三章　《尹文子》的邏輯學說

　　尹文，戰國時代的齊人，班固在《漢書‧藝文志》中將他列為名家第二，生卒年不詳，約與惠施、莊子同時代，略早於公孫龍。《尹文子》一書內容駁雜，在學界爭議性很大，我們很難完全否認不是尹文的思想，今本有〈大道上〉、〈大道下〉二卷，有值得研究的邏輯學題材。[9]在形名說方面，《尹文子‧大道上》對「名」予以界說，謂「大道無形，稱器有名」、「名者，名形者也」，「名」是用來指稱或標示。有形器物之符號或名稱，也兼具標示器物間同異的辨別功能。他雖未對「形」予以界說，卻就形名關係上做了「形」與「名」的區分，《尹文子‧大道上》所謂：「形者，應名者也。」名與形有約定性的契應關係，因此，〈大道上〉說：「名稱者，別彼此而檢虛實者也。」「名」不但可釐清有形的存在物，所謂：「名也者，正形者也。形正由名，則名不可差。」他也在〈大道上〉進一步說：「仁、義、禮、樂、名、法、刑、賞，凡此八者，五帝三王治世之體也。……名者，所以正尊卑。」「名」還可以在政治上區別地位之尊卑，也可釐定「名、法、刑、賞」的典數以及確定「仁、義、禮、樂」可具體辨認的價值規範，具有建立政治、社會諸般位序與社會價值判斷的具體準據。

　　尹文子將能指之「名」與所指涉的、可具體認知的「形」，建立相對應的、相互依賴的形名關係，且應用於政治實踐的途徑上。〈大道上〉曰：「今萬物俱存，不以名正之則亂；萬名具列，不以形應之則乖。故形名者不可不正也。」因此，在人與人之間知識的交流、保存和傳遞功能上，若無「名」的表述，則待知的事物莫可言狀。同時，在文明的社群生活中，若欲正確認識外在世界的客觀事物，則必須對萬事萬物制定一一對應的名稱，且語言團體應依約定俗成的知識語言來溝通，才能步入良序的社會生活階段，避免混淆視聽而致溝通不良的亂象。尹文子在先秦名學史上，可說是嚴格區分出「形」與「名」之差別的第一人。他總結出「形」是「名」得以產生的客觀依據，「名」的制定是摹擬外在世界事物之性狀、特徵而得。對他而言，漢字與物形有獨特關係，然而，仍不

9　徐忠良譯注，黃俊郎校閱，《新譯尹文子‧導讀》，臺北：三民書局，1996年，頁17。

可混淆「名」和「名」所指稱的對象之間的差別。

值得特別注意者，尹文子除了論述「命物之名」外，也針對人文、社會範域、人的心理與道德狀態的「毀譽之名」和「況謂之名」。「毀譽之名」表述的對象是對人之言行的評判。〈大道上〉所謂：「聖、賢、仁、智，命善者也；頑、囂、凶、愚，命惡者也。」這些品德判斷語，不透過由仁義行來自由心證，而是由行仁義地標示外在具體的規範，亦即藉有形的形名度數來客觀化的品量。這種可量化、標準化之經驗性規範，是社會能公認的。尹文子這種外在具體的道德規範量尺，頗類似當代規範倫理學中所謂訂定一套規則化的、條文化的言行判斷尺度，供人有所依從的趨避且具備賞罰機制的配套。這是企圖將人對道德價值判斷由主觀價值轉化出客觀化評量的論述，社群團體係由眾多個別差異的個人所組成，社會倫理走上外在規範的他律倫理，亦有其不得不然的客觀需求和公正性、正當性之要求。在這方面，我們對尹文子亦當有同情的相應的理解。再就尹文子的「況謂之名」觀之，他在〈大道上〉僅說：「況謂之名，賢愚愛憎是也。」愛、憎是人主觀的情緒感受和反應，這是人主觀心理的好惡。因此，對同一件事情而言，各個人的好惡及其所衍生出來的愛、憎情異，個別差異很大。更進一步而言，同一個人對同一件事情在不同的環境和不同的主觀心境上，其情感因素也很不同。因此，「況謂之名」是屬於語言哲學中語用學方面的課題。再者，尹文子對較爲抽象的「況謂之名」與「毀譽之名」的界說與區隔並不明確，我們也很難據以論斷。

第四章　惠施名學中的邏輯思想

　　惠施在《史記》未被立傳，生卒年與鄉里籍貫亦難確知。《莊子・天下》稱他為「辯者」。清人馬國翰認為他是魏人，[10]大陸學者嵇文甫〈名家起於三晉說〉[11]一文中亦採此說。《漢書・藝文志》著錄「《惠子》一篇」；隋、唐以下各《志》均未著錄，可知亡佚已久。古籍中《荀子・不苟》和《莊子・天下》對其名學有載述。其中，又以《莊子・天下》較完整和可靠，其中所載惠施「歷物之意」有十個論點，歷來被稱為「歷物十事」。馬國翰認為「歷物」是書的篇名。梁啟超解釋說：「『歷』蓋含分析量度之意。『意』大概也。」意指分析事物的要點。馮友蘭推測「十事」乃「是『萬物說』的十個主要論點」。[12]綜合而言，「歷物十事」是惠施研究分析事物的十項基本論點。這十個論題，只有結論卻未展示論據和論證。後世解說多屬盡可能的合理猜解，難致最後定論。為讀者一窺究竟，可略述如下。

一、至大無外，謂之大一；至小無內，謂之小一

　　「至大」指無限大的「大一」，「至小」指無限小的「小一」。牟宗三說：「此種規定是形式的規定，或邏輯的規定，至於事實上有無合乎這種規定的至大者或至小者，則頗難說。」[13]馮友蘭認為其哲學意義可能是：「從事物最一般的性質—形狀大小的差異，所作的一種極限論的概括。」[14]

---

[10] 見《玉函山房輯佚書・惠子》。
[11] 載《新中華》，1947年11月1日復刊第5卷21期。
[12] 馮友蘭，《中國哲學史新編》，北京：人民出版社，1962年，頁320。
[13] 牟宗三，《名家與荀子》，臺北：臺灣學生書局，1994年，頁6。
[14] 馮友蘭，《中國哲學史新編》，頁315。

二、無厚，不可積也，其大千里

「不可積」和「其大千里」當係「無厚」概念中所具的兩種屬性。馮友蘭解說爲：「無厚者，薄之至也。……無厚者不可有體積，然而有面積，故可『其大千里』也。」[15]若從幾何學而言，「面」是無厚的，係邏輯上的概念。

三、天與地卑，山與澤平

卑與高、平與不平是相對性的比較，若由宇宙的高度看天與地，則天與地相較於宇宙皆是卑的。同理，若由天的制高點俯看地面上的山與澤，則就肉眼的視覺經驗而言都呈現了皆看似平面的感覺認知。

四、日方中方睨，物方生方死

從時間看萬物係生成變化無窮的歷程，因此，太陽是由日出到日落移動不停，就移動不停的連續性而言，日中和日睨是一連續的動態。同理，物有生就有死，且生的歷程邁向死亡而不稍事停留，就此一動態歷程而言，凡物是方生方死的變動不已。

---

[15] 馮友蘭，《中國哲學史》，北京：中華書局，1961年，頁247。

五、大同而與小同異，此之謂「小同異」；萬物畢同畢異，此之謂「大同異」

這是惠施著名的「合同異」說。他以「大同」的至高觀看待「小異」則說明萬物從微觀的殊相而言雖有小異，但是就宏觀而言，畢竟是大同勝於小異；同理，若從微觀的分殊相觀萬物，則在無窮別異的分殊相呈現下，萬物皆有其分殊相是其共同的特點，亦即「大同異」。因此，由大同的宏觀處看萬物之小異，實終歸畢同。若從萬物的分殊相看萬物表面上的同處，實終歸畢異。從另一方面而言，萬物畢同之大同當中統攝各種同，然而，由萬物畢異之小同中仍可細分出各種異。《莊子》、《韓非子》、《呂氏春秋》所載這種同異觀稱為「合同異觀」。

六、南方無窮而有窮

這一命題蘊含地球為圓形的概念。若吾人不斷地朝南方前進，則終將回到原點。因此，看似無窮的南方，若一直移動下去，則終將是有窮的。總之，我們既可從周而復始的動線言「有窮」，亦可由周而復始的無止境動態言「無窮」。

七、今日適越而昔來

《說文》：「適，之也。」、「來，至也。」人為劃分的時間是相對的，從時間點的設定而言，今天出發往越地去，當以抵達越地後的時間點來說明所從來的時間，則曰「昔」。「今」與「昔」非絕對的，以動態的時間歷程，由「來」言「適」則為「昔」，故曰「昔來」。

八、連環可解也

由於言說不充分，實難得確解。若就其他文獻的文句觀之，《淮南子・俶真》謂：「辯解連環」。若以「辯」釋「解」，則連環可辯，或可理解為爭辯不休的意思。

九、我知天下之中央，燕之北、越之南是也

若據第六項命題之理據，地球是圓形的。因此，圓周上任何取一點為中央點，例如，燕地雖在越地之北，若取燕地為中央，依圓環之動線，往北方向走一圈，則處在從原在南方越地之南邊過來了。

十、泛愛萬物，天地一體也

「泛愛萬物」與「天地一體」兩命題間並無表示因果關係的連接詞。因此，我們也可視之為兩個獨立的命題。我們也可由第五命題「萬物畢同畢異」的理據來理解。張岱年即持此理據：「一切畢同，莫不有其統一，故可以說是一體。」[16]「泛愛萬物」的「愛」可釋為「好」，「愛好」即是意思相容的複合詞。《論語・公冶長》有言：「敏而好學」，《莊子・天下》謂惠施「遍為萬物說」。再由「歷物之意」的脈絡合觀之，「泛愛萬物」可理解為惠施在知識論方面有對萬物廣泛研究、解說的興趣。

---

16 張岱年，《中國哲學大綱》，北京：中國社會科學出版社，1982年，頁154。

第五章　公孫龍子的主要名學論題

　　公孫龍，姓公孫，名龍，《史記》未立傳，僅在《孟子荀卿列傳》、《平原君虞卿列傳》中略微提及。因此，我們至今仍無法確知其生平事跡。《漢書·藝文志》將他列爲名家最末。公孫龍開拓了先秦名家許多重要的命題和邏輯思想資源。據《漢書·藝文志》記載，公孫龍的著作計有十四篇，現存六篇，皆見於《隋書·經籍志》中，名爲〈守白論〉的篇目中。在今所能見的六篇中，〈迹府〉陳述了公孫龍與孔穿在平原君家的辯論，明說了他是「趙平原君之客」，且稱他是「六國時辯士」。目前，多數學者認定〈迹府〉是《公孫龍子》的序言，其他五篇分別爲：〈白馬論〉、〈指物論〉、〈通變論〉、〈堅白論〉、〈名實論〉，皆獨立成篇，卻有內在相貫通的理脈。〈指物論〉是公孫龍名學的綱領。〈白馬論〉是他的成名作。五篇中的〈堅白論〉、〈白馬論〉、〈通變論〉採哲學對話體，藉主、客對辯，巧妙地論述主方所立的論點。孔子的正名旨在撥亂返治，公孫龍不只是正名，他的問題意識在〈迹府〉所言：「疾名實之散亂」，而企求端正名實相符應以正實。他與墨辯之異同，《墨經》或《墨辯》除了與公孫龍一樣的提出一些名辯論題外，更著力於邏輯推理和科學知識的建立，包括公孫龍在內的先秦名家則多論及由名實關係所引發出來的語言哲學和形上學問題。

　　我們把公孫龍五篇名學專題論文，逐一解說如下。

一、指物論

　　「指」在先秦文獻中，常假借以代「恉」字，「恉」書爲「旨」，「恉」即「意義」或人對事物的概念化知識。〈指物論〉首段云：

物莫非指，而指非指。天下無指，物無可以謂物。非指者，天下無物，可謂指乎？指也者，天下之所無也。物也者，天下之所有也。以天下之所有爲天下之所無，未可。

人的理性對事物的認知乃是由「名」與「謂」所構成的「恉」或概念含義。「名」指對某事物稱謂的名詞，亦即經由約定俗成而來的「所以謂」之名言符號。名詞不但可稱謂所對應的客觀事物，也反映名詞使用者對此客觀事物的概念認知。〈指物論〉中所謂「物」，指具體對象，亦即個別事物，所謂「實」指「概念」，與個別事物所具有之屬性。若以邏輯用語來表示，「指」表諸個別事物間的共相或類因，「物」指隸屬於類別中同類事物所涵之個別事物或分子。例如，「白」是一類因或共相，「某白物」則是隸屬於此類因之外延的個別事物，或分子。「指」爲「名」，「物」爲「謂」，由「指」與「物」的單稱名詞組合成「指物」這一複合名詞，扼要言之，就是藉「名」來稱謂所認知的對象及所反映的概念認知含義。

二、名實論

名實論的論旨在端正名言符號與其所稱謂的對象之間的對應或符合一致關係，所謂：

> 夫名，實謂也。知此之非此也，知此之不在此也，則不謂也；知彼之非彼也，知彼之不在彼也，則不謂也。

「名」爲能知，「實」爲所知。名實關係可說是以能知來指所知的關係。若能指之此名所稱謂的所指不是此物，或者此名能指稱的對象不局限於此物，則這一稱謂是不恰當的。同時，若一名稱與其所稱謂的對象（所指）不相符應，則這一名稱的使用可說是不恰當的。因此，〈名實論〉所論述的不只是語意學所探究的名實關係問題，也涉及到語言使用者如何使用語言符號的語用學問題。公孫龍在〈名實論〉中界定了「物」、「實」、「位（屬性）」、「正」這幾項先秦名學的基本範疇，再以這四個範疇及其間的相互關係，提出「以其所正，正其所不

正」的正名方法和「唯乎其彼此」的正名原則。

三、通變論

　　此論既名曰「通變」，則意指變的歷程中實有不變的所以然之理。〈通變論〉謂：「變非不變」，此篇重點在探討先秦名家的一大論題，亦即同異關係的辯證問題。文中提出「二無一」、「羊合牛非馬，牛合羊非雞」、「青以白非黃，白以青非碧」等三大論題，其中以「二無一」是〈通變論〉的核心論題。該命題有兩種可能的理解方式：（一）由一「質名」與一「物名」形成單一的複名，其中，「質名」是表述屬性的通稱，「物名」是表述具形質性的個物，質名對物名具有修飾或限制作用。例如：「白色」可用來修飾「馬」，也可用來限制「石」等個物，當然，「石」除了白、綠等顏色特徵外，也可兼具形狀、堅硬度等特徵。由此衍生出複名指稱的對象不同於單名指稱的對象，例如：「白」指依附在某自立體上的屬性，「白馬」指作為依據附屬白色的屬性依附在作為某自立體「馬」身上，而可以「白馬」這複名指稱，「白」係單名指稱。因此，就「白」這一「單名」而言，與「白馬」這一「複名」在指稱的對象上有異。同時，構成「複名」的「單名」不再是獨立的符號，而是複名組成的元素，形成與複名為整體與部分的關係。（二）「二無一」的「二」是由兩個物字所構成的複名。組成複名的這兩個物名是並列關係，所構成的複名，亦即新名，是一集合名詞。例如：「羊合牛」構成「羊牛」，這是由兩個言物的類名所構成的集合名詞。羊類和牛類，這兩個動物類別，皆構成「羊牛」類這一新集合名詞的外延分子。就類概念的邏輯而言，「羊牛」不等於「羊」，也不等於「牛」。公孫龍「二無一」命題的取材與墨辯有關。《墨子‧經說下》說：「牛不二，馬不二，而牛馬二。則牛不非牛，馬不非馬，而牛馬非牛非馬，無難。」「牛馬」是由單名「牛」和「馬」所構成的複名，「牛馬」是集合名詞，「牛」、「馬」皆為這一集合名詞之內涵所概括到的外延分子，故「牛馬」既非「牛」，亦非「馬」。

總而言之，「二無一」可理解成由單名「一」所構成的複名「二」，此時，「一」是「二」的構成要素，名的使用變化必然引起內包（內涵）與外延（指稱）的變化，作爲構成要素的「一」不再享有獨立的內包和外延了。公孫龍的「通變」說，或許可如此予以理解。這一理論也可延展至公孫龍的「白馬非馬」論以及「離堅白」說。

四、白馬非馬論

「白馬非馬」論是戰國時代著名的一項論題，至公孫龍而發展出成熟的論述。這是結合了公孫龍的「指物論」、「名實論」、「通變論」三種論點所構成的命題。若由嚴密的辨名析理之邏輯分析法來析論「名」與「實」的相對應關係，則「白馬非馬」這一命題關涉到「共名」與「別名」或「大類名」的區別，也涉及到蘊含關係（$P \supset Q$）或等同關係（$P = Q$）的不同。「白馬」與「馬」的各自內包不同，則其外延指稱的對象或分子也不同。就兩者的邏輯關係而言，「馬」是「白馬」的共名、大類名，「白馬」是「馬」的別名、小類名。因此，「白馬非馬」的「非」字在邏輯上的意義是對「等同」關係（$P = Q$）的否定，因爲馬與白馬的邏輯關係是蘊含關係，「馬」蘊含「白馬」（馬$\supset$白馬）。我們只能由肯定「馬」來肯定「白馬」不能由肯定後項來肯定前項。換言之，$P \supset Q$，肯定P，才能肯定Q，不能由肯定Q來肯定P。若由前述「二無一」來解說，則單名「白」與單名「馬」構成複名「白馬」。此時，單名「馬」不再享有獨立的概念內包和概念外延指稱了，複名「白馬」的概念內包不容割裂，與「馬」的概念內包不等同，由「二無一」可證成「白馬非馬」命題。

五、堅白論

〈堅白論〉的文體採主客問難的對話論辯形式進行。茲載錄首段如下：

曰：「堅白石三，可乎？」

曰：「不可。」

曰：「二可乎？」

曰：「可。」

曰：「何哉？」

曰：「無堅得白，其舉也二；無白得堅，其舉也二。」

曰：「得其所白，不可謂無白，得其所堅，不可謂無堅；而之石也之於然也，非三也？」

曰：「視不得其所堅而得其所白者，無堅也；拊（撫）不得其所白而得其所堅者也，無白也。」

「堅白石三」是主方的核心命題，意指每一知覺皆由一組條件決定，若爲兩種性質不同的知覺，則分別由兩組條件所決定。「堅」、「白」、「石」爲三種可析離的物性概念，「石」爲自立體，亦即獨立存在的實體。「堅」與「白」非獨立自存的自立體，而係兩種不同的可知覺到的物質屬性。「堅」是由人的觸覺感官所知覺到的物質屬性，亦即硬度，「白」是由人的視覺感官所知覺到的物質屬性，亦即顏色。我們可以藉視覺器官知覺到依附在「石」頭這一自立體的依附體「白」顏色，亦眼睛的視覺可看到白色的石頭，卻不得感覺到硬度的知覺。同理，我們可以藉觸覺器官知覺到依附在石頭上的物質屬性「堅」硬度，而無法也獲致「白」顏色的物質屬性，這就是文中所謂的「二可」而「不可」同時兼具三者。然而，就認識論而言，我們在知覺世界中僅感覺到具感覺與料（sense data）的可經驗之個體，而非此個體所屬的分「類」。因爲「類」是在思想界的抽象化概念，並非在客觀經驗世界中存在的具體個物。在依形定名，以名稱物的

名實對應關係裡，〈堅白論〉說：「得其白，得其堅，見與不見離。──不相盈，故離。離也者，藏也。」所謂「離」與「藏」是兩組感覺認知，是分開的，亦即「二可」，故「白」色的石頭這一知覺認識呈現時，另一組感覺經驗「堅」硬的石頭隱而不顯，反之亦然。公孫龍不但從分析的方法斷定「堅」與「白」的物質屬性可分辨可相離成兩個分析命題，另一方面也從綜合判斷肯定「堅白石」這三類可結合成一綜合命題，〈堅白論〉所謂：「物白焉，不定其所白。物堅焉，不定其所堅。不定者兼，惡乎其石也？」

第六篇
陰陽家學派

第一章　「陰」、「陽」釋義及其相互關係

　　司馬談〈論六家要旨〉論及陰陽家，謂：「陰陽之術大祥，而眾忌諱，使人拘而多畏；然其序四時之大順，不可失也。」若我們考察《漢書·藝文志》載錄有關陰陽五行之書者，多達千三百餘篇。[1]由此可想像上古陰陽五行說在思想界所占的分量，及其所衍生的影響力和重要性。茲先追溯陰陽思想的源流，再考察五行說的由來，及鄒衍對陰陽五行說的結合與鑄造。據今所已辨認出的甲骨文中，雖未見「陰陽」複合名詞的用法，可是已分別見到「陰」、「陽」的個別字；此兩字也個別的出現在西周金文中。此兩字在甲金文中大致與天象，特別是與光線所照的明暗有關。再觀察可反映西周文化的《詩》、《書》及由卜卦辭所組成的《周易》之〈經〉文，得見《詩》言「陰」者八次；言「陽」者十四次；言「陰陽」者僅得〈大雅·公劉〉：「既景乃岡，相其陰陽。」一見，意指人站在山崗上測日影察其向背云爾。《尚書》言陰言陽處各得三見。《易》卦爻辭所構成的原經中，僅得〈中孚卦·九二爻辭〉：「鳴鶴在陰，其子和之。」「陰」字一見，意指陰暗處；未見「陽」字。綜觀此三書中「陽」字所涉及之含義，皆言山、水方位之南向日照的面向而得名，例如《詩·周頌》：「龍旂陽陽」，正易字從勿之本意，意旂在日下飛揚也。三書用「陰」字所涉及之含義皆意指未獲日照之黑暗處，亦即陽光被遮蔽處，例如：《尚書·禹貢》「南至於華陰」，指華山之背面，亦即日照不及的較暗之一面。《說文解字》釋陰陽字義謂：「陰，暗也。水之南，山之北也，從阜，會聲。陽，高明也，從阜，易聲。」與早見於此三書的語境含義相符合。

---

[1]　大抵包括《漢書》著錄於諸子略之陰陽三十一家，三百六十九篇，猶未包括上述之外典籍中含大量陰陽五行思想者。

第二章　作為「氣」概念的陰陽

　　《左傳》、《國語》可資爲春秋時代的史料。陰與陽的概念從向陽或背陽所自然形成的光線明暗之外，進展到概括其他自然現象及所蘊含的自然界原理，產生了「氣」的思想，豐富了陰陽的概念內涵。先由《左傳》觀之，僖公十六年，宋國有隕石落下，宋襄公質疑於周內史叔興，問此天象的吉凶徵兆，叔興的解釋爲：「君失問，是陰陽之事，非吉凶所生也。」意指陰陽是產生隕石的自然現象之因果法則，與宗教上的吉凶理由無關。昭公元年（公元前五四一年）晉侯生病，醫生診療後解釋說：

　　天有六氣，降生五味，發爲五色，徵爲五聲，淫生六疾。六氣曰陰、陽、
　　風、雨、晦、明也，分爲四時，序爲五節，過則爲災。陰淫寒疾，陽風熱
　　疾，風淫末疾，雨淫腹疾，晦淫惑疾，明淫心疾。

　　陰陽爲六氣中的兩種氣，是氣的種名與氣候的冷熱有關，且能影響人身的健康與否。此處，陰陽氣已進展至解釋病因和治病的原理，卻未抽象至概括一切現象的形上原理。此後，陰陽的冷熱成爲對待往來的宇宙形式原理，觸類旁通地遍釋宇宙中具往來變化的對立現象。《左傳‧昭公三十二年》云：「物生有兩」，彼此配對，「體有左右，各有妃耦」，宇宙的現象與活動皆呈現「清濁、大小、長短、疾徐、哀樂、剛柔、遲速、高下、出入、周疏，以相濟也。」[2]《國語》中雖未見「陰陽」二字，卻仍可從〈魯語〉見到作爲季節義的陽氣。〈越語〉載范蠡之言：「四封之外，敵國之制，立斷之事，因陰陽之恆，順天之常，柔而不屈，彊而不剛。」陰陽概念至此已發展成天地之常理，亦即「柔而不屈，彊而不剛」的恆常性的形上原理。因此，在春秋時代，陰陽的概念已發展成統攝天地及萬物對待變化的兩大基本存在與作用原理。

2　《左傳‧昭公二十年》。

第三章 《易傳》中的陰陽概念

　　由《十翼》所構成的《易傳》，當代學者多認爲是成書於戰國中期至晚期。我們不但得以「氣」言「陽」，如〈乾卦・文言傳〉云：「潛龍勿用，陽氣潛藏。」更見到陰陽成爲性質與作用上對比且相輔相成的實體，以及遍釋一切存在律動的形上原理。例如〈泰卦・象傳〉曰：「內陽而外陰，內健而外順。」《繫辭上傳》曰：「一陰一陽之謂道。繼之者，善也；成之者，性也。」《繫辭下傳》曰：「乾坤其易之門邪？乾，陽物也；坤，陰物也。陰陽合德而剛柔有體，以體天地之撰，以通神明之德。」象傳和象傳以陰陽分別指稱六爻卦位上的「六」與「九」。《莊子・天下》云：「易以道陰陽」當指《十翼》所構成的《易傳》。至此，藉陰陽概念所構成的原理，將宇宙與人生貫通爲一體性的原理。蓋陰陽成爲構成萬物生成變化的共同元素和能量，表徵著萬物之間有內在的關聯和互感互應的互動作用。徐復觀指出：「在此階段之陰陽，是作爲宇宙創生萬物的二基本元素，及由此二元素之有規律的變化活動而形成宇宙創生的大原則、大規範，並以之貫注於人生萬物之中，而作爲人生萬物的性命。陰陽的觀念，至此才發展完成。」[3]《老子・四十二章》雖言之：「萬物負陰而抱陽，沖氣以爲和」，但是該句中「負」指背負，「抱」指懷抱，意謂萬物之生長處，所背爲陰，所向爲陽，乃屬古樸義。

---

[3]　參閱徐復觀，〈陰陽五行及其有關文獻的研究〉，收於《中國人性論史》附錄二，臺北：臺灣商務印書館，1987年，頁509-587。

第四章　五行的源流

　　「五行」在古籍中最早見於《尚書》的〈甘誓〉及〈洪範〉兩篇文本中。〈甘誓〉云：「有扈氏威侮五行，怠棄三正，天用勦絕其命，今予惟恭行天之罰。」徐復觀肯認〈甘誓〉爲夏典之遺，而經周代史官及孔門加以整理者。劉起釪推測此篇大約成於殷末至西周時期，文中的「五行」指五星運行。他說：「由於天上經常有規律地見的只也五顆緯星的運行移動的現象，因此天文工作者就把這一現象叫做『五行』。」[4]

　　〈洪範〉藉「五」的數之結構表達了九疇中的第一疇五行，第二疇五事（貌、言、視、聽、思）、第四疇五祀（歲、月、日、星辰、曆數）、第九疇五福（壽、富、康寧、攸好德、考終命）。文中對「五行」的陳述是：

> 五行。一曰水，二曰火，三曰木，四曰金，五曰土。水曰潤下。火曰炎上。木曰曲直。金曰從革。土爰稼穡。潤下作鹹。炎上作苦。曲直作酸。從革作辛。稼穡作甘。

由語意的脈絡觀之，這裡所言的「五行」是用金、木、水、火、土五種物質來解釋「五行」內含義的最早文獻。此處的「五行」立基於政府施政的大方針中，對民生需求必備的五種物質[5]之供應不可短缺，爲政府當善盡的職責之一。在《尚書》中的「五行」尚未形成係由陰陽分化爲五氣之意味，且與陰陽觀念甚少相關，同時，書中的五行也未有構成天地萬物五種基本原素之概念。值得注意者，古人慣於用「五」的數紀敘事，源於《尚書》，如〈堯典〉即有五品、五典、五服、五禮、五行等記載，〈呂刑〉亦有「五辭」、「五刑」、「五罰」、「五過」等論述。《左傳・昭公三十二年》載曰：「物生有兩，有三，有五，有陪貳。」若謂「一」的概念含義爲不可分割的有機統一體或整體，「二」指分開或

---

[4]　劉起釪，《古史續辨》，北京：北京中國社會科學出版社，1991年，頁199。

[5]　《尚書・大傳》云：「水火者，百姓之所飲食也；金木者，百姓之所興作也；土者，萬物之所資生，是爲人用。」又據《尚書正義》謂：「五行即五材也，言五者各有材幹也。」

對立的兩方，「陪貳」指主從、先後的次級概念，「三」指自二的分化、對立中再結合所產生之新生者，亦兼涵眾多義。「五」大於「三」，意指能為複雜的事物予以範疇分類的依據。五行分類義的完整論述，首見《尚書‧洪範》的「九疇」。在天賜禹治天下大法的「九疇」中，第一疇就是前述的「五行」。〈甘誓〉及〈洪範〉所見的五行只能說是對日後的陰陽五行說提供了前置的素材，尚不能被視為成熟的五行說就此正式產生。

《左傳》、《國語》亦雜有陰陽、五行說；然而，論者多謂其真中雜了偽。例如，《左傳‧昭公三十一年》載史墨云：「入郢必以庚辰，日月在辰尾，庚午之日，日始有謫：火勝金，故弗克。」《左傳‧哀公九年》：「水勝火，伐姜則可……」，已觸及五行間的生剋關係。《左傳》中不僅述及五行中的水火兩行，且以庚五屬金，亦見其不僅以水配壬子，以火配午辰。李漢三認為《左傳》所言五行，大抵出諸周內史之口，他說：「其所言五行內容，乃不過以堯典五行四方論，對四方之國，於天定其星宿之分野耳。至干支，原為殷商以來故物，以方位論配合之，亦易也。故目為日後鄒衍之學，亦非。……屈（萬里）先生謂：『以星辰測國家之盛衰，配以水火生剋之說，此殆〈鄒衍五德終始說〉之所自出。』（見所輯《左傳五行資料眉批》）是也。」[6]「五行」源於殷人對「五」的數字崇拜。西周末年，史柏提出「和實生物，同則不繼」的命題。春秋末年，五行相剋（相勝）的思想呈現。《左傳》昭公三十一年載述趙簡子因作夢後遇日蝕，請史墨占其吉凶，史墨預言六年後吳軍將入郢，斷言「火勝金，故弗克」。哀公九年載述，晉趙鞅為救鄭而卜，遇水適火。史墨說，姜為炎帝之後，「水勝火，伐姜則可」，與《左傳》同為反映春秋時代思想的《國語‧鄭語》提出「先王以土與金木水火雜，以成百物」的宇宙生成論命題。《國語‧周語下》：「天下地方，數之常也，經之以天，緯之以地」，反映其以數「五」為常數的概念。此外，《國語‧魯語上》曰：「及天之三辰，民之所瞻仰也；及地之五行，所以生殖也。」提及「五行」與「生殖」的關係。

---

[6] 李漢三，《先秦兩漢之陰陽五行學說》，臺北：維新書局，1981年，頁33。

　　稍早於《孟子》的《郭店楚簡・五行》篇，第一～五簡論及「五行」論：

　　仁形於內謂之德之行，不形於內謂之行。義形於內謂之德之行，……。德
　　之行五（仁、義、禮、智、聖），和謂之德；四行合，謂之善。善，人道
　　也；德，天道也。

　　　仁、義、禮、智、聖這五種由內在德性自覺而形著於外的有德之行為，其
道德價值高於不具自覺自發性，只徒具外在形式或規範的「行」為，合乎仁、
義、禮、智外在行為規範的所謂具正當性之善行為「四行和」。此四行和若能
統攝於「聖」成就「五行和」，則是美「德」或契合天道。因此，「聖」是辨別
天道或人道、德或善的判準，與〈洪範〉所言五行、五事、庶徵，把第五行提升
至比前四行較高的層次，有一致性的論調。再進一步而言，《郭店楚簡》第六、
七簡云：「五行皆形於內而時行之，謂之君。」強調能「時行」五德行為理想的
「君」人者。所謂「時行」，係指德行的實踐能因時、地、人、事，權宜時變而
制其宜合乎義，能產生客觀化的效益價值。具有宇宙論理論意義的五行說，當遲
至戰國中期《孟子》書之後，非《左傳》作者時代之產物。至於陰陽說與五行說
的合流而成就一套具立論意義的陰陽五行說，當係成於戰國晚期的齊人鄒衍。

第五章　鄒衍與陰陽家

　　戰國時代在齊國國都臨淄的稷門，聚集來自各地持不同學說的學者，成立稷下學士集團。《史記・田敬仲完世家》記載：「宣王喜文學游說之士，自如鄒衍、淳于髡、田駢、接輿、慎到、環淵之徒七十六人，皆賜列第，爲上大夫，不治而議論，是以齊稷下學士復盛，且數千百人。」稷下學士集團在當時是各方學者進行學術交流的中心，也是整合不同學說、孕育新思潮的學術思想重鎮。在《史記》所列舉的學者群中，首屈一指的代表人物是鄒衍。據《史記・孟子荀卿列傳》所載：「其有三鄒子。其前鄒忌，以鼓琴干威王，因及國政，封爲成侯而受相印，先孟子，其次鄒衍，後孟子。」

第一節　鄒衍的「始終五德之運」說

　　至於鄒衍的思想活躍時期，顧頡剛採公元前二八〇年－前二五七年說，錢穆採公元前三〇五年－前二四〇年說，王夢鷗採公元前三四五年－前二七五年說。《史記‧孟子荀卿列傳》敘述了鄒衍的著作情況，謂：「鄒衍覩有國者益淫侈，不能尚德……。乃深觀陰陽消息而作怪迂之變（辨），終始大聖之篇十餘萬言。其語閎大不經；必先驗小物，推而大之，至於無限。先序今以上至黃帝，學者所共術，大並世盛衰，因載其禨祥度制，推而遠之，至天下未生，窈冥不可考而原也。……然要其歸，必止乎仁義、節儉、君臣上下六親之施，始也濫耳，王公大人初見其術，懼然顧化，其後不能行之。」可惜鄒衍的遺著不得見於後世，但是其遺說卻對晚周、秦、漢產生巨大的影響。我們可從這一時期的陰陽五行學說折射出鄒衍可能的遺說內容。

　　由上段敘述觀之，鄒衍觀察陰陽消息而臆造五德轉移之史論，旨在警惕不能尚德的淫侈之君。換言之，其閎大不經之學，立意在於世道人心之向善以救世救人，蓋三代政權轉移的君權天命說至戰國中晚期已不復說服力，因此，鄒衍在傳統既有的神權基礎上，改弦更張，創神權的新受命說以救正時弊。《史記‧封禪書》云：「鄒衍以陰陽主運顯諸侯。」、「自齊威宣之時，鄒子之徒，論著始終五德之運，及秦帝，而齊人奏之，故始皇採用之。」鄒衍的著作雖已佚失，但是「始終五德之運」或「五德終始說」的理論內容，可得見於後人的詮釋。高誘注《淮南齊俗訓》引鄒子云：「五德之次，從所不勝：故虞土，夏木，殷金，周火。」此外，李善注《文選‧魏都賦》引〈七略〉云：「鄒子終始五德，從所不勝；土德後，木德繼之，金德次之，火德次之，水德次之。」[7]將這兩條解釋參互觀之，可得「終始五德之運」係以歷史發展的相剋循環，來解釋朝代的興替有一宿命論性質的輪替法則。此一法則的本身爲若輪到水德主運時則將剋原來主

---

[7]　馬國翰《玉函山房輯佚書》以爲「蓋鄒子佚文也」。

運的火德。餘此類推，火德剋金德、金德剋木德、木德剋土德，土德再從循環律回來剋水德。鄒衍還運用這一歷史的循環命定律則來解釋實然的朝代更替現象，謂夏、商、周三代分別隸屬木、金、火。因此，歷史的運轉輪到木德主運時，屬木德的得以剋屬土德的唐堯。同理類推，輪到屬金的殷人主運時得以剋夏朝而代之，輪到屬火德的周人主運時，得以剋商朝取而代之。這一富幾祥的神祕思想，雖窈冥而不得推究其終極性的所以然之理，可是代周朝而起的秦朝卻深信不疑而全採用其說。這一信史可見於《史記‧秦始皇本紀》的載述：「始皇推終始五德之傳，以爲周得火德，秦代周德，從所不勝。方今水德之始，改年始朝賀，皆自十月朔，衣服、旄旌、節旗皆上黑。數以六爲紀……。更名河曰德水，以爲水德之始。剛毅戾深，事皆決於法，刻削毋仁恩和義，然後合五德之數。」這就是《史記》所謂「五德轉移說」，此說係以「五行相剋」爲原則，用來說明朝代的興替。

第二節　鄒衍與齊學

　　追溯鄒衍五行思想的文化情景與淵源，齊地自古有陰陽信仰及對宇宙自然現象關注之興趣。胡適在《中古思想史長編》第一章論「齊學」說：「陰陽的信仰起於其民族，後來經過齊、魯生和燕、齊方士的改變和宣傳，變成了中國中古思想的一個中心思想。這也是『齊學』的民族背景。」《史記・封禪書》對齊之自然崇拜有載述，謂齊自大公立國以來，因其俗而作「八神將」之祀，這類宗教信仰深入民間。觀「八神將」的內容，除「兵」屬政治範疇外，其他「天」、「地」、「日」、「月」、「陰」、「陽」、「四時」等皆為宇宙自然現象有關的自然神之崇拜。此外，齊人論學頗重視「時」與「勢」的客觀因素。《孟子》書有云：「齊人有言：雖有智慧，不如乘勢；雖有鎡基，不如待時。」這些都是形成陰陽五行說的地域文化因素。

第三節　戰國至漢初「陰陽」與「五行」合流之氣化宇宙觀

　　《呂氏春秋・應同》（學界皆認為是鄒衍學說）、《史記・封禪書》，將五行配不同朝代的政權，依次是黃帝土德、夏禹木德、殷湯金德、周文王火德，然後代周的是水德，水勝火、火勝金、金勝木、木勝土，每一德自有始終，五德為一大始終。一終即另一始，即一消一息（生），一陰一陽，而五德一大循環。決定終始消息可能是由天文、日月、星相、氣候的觀察，由天象示以吉凶之兆，即司馬談所謂：「陰陽、四時、八位、十二度、二十四節，各有教令。」

　　天垂機祥裁量人的作為。《呂覽》：「禍福人或召之也。故國亂非獨亂也，又必召寇。」《漢書・嚴安傳》開頭的正文引鄒衍一段話：鄒衍（子）曰：「政教文質者，所以云救也，當時則用，過則舍之，有易則易（也）〔之〕，故守一而不變者，未睹治之至也。今天下人民用財侈靡，……侈而無節，則不可贍。能應時而變，才能達治之至。」鄒衍把孔子「文質彬彬」（〈雍也〉）納入「五德轉移」系統中，後來董仲舒謂：「質文兩備，然後其禮成。」《史紀・本傳》說鄒衍「節儉」，乃是主繼周「文」為「質」使然。秦漢五德說基本上恐襲用鄒衍一派之學說。總之，鄒衍取孔儒及諸家精華融於陰陽五行的體大思精之結構，符合戰國末各大國內以鞏固政權，外以擴張勢力，及節制動亂的一套理論。其建構一套詮釋歷史、政權發展的秩序模式，具宗教性之無比力量。

　　《莊子》一書初編於淮南王劉安時代，成書於劉向、歆父子，夾雜著戰國末秦漢間的諸家思想，隱藏著鄒衍部分思想、概念、辭彙。〈天地〉、〈天道〉、〈天運〉、〈天下〉四篇被以為是代表黃老思想，有鄒衍的影子。《史記》謂〈主運〉是《鄒子書》的第一篇，是他在燕國的著作。「主」應為人主、帝王；「運」應是運轉，指帝王之德的運轉，見於〈天道〉、〈天運〉兩篇開頭的文字。〈天道〉：「天道運而無所積」，談「天道運」、「帝道運」、「聖道運」，則足以「萬物成」、「天下歸」、「海內服」。又云：「明於天，通於聖，六通四辟（時）於帝王之德者」，人若能掌握及順應與之相稱的時、空的帝

王之德，即已「明通」天與聖人之道。鄒衍長於天文，有「談天衍」之名。凡能順應天的規律使天下歸服之帝王，即是本傳所謂「大聖」。《史記·秦楚之際月表》：「受命而帝者」爲「大聖」。《莊子·天道》：「夫虛靜恬淡，寂漠無爲者，萬物之本也。……以此處上，帝王天子之德也；以此處下，玄聖素王之道也。」「帝王」是戰國末年才出現的複詞（首見於《戰國策·秦策》），《白虎通義·虎篇》云：「德合心天地者稱帝，仁義合者稱王。……帝者，天號；王者，五行之稱也。」「帝王之德」是很少見的詞，孔、孟、老、荀皆未見，而《莊子》凡五見（一見於〈天地〉，四見於〈天道〉）。《莊子·天道》：「帝王之德配天地」，「帝王之德」即「帝德」，很可能與鄒衍五帝德有關。「素王」一詞首見於《莊子·天道》謂君主要無爲，「臣」要有爲，而帝王「乘天地，馳萬物」、「莫大於帝王」。

　　陰陽學說強調「物極必返」的變化原理，五行學說倡「循環往復」的宇宙運行規律。此兩者學說皆立基於機體宇宙論，主張萬物之間具有機的聯繫性。《莊子·漁父》云：「同類相從，同聲相應，固天之理也。」《呂氏春秋·名類》云：「類故相召，氣同則合，聲比則應。」陰與陽之間，五行之間皆具有機體宇宙論之類比的感通性，呈現在類有所同，必有所應的「同類」、「同氣」、「比聲」狀態中。〈洪範〉「五行」概念所歸類的五種「質性」，在類比推理的推廣下，形成日後具範疇分類之形式架構及系統的理源，陰陽與五行之逐漸合流，成爲戰國至秦漢形上思想的大趨向。如《管子》〈幼官〉、〈幼官圖〉中歸納出五行、五數、五氣、五味、五音……等等，反映了宇宙萬物由神祕的「五」，這一數紀所建構出不同存在物類，彼此又有聯繫及相互作用的機體感應宇宙觀。

　　人與天地萬物亦具有機體的聯繫及相互感應性。鄒衍融攝了戰國時代流行的氣論哲學資源。他提出「五德終始」的朝代興替之歷史循環論，取代了西周時代天命以德的舊說。他所謂「五德」之「德」不是人所修成的美德，而是「五行」之「氣」的「氣運之德」。他跳出天命有德之人的陳說，改爲五氣運行之順逆次序才是歷史發展，朝代榮衰的規律，在群雄並起的紛亂時代，重建了一套神祕的歷史宿命論來對時代的動亂起某種程度的制約作用。

　　「五德終始說」不但蘊含了五行世界中流轉相襲特質的運氣理則，也衍生規範萬物屬類的五大基原質性。我們從戰國、秦漢的文獻觀之，又與商周以來天文學的發展有密切關係，例如：

　　《管子・五行》云：

經緯星曆，以觀其離，通若道，然後有行……然後作立五行，以正天時。

　　《史記・曆書》亦云：

黃帝考定星曆，建立五行。

　　《史記・曆書第四》提及鄒衍對曆法的貢獻，謂：「是時（戰國）獨有鄒衍，明於五德之律，而散消息之分，以顯諸侯。」可知鄒衍用心於與天文相關的曆法。

　　班固（公元三二年—九二年）於《白虎通義・五行》謂：

五行者，何謂也？謂金、木、水、火、土也。言行者欲言為天行之義也。

蓋上古天文學觀測出兩種星體，一是恆存不動的恆星，另一是有固定週期、規律與軌道的「行星」，即日、月、木、火、土、金、水七曜。古人發現此七曜的運行與自然和萬物的作息，有緊密的相互關係。古代天文學家為了觀察七曜的運行路徑，乃採取「赤道」、「黃道」附近的二十八星宿為圖形的天體「座標」。《管子・五行》將五行說與天文學、氣候觀察結合，成就了五行間「相生」的關係，且將萬物生長的律則歸納在五行相生的理論框架中。五行學說的多元含義發展至《呂氏春秋・十二紀》、《禮記・月令》，呈現出豐富而深刻的成熟性。在這兩篇文獻所呈現的機體宇宙觀中，透過時間的歷程呈現出萬物在四季流轉上的客觀變化規則。透過空間的排列秩序，呈現出五方符應時節的遞嬗規律，亦具有

萬物遷化場所的意義，時間的綿延性與空間的延展性相互涵攝。存在於空間中的
萬物在時間的遞嬗中變動，依五行迭運的秩序，彼此聯繫而其生機隨生剋制化的
理序而律動。五行關係說成爲人與天地萬物所共有的基本結構和運行規範。五行
由〈洪範〉所指的五種具體形質，發展至漢儒的宇宙觀中成爲具特定屬性和功能
的符號。五行屬類原理可類比解釋於不同領域事物間相互生剋的關係，以及其間
「發展」和「抑制」的相互作用之效果。東漢班固撰《白虎通義》〈五行篇〉明
確界說了五行之氣係由陰陽兩氣所分化而成的形態，亦即五種陰陽氣化的形態。
至此，五行學說在氣化哲學的理論構築中，正式納入陰陽學說的體系中，成爲不
可或缺的成素。當代有學者們研究五行之「行」的概念含義，指出：

> 「行」字本義無論是「行走」抑或「道路」，都含有時間性、發展性的運動
> 含義。這種含義與《易經》陰陽自然循環的原理相結合，而發展出中行、
> 天行、上行、志行等各種抽象化、哲理化意義，衍生「五行」，則發展出
> 「時行」一類強調交替、運行、循環的新意義；再發展則為「五德終始」一
> 類講「五行相勝相克」的循環思想。**[8]**

「行」指與時偕行的客觀規律，此一氣化流行的宇宙形上大律，統轄著人與天地
萬物，就陰陽說與五行說合流爲成熟的漢代氣化宇宙觀而言，五行之氣係由陰陽
兩氣交感所分化而成的五種性質與行徑的氣類。因此，陰陽爲五行的上位概念，
五行爲陰陽的下屬概念。就先秦思想發展的流脈觀之，陰陽成爲哲學性的概念也
先於哲理化的五行概念，因此，學者們在兩說合流後，稱謂爲陰陽五行，且以陰
陽統攝五行而將學派名稱爲陰陽家。

司馬談對陰陽家的要旨概括爲：「夫陰陽、四時、八位、十二度、二十四
節，各有教令。順之者昌，逆之者不死則亡，未必然也。故曰：使人拘而多畏。

---

8 見鄭吉雄、楊秀芳、朱岐祥、劉承慧共撰之論文〈先秦經典「行」字字義的原始與變遷——兼論「五行」〉，
《中國文哲研究集刊》第三十五期，臺北：中央研究院中國文哲研究所，2009年9月。

夫春生夏長、秋收多藏，此天道之大經也。弗順則無以爲天下綱紀。故曰：四時之大順，不可失也。」班固在《漢書藝文志・諸子略》述及陰陽家的源流，謂：「陰陽家者流，蓋出於羲和之官，敬順昊天，曆象日、月、星、辰，敬授民時，此其所長也。及拘者爲之，則牽於禁忌，泥於小數，舍人事而任鬼神。」觀《呂氏春秋》十二紀中，每一紀的首篇皆從天文曆法以配合五行而論人事政教，可合理的推斷爲從鄒衍的陰陽家而來。陰陽家除了觀測天象、研究天文外，還企圖從天象的徵兆來論吉凶。總之，司馬談及班固所說的陰陽家，當係指戰國至漢初，承順鄒衍五德終始說的路向，把天文、曆法配合陰陽五行說來論究政教及人事吉凶的學者與學派。

　　值得思辨的是《易・繫辭上傳・第十二章》謂：「乾坤其《易》之縕邪？……是故形而上者謂之道，形而下者謂之器。」「道」係形而上的本體，「器（物）」是形而下的形質物，亦即現象界的「存在者」。乾坤表徵陰陽的作用是統攝形而上的「道」及形而下的「器（物）」。因此，在道器合一、體用一如的機體宇宙論中，陰陽是統合形上、形下的，兼具形上、形下的向度。《易・繫辭上傳・第五章》說：「一陰一陽之謂道，繼之者善也，成之者性也。仁者見之謂之仁，知者見之謂之知。」在這一段語句脈絡上，一陰一陽的形上之道（本體）亦是人的仁智之性，具有道德形上學的性善意涵。換言之，一陰一陽的形上之道非指形質性的氣（形構器物者），而是本體論的詞語，有別於陰陽五行及雜家氣化宇宙論所側重的形質之氣。氣化宇宙論所具的形質之氣，始自《呂氏春秋》一書，發展至《淮南子》一書，「陰陽」已形成氣化宇宙論的核心概念了。

參考文獻

一、原典

王卡點校，《老子道德經河上公章句》，北京：中華書局，1993年。

王先謙撰，《詩三家集疏》，臺北：明文書局，1988年。

王先謙集解，《荀子集解》，臺北：世界書局，1976年。

王利器，《文子疏義》，北京：中華書局，1993年。

王弼注，《老子王弼注》，臺北：河洛出版社，1974年。

毛亨傳，鄭玄箋，孔穎達疏，《毛詩正義》，十三經注疏整理本（55-59），臺北：
　　臺灣古籍出版社，2002年。

孔安國撰，孔穎達疏，《尚書正義》，十三經注疏整理本（55-54），臺北：臺灣古
　　籍出版社，2002年。

孔穎達等，《十三經注疏》，臺北：藝文印書館，1982年。

孔穎達，《周易正義》，臺北：中華書局，1986年。

孔穎達，《禮記正義》，臺北：中華書局，1968年。

公孫龍，《公孫龍子》，臺北商務印書館，1985年。

左丘明撰，杜預注，孔穎達疏，《春秋左傳正義》，十三經注疏整理本（79-84），
　　臺北：臺灣古籍出版社，2002年。

朱熹，《四書集註》，臺北：世界書局，1969年。

朱熹，《周易本義》，臺北：世界書局，1987年。

李學勤主編，《十三經注疏——春秋左傳正義》，北京：北京大學出版社，1999年。

何晏注，邢昺疏，《論語注疏》，十三經注疏整理本（90-91），臺北：臺灣古籍出
　　版社，2002年。

孟軻著，焦循注，《孟子正義》，臺北：文津出版社，1988年。

林品實註譯，《呂氏春秋今註今譯》，臺北：商務印書館，1989年。

孫希旦，《禮記集解》，北京：中華書局，1998年。

孫詒讓，《墨子閒詁》，臺北：華正書局，1987年。

郭慶藩編，《莊子集釋》，臺北：華正書局，1997年。

許維遹，《呂氏春秋集釋》，北京：中國書店，1985年。

馬承源主編，《上海博物館藏戰國楚竹書》（一），上海：上海古籍出版社，2001年。

馬承源主編，《上海博物館藏戰國楚竹書》（三），上海：上海古籍出版社，2003年。

莊周著，郭象注，《莊子郭象注》，臺北：藝文印書館，1975年。

陳鼓應註譯，《老子今註今譯》，臺北：商務印書館，1980年。

陳鼓應註譯，《管子四經今註今譯》，臺北：商務印書館，1995年。

陳鼓應注，《管子四篇詮釋》，臺北：三民書局，2003年。

陳啟天校釋，《韓非子校釋》，臺北：商務印書館，1972年。

陳齊猷注，《韓非子集釋》，臺北：華正書局，1982年。

程頤著，《易程傳》，臺北：文津出版社，1990年。

楊家駱主編，《名家六書‧墨經校詮》，臺北：世界書局，1981年。

董仲舒，《春秋繁露》，臺北：商務印書館，1976年。

劉文典著，高誘注，《淮南鴻烈集解》，北京：中華書局，1989年。

劉寶楠，《論語正義》，臺北：文史哲出版社，1990年。

劉師培，《國學發微》，臺北：廣文書局，1970年。

劉師培，《劉申叔遺書》，南京：江蘇古籍出版社，1997年。

劉師培，《劉申叔遺書》，臺北：華正出版社，1975年。

鄭玄注，孔穎達疏，《禮記正義》，十三經注疏整理本（71-78），臺北：臺灣古籍出版社，2002年。

趙岐注，孫奭疏，《孟子注疏》，十三經注疏整理本（95-96），臺北：臺灣古籍出版社，2002年。

戴望校正，《管子》，北京：中華書局，1954年。

譚戒甫注，《公孫龍子形名發微》，北京：中華書局，1963年。

瀧川龜太郎，《史記會注考證》，臺北：宏業書局，1976年。

嚴可均輯，《全上古三代秦漢三國六朝文》，北京：中華書局，1995年。

荆門市博物館編，《郭店楚墓竹簡》，北京：文物出版社，1998年。

《定州漢墓竹簡論語》，北京：文物出版社，1997年。

二、專書

方東美，《中國哲學精神及其發展》（上）、（下），臺北：黎明文化出版公司，
　　2005年。

王叔岷，《莊學管闚》，臺北：藝文印書館，1978年。

王叔岷，《莊子校詮》，臺北：中央研究院，1994年。

丁原明，《黃老學論綱》，山東：山東大學出版社，1997年。

丁原植，《郭店楚簡儒家佚籍四種釋析》，臺北：臺灣古籍出版社，2004年。

錢穆，《從中國歷史看中華民族性及中國文化》，香港：香港中文大學出版社，
　　1979年。

錢穆，《莊老通辨》，臺北：三民書局，1973年。

王國維，《觀堂林集》，臺北：河洛出版社，1975年。

王邦雄等，《中國哲學史》，臺北：里仁書局，2005年。

白川靜，溫天河、蔡哲茂譯，《甲骨文的世界——古殷王朝的締構》，臺北：巨流圖
　　書公司，1977年。

白川靜，溫天河、蔡哲茂譯，《金文的世界——殷周社會史》，臺北：巨流圖書公
　　司，1987年。

白奚，《稷下學研究——中國古代的思想自由與百家爭鳴》，北京：生活・讀書・新
　　知三聯書店，1998年。

布魯格著，項退結編譯，《西洋哲學辭典》，臺北：國立編譯館出版，先知出版社
　　印行，1976年。

牟宗三，《中國哲學十九講》，臺北：臺灣學生書局，1983年。

朱伯崑主編，《國際易學研究》第一輯，北京：華夏書局，1995年。

朱伯崑，《易學哲學史》，臺北：藍燈文化事業出版社，1991年。

朱前鴻，《名家四子研究》，北京：中央編譯出版社，2005年。

朱義祿，《儒家理想人格與中國文化》，上海：復旦大學出版社，2006年。

李杜，《中西哲學思想中的天道與上帝》，臺北：聯經出版事業公司，1978年。

李霖生，《易經哲學》，臺北：唐山出版社，1997年。

李賢中，《先秦名家「名實」思想探析》，臺北：文史哲出版社，1984年。

李學勤，《周易經傳溯源——從考古、文學學看《周易》》，長春：長春出版社，
　　1992年。

李學勤、林慶彰主編，《新出土文獻與先秦思想重構》，臺北：萬卷樓圖書有限公
　　司，2007年。

李鏡池，《周易探源》，北京：中華書局，1978年。

李澤厚，《中國思想史論》，安徽：安徽文藝出版社，1999年。

吳進安，《墨家哲學》，臺北：五南圖書出版股份有限公司，2003年。

高亨，《周易古經通說》，臺北：洪氏出版社，1977年。

高亨，《周易雜論》，山東：齊魯書社出版，1979年。

周何，《春秋吉禮考辨》，臺北：嘉新水泥公司，1970年。

周何，《古禮今談》，臺北：國文天地雜誌社，1992年。

屈萬里，《尚書釋義》，臺北：華岡出版部，1972年。

胡家聰，《管子新探》，北京：中國社會科學出版社，1995年。

胡厚宣，《甲骨學商史論叢（初集）》，石家庄：河北教育出版社，2002年。

胡厚宣、胡振宇，《殷商史（先秦篇）》，上海：上海人民出版社，2003年。

胡適，《胡適文選》，上海：上海遠東出版社，1995年。

徐復觀，《公孫龍子講疏》，臺中：東海大學，1966年。

徐復觀，《中國人性論史——先秦篇》，臺北：商務印出館，1978年。

徐復觀，《中國思想論集》，臺北：學生書局，1983年。

徐復觀，《兩漢思想史》，臺北：學生書局，2000年。

徐復觀，《儒家政治思想與民主自由人權》，臺北：學生書局，1988年。

韋政通，《中國哲學思想批判》，臺北：水牛出版社，1971年。

侯外廬，《中國思想通史》，北京：人民出版社，1995年。

梁啟超，《子墨子學說》，臺北：臺灣中華書局，1985年。

梁啟超，《墨子學案》，臺北：臺灣中華書局，1985年。

張立文主編，《天》，臺北：七略出版社，1996年。

張榮明，《殷周政治與宗教》，臺北：五南圖書出版股份有限公司，1997年。

孫中原，《中國邏輯學》，臺北：水牛出版社，1993年。

孫叔平，《中國哲學史稿》，上海：人民出版社，1997年。

唐君毅，《中國人文精神之發展》，臺北：臺灣學生書局，1988年。

唐君毅，《中國哲學原論・導論篇》，臺北：學生書局，1986年。

唐文明，《與命與仁──原始儒家倫理精神與現代性問題》，保定：河北大學出版
　　　社，2002年。

莊錫昌，《多維視野中的文化理論》，杭州：浙江人民出版社，1987年。

陳癸淼，《墨辯研究》，臺北：學生書局，1977年。

陳問梅，《墨學之省察》，臺北：學生書局，1988年。

陳德興，《氣論釋物的身體哲學──陰陽、五行、精氣理論的身體結構》，臺北：五
　　　南圖書出版股份有限公司，2009年。

陳鼓應編，《道家文化研究》（十二輯），臺北：文史哲出版社，2000年。

陳鼓應，《道家的人文精神》，臺北：商務印書館，2013年。

陳鼓應，《老莊新論》（修訂版），臺北：五南圖書出版股份有限公司，2006年。

陳江風，《天人合一觀念與華夏文化傳統》，北京：三聯書局，1996年。

陳來，《竹帛五行與簡帛研究》，北京：三聯書店，2009年。

常金倉，《周代禮俗研究》，臺北：文津出版社，1993年。

曾春海，《中國哲學史綱》，臺北：五南圖書出版股份有限公司，2012年。

曾春海，《儒學哲學論集》，臺北：文津出版社，1989年。

曾春海，《儒家的淑世哲學──治道與治術》，臺北：文津出版社，1992年。

曾春海，《易經哲學的宇宙與人生》，臺北：文津出版社，1997年。

曾春海主編，《中國哲學概論》，臺北：五南圖書出版股份有限公司，2005年。

曾振宇，《中國氣論哲學研究》，濟南：山東大學出版社，2001年。

馮友蘭，《中國哲學史》，北京：中華書局，1992年。

馮友蘭，《新世訓》，上海：華東師範大學，1997年。

馮友蘭，《新事論》，上海：華東師範大學，1997年。

馮友蘭，《新原人》，上海：華東師範大學，1997年。

馮友蘭，《新原道》，上海：華東師範大學，1997年。

馮友蘭，《新知言》，上海：華東師範大學，1997年。

馮達文、郭齊勇，《新編中國哲學史》，臺北：洪葉書局，2005年。

郭沫若，《甲骨文字研究》，上海：大東書局，1931年。

郭沫若，《郭沫若全集——歷史編》，北京：人民出版社，1982年。

郭梨華，《出土文獻與先秦儒道哲學》，臺北：萬卷樓圖書股份有限公司，
　　2008年。

黃壽祺，《周易研究論文集》北京：師範大學出版社，1990年。

黃沛榮，《易學乾坤》，臺北：大安出版社，1998年。

黃俊傑，《孟子思想史論》卷一，臺北：東大圖書公司，1991年。

勞思光，《中國文化要義新編》，香港：中文大學出版社，2002年。

勞思光，《新編中國哲學史》，臺北：三民書局，1991年。

傅佩榮，《儒道天論發微》，臺北：學生書局，1985年。

程潮，《儒家內聖外王之道通論》，長沙：湖南人民出版社，2005年。

楊慧傑，《天人關係論》，臺北：水牛圖書出版公司，1994年。

楊樹達，《周易古義》，上海：上海古籍出版社，1991年。

楊伯峻，《春秋左傳注》，臺北：源流出版社，1982年。

楊俊光，《惠施公孫龍評傳》，南京：南京大學出版社，1992年。

虞愚，《中國名學》，臺北：正中書局，1968年。

熊十力，《十力語要》，臺北：明文書局，1989年。

蒙文通，《中國古代哲學思想探原》，臺北：臺灣古籍出版社，1997年。

齊思和，《中國史探研（古代篇）》，臺北：弘文館出版社，1985年。

廖名春，《荀子新探》，臺北：文津出版社，1994年。

蔡仁厚，《中國哲學史》，臺北：學生書局，2009年。

劉長林，《中國系統思維》，北京：中國社會科學出版社，1991年。

劉笑敢，《老子古今》，北京：中國社會科學出版社，2006年。

劉澤華，《中國古代政治思想史》，天津：南開大學出版社，1992年。

蕭登福，《公孫龍子與名家》，臺北：文津出版社，1984年。

謝松齡，《天人象‧陰陽五行學說史導論》，山東：山東文藝出版社，1989年。

鄺芷人，《陰陽五行及其體系》，臺北：文津出版社，1992年。

羅光，《中國哲學史‧先秦篇》，臺北：學生書局，1988年。

羅素著，秦悅譯，《中國問題》，上海：學林出版社，1996年。

龐樸等，《郭店楚簡與早期儒學》，臺北：臺灣古籍出版公司，2002年。

三、期刊論文

李存山，〈《窮達以時》與大德者必受命〉，簡帛網：www.jianbo.org。

李瑞全，〈孟子政治哲學之定位：民本與民主之論〉，《鵝湖月刊》第185期，1990年11月。

李霖生，《辭與物：《易傳》釋物的秩序》，臺灣大學哲學研究所博士論文，1996年。

吳震，〈「內聖外王」的一種新詮釋——就余英時《朱熹的歷史世界》而說〉，《國學季刊》第2期，2010年6月。

梁啟超，〈陰陽五行之來歷〉，收於《古史辨》，第五冊，藍燈文化出版事業，1987年。

梁濤，〈先秦儒家天人觀辨證——從郭店竹簡談起〉，《哲學與文化》，第33卷1期，2006年1月。

梁濤，〈《窮達以時》天人之分探源〉，簡帛網：www.jianbo.org。

陳欽銘，〈《內經》五行學說科學觀與史的探討〉，《中華易學》，1996年6月。

陳麗桂，〈從出土簡帛文獻看戰國楚道家的道論及其相關問題——以帛書《道原》、《太一生水》與《恆先》為核心〉，《中國文哲研究集刊》，29期，2006年9月。

張雪瑞，〈天人關係新論〉，《哈爾濱工業大學學報（社會科學版）》，第7卷
　　5期，2005年9月。

曾春海，〈《管子》、《黃帝四經》與《周易‧繫辭傳》天道與治道之比較〉，
　　《輔仁學誌‧人文藝術之部》，第37期，2008年9月。

郭梨華，〈儒家佚籍、《孟子》及《管子》四篇心性學之係譜〉，《哲學與文
　　化》，第394期，2007年3月。

裘錫圭，〈帛書《要》篇校記〉，《道家文化研究》第18輯。

劉述先，〈論孔子思想中隱含的「天人合一」一貫之道──一個當代新儒學的闡
　　釋〉，《中國文哲研究集刊》10，1997年。

國家圖書館出版品預行編目資料

先秦哲學史／曾春海著. -- 二版. -- 臺北
　市：五南圖書出版股份有限公司, 2022.04
　　面；　公分
　ISBN 978-626-317-616-4（平裝）

　1.CST：先秦哲學

121　　　　　　　　　　111001550

1BZG

先秦哲學史

作　　　者 — 曾春海（279.2）

發 行 人 — 楊榮川

總 經 理 — 楊士清

總 編 輯 — 楊秀麗

主　　　編 — 蔡宗沂

責任編輯 — 陳姿穎、吳如惠

封面設計 — 王麗娟

出 版 者 — 五南圖書出版股份有限公司

地　　　址：106台北市大安區和平東路二段339號4樓

電　　　話：(02)2705-5066　　傳　　　真：(02)2706-6100

網　　　址：https://www.wunan.com.tw

電子郵件：wunan@wunan.com.tw

劃撥帳號：01068953

戶　　　名：五南圖書出版股份有限公司

法律顧問　林勝安律師事務所　林勝安律師

出版日期　2010年10月初版一刷
　　　　　　2012年 1 月初版二刷
　　　　　　2016年 9 月初版三刷
　　　　　　2022年 4 月二版一刷

定　　　價　新臺幣650元

※版權所有·欲利用本書內容，必須徵求本公司同意※

五南
WU-NAN

全新官方臉書

五南讀書趣

WUNAN
Books since1966

Facebook 按讚

1 秒變文青

五南讀書趣 Wunan Books

★ 專業實用有趣
★ 搶先書籍開箱
★ 獨家優惠好康

不定期舉辦抽獎
贈書活動喔！！！

經典永恆・名著常在

五十週年的獻禮 —— 經典名著文庫

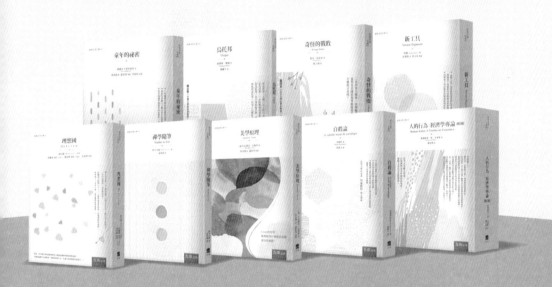

五南，五十年了，半個世紀，人生旅程的一大半，走過來了。

思索著，邁向百年的未來歷程，能為知識界、文化學術界作些什麼？

在速食文化的生態下，有什麼值得讓人雋永品味的？

歷代經典・當今名著，經過時間的洗禮，千錘百鍊，流傳至今，光芒耀人；

不僅使我們能領悟前人的智慧，同時也增深加廣我們思考的深度與視野。

我們決心投入巨資，有計畫的系統梳選，成立「經典名著文庫」，

希望收入古今中外思想性的、充滿睿智與獨見的經典、名著。

這是一項理想性的、永續性的巨大出版工程。

不在意讀者的眾寡，只考慮它的學術價值，力求完整展現先哲思想的軌跡；

為知識界開啟一片智慧之窗，營造一座百花綻放的世界文明公園，

任君遨遊、取菁吸蜜、嘉惠學子！